James Morris
3mal Venedig

Serie Piper
Band 5136

Zu diesem Buch

Die Menschen – die Stadt – die Lagune: So unterteilt James Morris sein schon klassisches Buch über Venedig, jene Märchenstadt zwischen Orient und Okzident.

Die *Menschen:* Der Autor schildert bekannte und unbekannte Venezianer, erzählt von Dogen und Gondolieri, von Aristokratinnen und Marktfrauen. Diese Geschichten und Anekdoten – amüsant und heiter, manchmal kurios, aber immer typisch – machen uns mit den gestrigen wie den heutigen Bewohnern der Seestadt vertraut.

Die *Stadt:* Für den zeitweiligen Wahl-Venezianer Morris ist Venedig *die* Stadt schlechthin. Aus genauer Kenntnis heraus beschreibt er ihre Straßen und Plätze, ihre berühmten historischen Bauwerke ebenso wie das typische Durchschnittshaus eines Venezianers an einem der unzähligen Kanäle.

Die *Lagune:* Venedigs einzigartige Lage in der *Lagune,* dem »siebenten Meer«, wird hier ebenso dargestellt wie die Geschichte der Siedlung gerade an diesem Platz im Wasser. Auch die vor Venedig liegenden Inselstädte, etwa Murano oder Burano, fehlen nicht. Immer gegenwärtig ist auch das moderne Venedig mit seinen wirtschaftlichen, sozialen und kommunalen Problemen, die Morris ebenso kennt wie Temperament und Seele seiner Bewohner.

James Morris, geboren 1926, studierte in Oxford, war Korrespondent führender englischer Zeitungen. Für die *Times* und den *Guardian* berichtete er aus über 30 Ländern der Welt. James Morris lebte viele Jahre in Venedig und wohnt heute unter dem Namen Jan Morris in Wales.

James Morris

3mal Venedig

Aus dem Englischen von
Hermann Stiehl und
Christian Röthlingshöfer

Mit 21 Abbildungen

Piper
München Zürich

Weitere »Panoramen der Welt«
in der Serie Piper:

Rolf Ackermann, 8mal Sardinien (5109)
Fritz René Allemann, 26mal die Schweiz (5106)
Harald R. Bilger, 111mal Südafrika (5102)
Fritz Böhm, 6mal Prag (5119)
Raymond Cartier, 50mal Amerika (5101)
Rudolph Chimelli, 9mal Moskau (5113)
Gerhard Dambmann, 25mal Japan (5104)
Tony Gray, 5mal Irland (5105)
Willy Guggenheim, 30mal Israel (5108)
Erich Helmensdorfer, 54mal Ägypten (5115)
Gebhard Hielscher, 38mal Korea (5125)
Arnold Hottinger, 7mal Naher Osten (5127)
Toni Kienlechner, 12mal Italien (5110)
Rudolf Walter Leonhardt, 77mal England (5112)
Eka von Merveldt, 4mal Florenz (5130)
Alan Riding, 18mal Mexiko (5111)
Rüdiger Siebert, 5mal Indonesien (5116)
Klaus Viedebantt, 30mal Australien (5126)

ISBN 3-492-15136-1
Neuausgabe 1989
3. Auflage, 12.–18. Tausend April 1989
(1. Auflage, 1.–7. Tausend dieser Ausgabe)

Umschlag: Federico Luci
Umschlagfoto: Federico Luci
Vorsatzkarten: Jutta Winter
Gesamtherstellung: Clausen & Bosse, Leck
Printed in Germany

Für eine kleine ›Venezianerin‹
namens Virginia Morris

Inhalt

Vorwort

Es ist kein Geschichtsbuch, aber es enthält zwangsläufig viele Stellen über geschichtliche Ereignisse. Ich habe mich dabei an den Plauderstil gehalten und sie dort in den Text eingebettet, wo sie mir am wirkungsvollsten erschienen; für diejenigen, die ihre Geschichte gern in chronologischer Reihenfolge haben, ist dem Buch eine Zeittafel mit Daten und Seitenzahlen beigegeben.

Es ist auch kein Reiseführer, doch im Kapitel »Zu den Wundern« habe ich die für meine Begriffe wichtigsten Sehenswürdigkeiten Venedigs zusammengestellt. Die vorwiegend topographische Anordnung dieses Teils ist nur gelegentlich durch kurze Plaudereien aufgelockert.

Das Buch ist strenggenommen auch kein journalistischer Bericht. Als ich es schrieb, hielt ich es allerdings für einen. Ich war damals Auslandskorrespondent und plante das Buch in erster Linie als eine Darstellung des zeitgenössischen Venedig. Als ich dann eine neue Auflage vorbereitete, dachte ich zuerst, ich könnte es einfach so, wie ein Zeitungsredakteur eine Seite umstellt, auf den neuesten Stand bringen – die statistischen Angaben revidieren, das Topographische überprüfen, Neues einfügen und Veraltetes streichen. Doch während ich mit meinem eigenen Buch in der Hand durch die Kanäle und die Gassen Venedigs streifte, verlor ich rasch meine Illusionen. Schon bald wurde mir klar, daß es ein Buch ganz anderer Art war und nicht, wie ich angenommen hatte, mit ein paar geschickten Filzstiftstrichen zu »modernisieren«.

Zum einen war es, wie sich zeigte, keineswegs so etwas wie ein objektiver Bericht, sondern die höchst subjektive, romantische, impressionistische Darstellung weniger einer Stadt als vielmehr einer Erfahrung. Venedig wurde hier mit einem bestimmten Augenpaar zu einer ganz bestimmten Zeit gesehen – und zudem mit jungen Augen, empfänglich vor allem für die Reize, welche die Jugend ansprechen. Aus dem Buch sprach jenes Wohlgefühl, das sich – unbescheiden gesprochen – einstellt, wenn ein Autor und ein Thema einander gefunden haben: einerseits, in diesem Fall, die schönste Stadt der Welt, die es nur nach Bewunderung verlangte, und andererseits ein Autor in der Vollkraft junger Reife, körperlich kräftig, erfüllt vom Schwung der Leidenschaft, von kaum einer Sorge, keinem Kummer beschwert. Mag das Buch auch seine Mängel haben – ein paar gebe ich zu –, niemand könnte das Glücksgefühl, das Entzücken bestreiten, das es atmet.

Ich habe mich seit jenen Tagen verändert, aber nicht weniger hat sich Venedig verändert – nicht äußerlich, denn ich konnte feststellen, daß topographisch nicht viel zu modifizieren war, wohl aber in Stimmung und Geist. Damals, besonders im Winter, hatte es noch etwas von dem seltsam Isolierten, Abgesonderten, das ihm so viele Jahrhunderte seine Einzigartigkeit in Europa gegeben hatte. Es war eine halb heitere, halb melancholische Stadt, doch nicht gegenwärtige Sorgen gaben ihr das Melancholische, sondern leise Trauer um die alten Zeiten. Ich liebte diese Mischung des Traurigen, des Prunkenden und des Nostalgischen. Ich liebte den trotzigen Stolz, den die Stadt noch spüren ließ, die doch schon vor so langer Zeit abgedankt hatte, den Geruch von Alter und Verfall, ihrem Charakter so wesenseigen, das ganz Eigentümliche, das Private. Die Vernachlässigung gehörte für mich zum Zauber Venedigs, nicht anders als für so viele ihrer Liebhaber vor mir. Schon der Hall eines Schrittes in einer schäbigen Gasse, das sanfte Planschen eines Ruders unter dem bröckelnden Mauerwerk einer Brücke konnten mein Herz im Innersten berühren, meine empfänglichen Kadenzen formen.

Heute ist alles anders. Venedig ist zum Anliegen der Welt geworden, und die Generationen von Künstlern und Schriftstellern bewegende Möglichkeit, daß es unter den Wassern vergehen könnte, wird nicht mehr als eine romantische Vision, sondern als eine Katastrophe betrachtet. Heute ersteht ein neues Venedig, beschirmt, restauriert, nicht mehr sich selbst allein zu eigen, sondern von der ganzen Welt als Menschheitserbe beansprucht. Ich erkenne zwar das Aufregende an dieser hoffnungsvollen neuen Entwicklung an, kann aber die Freude darüber nicht ganz teilen. Denn zum einen glaube ich, daß die Idee Venedig mit der modernen Welt unvereinbar ist. Und zum andern fehlt mir – das ist vielleicht egoistisch, sogar töricht gedacht – die Tristesse. Für mich ist die traurige Magie verschwunden. Wohl bleibt Venedig unvergleichlich, doch ich entbehre das Berührende seines Verfalls. Ich wünsche der Stadt das Beste, werde sie immer bewundern und hoffe alles in allem, es möge gelingen, sie über Wasser zu halten – aber meine Liebe zu ihr ist vergangen.

So mußte ich einsehen, daß es mir gar nicht gelingen kann, dieses Buch einfach zu revidieren. Mein Venedig aufzupolieren wäre verkehrt, mich selbst zu verjüngen ein Unding. Die unwesentlichen Dinge an dieser zweiten Auflage – die Fakten und Zahlen – sind auf den gegenwärtigen Stand gebracht. An die wesentlichen – den Geist, die Gefühlswirkung, den Traum von Venedig – habe ich nicht gerührt. Zwar ist es damit vorbei, daß Venedig mich unwiderstehlich zu sich zieht, wie es mich, köstlich betäubt, Jahr für Jahr zurückzog. Aber ich hoffe, daß diese Erzählung von alten Entzückungen bei meinen Lesern doch noch einen Widerhall finden wird – und besonders, daß diejenigen, die frisch und voll Jugendschwung wie damals ich die Serenissima erleben, auf den folgenden Seiten ihre eigene Begeisterung wiedererkennen und in mir ein wenig von sich selbst finden werden.

In Augenblicken anmaßender Einbildung stelle ich mir gern vor, daß meine Beziehungen zu Venedig schon mit Philippe de Commynes begannen, meinem Ahnherrn mütterlicherseits, der *seinen* Bericht über die Stadt im Jahre 1495 schrieb; doch eigentlich bekanntgemacht mit Venedig hat mich die britische Armee, und Philanthropen vom Russell Square, von der Sixth Avenue und der Cross Street in Manchester haben mir freundlicherweise ermöglicht, die Stadt aufzusuchen und in ihren Mauern zu wohnen.

J. M.

Landsichtung

Auf 45° 14′ N und 12° 18′ O entdeckt der Seefahrer, der die adriatische Küste Italiens entlangfährt, eine Öffnung in der langen niedrigen Küstenlinie – und wenn er sich westwärts wendet, mit dem Strom der Flut, gerät er in eine Lagune. Sofort verliert das Meer seine ungestüme Kraft. Das Wasser um ihn her ist flach, aber stumpf, die Atmosphäre seltsam durchsichtig, die Farben sind blaß, und über der ganzen weiten Schüssel von Schlickbank und Wasser schwebt ein Hauch von Melancholie. Man könnte von einer Albino-Lagune sprechen.

Sie ist eingefaßt von trügerischen Reflexen – gleich den Spiegelungen in der Wüste –, flimmernden Bäumen und verschwommenen Hügeln, Schiffen ohne Rumpf und imaginären Marschen: und inmitten dieser Halluzinationen breitet sich das Wasser in einer Art Trance aus. Entlang den östlichen Riffen liegen Ketten von verstreuten Fischerdörfern leer und vernachlässigt. Weit fort in der Einöde stehen die Segel von Fischerbooten, orangefarben, gelb und magentarot, mit kabbalistischen Zeichen oder heraldischen Symbolen, einem auf die Hinterbeine aufgerichteten Pferd, einem allsehenden Auge. Die Untiefen sind übersät mit verschlungenen, schwankenden Palisaden aus Stangen und Flechtwerk, und dazwischen stochern einsame Männer, knietief in Schlamm und Wasser, nach Schaltieren. Ein Motorboot puckert vorbei mit einem Geruch nach Fisch und Öl. Eine Frau an der Küste ruft einer Freundin etwas zu, und ihre Stimme wirbelt eigenartig, erstickt und verzerrt, über die Wasserfläche dahin.

Überall liegen schweigende Inseln, umspült von Schlamm und Schlick. Hier ist ein finster blickendes achteckiges Fort, dort ein hagerer verlassener Leuchtturm. Ein Maschenwerk von Netzen mustert die Mauern einer Fischerinsel, und ein ruheloser Schwarm von Booten schmiegt sich schnüffelnd an ihren Hafeneingang. Von den Wällen einer Inselkaserne herab winkt ein lustloser Soldat, die Mütze über den Augen, ziemlich gleichgültig aus seinem Schilderhäuschen. Zwei wütende Hunde bellen und rasen aus einem zerfallenen Landhaus heraus. Auf einer Mauer ist ein Huschen von Eidechsen. Manchmal stiehlt sich ein Landgeruch über das Wasser herüber, nach Kühen, Heu, einem Düngemittel, und manchmal flattert in der Kielwelle des Schiffes kein Albatros, sondern ein Schmetterling.

Dann belebt sich auf einmal diese Öde, und schmucke weiße Villen erscheinen auf dem Riff. Der Klotz eines großen Hotels ragt über die Bäume hinaus, lustige Sonnenschirme zieren ein Café. Ein schnittiger Dampfer zieht schwer beladen südwärts. Eine Fischerflottille bewegt sich in tausendfach geübter Weise auf die offene See zu. Im Westen, unter dem dunklen Fleck von Bergen, sieht man den blaß-silbrigen Glanz von Ölbehältern und eine Andeutung von Rauch. Eine gelbe Barke, hoch beladen mit Sektflaschen, hüpft von einem Landungssteg fort wie eine fröhliche Taube von einer Arche. Eine weiße Jacht gleitet träge herbei. Drei kleine Jungen haben ihr Boot auf einer Sandbank auf Grund gesetzt und bewerfen einander mit schlüpfrigem Schlamm. Aus einem dunklen Schuppen dringt ein blitzender Schein von Sauerstoffazetylen, und vor einem Bootshaus steht ein Ruderboot auf Stelzen. Eine Sirene heult; eine Glocke dröhnt würdevoll herüber; ein großer weißer Seevogel läßt sich schwerfällig auf einem Pfosten nieder; so erblickt der Seefahrer, wenn er einen Landvorsprung umrundet, vor sich eine Stadt.

Sie ist sehr alt und vornehm und gebeugt. Ihre Türme überwachen die Lagune in launenhafter Pracht, einige neigen sich nach dieser Seite, einige nach jener. Ihre Horizontlinie ist kunstvoll gezackt von Campanilen, Kuppeln, Zinnen, Kranen, Mastwerk, Fernsehantennen, exzentrischen Kaminen und einem großen roten Getreidespeicher. Flüchtige Bilder lösen einander ab: Fahnen und durchbrochene Dachmauern, Marmorsäulen, höhlenartige Kanäle. Ein ständiges Gewirr von Booten herrscht vor den Kais; ein großes weißes Passagierschiff steuert seinem Hafen zu; eine Vielzahl wackeliger Paläste, düster und riesig, drängt sich ans Ufer, gleich invaliden Aristokraten, die miteinander um die frische Luft ringen. Es ist eine knorrige, aber großartige Stadt: und während das Schiff sich zwischen kirchengekrönten Inseln hindurch nähert und ein Düsenjäger strahlend aus der Sonne herunterheult, scheint die gesamte Szenerie zu schimmern – in einem hellen Rot, vor Alter, vor Selbstzufriedenheit, vor Traurigkeit, vor Entzücken.

Der Seefahrer verstaut seine Karten und setzt einen lustigen Strohhut auf, denn er hat das Juwel unter allen Landungsplätzen erreicht: Venedig.

Am Anfang waren die Mündungen dreier männlicher Flüsse, die, von den Alpen herabstürzend, sich mit ihren Ablagerungen an Sand, Schieferton und Schlamm in den nordwestlichen Winkel der Adria ergossen und die venezianische Lagune bildeten. Viele Jahrhunderte lang verblieb sie, vor der See durch ein Bollwerk sandiger Riffe geschützt, im Dunkel der Anonymität am Rande der *pax Romana*. Verstreute Gemeinden von Fischern und Salzsammlern lebten zwischen ihren Marschen. Händler durchquerten sie manchmal. Einige wenige Vertreter der römischen oberen Zehntausend bauten sich Landhäuser auf ihren Inseln, um sich dort dem Müßiggang zu ergeben oder auf Entenjagd zu gehen. Gewisse Historiker sagen, die Leute von Padua hätten auf den äußeren Riffen einen Hafen unterhalten; andere sind der Ansicht, die Lagune sei damals bedeutend weniger überflutet und zur Hälfte unter dem Pflug gewesen. Rings um sie her auf dem Festland des römischen Venetien blühten bekannte Städte auf – Aquileja, Concordia, Padua, Altinum –, die alle zu Reichtum gelangten unter der Kultur des Imperiums; aber die Lagune selbst lag abseits der Geschichte und blieb eingehüllt in die Legende und in die Malarialuft.

Dann fielen im 5. und 6. Jahrhundert aus dem Norden in aufeinanderfolgenden Wellen die Goten, Hunnen, Avaren, Heruler und Langobarden ein, die Aasgeier des Imperiums. Das Hinterland wurde eine Beute der Flammen und der Rache. Von der Barbarei, der Brutalität und sogar der Drohung der christlichen Häresie vertrieben, ließen die Bewohner der venetischen Städte ihre Behaglichkeit im Stich und suchten Zuflucht in ihrem ganz natürlichen Schlupfwinkel – der Lagune. Manchmal, wenn eine Periode barbarischer Invasion vorüber war, kehrten sie zu ihren alten Wohnstätten zurück, aber allmählich, mit den Jahren, wurde ihr Exodus zu einer Emigration. Sie wurden gewissermaßen schubweise zu Venezianern. Einige wurden auf unmittelbaren göttlichen Befehl in die Lagune verwiesen und von ihren trutzigen Bischöfen, die ihre Altargewänder und Kelche umklammert hielten, angeführt. Einige sahen leitende Omen: Vögel, Sterne, Heilige. Einige nahmen ihr Berufsgerät mit sich, sogar die Steine ihrer Kirchen. Einige waren mittellos – »aber sie pflegten keinen Mann dienenden Standes aufzunehmen«, versichert uns die Überlieferung, »oder einen, der getötet hatte oder einen üblen Lebenswandel führte«.

Viele dieser Menschen ließen sich auf den von Schilf und feuchtem Gras gesäumten nördlichen Inseln der Lagune nieder (wo zum Beispiel Sankt Peter persönlich den Bürgern von Altinum fruchtbares Land zuteilte). Andere zog es zum äußersten Rande, so weit fort wie möglich von den Feuerbränden Attilas. Nach und nach wurden – in einem Prozeß, den zahllose Wunder und himmlische Eingriffe heiligten – die Urbewohner der Inseln überwältigt, Eigentumsrechte verteilt, die ersten Rathäuser gebaut, die ersten Kirchen. Venedig wurde im Unglück gegründet, von Flüchtlingen, die man ihrer alten Lebensweise beraubt und auf die Suche nach einer neuen gezwungen hatte. Verstreute Kolonien von Städtern, die in der tiefen Bequemlichkeit und Ruhe Roms groß geworden waren, fristeten nun ihr Dasein inmitten der feuchten Miasmen der Sümpfe (ihrer »Malariaausdünstungen«, wie sie Baedeker, umständlich sein Moskitonetz zurechtziehend, 1400 Jahre später nennen sollte). Sie lernten kleine Schiffe zu bauen und zu segeln, die tückischen Gezeiten und die Untiefen der Lagune zu meistern, von Fischen und Regenwasser zu leben. Sie errichteten Häuser aus Flechtwerk und Schilfrohr, strohgedeckt und auf Pfählen stehend.

Geführt von Priestern und Patriziern der alten Ordnung schufen sie neue Institutionen, die sich auf römische Vorbilder gründeten: es gab regierende Tribunen in allen Ansiedlungen, die sich langsam unter Gezänk und Blutvergießen zu einer einzigen Verwaltung unter dem Vorsitz eines auf Lebenszeit gewählten Dogen vereinigten, der sein Amt jedoch nicht vererben konnte. – »Reich und Arm unter den gleichen Gesetzen«, sagte der erste von Venedigs zahllosen Schmeichlern, »und der Neid, dieser Fluch aller Welt, hat dort keinen Platz.« Die Lagunenleute waren Pioniere, gleich den Siedlern im Wilden Westen oder den Kolonisten auf dem südafrikanischen Veld. Crèvecoeur schrieb einmal von »diesem neuen Menschen, dem Amerikaner«; aber Goethe verwendet gerade diesen Begriff, um die ersten Venezianer zu beschreiben, deren alte Welt um sie herum gestorben war.

Ihre Anfänge sind ziemlich verschwommen und waren gewiß nicht so durchweg erhebend, wie uns ihre frühen Apologeten glauben machen wollen. Es dauerte viele Jahre, bis die Lagune zu Leben und Kraft erwachte, und mehrere Jahrhunderte vergingen, ehe diese neuen Menschen aufhörten, miteinander zu streiten, ehe sie sich zu einem Staatsvolk entwickelten und die große Stadt Venedig bauten, so daß sie schließlich von sich selbst sagen konnten (wie sie sich in hochmütigem Ton den byzantinischen Kaisern gegenüber ausdrückten): »Dieses Venedig, das wir in der Lagune errichtet haben, ist unsere mächtige Behausung, und keine Kaiser- oder Fürstengewalt kann uns treffen!« Die frühe Chronologie Venedigs ist unbestimmt und strittig, und niemand weiß wirklich, was – wenn überhaupt – wann geschah.

Die Legende jedoch ist immer sehr genau, und wenn wir den alten Chroniken Glauben schenken wollen, ereignete sich die Gründung Venedigs am 25. März des Jahres 421 pünktlich zur Mittagsstunde. Es war, meinem ewigen Kalender zufolge, ein Freitag.

Die Menschen

Inselbewohner

So wurden also die Venezianer Inselbewohner und blieben es, ein Volk, das auch heute noch einen eigenen Charakter hat; ein Volk, dem immer noch die Traurigkeit von Flüchtlingen anhaftet. Die glucksenden Inseln ihrer Lagune, im Lauf der Jahrhunderte zu einer glitzernden Republik verschmolzen, wurden der größte aller Handelsstaaten, Herr des östlichen Handels und stärkste Seemacht ihrer Zeit.

Über tausend Jahre lang war Venedig etwas Einzigartiges im Kreise der Nationen, halb östlich, halb westlich, halb Land, halb Meer; in der Waage zwischen Rom und Byzanz, zwischen Christenheit und Islam; mit dem einen Fuß auf dem Boden Europas stehend, mit dem andern nach den Schätzen Asiens angelnd. Die Stadt nannte sich selbst die Serenissima, die Erlauchtigste, sie kleidete sich in Tuch und Gold, und sie hatte sogar ihren eigenen Kalender, in dem die Jahre am 1. März begannen und die Tage am Abend.

Dieser einsame Hochmut, ausgeübt von den Festungen der Lagune aus, verlieh den alten Venezianern ein merkwürdiges Gefühl der Isoliertheit. In dem Maße, wie ihre Republik wuchs an Herrlichkeit und Wohlstand und ihre politischen Adern sich verhärteten und ein Strom schillernder Beute ihre Paläste und Kirchen bereicherte, wurde Venedig in Mysterium und Wunderwerk eingesponnen. Es rangierte in der Vorstellung der Welt irgendwo zwischen Grille und Märchen.

Es blieb, in erster Linie, unbeugsam eine Stadt der Wasser. In den frühen Tagen bauten die Venezianer primitive Straßen auf ihren Inseln und ritten umher auf Maultieren und Pferden. Aber dann entwickelten sie ein System von Kanälen, das, auf bereits vorhandene Wasserläufe und Bäche gegründet, bis zum heutigen Tag eines der reizvollsten Weltwunder geblieben ist. Ihre Hauptstadt, das eigentliche Venedig, wurde auf einem Archipel im Herzen der Lagune errichtet. Ihre Esplanade war der Canal Grande, die Hauptverkehrsader, die sich in königlichem Bogen durch eine Parade von Palästen hindurchwand. Ihr Wall Street-Viertel war der Rialto, zunächst eine Insel, dann ein Bezirk und schließlich die berühmteste Brücke Europas. Ihre Dogen fuhren in phantastischen goldenen Gondeln, und vor jedem Patrizierhaus lagen die Gondeln anmutig in ihren Haltetauen. Venedig entwickelte eine einzigartige amphibische Gesellschaft, und die prunkvollen Portale ihrer Herrensitze gingen unmittelbar aufs Wasser hinaus.

Vor diesem außergewöhnlichen physischen Hintergrund errichteten die Venezianer eine nicht weniger bemerkenswerte Art von Staat. Zunächst eine patriarchalische Demokratie, wurde er zu einer aristokratischen Oligarchie der strengsten Spielart, in der (nach 1296) die Macht einer Gruppe von Patrizierfamilien vorbehalten war. Die exekutive Autorität ging zunächst auf diese Aristokratie, dann auf den inneren Rat der Zehn und später mehr und mehr auf den noch einsameren und verschwiegeneren Rat der Drei über, der im Turnus für je einen Monat gewählt wurde. Um diese Vorherrschaft zu bewahren und sowohl Volkserhebungen wie die Diktatur einer Einzelperson zu verhindern, wurde die Struktur des Staates auf tyrannische Weise gefestigt, rücksichtslos, unpersönlich, sanft und sorgsam geheimnisvoll. Manchmal fand ein Fremder, der am Dogenpalast vorüberging, zwei anonyme Verschwörer verstümmelt an einem Galgen hängen, oder er hörte munkeln über entsetzliche Marterungen in den Verliesen der Zehn. Einmal entdeckten die Venezianer beim Erwachen, daß man drei überführte Verräter, mit dem Kopf nach unten, lebendig zwischen den Fliesen der Piazzetta begraben hatte, so daß ihre Füße noch zwischen den Säulen herausragten. Wieder und wieder erfuhren sie, daß irgendein gefeierter Führer der Nation, Admiral oder Condottiere, zu groß geworden war für seine Kothurne, so daß man ihn erwürgt oder in den Kerker geworfen hatte. Venedig war eine Art Polizeistaat, nur daß es, anstatt die Macht anzubeten, vor ihr zurückschreckte und sie einer Einzelperson aus dem Kreis seiner Bürger stets verweigerte. Mit Hilfe dieser zugleich gerechten und grausamen Methoden überlebte es alle seine Rivalen und bewahrte sich die republikanische Unabhängigkeit bis ans Ende des 18. Jahrhunderts.

All dies war wunderbar, aber nicht weniger wunderbar waren der Reichtum und die Stärke Venedigs – die, wie die Venezianer hartnäckig wissen ließen, von Gottes Gnaden stammten. St. Theodor und St. Markus wachten nacheinander über die Geschicke der Republik, und alle Arten von heiligen Reliquien und beziehungsreichen Andeutungen verliehen dem venezianischen Ellenbogen Nachdruck. *Pax tibi, Marce, Evangelista Meus.* So sprach ein Himmelsbote zu St. Markus, als der Evangelist einmal an einer apokryphen Sandbank in eben dieser Lagune gestrandet war, und die Worte wurden zum Nationalspruch der Republik Venedig, zu einem göttlichen Empfehlungsbrief.

Venedig war die größte Seemacht seiner Zeit, unübertroffen an Tonnage, Feuerkraft und Leistungsfähigkeit. Das große Arsenal der Stadt war die beste Werft der Welt, seine Geheimnisse wurden so eifersüchtig gehütet wie nur irgendeine Atomwaffe; seine Mauern hatten dreieinhalb Kilometer Länge, auf seiner Lohnliste standen 16000 Mann, und in den Kriegen gegen die Türken im 16. Jahrhundert lief hundert Tage hintereinander jeden Morgen eine neue Galeere vom Stapel. Die venezianische Kriegsmarine, mit freien Männern als Besatzung bis zur Blütezeit des Sklavenhandels im 17. Jahrhundert, war ein höchst eindrucksvolles Kriegswerkzeug, und noch lange nachdem Genua und Spanien sich zu Seemächten erhoben hatten, kannte die venezianische Schiffsartillerie nicht ihresgleichen.

Venedig liegt am Ausgang des großen Po-Tals, nach Osten blikkend, im Norden geschützt durch die Alpen. Es war ein natürlicher Verkehrsweg zwischen Ost und West, und seine Größe erwuchs aus seiner geographischen Lage. Auf undeutliche Weise zunächst Ravenna und dann Byzanz unterworfen, machte es sich schließlich von Ost wie von West unabhängig. Es wurde Herr der Adria, des östlichen Mittelmeers und endlich der Handelsrouten zum Orient – nach Persien, Indien und den reichen Geheimnissen Chinas. Es lebte vom Osthandel. Es besaß seine eigenen Karawansereien in den Städten der Levante: und »alles Gold der Christenheit«, wie ein mittelalterlicher Chronist unzufrieden bemerkte, »geht durch die Hände der Venezianer«.

In Venedig begann der Orient. Marco Polo war Venezianer, und venezianische Händler, die nach neuen und ergiebigen Verbindungen suchten, reisten bis weit nach Zentralasien hinein. In orientalischen Putz gekleidet, wurde Venedig die strahlendste aller Städte – »die glorreichste Stadt, die ich je erblickt habe«, schrieb de Commynes im Jahre 1945. Hier gab es Seide, Smaragde, Marmor, Brokat, Samt, golddurchwirktes Tuch, Porphyr, Elfenbein, Gewürze, Parfüms, Affen, Indigo, Sklaven, große Galeonen, Juden, Mosaikarbeiten, glänzende Kuppeln, Rubine und all die herrlichen Güter Arabiens, Chinas und Indiens. Venedig war eine Schatztruhe. Es wurde schließlich ruiniert durch die moslemische Eroberung Konstantinopels von 1453, mit der seine Oberherrschaft in der Levante ein Ende fand, und durch Vasco da Gamas Fahrt nach Indien im Jahre 1498, die sein Monopol im Osthandel zerbrach. Aber drei Jahrhunderte lang bewahrte es sich seinen Prunk und sein Gepränge, und seinen vergoldeten Ruf besitzt es noch heute.

Die Stadt war nie geliebt. Sie war immer der Außenseiter, immer von Neid verfolgt, wurde immer beargwöhnt, immer gefürchtet. Sie paßte in keine nationale Rangstufe. Sie war der Löwe, der allein durch sein Revier zieht. Sie trieb mit Christen wie mit Moslems Handel, ohne einen Unterschied zu machen, den gräßlichen päpstlichen Strafen zum Trotz (sie ist die einzige christliche Stadt, die auf Ibn Khalduns berühmter Karte des 14. Jahrhunderts erwähnt wird, im Verein mit Orten wie Gog, Oman, Stinkendes Land, Ödes Gebiet, Soghd, Tughuzghuz und Leer-im-Norden-wegen-der-Kälte). Venedig war der erfahrenste und skrupelloseste aller Gewinnemacher; es war eingestandenermaßen nur auf Profit aus, betrachtete sogar die Kreuzzüge als vielversprechende Investitionen und war dem Kaiser Balduin von Jerusalem zu Diensten, als er seine Dornenkrone zu verpfänden wünschte.

Venedigs Preise waren hoch, seine Bedingungen unnachgiebig und seine politischen Motive so verdächtig, daß sich in der Liga von Cambrai die meisten der Großmächte des 16. Jahrhunderts zusammenfanden, um »die unersättliche Habgier der Venezianer und ihren Durst nach Herrschaft« zu unterdrücken (und so gut durchorganisiert war es, daß die Nachricht von dieser Resolution durch seine Kuriere in ganzen acht Tagen von Blois nach Venedig gebracht wurde). Selbst als Venedig im 17. und 18. Jahrhundert fast allein stand im Kampf der Christenheit gegen die siegreichen Türken, kamen ihm die Nationen nicht zu Hilfe. Es befand sich gleich einem Vogel Greif oder einem Phönix außerhalb des allgemeinen Nestes.

Und als die Jahrhunderte vorübergingen und es hier und dort seine Vorherrschaft verlor, als die Stellung der Handelsfürsten geschwächt wurde und es seine Energien in endlosen italienischen Streitigkeiten und Wirren verbrauchte und eine Festlandsmacht wurde – als es im 18. Jahrhundert in die Periode seines Niedergangs eintauchte, entwickelte es sich zu einem Wunder wieder ganz anderer Art. Während des letzten Jahrhunderts seiner Unabhängigkeit war Venedig die ausgelassenste und weltlichste unter allen Städten, eine ununterbrochene Maskerade und Lustbarkeit, der nichts zu gewagt, zu schändlich oder zu ausschweifend war. Seine Karnevalsfeierlichkeiten waren endlos und hemmungslos. Seine Kurtisanen waren geehrt. Domino und Pik-As waren seine herrschenden Symbole. Die Lebemänner der westlichen Welt, die Lüstlinge und auch solche, die lediglich Vergnügung suchten, strömten in seine Theater, zu seinen Spieltischen, und die ehrbare Menschheit in ganz Europa blickte auf diese Stadt, so, wie man aus sicherer Entfernung das Treiben eines Sodom und Gomorrha beklagt. Kein anderer Staat ging je in solch fiebrigem Hedonismus unter. Venedig wirbelte, unter der Herrschaft des 120. Dogen, seinem Sturz entgegen in einem Fandango des Wohllebens und Genießens, bis schließlich Napoleon seine kraftlose Regierung plötzlich absetzte, der Republik ein Ende machte und die Serenissima voller Verachtung den Österreichern übergab. »Staub und Asche, tot und dahin – Venedig hat ausgegeben, was Venedig verdiente.«

Die seltsame nationale Geschichte dauerte ein Jahrtausend, und die Verfassung Venedigs erfuhr zwischen 1310 und 1796 keine Änderung. Nichts an der Geschichte Venedigs ist gewöhnlich. Es wurde unter Gefahren geboren, lebte auf großem Fuß und gab nie seinen starrköpfigen Individualismus auf. »Diese Hanswurste!« nannte einmal im 16. Jahrhundert ein Mitglied des Adels am französischen Hof die Venezianer in einem unbeherrschten Augenblick, und sofort schlug ihm Seine Exzellenz der venezianische Botschafter ins Gesicht. Seine Verachtung war ohnehin gezwungen – man konnte für die Venezianer keine Verachtung empfinden, sondern nur Groll. Ihr Regierungssystem war bei all seinen Grausamkeiten ein glänzender Erfolg und förderte in Bürgern aller Klassen eine einzigartige Vaterlandsliebe. Ihre Seestreitkräfte waren unvergleichlich. Die vornehmsten Künstler der Zeit verschönerten Venedig mit ihrem Genie; die bestbezahlten Söldner bewarben sich um seine Aufträge; die größten Mächte liehen sich bei ihm Geld und mieteten seine Schiffe; und zwei Jahrhunderte lang war den Venezianern, zumindest im handelspolitischen Sinn, »der strahlende Osten zu eigen«. »Venedig hat elf Jahrhunderte lang seine Unabhängigkeit bewahrt«, schrieb Voltaire nur dreißig Jahre vor dem Ende der Republik, »und ich stelle mir vor, daß es sie für alle Zeiten bewahren wird«: so eigenartig war die Stellung Venedigs in der Welt, so seltsam und vertraut wie die des Simeon Stylites auf der Spitze seiner Säule zu der Zeit, als Päpste und Kaiser ihre Boten nach Syrien sandten, um seinen Rat zu erbitten.

Venedig ist heute noch eigenartig. Seit Napoleons Auftritt ist es, trotz Augenblicken des Heldentums und Opfermuts, in erster Linie ein Museum, durch dessen klickende Drehkreuze in endloser Folge die Armeen des Tourismus ziehen. Als das Risorgimento in Italien triumphierte, trat es dem neuen Königreich bei und ist seit 1866 eine italienische Provinzhauptstadt gleich vielen anderen; aber es bleibt das Phänomen, das es schon immer war. Es bleibt eine Stadt ohne Räder, eine Metropole der Wasserstraßen. Es ist immer noch vergoldet und achatäugig. Reisende finden es immer noch erstaunlich, aufregend, überwältigend, skandalös teuer, flitterhaft herausgeputzt und, wie es ein Engländer des 16. Jahrhunderts nannte, *decantated in majestie*. Die Venezianer sind seit langem italienische Bürger, aber sie sind immer noch ein Volk *sui generis*, vergleichbar nur, wie Goethe sagte, mit sich selbst. Seinem Wesen nach war Venedig immer ein Stadtstaat, bei all seinen Perioden kolonialer Ausdehnung. Es hat vielleicht nicht mehr als drei Millionen echter Venezianer gegeben in der gesamten Geschichte der Stadt. Diese große Insularität, diese Isoliertheit, dieses Bewußtsein ihrer Eigenart und Durchtriebenheit haben den venezianischen Charakter in geradezu unheimlicher Weise bewahrt, als wäre er zur Mumie einbalsamiert oder in Spiritus eingelegt wie ein ungewöhnliches inneres Organ.

Die Art der Venezianer

Man kann den Venezianer an seinem Gesicht erkennen. Tausende von anderen Italienern leben heute in Venedig, aber den geborenen Venezianer erkennt man oft auf den ersten Blick. Er hat wahrscheinlich slawisches Blut in sich, vielleicht österreichisches, möglicherweise orientalische Färbungen aus der dunklen Vergangenheit, und er ist wirklich weit von dem Typ des Operettentheater-Lateiners entfernt. Mürrisch, aber berechnend ist der Blick seines hellen Auges und sein Mund rätselhaft. Seine Nase ist sehr ausgeprägt, gleich der Nase eines Granden der Renaissancezeit, und seiner ganzen Art haftet eine gewisse simple Arglist und Selbstgefälligkeit an wie bei einem Menschen, der ein Vermögen gemacht hat durch leicht anrüchige Geschäfte mit Artischocken. Er ist O-beinig (aber nicht vom vielen Reiten) und oft bleich (aber nicht aus Mangel an Sonne). Gelegentlich verbirgt sich in seinem Blick ein Schimmer verstohlener Verachtung, und sein Lächeln ist verhalten. Gewöhnlich ist er ein Mensch von vornehmer Distanz, höflich, zuvorkommend, das Jackett ordentlich zugeknöpft und die juckende Hand diskret behandschuht. Die Venezianer erinnern mich oft an Waliser und oft an Juden, manchmal an Isländer und gelegentlich an Buren, denn sie besitzen den nach innen gerichteten Stolz eines alleinstehenden Volkes, das aus der Gesellschaft der gewöhnlichen Nationen ausgeschlossen ist. Sie sind zugleich distanziert, mißtrauisch und liebenswürdig. Selten treten sie lärmend oder prahlerisch auf, und wenn man einen Venezianer *Buona sera, bellissima Signorina!* sagen hört, so sagt er es ohne Grandezza oder Schmeichelei und neigt dabei nur flüchtig den Kopf. Die Venezianerin auf der Straße kann stur sein und einem mit der Spitze ihres Laib Brots in den Magen stoßen oder einem den Waschkorb auf die Füße fallen lassen, daß man alle Engel im Himmel singen hört. Der Venezianer in einem Laden hat eine ganz besondere verhüllte Höflichkeit, ein gedämpftes, aber bedauerndes Dekorum, das zur Atmosphäre der Stadt gehört.

Man beobachte zwei venezianische Hausfrauen, die sich begegnen, und man wird feststellen, daß sich in allen ihren Gesten der prickelnde Charakter Venedigs widerspiegelt. Sie gehen mit harten, angespannten Gesichtern aufeinander zu, denn sie sind ja beim Einkauf, und im Korb tragen sie ihre morgendlichen Erwerbungen bei sich – die, da wir es mit einer sparsamen Stadt zu tun haben, bisher aus einer Unze Krabben, einem Gramm Zucker, zwei Eiern und einer Tube Zahnpasta von Reklametubengröße zu bestehen scheinen. Aber wenn sie einander erblicken, huscht plötzlich ein weicher Glanz des Mitleids über ihre Gesichter, als ob sie im Begriff wären, sich ihr Mitgefühl zu einem unersetzlichen Verlust auszusprechen oder sich ein ungewöhnlich zartes Geheimnis anzuvertrauen. Der Gesichtsausdruck entspannt sich sofort, und sie heißen einander mit einem längeren Austausch von Grüßen willkommen, ziemlich nach der Art liebevoller Gunstbezeugungen und Segenswünsche, mit denen Araber der alten Schule ihre Begegnungen einleiten. Ihr Tonfall ist überrascht, aber vertraulich und durchdringt in seiner steigenden und fallenden Kurve den Lärm des Marktplatzes: es hört sich dann an, als stimme das Gesprächsthema sie zugleich mitleidig, traurig, ein wenig grämlich, resigniert und widerwillig belustigt. (»Armes Venedig!« seufzt die Hausfrau manchmal, über ihr Balkonfenster gebeugt; aber das ist wenig mehr als ein wehmütiges Schlagwort, gleich einer beschwörenden Bemerkung über das Wetter oder einer jener allgemeinen Klagen über den schlimmen Lauf der Welt von heute.)

Sie sprechen so fünf oder zehn Minuten lang und schütteln manchmal besorgt die Köpfe oder treten vom einen Bein aufs andere, und wenn sie sich verabschieden, winken sie sich auf ihre ganz spezielle Art zu: Sie halten die Hände senkrecht neben die Schultern und wackeln dabei ein wenig mit allen Fingerspitzen zugleich. Im Nu ist ihr Gesichtsausdruck wieder völlig sachlich, und sie feilschen mit einem schlauen, aber verständnisvollen Gemüsehändler um den Bohnenpreis.

Die modernen Venezianer sind kein majestätisches Volk. Sie sind schlicht, provinziell, liebenswert, selbstzufrieden. Im Grunde ist Venedig eine sehr bourgeoise Stadt. Die Venezianer haben das selbstsichere Machtbewußtsein verloren und lieben es, wenn man gut von ihnen denkt. Es gab einmal eine Zeit, da Könige und Päpste sich vor dem Dogen von Venedig verneigten. Tizian, der erhabenste aller venezianischen Maler, erlaubte einst huldvoll Karl V., Kaiser Spaniens und der Niederlande, ihm den Pinsel aufzuheben, der seiner Hand entglitten war. Doch am Ende des 18. Jahrhunderts reagierten die Venezianer bereits empfindlich auf Kritik, wie die Amerikaner vor und die Engländer nach ihrer Machtstellung. Provinziell in hinterwäldlerischem Maße war die Entgegnung Giustina Renier Michiels, der letzten *grande dame* der Republik, als Chateaubriand es wagte, einen Artikel zu schreiben, der für Venedig nicht schmeichelhaft war (»Eine Stadt wider die Natur – man kann keinen Schritt tun, ohne in ein Boot steigen zu müssen!«). Kühl ist die Mißbilligung der vornehmen Venezianerin von heute, wenn man sich zu der Äußerung hinreißen läßt, daß einigen Gärten der Stadt eine Behandlung mit der Stutzschere guttun würde.

Die venezianische Art ist die richtige Art, und der Venezianer weiß fast alles am besten. In der Kirche San Salvatore befindet sich eine »Verkündigung« von Tizian, die, ein wenig unkonventionell im Stil, ihre klösterlichen Förderer derart in Erstaunen versetzte, daß sie sie einfach als unvollendet erklärten und sogar Tizians Autorschaft in Zweifel zogen; der alte Künstler war verständlicherweise verärgert und brachte unten auf dem Bild, daß man es heute noch sehen kann, die erzürnte doppelte Inschrift *Titianus Fecit. Fecit* an. Ich habe seine Gefühle oft nachempfunden, wenn ich besserwissenden Venezianern gegenüberstand, denn der wahre Sohn Venedigs (und in noch stärkerem Maße die wahre Tochter) ist überzeugt, daß die Künste und Wissenschaften der Welt in immer schwächer werdenden konzentrischen Kreisen vom Markusplatz auswellen. Wer ein Buch schreiben will, befrage einen venezianischen Professor. Wer einen Knoten in ein Seil machen will, befrage einen Venezianer, wie man sich dabei anstellen soll. Wer wissen will, wie man eine Brücke baut, betrachte sich die Rialtobrücke. Wenn man lernen will, wie man eine Tasse Kaffee zubereitet, ein Bild rahmt, einen Papagei ausstopft, einen Vertrag abfaßt, seine Schuhe säubert, an einem Hemd einen Knopf annäht, ziehe man unbedingt die zuständige venezianische Autorität zu Rate.

»Der venezianische Brauch« ist das Kriterium des gesunden Menschenverstandes und der Schicklichkeit. Mitleidig, erhaben, aber herablassend ist das Lächeln auf einem venezianischen Gesicht, wenn man vorschlägt, Fisch in Paniermehl anstatt in Mehl zu braten. Väterlich ist der Mann im Fotogeschäft, wenn er einem die einzig korrekte Art vorführt, in der man seine Leica halten muß. »Das ist bei uns so Brauch« – damit meint der Venezianer nicht nur, daß alles Venezianische das Beste ist, sondern auch, daß es wahrscheinlich einmalig ist. Immer wieder wird man sich, wenn man von einem Kai ins Boot steigt, freundlich sagen lassen müssen, daß venezianischer Tang schlüpfrig ist; ja, ich habe sogar sagen hören, daß das venezianische Wasser die Neigung habe, naß zu sein.

Das sind die harmlosen Einbildungen derer, für die es nur Venedig gibt. Ausländer, die seit Jahren in Venedig wohnen, haben mir erzählt, wie sehr sie sich allmählich von den Ereignissen der großen Welt losgelöst fühlen, als ob sie hier nur noch Zuschauer wären; dieses Gefühl des Getrenntseins, das einst zur Unbesiegbarkeit der Republik beitrug, stützt jetzt die venezianische Selbstzufriedenheit. Gleich armen Verwandten oder provinziellen Würdenträgern lieben es die Venezianer, über Ruhmeszweige ihres Stammbaums nachzusinnen, ihren Glanz sogar noch weiter zurückzuverfolgen, über die großen Dogen und die Tribunen hinaus bis hin zu Rom (die Familie Giustiniani behauptet, von Kaiser Justinian abzustammen) und selbst in das Dunkel der Vorgeschichte, als, verschiedenen Quellen zufolge, die Venezianer aus Paphlagonien herüberkamen oder aus dem Baltikum, aus Babylon, aus Illyrien, von der Küste der Bretagne oder, den Nymphen gleich, unmittelbar aus dem Morgentau geboren wurden. Die Venezianer erzählen einem gern von ihrem Großvater, »einem Mann von großer kultureller und intellektueller Bedeutung«, oder sie fordern einen auf, sich der Behauptung anzuschließen, daß die Oper im Teatro Fenice die beste und kulturell höchststehende der Welt sei, oder sie stellen den venezianischen Künstler Vedova als den größten seiner Zeit hin (»Aber vielleicht sind Sie nicht ganz, nun, sagen wir, *au fait* mit den Richtungen der zeitgenössischen Kunst, wie sie hier in Venedig auf unserer Biennale gezeigt werden?«). Jeder Venezianer ist ein Kenner mit einem starken Vorurteil zugunsten des lokalen Erzeugnisses. Die Führer im Dogenpalast machen sich selten die Mühe, die aufsehenerregenden Gemälde von Hieronymus Bosch zu erwähnen, die in der Nähe der Seufzerbrücke hängen – aber Bosch war ja auch kein Venezianer. Die venezianischen Bibliotheken beschäftigen sich emsig mit Venedig. Die Bilder, die in venezianischen Häusern hängen, behandeln fast alle venezianische Szenen. Venedig ist ein schamlos egozentrischer Ort und sonnt sich im ständigen Glanz eines ältlichen Narzißmus.

Doch hat dieser lokale Stolz nichts Aggressives, denn die Venezianer sind nicht eigentlich Prahler, sondern nur von sich überzeugt. Manchmal haftet dem sogar echtes Pathos an. Das moderne Venedig ist nicht halb so vorrangig, wie sie annehmen. Sein Glanz und Flimmerschein hält fast einzig mit den sommerlichen Touristen seinen Einzug, und sein privates intellektuelles Leben ist träge. Sein Opernpublikum (außer auf den Rängen) ist gewöhnlich und unaufmerksam, und die Märchenmotorboote, die an trüben Winterabenden an dem einst strahlenden Wassereingang des Teatro Fenice anlegen, sind wirklich wenige. Die Stadt hat kein Theater, das durchgehend spielt. Konzerte sind, außer in der Touristensaison, im allgemeinen zweitrangig und teuer. Die Universität ist lediglich ein Anhängsel der Universität von Padua. Die berühmten Druckereien von Venedig, einst die besten in Europa, sind fast alle verschwunden. Die venezianische Küche ist ohne besondere Meriten, das venezianische Kunsthandwerk unterschiedlich. Die alten robusten Seefahrergewohnheiten wurden längst aufgegeben, so daß der Durchschnittsvenezianer dem Wasser niemals zu nahe kommt und in große Aufregung gerät, wenn sich ein Sturm erhebt. In mancher Beziehung ist Venedig ein totes Gewässer. Manche sagen, es sei eine noch aufrechtstehende Leiche. Memphis, Leeds, Leopoldville sind allesamt größer und lebendiger. Genua hat einen doppelt so großen Hafenumschlag. Es gibt ein besseres Orchester in Cincinnati, eine bessere Zeitung in Manchester, eine bessere Universität in Kapstadt, und jede Sonntagsseglerin in Chichester oder Newport versteht einen ebenso festen Knoten zu knüpfen wie ein Gondoliere.

Aber die Liebe ist blind, besonders wenn Trauer in der Familie herrscht. Die Venezianer lieben und bewundern ihr Venedig mit einer seltsamen Leidenschaft. »Wohin gehen Sie?« mag man einen Bekannten fragen. »Zur Piazza«, erwidert er; aber er kann keinen Grund dafür angeben, wenn man sich danach erkundigt. Er geht »einfach so« zum Markusplatz; er will keine bestimmte Person treffen, kein bestimmtes Schauspiel bewundern. Er liebt es einfach, sein Jackett zuzuknöpfen, sein Haar ein wenig glattzustreichen, eine Miene gewichtiger Melancholie aufzusetzen und ein, zwei Stunden lang zwischen den prunkvollen Trophäen seines

Erbteils umherzuschlendern. Kaum ein echter Venezianer überquert den Canal Grande, ohne wenigstens die Andeutung einer Atempause einzulegen und die Schönheit der Szene zu bewundern. Unsere Haushälterin murrte manchmal über die Enge Venedigs, seine gedrängte, schwierige Lage, aber keine Liebende kann inniger ihrem Beschützer ergeben sein, als sie es in der Liebe zu ihrem Heimatort war. Venedig ist eine sinnliche Stadt, und die Hingabe, die sie erweckt, hat etwas Physiologisches, als könnte allein die Tatsache ihrer Existenz den Blutstrom anregen.

Ich war einmal in Venedig am Tag des Festes von Santa Maria della Salute, im November, wenn die Venezianer zur Erinnerung an das Ende der Pestepidemie im 17. Jahrhundert eine Notbrücke über den Canal Grande schlagen und im Prozessionszug in die große Kirche ziehen. Ich stellte mich abends am Ende der Brücke auf, einer schwankenden Konstruktion aus Kähnen und Holz. (Sie war, wie mir beruhigenderweise berichtet wurde, entworfen »nach einem uralten Plan«, aber an einem Novembertag in den dreißiger Jahren brach sie dennoch einmal zusammen, als gerade Sir Osbert Sitwell darüberschritt.) Den Kragen hochgeschlagen zum Schutz gegen den bitterkalten Wind von der See her, beobachtete ich dort die Venezianer, wie sie zur Abendmesse gingen, zu zweien und dreien oder in jugendlichen Gruppen, warm eingehüllt. Der Zug trug einen merkwürdigen Besitzerstolz zur Schau, und jedesmal, wenn ein Grüppchen um die Ecke vor der Brücke kam und die Lichter auf dem Kai erblickte und die riesige, in der Dämmerung angestrahlte Kuppel der Salute, hörte ich ein Zungenschnalzen der Bewunderung und Zuneigung und ein »Ah! Wie schön sie heute abend wieder aussieht!« – man konnte den Eindruck gewinnen, eine gebrechliche, aber vielgeliebte Tante hätte ihr bestes spitzenbesetztes Besucherbettjäckchen angelegt.

Eine solche Selbsteinschätzung verengt natürlich den Horizont und verkürzt den Blick. Viele arme Venezianer sind selbst im Jahre 1960 noch nie auf dem italienischen Festland gewesen. Tausende haben niemals die äußeren Inseln der Lagune betreten. Man hört bisweilen Geschichten von Leuten, die nie den Canal Grande überquert oder den Markusplatz gesehen haben. Simple Venezianer wissen oft außerordentlich wenig von Geographie und Weltgeschichte, und selbst gebildete Leute sind (gleich den meisten Inselbewohnern) häufig armselige Linguisten.

Die Venezianer haben tatsächlich eine eigene Sprache, einen reichen und ursprünglichen Dialekt, der erst jetzt langsam seine Kraft einbüßt unter dem Einfluß von Kino und Fernsehen. Dieser Dialekt ist eine undeutlich ausgesprochene, aber flotte Angelegenheit, lebendig genug, daß Goldoni einige seiner besten Stücke darin schreiben konnte, formal genug, um die offizielle Sprache der Republik Venedig zu sein. Byron nannte ihn »ein süßes Bastardlatein«. Entgeistert sind die Gesichter auf Besuch weilender Linguisten, wenn sie diesem haarigen Mischling gegenüberstehen, denn er ist teils französischen, teils griechischen, teils arabischen, teils deutschen und wahrscheinlich auch teils paphlagonischen Ursprungs – das Ganze mit einem feinen, durch ungestüme Singsangmodulation hervorgerufenen Extraschleier versehen. Oft scheint der Venezianer gar kein bestimmtes Wort im Munde zu wälzen, sondern eine butterweiche Folge von halbartikulierten Konsonanten. Die venezianische Sprache liebt die X und die Z und ignoriert tunlichst das L vollkommen, so daß sich das italienische *bello* zum Beispiel wie *beo* anhört. Es gibt mindestens vier italienisch-venezianische Wörterbücher, und diesen kann man entnehmen, daß das venezianische Wort manchmal gar keine Ähnlichkeit mit dem italienischen hat. »Gabel« heißt auf italienisch *forchetta*, aber *piron* auf venezianisch. Der venezianische »Bäcker« heißt *pistor*, nicht *fornaio*. »Uhr« heißt *velozo*, nicht *orologio*. Die venezianischen Pronomina sind *mi, ti, lu, nu, vu, lori*. Wir wir »du bist« und die Italiener *tu sei* sagen, sagen die Venezianer *ti ti xe*. Das venezianische Wort *lovo* heißt in erster Linie »Wolf«, in zweiter »Stockfisch«.

Diese distinktive und attraktive Sprache hat sich auch auf seltsame Kontraktionen und Verzerrungen spezialisiert, und die Straßenschilder der Stadt, die oft noch in der Volkssprache geschrieben sind, können den Unkundigen verwirren. Man mag anhand des Reiseführers nach der Kirche Santi Giovanni e Paolo Ausschau halten, auf dem Straßenschild steht aber San Zanipolo. Die Kirche Sant'Alvise war ursprünglich Sankt Ludwig geweiht. Was die Venezianer San Stae nennen, ist eigentlich Sant'Eustacchio. San Stin ist Santo Stefano, Sant'Aponal ist Sant'Apolinare. Das Kloster Santa Maria di Nazareth, als Leprakolonie benutzt, wurde bereits vor so langer Zeit zu San Lazzaretto verwischt, daß es in dieser korrumpierten Form in fast alle Sprachen der Erde eingegangen ist. Welcher Heilige durch die Fondamenta Sangiantoffetti verehrt wird, konnte ich nicht herausfinden, und ich brauchte einige Zeit, um festzustellen, daß der Titularheilige von San Zan Degola San Giovanni Decollato ist, Johannes der Enthauptete. Das unerklärlichste Beispiel von allen ist wohl die Kirche der Heiligen Ermagora und Fortunato, die den Venezianern als San Marcuola bekannt ist, ein Wort, das sie einem mit allen Anzeichen beiläufig-selbstverständlicher Logik an den Kopf werfen, ohne das geringste Wort der Erklärung. Es ist, könnten sie sagen, so ihr Brauch.

Venedig selbst ist, obwohl als Stadt kompakt, kreuz und quer unterteilt nach lokalen Gerüchen und Treuebindungen. Jeder Distrikt, jeder lärmende Marktplatz hat seine eigene, unterscheidbare Atmosphäre – hier barsch, dort zuvorkommend, hier schlicht, dort weltgewandt. Noch mehr als London ist und bleibt Venedig eine Sammlung von Dörfern. In dem einen kann man liebenswürdiger Behandlung, höflicher Verkäufer, freundlicher Frauen sicher sein; in einem anderen wird einen die Erfahrung lehren, sich eine dicke Haut zuzulegen, denn dort trifft man rauhe Sitten und unnachgiebige Preise an. Selbst der Dialekt wandelt sich von Viertel zu Viertel, obwohl sie vielleicht noch keinen Kilometer voneinander entfernt sind, und es gibt Worte, die am einen Ende Venedigs gebräuchlich, am anderen jedoch ganz unbekannt sind. Straßennamen tauchen wieder und wieder auf, so selbständig ist jeder einzelne Stadtteil: ein Dutzend Gassen in Venedig tragen den Namen *Forno* und 13 sind nach der Madonna genannt.

Bis in die neuere Zeit hinein war die Stadt in zwei unversöhnlich feindliche Parteien gespalten, die Nicolotti und die Castellani, was auf längst vergessene Streitigkeiten in den frühen Tagen der Besiedlung zurückging; die Auseinandersetzungen zwischen den beiden Gruppen waren so heftig, daß die alte Rialtobrücke in der Mitte eine Zugbrücke besaß, die die Behörden in die Lage versetzte, durch einen schnellen Zug am Strick die zwei Parteien zu trennen, daß sie sich nur noch in ohnmächtiger Wut über das Wasser hinweg anfunkeln konnten. Diese tief eingewurzelte Feindschaft verlor allmählich ihren Stachel und artete in Scheinkämpfe, Regatten und athletische Wettkämpfe aus, bis sich schließlich im Jahre 1848 die alten Rivalen in einer geheimen frühmorgendlichen Zeremonie in der Salute versöhnten, als Geste der Einigkeit im Kampf gegen die österreichische Herrschaft. Heute sind die Parteien tot und fast vergessen (obwohl man bei der Lektüre der phantasievolleren Reiseführer einen anderen Eindruck gewinnen könnte); aber zurückgeblieben ist ein Element empfindlichen Stadtviertelstolzes, der sich auf eine Kirchengemeinde oder einen Platz stützt und bisweilen einen lärmenden Ausdruck findet.

Nichts von alledem kann überraschen. Venedig ist ein Netzwerk von Wasserwegen und Gassen, das, winkelig und unvorhersehbar, dem Lauf antiker Schlammkanäle folgt und von Stadtplanern nicht verbessert wurde. Bis ins vergangene Jahrhundert hinein überspannte nur eine einzige Brücke, die Rialtobrücke, den Canal Grande. In den Tagen vor den Motorbooten und den geteerten Bürgersteigen muß eine Ortsveränderung innerhalb Venedigs eine schrecklich ermüdende Angelegenheit gewesen sein, von einer Schiffsreise nach dem Festland gar nicht zu reden. Wen sollte es auch erstaunen, daß sich die Leute von Santa Margherita, die mit ihren eigenen Läden und Tavernen zufrieden waren, nur selten die Mühe machten, bis nach Santa Maria Formosa hinüberzuwandern? Manchmal verkündet eine venezianische Hausfrau im Ton der Bestimmtheit, daß es in der ganzen Stadt heute keinen Weißkohl gibt; sie meint jedoch damit lediglich, daß dem Händler an der Ecke des Campo San Barnaba, mit dem sie eine Familientradition seit den Tagen der ersten Kreuzzüge verbindet, an diesem Morgen das Gemüse ausgegangen ist.

Starke Männer

Von dieser kleinen Stadt jedoch, von diesen selben Menschen, ging der Ruhm der Serenissima aus. Man sagt, daß zur Zeit des vierten Kreuzzugs, in dem Venedig eine bedeutende und völlig unmoralische Rolle spielte, die Stadt nur 40 000 Einwohner hatte. Die Zahl betrug wahrscheinlich während der 13 Jahrhunderte der Republik nie mehr als 170 000. Venedig war deshalb ein Staatswesen der streng spezialisierten Talente. Es brachte gute Administratoren, Seeleute, Kaufleute, Bankiers, Künstler, Architekten, Musiker, Drucker und Diplomaten hervor, dagegen praktisch keinen Dichter, nur einen einzigen großen Dramatiker, kaum einen Romanschriftsteller, kaum einen Philosophen. Sein einziger hervorragender Denker war Paolo Sarpi, der Mönch, der die Sache Venedigs in der schlimmsten aller Streitigkeiten der Republik mit dem Papsttum vertrat und der die Zusammenziehung der Iris entdeckte. Die kühnsten Generäle der Stadt waren Condottieri. Ihre bestimmendste Eigenschaft war weniger das Erneuern als das Sichanpassen. Ihre Berufung war der Handel, ihr Land die See; ihr Geschmack war wollüstig, ihre Funktion die einer Brücke zwischen Ost und West; ihre Zwangsvorstellung war die politische Stabilität, ihr Trost, wenn sie einen benötigte, Genußsucht; und es ist bewundernswert, wie gut ihre Talente auf ihre Bedürfnisse abgestimmt waren. Viele Jahrhunderte lang fehlte es Venedig nie an den nötigen Führern, Handwerkern, Gastgebern und Geschäftsleuten, von listenreichen Botschaftern bis zu fleißigen Schiffsbaumeistern, von Finanzleuten bis zu Architekten, von Marco Polo bis zu Tizian und Goldoni, dem heitersten der geringeren Genies.

Die Venezianer waren immer auf ein Monopol oder einen schnellen Umsatz aus und standen in dem Ruf, bereitwillig alles zu verkaufen, was sie besaßen, wenn man ihnen genug dafür zahlte (wenn auch im 16. Jahrhundert ein Herzog von Mantua, der Rizzos berühmte Evastatue im Dogenpalast begehrte, vergeblich ihr ganzes Gewicht in Gold für sie bot). Sie wagten sich zuerst als Transporteure aus der Lagune heraus, indem sie anderer Leute Waren vom Erzeuger zum Verbraucher beförderten, und während der ganzen Zeit der Kreuzzüge nahmen sie in schamloser Weise beide Seiten aus. Als der vierte Kreuzzug im Jahre 1202 in die Wege geleitet wurde, bat man die Venezianer, die fränkischen Armeen nach Palästina zu bringen. »Wir kommen im Namen der edelsten Ritter Frankreichs«, sagte die Emissäre zu dem Dogen Enrico Dandolo. »Keine andere Macht auf der Erde vermag uns zu helfen, wie Ihr es könnt; deshalb flehen sie Euch in Gottes Namen an, Mitleid zu haben mit dem Heiligen Land und gemeinsam mit ihnen die Verächtlichmachung Jesu Christi zu rächen, indem Ihr sie mit Schiffen und anderem Material ausstattet, damit sie über die Meere fahren können.« Der Doge gab darauf eine klassische venezianische Erwiderung. »Zu welchen Bedingungen?« fragte er.

Auch ließ er es nicht zu, daß irgendwelche sanftmütigen christlichen Skrupel den Verlauf des Feldzugs beeinflußten. Der vereinbarte Preis für den Auftrag betrug 85 000 Silbermark (vielleicht 3,5 Millionen DM), zahlbar in vier Raten, und dazu die Hälfte der Kriegsbeute: dafür sollten die Venezianer 33 500 Mann ins Heilige Land verschiffen, samt ihren Pferden, sie neun Monate lang mit Vorräten versorgen und ihr eigenes Kontingent an Soldaten und Kriegsschiffen stellen. Das fränkische Heer traf pünktlich in Venedig ein und bezog ein Lager auf der Lidoinsel. Schiffe und Vorräte lagen verabredungsgemäß bereit. Die Venezianer, die noch nicht genau wußten, ob sie sich wirklich an dem frommen Unternehmen beteiligen sollten, wurden in ihrer Begeisterung durch liturgische Gesänge und Schaugepränge aufgerüttelt. Der unerschütterliche alte Dandolo, so gut wie blind und fast neunzig Jahre alt, gab seine Absicht kund, die Flotte in eigener Person anzuführen. Aber als der entscheidende Augenblick kam, konnten die Kreuzfahrer den ausgemachten Preis nicht zahlen.

Die Venezianer, denen ein nicht eingehaltener Vertrag nichts Neues war, ließen sich dadurch nicht aus der Ruhe bringen. Sie stellten zunächst alle Zugänge zum Lido unter Bewachung und rückten dann mit einem eigenen Vorschlag heraus. Die Kreuzfahrer könnten auch jetzt noch ins Heilige Land gebracht werden, sagten sie, wenn sie sich dazu bereit erklärten, unterwegs haltzumachen und ein, zwei aufrührerische venezianische Kolonien an der dalmatinischen Küste zu unterwerfen, wodurch sie die Handelsstraßen der Republik durch die Adria sicherten. Die Franken nahmen diesen ungewöhnlichen Vorschlag an, die große Flotte fuhr endlich ab, und die dalmatinischen Häfen wurden einer nach dem anderen unterworfen. Aber die Venezianer sollten noch andere Leistungen verlangen. Dandolo kam als nächstes mit den umgänglichen Kreuzfahrern überein, noch einen weiteren Umweg zu machen, die Demütigung der Ungläubigen zurückzustellen und die griechisch-christliche Bastion Konstantinopel einzunehmen, mit deren Kaiser die Venezianer aus diesem und jenem Grund nicht gut standen. Angeführt von dem blinden Dogen persönlich, erstürmten sie die vierhundert Türme der Stadt, setzten den Kaiser ab, beluden ihre Schiffe mit Beute und teilten das Kaiserreich unter sich auf. Der Kreuzzug erreichte gar nicht das Heilige Land, und der vorübergehende Fall von Byzanz stärkte nur die Sache des Islams. Doch durch einen einfachen, aber glänzend ausgenutzten

Vertragsbruch wurden die Venezianer »Herrn und Meister eines Viertels und eines halben Viertels des Römischen Reiches«; sie erwarben die Oberherrschaft über Lakedämonien, Durazzo, die Zykladen, die Sporaden und Kreta; sie fuhren heim mit Schiffsladungen von Schätzen, Gold, kostbaren Steinen, heiligen Reliquien, die aus ihrer Stadt ein ewiges Wunder machen sollten; und sie festigten ihre Handelsvorherrschaft über die Levante, die es ihnen ermöglichte, noch manches Jahrhundert behaglich in ihren Palästen zu wohnen.

Sie sind heute noch hartgesottene Geschäftsleute. Venezianische Händler, Unternehmer und Reeder stehen im Ruf der Hartnäckigkeit, wenn nicht Widerborstigkeit. (»Ein halsstarriges und aufrührerisches Volk«, so beschrieb einmal ein Verwaltungsbeamter aus Rom die Venezianer.) Die Börse von Venedig, in der Nähe der Piazza San Marco gelegen, funktioniert mit ernster, dogenähnlicher Präzision: nicht der leiseste Hauch wilder Spekulation kräuselt ihre Anschlagtafeln, aber ein starkes Gefühl für Opportunismus sickert zu den Türen ihrer Telefonzellen heraus. Die venezianischen Banken, deren Gebäude sich immer noch beziehungsreich um die Rialtobrücke herumgruppieren, jenes alte Glücksrad, sind untadelig organisiert. Die Ferienindustrie zieht dem Besucherstrom völlig unparteiisch den letzten Dollar, Schilling, Franc und Pfennig aus der Tasche.

Die Venezianer sind hartnäckige, aber kluge Händler. Wenn ihre Vorfahren es unternahmen, eine Armee zu transportieren oder eine Flotte auszurüsten, waren ihre Preise hoch und ihre Bedingungen unwiderruflich, aber sie bewahrten auch dabei ihren Stil und ließen es an nichts fehlen. Ihre Schiffe waren die besten, ihre Pferdedecken die prunkvollsten, und sie kamen allen Vereinbarungen buchstabengetreu nach. *Noi siamo calculatori*, haben die Venezianer schon immer fröhlich zugegeben – »Wir sind Leute, die rechnen.« So ist es auch heute noch. Die Venezianer lassen den Kunden stets »ein andermal« zahlen, wenn er das Geld nicht sofort verfügbar hat, sie werden ihn selten um ein paar Lire betrügen und sind nie verschnupft, wenn man eine Verhandlung abbricht. Sie sind Geschäftsleute mit Finesse. Auch ist der alte, hochfliegende Unternehmungsgeist nicht völlig tot. Es gibt zumindest einen Hotelier in der Stadt, der zweifellos die Mauern von

Byzanz erstürmen oder eine Galeere um den Meridian steuern würde, wenn man ihm eine angemessene Kommission böte. Die Venezianer verlassen sich auf sich selbst. Auf der Accademiabrücke verkaufte eines Tages ein Junge Horoskope, die in kleine gelbe Papierpäckchen eingehüllt waren. Ein vorübergehender, mir bekannter Geschäftsmann blieb stehen, um sich zu erkundigen, was darin war, machte dann eine Bewegung mit dem Kopf zu mir hin und klopfte sich auf den rechten Arm (der zufällig in einem guten Fischgrät-Tweedanzug steckte). »*Das* ist mein Horoskop!« sagte er erhaben und schritt auf das Bankgebäude zu.

Solche Männer der Tat, Männer des Krieges oder des Handels, wurden immer von einer Schicht ergebener Verwaltungsbeamter und Funktionäre unterstützt, die in der alten Zeit zumeist Patrizier waren. Das Prestige der Staatsbeamten sank mit dem Niedergang der Republik, und ihre moralische Festigkeit wurde geschwächt, so daß am Ende die Verwaltung von Venedig ziemlich korrupt war; die besten unter den alten Aristokraten hielten jedoch, indem sie sich den wandelnden Zeiten anpaßten, die alten Traditionen überlegter Integrität aufrecht und verschmolzen mit den Schichten der gelehrten Berufe. Ihre Nachfolger, die Anwälte, Ärzte und Ingenieure von heute, sind immer noch achtunggebietend: schöne und ernste Menschen, langknochig und nüchtern gekleidet, mit einem kühlen Römerzug auf dem Gesicht und kaum einer Spur südländischer Leidenschaft. Die kleinkrämerische Bürokratie Italiens hat Venedig längst erfaßt, aber die echten venezianischen Staatsdiener werden sie immer umgehen und ihre Angelegenheiten mit der ganzen Logik und dem kühlen, ungetrübten Scharfsinn der alten Republik führen.

Wenn man diese Leute in ihrer besten Form beobachten will, muß man in den Strafgerichtshof von Venedig gehen, der in einem alten Palast neben der Rialtobrücke untergebracht ist. Draußen vor den Fenstern ist ein Geschrei von Marktverkäufern und schrillen Frauenstimmen; ein Dienstmädchen singt zum Gotterbarmen bei seiner Arbeit; man hört das Brummen von Bootsmotoren auf dem Canal Grande und manchmal das feuchte Klatschen eines Dampfhammers, der einen Pfosten in den Schlamm treibt. Das Gebäude ist ein wenig abgebröckelt, strahlt aber noch eine düstere Würde aus; es hat hohe schattige Gänge, schwere dunkle Türen und einen Geruch nach Wachs, Alter und Akten. Im Hintergrund des getäfelten Gerichtssaals stehen, respektvoll flüsternd, Hut in der Hand, einige wenige Zuschauer. Der Gerichtsdiener neben der Tür, in dunkelgrauem Anzug, spielt nachdenklich mit einem Bleistift auf seinem Tisch, so, wie der Ratsschreiber ominös mit einem Federkiel gespielt haben könnte zur Zeit der strengeren Tribunale der Republik. Und hoch oben auf dem dunklen Mahagonipodium, unter dem geschnitzten Wahlspruch der Justiz – *La Legge E Uguale Per Tutti* – sitzen die venezianischen Richter. Ihre Roben sind düster und die Spitzen ihrer Kragen sehr weiß. Ihre Gesichter blicken klug und undurchdringlich. Sie sitzen dort zu Gericht in der Haltung träger, aber latent drohender Aufmerksamkeit, ein wenig gespreizt wie Parlamentarier, einige jung, einige mittleren Alters; und während sie die nächste Zeugin vernehmen, eine schieläugige Wäscherin, jeder Zoll eine Lügnerin, vom billigen Kopftuch bis zu den verschmutzten hohen Absätzen – während sie der Reihe nach mit kalter, durchbohrender Höflichkeit ihre Fragen formulieren, erscheinen sie als die Essenz des alten Venedig, eines unbeugsamen, aber glänzenden Organismus, dessen Strafmaßnahmen allen bekannt waren und ohne Günstlingswirtschaft angewandt wurden. (Und wenn man in der Ca'd'Oro die Bilder der Richter und Aufseher der Münze sieht, kann man sie durchaus für dreihundert Jahre vor der Zeit entstandene Porträts dieser Juristen von heuten halten.)

Die Republik wurde auch gestützt durch eine mannhafte Gruppe von Handwerkern, die, obwohl von jeder politischen Mitsprache ausgeschlossen, nie ihre Selbstachtung verloren. Die Herrscher von Venedig hielten zwar die arbeitenden Klassen fest unter Kontrolle, taten aber alles, um sie zufrieden zu stimmen, teils indem sie ihnen ein prunkvolles Zeremoniell boten, teils indem sie ihr Handwerks- und Gildegefühl förderten. Wenn die Fischer der Fraktion der Nicolotti alljährlich ihren Führer wählten, ließ sich der Doge persönlich bei der Zeremonie vertreten – zuerst nur durch einen Türwächter des Dogenpalastes, später durch einen höheren Beamten. Von solcher Bedeutung für den Staat waren die Glasbläser des 16. Jahrhunderts, die Meister eines der venezianischen Monopole, daß sie ihren eigenen Patrizierstatus erhielten und von allen Steuern befreit wurden. (Als ernüchternder Zusatz zu dieser Bestimmung wurde öffentlich bekanntgemacht, daß ein

Glasbläser, der mit seinen Berufsgeheimnissen emigrieren sollte, mit der Ermordung durch sofort ausgeschickte Häscher zu rechnen habe. Die Legende berichtet, daß die beiden Männer, die die berühmte Uhr mit den komplizierten Tierkreiszeichen auf dem Markusplatz konstruierten, später von Staats wegen geblendet wurden, damit sie nicht noch einmal eine solche Uhr für einen anderen Auftraggeber bauen konnten.) Die großen venezianischen Künstler gehörten fast alle der Handwerkerklasse an, so reich und bekannt sie auch wurden, und die Maler traten gewöhnlich der Gilde der Hausanstreicher bei. Gesunde alte Gestalten waren sie, die robust lebten und spät starben – Venedig war ein Staat von großen alten Männern: Tintoretto starb mit 76, Guardi mit 81, Longhi und Vittoria mit 83, Longhena mit 84, Giovanni Bellini mit 86, Tizian und da Ponte mit 88, Sansovino mit 91. Vor allem hing Venedig von seinen seefahrenden Männern ab. Die Stadtvenezianer gaben es bald auf, eigene Schiffe zu bemannen, und verließen sich auf Dalmatiner und Leute der äußeren Lagune. Aber die Republik war immer wohlversorgt mit Kapitänen, Fischern, Schiffbauern und Handwerkern auf dem großen Seestützpunkt des Arsenals, der ersten Schiffswerft der Welt.

Im großen und ganzen gilt das noch heute. Das moderne Venedig ist reich an gewissenhaften Handwerkern, Leuten von kraftvoller und loyaler Schlichtheit, so, wie man sie sich in den Seehäfen des frühen viktorianischen England vorstellt. Die Facharbeiter Venedigs erwecken immer noch Achtung, von den Männern in der Garage am Piazzale Roma, die geschickt Wagen steuern, indem sie die beiden Vorderräder bewegen, bis zu der Legion von Bilderrahmern, denen schon beim Gedanken an eine weitere »Rialtobrücke bei Sonnenuntergang« schlecht werden müßte. Prächtige schwielige Handwerker arbeiten auf dem Sägmehlgelände der Bootswerften – *squeri* auf venezianisch –, wo die Teerkessel blubbern und stinken, und sie kalfatern die Schiffe mit flammenden Reisigbündeln. Mürrische alte Männer, Londoner Taxifahrern gleich, stehen mit antiken Haken in der Hand an den Kanälen, in weiten Überziehern, und halten mit wäßrigem Blick nach Gondeln Ausschau, denen sie ans Ufer helfen können. Selbst die Fahrer der großen Motorboote verbergen manchmal hinter angeberischer Fassade ein weiches Herz, und nur wenige Polizisten sind freundlicher als diejenigen, die in ihren kleinen Schnellbooten die Kanäle patrouillieren oder, in blaue Überzieher eingeknöpft, feierlich in flachen Skiffs umherkurven (eine Tätigkeit, die in einem Reiseführer dramatisch als »Kontrollieren der Wasserwege von rasch sich bewegenden Flußkähnen aus« beschrieben ist).

Und unter ihnen allen bewegt sich als wahres Sinnbild Venedigs, in direkter Linie von Carpaccio abstammend, der Gondoliere. Er ist nicht beliebt bei den Touristen, die seine Preise für zu hoch und sein Gebaren manchmal für zu anmaßend halten: in der Tat ist er häufig kommunistisch eingestellt und hat keine Achtung vor den Personen; oft betrügt er den harmlosen Fremden auf schamlose Weise mit falschen Auskünften, und bisweilen fordert er ihn auf, seine Dienste über Tarif zu bezahlen. (»Ah! Aber heute ist doch das Fest von San Marcuola, Signor, und es ist *Tradition*, daß man an diesem heiligen Tag den doppelten Satz verlangt.«) Ich habe es jedoch dazu gebracht, sie zu mögen und zu bewundern, und ich kann Menschen, die von einer viermonatigen Touristensaison leben müssen und sich im Winter stundenweise als Fischer oder Gelegenheitsarbeiter verdingen, ein paar kleine Sünden verzeihen. Die Gondolieri sind gewöhnlich hochintelligent; sie sind auch tolerant, spöttisch und haben, von einigen verdrießlichen und im allgemeinen ältlichen Ausnahmen abgesehen, Humor. Oft sehen sie auch sehr gut aus, blond und gelenkig – viele ihrer Vorfahren stammten von den slawischen Küsten Istriens und Dalmatiens –, und sie haben bisweilen etwas Gebildetes, Weltgewandtes an sich, gleich Studenten, die auf dem Cherwell ihr flaches Boot dahinstaken, oder Marineoffizieren bei einer Belustigungsfahrt oder vielleicht fashionablen Skilehrern.

Die Gondolieri haben noch ein starkes Gefühl für Gildeeinigkeit. Ihr Syndikat ist eine mächtige Organisation in Venedig, und früher hatten sie sogar ihre eigenen Gemeinschaftsbanken, die auf einem System des gegenseitigen Risikos aufgebaut waren. Vor noch nicht langer Zeit war jede Gondel-Fährenstation – *traghetto* – in ihrer eigenen Gilde organisiert (sie haben noch ihre Gildenordnung, wenn auch ihre Beamten von der Stadt ernannt werden). Heutzutage sind sie, obwohl fast jeder zu einem *traghetto* gehört, alle Mitglieder ein und desselben Syndikats. Jede Gondel ist in Privatbesitz – der Gondoliere, der den Fremden fährt, ist nicht notwendigerweise der Eigner, da der Besitz oft innerhalb der Familie weitergegeben wird –, und der Gewinn fällt dem Eigentümer zu; das Syndikat ist dabei nur eine vermittelnde Stelle, ein System sozialer Sicherheit und allgemeinen Vorteils – und manchmal auch ein politisches Organ. Der Wettbewerb der Gondolieri untereinander ist jedoch streng geregelt, und die berühmten, Generationen von Reiseschriftstellern so teuren Auseinandersetzungen zwischen Gondolieri haben oft etwas auffällig Gestelltes. Auch sind andere Arten von Booten an ihren Ständen nicht gern gesehen. Nur 25 *sandoli* – die kleineren Passagierboote von Venedig – sind offiziell zugelassen; alle anderen, die man sieht und die den Gondeln die Kundschaft stehlen, werden mit düsterer Miene als »außerhalb des Gesetzes« stehend bezeichnet.

Doch bei all diesem Protektionismus, einer alten venezianischen Praktik, sind die Gondolieri im allgemeinen großzügige Leute und haben unerwartetes Mitgefühl mit Amateuren und Fremden. Nie wird der Ausländer von ihnen ein hartes Wort hören, wenn er ihnen in unschlüssigem Zickzack über den Weg fährt; und wenn man dann schließlich an den Kai heranschaukelt, naß von der Lagune, mit stehengebliebenem Motor, hängenden Seilen, zerbrochenem Dollbord und einem zerrissenen Hosenbein, heißen sie einen belustigt willkommen, erklären zum soundsovielten Male (denn sie sind gelernte Venezianer), wie sich das mit dem Salzwasser im Vergaser verhält, und tragen einem schöne Grüße an die Kinder auf.

Ab und zu halten sie Regatten ab, gezwungen einerseits durch die Macht der Tradition, andererseits durch den Verkehrsverein. In mancher Trattoria kann man, vorsorglich hinter Glas aufbewahrt, die Trophäen und Banner eines Regattasiegers sehen oder gar sein Porträt in Öl – es ist üblich, eines in Auftrag zu geben; diesen Rennen haftet immer noch eine Spur von Volksbegeisterung an, ein schwaches anthropologisches Echo von Sippenrivalitäten und altererbten Fehden. Mit einem zu dem farbigen Ruder passenden Schweißband, ganz auf das Rennen konzentriert, jagen die Regattateilnehmer, wuchtig sich abstoßend, den Canal Grande hinunter oder wenden an der Wendeboje bei den Öffentlichen Gärten. Eine bunte Flottille von kleineren Booten folgt in ihrem Kielwasser, Expreßboote und Ruderboote und schwankende Skiffs, halbnackte Jungen in Kanus, große Marktkähne, elegante Barkassen, Jachten. Alle hüpfen sie fröhlich den Gondeln hinterdrein, die Dampffähren schwingen gefährlich nahe an den Kai heran, eine dünne Gischt von Schaum und Motorengeknatter liegt in der Luft – das Ganze wie bei einer alpdruckhaften Universitätsregatta auf halbem Weg zu einem tollen Putney hin.

Aber der schönste Augenblick der Regatta kommt erst später, am Abend. Dann werden die neuen Sieger, die ihren Geldpreis einstecken oder ihr Ferkel unter dem Arm tragen (den traditionellen Vierten Preis), von ihren Kollegen gefeiert. Kurz darauf sieht man sie, mit lustigen Hüten auf dem Kopf und fröhlich singend, in einer großen grauen Barke den Canal Grande entlang paradieren – eine Batterie von Flaschen steht auf einem sauber gedeckten Tisch, ein heiterer Impresario spielt Akkordeon, Wimpel flattern; von der ganzen Szene geht eine Welle von Ausgelassenheit, *bonhomie* und Zufriedenheit aus.

Unter der Republik hatte keiner dieser Männer der Arbeiterklasse einen Anteil an der Führung des Staates. Eine kleine Erbaristokratie, stolz im Goldenen Buch aufgeführt, behielt alle Macht sich selbst vor. Nur gelegentlich wurde das Buch geöffnet, um als Neuzugang einen Patrizier aufzunehmen, der auf diese Art geehrt wurde wegen tapferen Verhaltens im Krieg, wegen besonderer Treue zum Staat oder den man zuließ gegen Zahlung einer angemessenen (aber natürlich rein symbolischen) Gebühr. Dreißig Familien wurden geadelt für treue Dienste im Krieg gegen Genua, und manchmal kaufte sich ein reicher Bürgerlicher vom Festland in die venezianische Aristokratie ein, so, wie man sich die Mitgliedschaft bei Lloyds erkaufen kann. Es vergingen jedoch Generationen, bis solche Parvenüs von den alten Aristokraten als vollwertig akzeptiert wurden, die oft, nicht ohne Grund, eine so hohe Meinung von sich hatten, daß sie erschauerten bei dem Gedanken, ins Ausland zu reisen und sich wie gewöhnliche Menschen behandeln lassen zu müssen.

Die Arbeiterklasse wurde, als Gegenleistung für ihre Arbeit und Verläßlichkeit, gerecht und oft großmütig regiert, aber sie besaß nicht das geringste politische Privileg und konnte nur gelegentlich den Lauf der Dinge durch einen Aufruhr oder die Androhung einer Meuterei ändern. Im allgemeinen hielt sie dem System in erstaunlicher Weise die Treue. Es gab nur drei ernsthaftere Revolutionen in der Geschichte der Serenissima, alle im 14. Jahrhundert, aber keine davon war ein Aufbegehren der Proletarier. Die schwerstwiegende, der Tiepolo-Aufstand vom Jahre 1310, wurde von Aristokraten inszeniert, und sie wurde zum Scheitern gebracht durch »eine alte Frau aus dem Volk«, die dem Bannerträger der Rebellen einen steinernen Mörser auf den Kopf fallen ließ und die übrige Schar in Verwirrung stürzte (sie tut es noch, in Stein gehauen, auf einer Gedenktafel an der Stelle in der Merceria, an der ihr Haus stand, während eine darunter in das Pflaster eingelassene Plakette die genaue Stelle des Aufschlags bezeichnet). Den ganzen langen Niedergang hindurch blieb das Volk seiner Republik rührend treu, und als schließlich der Gleichmacher Napoleon kam, waren nicht unzufriedene Plebejer, sondern liberale Patrizier seine lautesten Anhänger – die Gräfin Querini-Benzoni, Byrons berühmte »Blondine in einer Gondel«, tanzte, nur mit einer athenischen Tunika bekleidet, Hand in Hand mit einem hübschen Revolutionspoeten auf dem Markusplatz um einen Freiheitsbaum herum.

Gleich England, das ebenfalls eine Seeoligarchie war, neigte Venedig zu Stabilität und Zusammenhalt infolge eines Gefühls von einem gemeinsamen Zweck. Die Engländer fühlten sich als »eine glückliche Rasse von Menschen«, als »eine Sippe von Brüdern«, trotz aller Ungleichheiten zwischen Earl und Arbeiter. Auch den Venezianern war in ihrer großen Zeit dieses Gefühl geteilten Schicksals zu eigen, und sie betrachteten sich in erster Linie nicht als Reiche oder Arme, Privilegierte oder Machtlose, sondern als Bürger von Venedig. Da Venedig nie feudal war, war es auch nie geschwächt durch Privatarmeen leibeigener Treubindungen wie die Städte des italienischen Festlandes. Unter der patrizischen Oberschicht besaßen die Kaufleute und Arbeiter ganz bestimmte eigene Rechte, und die venezianischen Aristokraten scheinen, wenn sie auch schrecklich selbstgefällig waren, die ihnen gesellschaftlich unterlegenen Klassen nicht grob oder verächtlich behandelt zu haben. Venezianer aller Schichten amüsierten sich in den wilden Tagen des Karnevals, und die jungen Burschen des 17. und 18. Jahrhunderts mit ihren lärmenden Clubs und phantasiereichen Kostümen sind offenbar mit eben der andeutungsweise neiderfüllten Toleranz angesehen worden, die Leser Londoner Zeitschriften heutzutage den Galanen in Chelsea vorbehalten.

Einige Beobachter sind der Ansicht, daß die vollkommene Abhängigkeit der Venezianer von aristokratischer Huld eine heute noch spürbare Servilität in der Stadt hervorrief. Ich kann mich dieser Meinung nicht anschließen. Gewiß, es gibt ein gewisses Maß gesellschaftlicher Kriecherei in Venedig. Die Venezianer werden für fügsamer als die meisten anderen Italiener gehalten und pflegten im Ausland leicht ausgebeutet zu werden in den Tagen, als Italien halb Europa mit billigen Arbeitskräften versorgte. Ein Bediensteter spricht manchmal von seinem Arbeitgeber in gedämpftem Flüsterton, als befände er sich in einem Gotteshaus. Die Venezianer haben wie eh und je einen gesunden Respekt vor den Begüterten – vielleicht mehr noch als vor den Vornehmen und Gebildeten.

Aber im allgemeinen durchdringt ein starkes Gefühl der Gleichheit das venezianische Leben. In der Stadt findet man immer noch, wie im übrigen Italien, viel Dienstpersonal, Hausmädchen in schmucker Tracht, mütterliche Köchinnen, leise auftretende Diener; aber sie gehen an die Dinge des Haushalts mit einer vernünftigen Vertraulichkeit heran, der nur geringe Spuren öliger Unterwürfigkeit anhaften. Mit eben dieser freundlichen Vertraulichkeit setzt sich die Hauswirtschafterin zu einem an den Frühstückstisch, um weitschweifig die Aufgaben des Tages zu besprechen oder liebenswürdig auf Fehler in der Erziehung der Kinder des Hauses hinzuweisen. Zahlreich und nicht zu identifizieren, mit einem freudestrahlenden Lächeln begabt, sind die Freunde und Verwandten, die man auf seiner Terrasse auftauchen sehen kann, wenn eine Regatta oder eine Serenade vorüberzieht; und es gibt kaum einen freundlicheren Empfang als den, den einem die Babysitterin, zusammen mit ihrer Schwester am Radio sitzend, zuteil werden läßt, wenn man um Mitternacht benommen, aber mit einer Entschuldigung auf den Lippen, von einer venezianischen Veranstaltung heimkommt. Eine gewisse kindhafte Schlichtheit mag durch das alte System gefördert worden sein und ist unter den Venezianern noch spürbar; ihrem Charakter haftet noch eine Andeutung von Unterwürfigkeit an, aber sie fühlen sich niemals auch nur im geringsten unterdrückt.

Am anderen Ende der Skala stehen die Aristokraten und Plutokraten Venedigs. Einige sind Nachkommen der alten venezianischen Patrizier, einige wenige Familien, die noch ihre alten Paläste am Canal Grande bewohnen, wie sie auch noch ihre Besitzungen auf dem Festland bewahrt haben. Eine vornehme Witwe, so wurde mir erzählt, hörte vor nicht langer Zeit mit an, wie ein Gondoliere sie als die Witwe des letzten Dogen bezeichnete – ein Gedanke, der, wenn er auch ihrem venezianischen Stolz möglicherweise schmeichelte, doch davon ausging, daß sie fast 190 Jahre alt gewesen wäre. Die meisten Familien des Goldenen Buches sind aber verschwunden. Insgesamt 1218 Namen standen in dem Buch beim Sturz der Republik, doch viele der alten Häuser waren Klöstern verpfändet, und als Napoleon die Orden abschaffte, schaffte er auf wirkungsvolle Weise auch die Familien ab. Die alte Oligarchie löste sich auf. Eine Gruppe schwacher, bedürftiger Patrizier, die Barnabotti genannt, lebte bereits im Viertel San Barnaba, und im Jahre 1840 empfingen mehr als tausend Mitglieder des alten Adels Staatsfürsorge.

Die moderne venezianische Aristokratie ist also gemischten Ursprungs. Einige ihrer Mitglieder sind reiche Kaufleute, die vor langer Zeit schon die Kluft zwischen Ohnmacht und Privileg überschritten. Die meisten sind gar keine gebürtigen Venezianer, sondern Römer oder Milanesen, die Häuser in der Stadt haben und den Sommer im Pendelverkehr zwischen Harry's Bar und dem Lidostrand verbringen. Einige wenige sind Ausländer. Titel werden von der italienischen Regierung nicht mehr verliehen, aber es gibt noch viele Grafen in Venedig, denen der allgemeine Brauch ihre ziemlich verblichene Würde beläßt, gar nicht wenige Fürstinnen und Baronessen mit slawischen Namen oder russischen Adelskronen auf den Visitenkarten und viele, deren Namen das ehrenvolle *Nobile Homine* – kurz »N. H.« – voransteht. Auch viel Geld ist in der Stadt, gestützt großenteils auf Landbesitz. Die vornehmsten Wohnungen Venedigs sind immer noch sehr, sehr vornehm. Seine luxuriösesten Motorboote sind wirklich luxuriös. Sein Opernpublikum ist, wenn auch gemischt, so doch prunkvoll gekleidet. Einige Familien unterhalten noch ihre Privatgondeln, die man den Canal Grande hinuntergleiten sehen kann, messingfunkelnd, vorangetrieben von zwei Ruderern in blitzender Livree.

Ich verbrachte einmal ein träges Frühstück damit, im Telefonbuch nachzusehen, welche Namen von Dogen noch in der Stadt vertreten sind. Die meisten der frühen Titelinhaber sind verständlicherweise in die Nebel der Legende eingegangen. Von den ersten 25 wurden, den Chronisten zufolge, drei ermordet, einer wegen

Verrats hingerichtet, drei von Gerichts wegen geblendet, vier abgesetzt, einer ausgewiesen; vier dankten ab, einer wurde ein Heiliger, und einer kam im Kampf mit Piraten um. (75 von den ersten 76 sind dennoch getreulich im Großen Ratssaal des Dogenpalastes porträtiert.) Die späteren Namen sind zum größten Teil noch im Telefonbuch zu finden. Es gab insgesamt 120 Dogen, zwischen 697 und 1797. Sie trugen 67 verschiedene Namen (da die Würde oft innerhalb der Familie weitergegeben wurde), und von diesen sind 39 im Telefonbuch aufgeführt. Bisweilen gibt es zwei oder drei Vertreter desselben Namens, manchmal zehn oder zwölf. Eine überraschend große Zahl scheint von Beruf Gräfin oder Pferdemetzger zu sein. Viele stammen wahrscheinlich von den Dienstboten der alten Familien ab und nicht von den Familien selbst. Der Name des ersten Dogen taucht nicht auf, auch der des letzten nicht; aber die Reihe enthält einen sehr eindrucksvollen Vertreter: Graf Dottore Giovanni Marcello Grimani Giustiniani, der gleich drei Dogennamen hintereinander trägt.

Der Familienstolz bei den alten venezianischen Aristokraten war sehr ausgeprägt, wie man feststellen kann, wenn man das Museum in der Ca'Rezzonico besucht: dort hat sich jemand die Mühe gemacht, einen Stammbaum aufzustellen, in dem jedes Familienmitglied durch ein kleines, glasgerahmtes Wachsporträt vertreten ist. Die Venezianer waren auf Genealogie so versessen, daß sie in der Basilica di San Marco sogar einen in Mosaik ausgeführten Stammbaum der Jungfrau Maria angebracht haben. Ganze Stadtviertel wurden nach den herrschenden Sippen genannt, und man sah es als eine öffentliche Tragödie an, wenn einer der großen Namen ausstarb. Man erzählt noch heute voll Bedauern die Geschichte vom Aussterben der Foscari, der Familie, deren unglücklicher Vorfahr, der Doge Francesco Foscari, Held von Byrons Tragödie war. Ihr Name erscheint noch im Telefonbuch, aber sie sollen Anfang des letzten Jahrhunderts ausgestorben sein. Der letzte männliche Vertreter starb als unbekannter Schauspieler in London, und seine zwei überlebenden Schwestern verloren den Verstand und wurden von gewissenlosen Dienstboten den Touristen als die allerletzten der Foscari vorgeführt.

Eines der größten aller venezianischen Häuser war die Familie Giustiniani; doch während des 12. Jahrhunderts wurden alle männlichen Vertreter der Familie bis auf einen im Kampf getötet oder von der Pest dahingerafft. Die eine Ausnahme war ein junger Giustiniani, der Mönch geworden war und in einem Kloster auf dem Lido ein strenges Zölibatsleben führte. Ganz Venedig war bedrückt bei dem Gedanken an das mögliche Auslöschen der Giustiniani, und man sandte eine öffentliche Bittschrift an den Papst, in der dieser ersucht wurde, den Mönch von seinem Gelübde zu entbinden. Die Erlaubnis wurde erteilt und der unfreiwillige Laie rasch mit der Tochter des gerade regierenden Dogen vermählt; die beiden brachten dann pflichtschuldigst neun Knaben und drei Mädchen hervor. Als sie ihre Aufgabe erfüllt hatten und die Kinder erwachsen waren, kehrte der Vater wieder in sein Kloster zurück, und die Mutter gründete ein eigenes Kloster auf einer der weiter entfernt liegenden Inseln der Lagune. Was das Haus Giustiniani angeht, so blühte und gedieh es von da ab zur Freude aller. Ein Giustiniani war fast der einzige Venezianer, der angesichts der Drohungen Napoleons die Würde der Republik aufrechterhielt, und noch heute gibt es elf Giustiniani-Paläste in Venedig, ein sinnfälliges Denkmal mönchischer Selbstverleugnung.

Die Ziele der Aristokratie waren in den eisernen Tagen der Republik genau festgelegt, und alle diese Patrizierfamilien hatten ihre Pflichten zu erfüllen. Es gab keine Adelsränge. Entweder war man Patrizier und stand im Goldenen Buch oder man war es nicht (als die Österreicher die Macht übernahmen, konnte jeder Patrizier, der den Wunsch dazu äußerte, Graf werden). Jeder venezianische Adlige war in der Tat ein unbezahlter Diener des Staates. Sein Leben war von strengen Regeln umrissen – er bekam sogar vorgeschrieben, welche Kleidung er zu tragen hatte, so daß man bisweilen verarmte Aristokraten in zerlumpter roter Seide betteln gehen sah. Voltaire war bestürzt, als er entdeckte, daß ein venezianischer Adliger nicht ohne offizielle Erlaubnis ins Ausland reisen durfte. Wurde ein Venezianer zum Botschafter gewählt, so mußte er seine Botschaft großenteils aus eigener Kasse unterhalten, und manchmal bedeutete das seinen Ruin – ein alter Adliger diente der Serenissima auf diese Weise elf Jahre lang ohne einen Pfennig Entschädigung und erbat sich als einzige Belohnung das besondere Privileg, eine goldene Kette behalten zu dürfen, die ihm einer der europäischen Monarchen verehrt hatte, ein Geschenk, das normalerweise sofort in die Schatztruhen des Staates gewandert wäre.

Der Patrizier durfte keine Ernennung ausschlagen, und gleichzeitig war es ein wesentliches Merkmal des venezianischen Systems, daß jeder Bürger, der irgendwelche Anzeichen von Überheblichkeit oder gefährlicher Popularität zeigte, sofort gedemütigt wurde, um das Emporkommen von Diktatoren zu verhindern und *pour encourager les autres.* Wenn man einen Kommandoposten ablehnte, fiel man in Ungnade. Verlor man eine Schlacht, wurde man des Verrats verdächtigt. Gewann man sie und wurde man ein öffentlich gefeierter Held, wurde man wahrscheinlich früher oder später irgendeines erfundenen Vergehens gegen den Staat bezichtigt. Der im 15. Jahrhundert lebende General Antonio da Lezze zum Beispiel verteidigte Skutari fast ein Jahr lang gegen türkische Angriffe mit solcher Wildheit, daß eine Katze, die eines Tages über ein Dach hinwegschleichen wollte, sofort von elf Pfeilen zugleich durchbohrt wurde, und so ausgiebig, daß der Ort nachher an den verschossenen Pfeilen mehrere Monate zu brennen hatte. Aber als er schließlich die Stadt weitaus überlegenen Kräften übergeben mußte und in allen Ehren nach Venedig heimkehrte, wurde er sogleich des Verrats angeklagt, ein Jahr lang eingekerkert und auf zehn weitere Jahre verbannt. Ein großer Befehlshaber zu sein war in Venedig immer ein Wagnis, und man gab ihm selten Gelegenheit, seinen gichtgeplagten Ruhestand zu genießen.

Was noch schlimmer war: Schimpf und Schande wurde gewöhnlich in Stein verewigt. Über dem mittleren Bogen der Basilika sieht man eine unglückliche, beturbante Gestalt an Krücken, die an den Fingernägeln kaut. Dieser Mann soll der Architekt der großen Kirche gewesen sein, der zu ewiger Verachtung verurteilt wurde, weil er sich damit brüstete, daß sein Werk absolut vollkommen sein werde, was es nicht war. Er ist lediglich das erste unter diesen Opfern. Eine Tafel im Pflaster des Campo Sant'Agostin hält für ewige Zeiten die Strafe des Bajamonte Tiepolo fest, des aristokratischen Rebellen von 1310. Ein eiserner Löwe, der an einem Haus am Campo Santa Maria Mater Domini befestigt ist, deutet an, daß das Gebäude vom Staat konfisziert wurde, als man seinen Besitzer ins Gefängnis warf. Unter den Arkaden des Dogenpalastes ist eine Tafel, die an die Verbannung Girolamo Loredans und Giovanni Contarinis erinnert, Angehörige zweier berühmter venezianischer Sippen, die mit dieser Strafe belegt wurden, weil sie die Festung Tenedos den Türken überlassen hatten »unter schwerer Benachteiligung der Christenheit und ihres

Landes«. Der eine Doge, dessen Gesicht nicht im Kreise seiner Kollegen im Großen Ratszimmer erscheint, ist Marino Faliero, der enthauptet wurde nach einer Verschwörung, die er angezettelt hatte, um sich zum Alleinherrscher aufzuschwingen. Sein Platz ist eine leere, schwarze Stelle, und darunter steht die kalte Inschrift: *Hic est locus Marini Falethri decapitati pro criminibus.*

Ein einziges Mal stellte die venezianische Regierung eine Tafel der Reue auf, die den Patrizier Antonio Foscarini von der Anklage des Verrats, um deretwillen er hingerichtet worden war, freisprach – aber sie ist hoch oben zwischen den Familiendenkmälern in der Kirche San Stae so gut versteckt, daß sie kaum jemandem ins Auge fällt. Im allgemeinen wurde eine Schandtat verewigt, eine Heldentat jedoch mit dem Mantel der Verschwiegenheit umgeben. Die Historiker beklagen sich über den Mangel an persönlichen Mitteilungen über prominente Venezianer, und bis zum Jahre 1866 und dem Begeisterungssturm des Risorgimento war das einzige öffentliche, im Freien stehende Denkmal in Venedig das Reiterstandbild des Condottiere Colleoni vor San Zanipolo. Heutzutage versucht man, das zum Teil wiedergutzumachen – es gibt einen Dampfer, der nach dem tapferen General Bragadino genannt ist, und ein Baggerschiff trägt den Namen des hervorragenden Admirals Morosino. Aber man bitte einen gebildeten Londoner, einen berühmten Venezianer zu nennen, und er wird vielleicht etwas von Marco Polo, Cabot, Goldoni, Sarpi, versuchsweise noch von Foscari murmeln, aber nach Tizian und Tintoretto bleibt er wahrscheinlich stecken.

Alle diese Regeln betrafen am härtesten den Dogen selbst, den unglücklichsten aller venezianischen Patrizier. Er war der offensichtlichste Anwärter auf diktatorischen Glanz, also wurden, um ihn hilflos zu machen, seine Machtbefugnisse über die Jahrhunderte hin so sehr beschnitten, daß er zum Schluß beinahe die Parodie eines konstitutionellen Monarchen war, eine vergoldete Marionette, der es untersagt war, ohne Aufsicht mit einem Fremden zu sprechen, ein Mann, der nicht einmal einen unzensierten Brief an seine Frau schreiben konnte. Die einzigen Geschenke, die er von Gesetzes wegen annehmen durfte, waren Rosenwasser, Blumen, süß duftende Kräuter und Balsam – es fällt schwer, sich eine femininere Zusammenstellung auszudenken. Und nach 1494 durfte der Doge von Venedig auf seiner eigenen Münze nur demütig zu Füßen von Sankt Markus kniend dargestellt werden. Die kunstvollsten Methoden dachte man sich aus, um ihn in Ohnmacht zu halten – Methoden, die, wie der britische Botschafter Sir Henry Wotton einmal bemerkte, »stark nach Kloster« schmeckten. Der Doge wurde von seinen Kollegen im Großen Rat, der Versammlung der Aristokraten, gewählt, aber seine Wahl war ein gewundener Vorgang. Zunächst wurden durch das Los neun Mitglieder des Rats bestimmt, die vierzig Wahlmänner zu benennen hatten, jeweils mit einer Mehrheit von mindestens sieben Stimmen. Zwölf von diesen vierzig wurden dann durch das Los ausersehen, 25 weitere zu wählen, ebenfalls wieder mit einer Mehrheit von wengistens sieben Stimmen. Neun von den 25 wurden danach ausgelost, um 45 mit einer Mehrheit von sieben Stimmen zu wählen. Elf von den 45 wurden ausgelost, um ihrerseits 41 zu wählen – und diese 41, in vier Stadien aus der gesamten venezianischen Aristokratie ausgesiebt, mußten dann mit einer Mehrheit von mindestens 25 Stimmen den neuen Dogen wählen.

Doch trotz dieser strengen Maßnahmen, Einschränkungen, Strafen und Geldausgaben standen der Republik Venedig in ihren großen Tagen immer hervorragende Führer zur Verfügung, und die Patrizier kamen im großen und ganzen ihren Pflichten mit beispielloser Gewissenhaftigkeit nach – ein Mann, dessen Leben genau aufgezeichnet wurde, versäumte nur eine einzige wöchentliche Sitzung des Großen Rats während der dreißig Jahre seiner Mitgliedschaft. Stolz, romantisch und oft ehrwürdig klangen die Namen, die mich über die Cornflakes hinweg ansprangen, als ich an jenem Morgen im Telefonbuch blätterte – Grimani und Morosini, Pisano und Mocenigo, Bembo, Barbarigo und Gradenigo; aber den besten hob ich mir bis zuletzt auf.

Der größte unter den Dogen war Enrico Dandolo, ein schurkischer Riese, der im Alter von 88 Jahren die Bastionen Konstantinopels stürmte und jene fränkischen Barone auf der Fläche seiner runzligen Hand tanzen ließ. Er war einer von vier Dandolos auf dem Dogensitz, und man kann noch die Reste seines Palastes sehen, ein kleines Haus im gotischen Stil zwischen den Kaffeeläden in der Nähe der Rialtobrücke. *Oh for an hour of old blind Dandolo!* schrieb Byron. *Th'octogenarian chief, Byzantium's conquering foe!* Seine Gestalt schreitet durch die Chroniken wie ein venezianischer Churchill, und als er starb, bestattete man ihn so prunkvoll,

Luftansicht der Rialtobrücke und des Canal Grande

Blick von der Rialtobrücke in die weiterführende Gasse

wie er gelebt hatte, in der Hagia Sophia über dem Goldenen Horn. (Sultan Mohammed II. zerstörte sein Grab, aber Gentile Bellini, der als Hofmaler Seiner Erhabenheit einige Jahre in Konstantinopel lebte, brachte Schwert, Helm und Brustpanzer des alten Kriegers zurück nach Venedig.) Dandolo gab seinen Namen in etwas entstellter Form dem bekanntesten Hotel in Venedig, dem Danieli, aber es gibt nur noch einen einzigen Dandolo im Telefonbuch, und ich trank an jenem Morgen eilig meinen Kaffee aus und machte mich auf, ihn zu besuchen.

Er ist, den Eindruck hatte ich, kein reicher Mann, und er arbeitet in einem städtischen Dezernat, genannt Wasseramt, das die Kanäle und Wasserwege Venedigs überwacht. Seine Frau und seine Tochter (er hat keinen Sohn) sind freundliche Frauen mit frischen Gesichtern – es könnte die Familie eines Landpfarrers in England sein. Seine Wohnung in der Nähe von San Zanipolo wirkt angenehm bescheiden. Aber wenn Andrea Dandolo sich zum Fenster hinauslehnt, um seinem Gast zum Abschied noch einmal über das dunkle Wasser eines Seitenkanals hinweg zuzuwinken, scheint ein Glanz von alten Schlachten in seine Augen zu treten, seine tiefe Stimme hallt die Jahrhunderte entlang, und der ganze trauerverhangene Stolz Venedigs liegt in seinem Lächeln.

Nicht jedem die Wahrheit

Venedig ist ein komplizierter Ort, physisch und geistig, und es ist außerordentlich schwer, venezianische Tatsachen festzustellen. Es gibt nichts, das ganz sicher ist. Das Leben ist verwickelt in Widersprüche und Ausnahmen, und die gewissenhaftesten und hartnäkkigsten Frager, die Leute, die *immer* ganz genau wissen, wann der Zug abfährt, werden oft hoffnungslos in die Irre geführt.

Venedigs Vergangenheit ist deshalb – wie seine Gegenwart – in zweifelhafte Einbildungen und Täuschungen gekleidet, und fast von jeder Überlieferung gibt es mehrere Versionen. Kein Reiseführer wird einem genau die Bedeutung Sankt Theodors und des Krokodils erklären, die zusammen, einer auf dem anderen, auf einer Säule der Piazzetta neben San Marco stehen – aus dem einfachen Grund, weil sich niemand über ihre Bedeutung restlos im klaren ist: die meisten Autoren wagen sich an eine kurze gemutmaßte Biographie des Heiligen, übergehen aber das Krokodil vollkommen. Der Leichnam des heiligen Markus, den zwei venezianische Abenteurer im 9. Jahrhundert seinem Grab in Alexandria entrissen (sie bedeckten die mumifizierte Leiche mit gepökeltem Schweinefleisch, um neugierige Moslems fernzuhalten), soll, so wird immer wieder versichert, unter dem Hochaltar der Basilika ruhen: alles spricht jedoch dafür, daß er im Jahre 976 bei einem Brand vernichtet und aus Prestigegründen wieder heraufbeschworen wurde. Woher hat der Campo dei Mori seinen Namen? Weil die Geschäfte der Mauren in der Nähe gelegen waren? Wegen der maurischen Figuren, die auf seinen Mauern stehen? Weil die bedeutendste Familie des Platzes aus Morea stammte? Weil diese Familie Moro hieß? Man suche sich etwas aus, niemand wird einem widersprechen können. Es existieren mehrere voneinander abweichende autoritative Versionen vom Einmarsch der Alliierten in Venedig im Jahre 1945, wie man feststellen kann, wenn man die verschiedenen unanfechtbar offiziellen Berichte in der Bibliothek des Kriegsministeriums vergleicht. Fünf Handbücher neueren Datums, die ich eingesehen habe, gaben fünf verschiedene Zahlen für das Gebiet der venezianischen Lagune an. Als Napoleon Venedig besetzte, befahl er eine Art Charakteranalyse der Venezianer zu erstellen, ungefähr nach seinem ägyptischen Muster – er wollte wissen, welches ihre Vorurteile, ihre politischen Ansichten, ihr Geschmack und ihre Lebensart waren. Der Bericht wurde nie abgeschlossen, denn die Gelehrten, die damit betraut worden waren, erklärten sich für unfähig, die Wahrheit herauszufinden.

Kein Wunder, daß die Bücher einander widersprechen. In Venedig kann man einer Sache nie ganz sicher sein. Das Komische ist, daß die Information zwar eindeutig ungewiß sein mag, die Informanten aber gewöhnlich dogmatisch auftreten: das venezianische Gebaren hat eben etwas von der unechten Überzeugung des Außenseiters. Der Waliser erzählt eine Halbwahrheit mit unüberbietbarer Bestimmtheit. Der Bure erläutert seine widersinnigen Prinzipien in der selbstsicheren Art eines Statistikers. Der Israeli empfindet es wirklich als schmerzlich, wenn er einen Irrtum eingestehen muß. Die Schwäche des Venezianers ist es, daß er es verabscheut, seine Unkenntnis zuzugeben. Er hat immer eine Antwort parat. Man kann ihn nie in Verlegenheit und selten aus der Fassung bringen, und wenn man ihn nach dem Weg zu irgendeinem Ziel fragt, durch die Wirrnis venezianischer Gassen und Gäßchen hindurch, wird er eine kluge, hilfsbereite Miene aufsetzen, die Situation sorgfältig prüfen, einen freundlich am Arm nehmen, zur nächsten übersichtlichen Stelle führen, mit dem Finger mitten in das Labyrinth mittelalterlicher Verkehrswege deuten, das sich, ein verwobenes Netz von Kanälen, Bogengängen, Sackgassen, unvermuteten Plätzchen und trügerischen Passagen, vor einem ausbreitet, und dabei höflich *Sempre diritto!* sagen – »Immer geradeaus!«

Das ist nicht mehr als *politesse*, aber bisweilen ist die Ungenauigkeit der Venezianer auch berechnet. Sarpi bemerkte einmal einem Freund gegenüber: »Ich erzähle niemals, niemals eine Lüge, aber ich sage auch nicht jedem die Wahrheit.« Es gibt in Venedig selten ein schwerwiegendes Verbrechen und praktisch keine Gewalttätigkeit, aber allen Vorgängen in der Stadt haftet ein undeutliches Air von Amoralität an. Es tritt nie in grellen Farben auf. Die Hotels sind teuer, die Gondeln und Wassertaxis ruinös, die Gepäckträger, die den Kunststoffkoffer des Fremdlings von einer Seitengasse zur anderen befördern, erpresserisch; aber sie arbeiten im allgemeinen nach einem gesetzlich genehmigten Tarif und verblüffen den Aufbegehrenden nur zu gern damit, indem sie ihn vorzeigen. Die Venezianer sind nie ungehobelt. Sie sind nachdenkliche Leute, die genau wissen, wie tief sie einem Opfer in die Brieftasche greifen dürfen, ohne es gleich nach der Côte d'Azur zu verscheuchen, und ihr Charme wiegt oft ihre Habgier wieder auf. Das System der Republik Venedig nahm von jedem das Schlimmste an, vom Dogen abwärts – während der letzten Dekaden der staatlichen Unabhängigkeit, als Korruption an der Tagesordnung war, verschwanden jährlich aus dem Arsenal so viele Bündel Holz, daß man zehn komplette Kriegsschiffe daraus hätte bauen können. Der moderne Venezianer ist auf ähnliche Weise zynisch und setzt diese Haltung auch bei dem Fremden voraus. »Wir Venezianer«, sagt er, »wir sind genauso wie die anderen Menschen auch: einige von uns sind ehrlich und einige nicht.« In eine Kerkermauer des Dogenpalastes hat jemand im Dialekt die traurige Inschrift eingekratzt: »Vor dem Menschen, dem ich vertraue, möge Gott mich schützen. Vor dem Menschen, dem ich nicht vertraue, schütze ich mich selbst.«

Venedig ist eine Stadt der kleinen Diebe. Im 18. Jahrhundert durften Taschendiebe, die ihre Beute zu den Stadtwächtern brachten, einen bestimmten Prozentsatz ihres Wertes behalten – einem Reisenden, der sich nach Sinn und Zweck dieses schändlichen Systems erkundigte, wurde geantwortet, es fördere eine erfinderische, intelligente, scharfsinnige Tätigkeit unter dem Volk. Als der pestkranke Tizian 1576 auf dem Sterbebett lag, betraten Einbrecher sein Haus und plünderten es, während er noch lebte – angeblich vor seinen Augen. Im 15. Jahrhundert gelang es einem Einbrecher sogar, ein Loch in die Schatzkammer der Basilika zu brechen und mit ungeheuer reicher Beute zu entkommen (er wurde später, auf eigenen Wunsch, in einer goldenen Schlinge erhängt). Die venezianischen Einbrecher von heute sind bisweilen nicht weniger frech. Sie steigen mit besonderem Geschick zu Fenstern ein, die nach der Kanalseite gelegen sind, stehlen eine Handtasche oder ein Halsband und gleiten auf einem lautlosen Boot davon, so daß die Hotels an den Kanälen Wächter aufstellen, die Fenster der Privathäuser schwer vergittert und verriegelt sind und die Zeitungen im Sommer laufend von bestohlenen Finnen, enttäuschten Amerikanern und empörten Engländern berichten. »Was kann man da anderes erwarten«, sagen die Venezianer fröhlich, »wenn diese Leute glauben, unbedingt bei offenem Fenster schlafen zu müssen ...«

Größer noch ist die Gilde der kleinen Zufallsdiebe, die die *vaporetti* heimsuchen und die Seitenkanäle abpatrouillieren, um alles mitzunehmen, was ihnen in die Finger gerät. Alles nur irgendwie Bewegliche wurde mir Stück für Stück aus meinem eigenen Boot gestohlen, das im Rio de la Toletta (dem Kanal der Toilette) festgemacht war: zuerst ein Poller, dann ein Sitz, dann die Taue und zuletzt die Fußbodenplanken, bis es schließlich, an die Mauer gekettet, demontiert, geplündert und armselig auf dem Wasser schwamm. Die Vordertüren der venezianischen Häuser werden mit einer erstaunlichen Vielzahl von Schlössern, Yale-Dreifachschlössern, altertümlichen Vorhangschlössern, Riegeln, Ketten und Querstangen gesichert. Wer am Anfang über dieses Sortiment lächelt, den werden einige Monate Aufenthalt in der Stadt eines Besseren belehren.

Selbst dem alltäglichen Tun der Venezianer haftet oft etwas von durchtriebener Berechnung an. Möglicherweise ist das ein historisches Phänomen. Die Venezianer hatten bei fast allem, was sie taten, ihre tiefer gehenden Motive. »Venus und Venedig sind zwei Königinnen«, sang ein englischer Dichter des 17. Jahrhunderts, »Venus ist Königin der Liebe, Venedig Königin der Diplomatie.« Insbesondere stellten sich die Venezianer, gleich den Buren, gern als die von Gott Auserwählten und Gelenkten hin und bogen geschickt religiöse Symbolik für ihre eigenen irdischen Zwecke um. Als die ersten Führer der Lagune verkündeten, daß der heilige Petrus ihnen persönlich die Insel Torcello vermacht habe, war dies nicht bloß religiöse Einbildung: das göttliche Landgeschenk begründete die oberherrschaftlichen Rechte der Venezianer über die unglücklichen Fischer, die bereits auf der Insel lebten, und der Befehl, eine Kirche zu bauen, war ein Vorgeschmack auf die Dauer, war eine politische Deklaration.

Und als jene tapferen Venezianer im Jahre 829 die sterbliche Hülle des heiligen Markus stahlen, taten sie dies höchst wahrscheinlich auf staatliche Anweisung. Die Venezianer, die bis dahin unter der Obhut des obskuren St. Theodor mit seinem Krokodil gestanden hatten, benötigten dringend die spezielle Fürsprache eines prominenten Gottesmannes – sie waren eifrig dabei, sich von der Oberherrschaft des östlichen und westlichen Imperiums zu befreien und bedurften eines übermächtigen Talismans der Unabhängigkeit. Die Legende vom Schiffbruch des heiligen Markus in der Lagune wurde erfunden, sein Leichnam gestohlen, und von diesem Tag an waren Venedig und der Evangelist unzertrennlich. Die strahlende Basilika war am Anfang nichts weiter als ein Reliquienschrein für den Leichnam, und viele Jahrhunderte hindurch zogen die Venezianer unter dem Banner von St. Markus in den Krieg, mit dem Schlachtruf *Viva San Marco!* auf den Lippen, sein aufgeschlagenes Buch hochhaltend und alles mit seinem geflügelten Löwen bewappnend (der, dem Buch der Offenbarung zufolge, sechs Flügel haben und vorn, hinten und innen drin voller Augen sein sollte).

Als die Basilika niederbrannte und der kostbare Leichnam verlorenging, wurde ein spezielles Wunder inszeniert: man streute das Gerücht aus, daß der Aufenthaltsort des toten Heiligen in Vergessenheit geraten sei, und während einer Andacht, in der man göttliche Erleuchtung erflehte, drang von einer Säule ein bröckelndes Geräusch herüber, ein Knirschen von Gestein, ein Beben – und auf einmal kam zunächst eine Hand, dann der Arm, dann der ganze heilige Leichnam zum Vorschein! Innig empfunden waren die Loblieder und Danksagungen, als Priester und Volk sich um die Reliquie scharten – und zufrieden das Lächeln auf dem Gesicht des Dogen, so werden wir annehmen dürfen, als er aus der großen Kirche in seinen Palast hinüberschritt. Die Leute von Bari, die den Leichnam des heiligen Nikolaus erworben hatten und unverkennbar überheblich wurden, waren sogleich tief bestürzt, als sie von dem Ereignis Kunde erhielten; eine kleine rote Tafel an der Säule der Basilika, neben dem Altar des Heiligen Sakraments, zeigt heute noch die Stelle dieser Auferstehung an.

Die alten Venezianer konnten sehr schlau sein. Als Antonio Grimani im Jahre 1500 des Verrats bezichtigt wurde (er hatte eine Schlacht verloren), brachte er einen rührenden Milderungsgrund vor: hatte nicht sein Sohn, der Kardinal Grimani, der Republik getreulich von allen Angelegenheiten berichtet, die auf päpstlichen Konsistorien behandelt wurden, so daß die Venezianer »mit ihrer gewohnten Klugheit für ihre eigenen Bedürfnisse vorsorgen konnten«? Selbst Tintoretto mogelte, als er zu einem Wettbewerb für die Ausschmückung der Scuola di San Rocco ein fertiges Wandgemälde einreichte, wo die Bestimmungen Entwürfe vorschrieben. Das große Staatsgepränge bei religiösen und weltlichen Anlässen verfolgte hauptsächlich die Absicht, die Unzufriedenheit der arbeitenden Bevölkerung zu ersticken. Die Venezianer waren die ersten, die Pilgerfahrten ins Heilige Land auf rein kommerzieller Basis organisierten. Die Karnevalsausgelassenheit der venezianischen Dekadenz wurde von Anfang an als eine nützliche Touristenattraktion betrachtet – und je ausschweifender es dabei zuging, desto mehr Leute wurden angelockt. Als der große Söldnerführer Colleoni im Jahre 1484 starb, vermachte er sein gesamtes Vermögen von fast einer halben Million Dukaten dem Staat (der es dringend brauchte) unter der Bedingung, daß man ihm eine Statue errichte auf »der Piazza vor San Marco«. Die Signoria säkkelte das Geld dankbar ein, konnte aber die Vorstellung von einem Denkmal auf der großen Piazza nicht recht verdauen und kam so zu einem charakteristischen Kompromiß mit der Wahrheit: man gab das Reiterstandbild in Auftrag und stellte es dann auch auf der Piazza »vor San Marco« auf – aber es handelte sich dabei um die *Schule* von San Marco, nicht um die Basilika, und so steht das Denkmal noch heute auf dem Platz vor San Zanipolo.

So bewegt sich der Venezianer durch die Geschichte unter einem dünnen Schleier von Unaufrichtigkeit, gleich einem Krikketspieler mit einem seltsamen Hang für regelwidrige Würfe oder einem Golfspieler, der keine Partner finden kann. Heutzutage ist der Abschluß eines Mietvertrags auf ganz ähnliche Weise von Täuschung gefärbt, etwa um das Finanzamt zu betrügen oder einer Schwägerin nicht die ganze Wahrheit zu erzählen. Drollig sind die Angaben, die man da unterschreiben und worin man den Behörden gegenüber bestätigen soll, daß man (zum Beispiel) seinen neuen Kühlschrank als Geschenk von dem Händler empfangen hat oder daß man der Signora versprochen hat, ihr sein Landhaus in Kingston Seymour im Winter zur Verfügung zu stellen, mit Benutzung des Badezimmers im Nachbarhaus, als Gegenleistung für die absolut unentgeltliche Benutzung ihrer Wohnung am Canal Grande während der ganzen Sommersaison.

Aber heute haftet diesen Schlichen etwas ziemlich Unschuldiges und Rührendes an, denn der Venezianer ist gewöhnlich in seinen kleinen Listen leicht durchschaubar und auf einnehmende Weise entzückt, wenn er einen irregeführt hat. Er hegt keinen Groll und ist ein guter Verlierer. Eine Aura kindlicher Geheimniskrämerei umgibt seine Geschäfte; man ahnt immer obskure, namenlose Mittelsmänner, Kulissengeflüster und Beerdigungen von Großmüttern. Von Francesco Pianta, einem Künstler des 17. Jahrhunderts, gibt es in der Scuola di San Rocco eine Holzschnitzerei, die diese Tendenzen herrlich illustriert. Sie heißt *Der Spion oder Die Neugierde* und stellt einen Verschwörer dar, der so theatralisch in Umhänge eingerollt ist, so gierig zwischen Schlapphut und erhobenem Arm ausspäht, so überladen ist mit Bomben und Geheimdokumenten, daß selbst die menschenfreundlichste alte Dame in Cheltenham oder New Hampshire, sollte er völlig abgerissen vor ihrer Tür erscheinen, versucht sein könnte, ihm ein Zuckerplätzchen zu verweigern. Ich denke oft an dieses berükkende Bildnis, wenn mein Versicherungsagent anruft und mich vorsichtig an die Prämie erinnert.

Es könnte auch den venezianischen Schnüffler darstellen, eine allgegenwärtige Gestalt. Die Venezianer wurden zur »Langohrigkeit« ermuntert durch das System der Denunziation, auf das sich die Autokratie ihrer Republik stützte. In mehreren Teilen der

Stadt findet man heute noch die steinernen Briefkästen oder Löwenmäuler – *bocche di leone* –, in die die Bürger ihre schriftlichen Anklagen warfen. Einige, wie etwa der auf dem Zatterekai, waren nur für Beschwerden über die mangelnde Sauberkeit der Nachbarn oder Klagen über Gotteslästerei und Gebrauch von Schimpfworten bestimmt. (*Bestemmiate non più*, besagt eine Inschrift in der Nähe des Campo dei Mori, *et date gloria a Dio* – »Flucht nicht mehr und gebt Gott die Ehre.«) Einige waren schwerwiegenderen Bezichtigungen vorbehalten – Hochverrat oder Verschwörung –, die sehr wohl jemandes Tod bedeuten konnten. In den späteren Tagen der Republik mochte es geschehen, daß ein Klagezettel, der in einen dieser Kästen geworfen wurde, zu einer sofortigen Bestrafung ohne Prozeß führte. Nichts ist kennzeichnender für die Unbarmherzigkeit des alten Venedig als diese gütigen steinernen Figuren: die Löwen, bärtig und lächelnd, sehen keineswegs wild aus, und das unheimlichste Behältnis von allen war ein Briefkasten neben einer komischen, unter dem Namen Signor Antonio Rioba bekannten Statue, die heute noch, ausgiebig mit Eisenstangen geflickt, an der Ecke des Campo dei Mori steht. Es gab eine Zeit, als die *bravos* oder Banditen von Venedig sich ihre Straflosigkeit vor dem Gesetz einfach dadurch erkaufen konnten, daß sie einen ihrer Zunftgenossen töteten und dafür befriedigende Beweise beibrachten – und es ist kein Zufall, daß die Venezianer die Einkommensteuer erfanden.

Vielleicht fällt es nicht allzu schwer, sich zwei noch fortbestehende Folgen des Systems vorzustellen, die in der Tat unter den Faschisten zu neuem Leben erweckt wurden. Die eine ist der Umstand, daß die Venezianer gern für sich bleiben – sie schließen ihre Fensterläden und verriegeln ihre Hintertüren, so daß man wochenlang in einem bestimmten Stockwerk eines Palazzos wohnen kann, ohne die Leute darunter jemals zu Gesicht bekommen zu haben. Heute haben sie Warnspiegel, die an der Fensterbank angebracht sind; in früheren Zeiten gab es Gitter im Fußboden des Wohnzimmers, die es dem Hausbesitzer ermöglichten, rechtzeitig zu erkennen, welcher langweilige Besucher an seinem Wasserportal festmachen wollte (in Goldonis Haus nahe der Kirche der Frari ist noch eines zu sehen).

Die zweite Folge, in natürlichem Zusammenhang damit stehend, ist die, daß die Venezianer die Gewohnheit haben, sich um die Angelegenheiten anderer Leute zu kümmern. Manch wichtigtuerischer Bürger mischt sich liebend gern ein, wenn man seine Kinder die Kaistufen hinunterklettern läßt. Mancher Alleswisser wird einen in den Genuß seines Ratschlags kommen lassen, wenn man mehr Personen in seinem Boot befördert, als die Bestimmungen erlauben. Die Venezianer haben ein unersättliches Interesse für alles, was man tut und beabsichtigt, und können sich nicht enthalten, einem zu sagen, wie falsch man alles macht und wie man es besser machen soll. Wurde einem Gepäck aus dem Wagen gestohlen, während er auf dem Piazzale Roma stand, besteht die erste Reaktion der Venezianer nicht darin, den fehlenden Koffer zu suchen oder den Dieb dingfest zu machen, sondern sie halten einem einen kurzen Vortrag über die üblen Folgen der Nachlässigkeit – und als nächstes sagen sie dann, mit verständnisvollem Augenaufschlag: »Ah, diese Italiener, die bringen auch alles fertig!«, als wollten sie damit eindeutig feststellen, daß kein echter Venezianer je eine Hutschachtel stiehlt.

Bei all seinen geschlossenen Wohnungstüren (verzerrte Fernsehstimmen dringen durch die Ritzen, während man die hallende Treppe hinaufsteigt) ist Venedig eine geschwätzige Provinzstadt, in der die Schritte des Fremden eifrig verfolgt und seine Besucher geschickt analysiert werden. Wenn man zu einem Picknick in eine entfernte Ecke der Lagune fährt, hat bestimmt jemand beobachtet, wie man sich mit seinem Boot hinausgestohlen hat, und wenn man nachts heimkommt und durch den leeren Garten geht, zeugt ein heimlicher Lichtspalt, der plötzlich irgendwo in den Fensterläden des Palazzos aufblitzt, von der Wachsamkeit des zweiten Stocks. Jemand hat mir einmal erzählt, daß Venedig früher eine wichtige Sammelstelle des britischen Geheimdienstes war. Gewiß sind seine Lauscherneigungen ansteckend, und keiner kann ein besserer Venezianer sein als ich selbst, was die Neugier betrifft.

Über die Frauen

Die Venezianerinnen sind sehr hübsch und sehr eitel. Sie sind groß von Gestalt, haben einen schönen Gang, und sie sind oft blond (im 16. Jahrhundert pflegten sich vornehme venezianische Damen die Haare im Sonnenschein zu bleichen, indem sie diese zu oben offenen Hüten herauswachsen ließen wie Weinranken durch ein Spalier). Ihre Augen sind manchmal, unter schweren Lidern, grünblau wie die Augen verzagter Gürteltiere. Selten sieht man eigentlich eine zerzauste Venezianerin, und sogar die Madonnen und weiblichen Heiligenfiguren der alten Meister sind gewöhnlich elegant gekleidet. Die schlampigsten Leute, die man in der Stadt antrifft, sind fast immer Touristen – von verschrobenen Typen und Wasserfarbenmalern einmal abgesehen.

Die Venezianer sind im ganzen gesehen nicht reich, aber sie haben immer einen großen Teil ihres Geldes für Kleider und Schmuck ausgegeben. Man wird kaum ein Mädchen sehen, das sich zu einem Bummel einen saloppen Pullover und einen geflickten Rock anzieht oder jenes ungebügelte Deshabillé, das die letzte Emanzipation der Engländerin darstellt. Die Mädchen auf der Universität, die entweder Sprachen oder Wirtschafts- und Betriebswissenschaft studieren, ähneln eher Modellen als Akademikerinnen, und wenn man die Dienstmädchen sieht, wie sie zu zweien, eingehüllt in eine Parfümwolke, ihren Wochenendvergnügungen nachgehen, könnte man sie sich durchaus in Ascot oder bei einer Galaversammlung der Vereinigung weiblicher Anwälte vorstellen.

Diese Putzsucht ist im venezianischen Wesen tief verwurzelt. Auch die Männer gehen immer schmuck gekleidet, und bis vor ganz kurzer Zeit pflegten sie sich mit kleinen Fächern und Sonnenschirmen in den Öffentlichen Gärten Kühlung zu verschaffen – »ein seltsamer Anblick«, wie Augustus Hare im Jahre 1896 streng bemerkt, »für englische Augen«. Schon 1299 führte die Republik Gesetze zur Einschränkung des Gepränges ein. Später wurden die berühmten Gesetze gegen den übertriebenen Aufwand erlassen, die genau vorschrieben, was jemand tragen durfte, und eine besondere Behörde zur Überwachung dieser Bestimmungen geschaffen. Sie hatten aber nicht viel Erfolg. Als der Patriarch von Venedig das Tragen »übermäßigen Schmuckes« verbot, wandte sich eine Gruppe von Frauen direkt an den Papst, der ihnen prompt ihre Juwelen wieder zurückgab. Als die Republik lange Kleider für unstatthaft erklärte, rafften die Venezianerinnen ihre Schleppen zu komplizierten und herrlichen Falten, die mit prunkvollen Klammern festgehalten wurden. Als verkündet wurde, daß nur noch eine einzige Perlenkette im Höchstwert von zweihundert Dukaten getragen werden durfte, waren die Gesetzesumgehungen so allgemein, so erfinderisch und so herausfordernd, daß der Magistrat es aufgab und seine mißbilligenden Blicke in eine andere Richtung lenkte. Im 18. Jahrhundert waren die Venezianerinnen die reichstgekleideten Frauen von Europa, und eine Engländerin, Lady Mary Wortley Montagu, mußte kommen, um festzustellen, daß »die Kleidung keine Schwierigkeiten« bereite, da ja ohnehin in der Oper alle Welt eine Maske trage.

Die Patrizierfrauen des alten Venedig hatten gleich den arabischen Haremsdamen an wenig mehr zu denken als an Kleider und kleine Kinder. Die venezianischen *mores* waren aus Byzanz importiert, und ehrbare Frauen wurden streng gehütet und in einen engen Bewegungskreis verwiesen. In ihren Häusern festgehalten, wo ihnen nichts passieren konnte, waren sie kaum mehr als Werkzeuge oder Spielsachen, westliche Odalisken; selbst die Frau des Dogen hatte keine offizielle Stellung. Das beliebteste Kleidungsstück der venezianischen Aristokratinnen waren die absurden Holzschuhe, die manchmal fünfzig Zentimeter hoch waren und sie dazu zwangen, auf zwei Dienstboten gestützt umherzutappen. (Da sie stattliche Größe als gesellschaftlich erstrebenswert erscheinen ließen, sind sie vielleicht der Grund für die unbedingte Entschlossenheit der modernen Venezianerin, bei allen Gelegenheiten die höchstmöglichen Absätze zu tragen.)

Nur zwei Frauen haben in der venezianischen Geschichte eine Rolle von einiger Bedeutung gespielt. Die erste war Caterina Cornaro, die 1472 den König von Zypern heiratete und offiziell als »Tochter der Republik« adoptiert wurde, damit die venezianische Kontrolle über die Insel gesichert war. Ihr Mann starb nach einjähriger Ehe, die Venezianer übernahmen die Herrschaft, und die arme Caterina schmachtete in Asolo in einem goldenen Exil dahin, wobei sie sich bis zuletzt als »Königin von Zypern, Jerusalem und Armenien, Herrin von Asolo« bezeichnete. Die zweite war Bianca Cappello, Tochter aus vornehmem Hause, die 1564 mit einem Florentiner davonlief; sie wurde in *absentia* zum Tode verurteilt, so groß war die Schmach; aber dann gelangte sie zu weltlichem Ruhm, wurde Großherzogin von Toskana, und sogleich drückte sie Venedig als zweite »Tochter der Republik« wieder an seinen Busen. Sie starb 1587 an Vergiftung, aber die Republik legte ihretwegen keine Trauerkleidung an – es konnte ja sein, daß der Großherzog selbst sie vergiftet hatte.

Erst im 18. Jahrhundert kam die Venezianerin der Oberschicht zu ihrem Recht, und sogar heute noch umgibt sie oft eine klösterlich einsame Aura des Anachronismus. Manchmal sieht man in Venedig eine junge, blonde Schönheit, die anmutig ihr eigenes Boot rudert – aber die Gondolieri ziehen nicht einmal die Möglichkeit in Betracht, daß sie eine Venezianerin sein könnte, und stellen sie einfach als Engländerin, Amerikanerin oder Deutsche hin, je nach der Nationalität ihrer Fahrgäste. Angesichts ihrer Zofen, ihrer immer eleganten Kleider, ihres stets wartenden Gondoliere und der fast unüberwindlichen Schwierigkeiten, die ihr das Umsteigen von einer kissenbeladenen Gondel in die andere bereitet, ist die vornehme Venezianerin kaum diejenige, die sich in Booten herumtreibt. Sie ist vielfach reich und oft einflußreich (»Die Wohnung darunter«, sagte mir einmal ein Hausmeister, »ist von einer Dame mit ihrem Mann bewohnt«), aber es gibt wenige berufstätige Frauen in der Stadt, und bisweilen sehnt man sich in einer so parfümierten und verhätschelten Atmosphäre nach einem hartgesottenen New Yorker Mädchen, dem die Karriere etwas bedeutet und das sein Herz – oder doch einen Teil davon – an die Reklame für Seifenflocken gehängt hat.

Andere Klassen venezianischer Frauen waren nicht so behütet unter der Republik. Frauen und Töchter der Bürgerkreise besaßen stets mehr Freiheit und oft eine größere Bildung. Arme Frauen führten ein Leben rauher Gleichheit, und die venezianischen Arbeiterfrauen von heute sind meist sehr gesellige Typen, richtige Gestalten aus einer Komödie von Goldoni, die sich über den Postschalter hinweg lustige Schimpfworte an den Kopf werfen oder am Kai behäbig über ihrer Strickarbeit sitzen. Kurtisanen waren im Venedig des 16. Jahrhunderts nicht nur gefeiert und geehrt, sondern oft auch kultivierte Frauen mit Sinn für Kunst und Poesie (obwohl das Gesetz gleichzeitig bestimmte, daß ein solches Mädchen ein rotes Licht am Vordersteven seiner Gondel anzubringen hatte). In früheren Jahrhunderten gab es ein bekanntes Bordell, das Casteletto am Ende der Rialtobrücke, berühmt in ganz Europa für die Schönheit und Erfahrenheit seiner Mädchen. Später, als Venedig seinem Niedergang zusteuerte, wurden die Prostituierten zu Kurtisanen. Sie gelangten zu Reichtum und Ansehen, durchbrachen die Grenzen des Bordells und verliehen der Stadt ihren fortdauernden Ruf des lasterhaften Charmes. Am Ende des

16. Jahrhunderts soll es 2889 Patrizierfrauen, 2508 Nonnen und 1936 Bürgerfrauen in Venedig gegeben haben, aber daneben 11654 Kurtisanen, von denen ein zeitgenössischer Staatsbürger mit Gemeinsinn 210 in einem Katalog registriert, mit ihren Adressen und Preisen – oder, wie der Listenführer sich delikaterweise ausdrückt, den »Geldbeträgen, die Adlige und andere, die ihrer Gunst teilhaftig zu werden wünschen, zu zahlen haben«. Die billigste verlangte einen Scudo, die teuerste dreißig, und dem Katalog ist zu entnehmen, daß einen zügellosen Besucher, der ihrer aller Wonnen hätte auskosten wollen, dieses Verlangen auf 1200 Goldscudi zu stehen gekommen wäre.

Ein gelehrter Venezianer bemerkte einmal, daß seine Stadt drei bis dahin in Italien unbekannte üble Praktiken gefördert habe: Speichelleckerei, Luthertum und Ausschweifung – aber seine Worte klangen nicht eigentlich kritisch. In seiner großen Zeit war Venedig, trotz eines Zugs scharfen Puritanismus in seinem Charakter, in erotischen Dingen tolerant. Ein Lieblingsthema der venezianischen Meister war, wie bemerkt wurde, Christus, der die Ehebrecherin verteidigt, und sogar die Kirche war Libertins gegenüber nicht streng. Nur widerwillig und erst nach langem Zögern schloß die Verwaltung der Basilika im 17. Jahrhundert die Kapelle von San Clemente wegen der skandalösen Dinge, die sich, wie man wußte, hinter dem Altar abspielten. In den wildesten Tagen des Karnevals pflegte sogar der päpstliche Nuntius einen Domino zu tragen. Familiengeistliche betrachteten mit gütigem Auge die venezianische Institution des *cicisbeo*, des hübschen jungen Mannes, der in den Sterbejahren der Republik dauernd jeder großen Dame von Venedig zur Verfügung stand und manchmal sogar ihren Zofen half, sie anzukleiden. »Die einzige ehrbare Frau in Venedig«, bemerkte eines Tages ein Ehegatte mit schiefem Grinsen einem Freund gegenüber, »ist die da« – und dabei deutete er auf eine kleine Steinfigur in einer Mauer über einer Brücke: Venedig griff diesen Gedanken auf, und bis zum heutigen Tag heißt die Brücke, in der Nähe der Frari-Kirche gelegen, Brücke der Ehrbaren Frau.

Heute ist alles anders. Außer auf der weltmännischen Ebene der Hotel-Gesellschaft begegnet man im modernen Venedig kaum noch der Sünde. Bordells – »Häuser der Duldung« – sind vom italienischen Gesetz nicht mehr erlaubt, und die Polizei verfährt mit Dirnen sehr streng. Wenn irgendein winziges Bordell entdeckt wird, machen die Zeitungen großes Aufhebens davon – »eine glänzende Aktion, delikat und vollkommen«, ereiferte sich einmal der *Gazzettino*, als die Polizei ein Hinterhausbordell in Dorsoduro aushob. Zwar hat ein distinguierter ausländischer Diplomat eines Tages entdeckt, daß seine Köchin ein kleines, aber gut florierendes Bordell im dritten Stock seines Konsulats eingerichtet hatte, aber es gibt kein Freudenhausviertel in Venedig. Die Seeleute auf Landurlaub, die durch die Stadt schlendern, sehen nicht selten uncharakteristisch verloren und unsicher aus, und bisweilen kann man mit anhören, wie verstimmte amerikanische Geschäftsleute versuchen, von widerstrebenden Barmixern die richtige Richtung gewiesen zu bekommen. (»Ich habe bis jetzt noch nichts erlebt hier, und das gefällt mir gar nicht, verstehen Sie? *Comprenez, amico?* Was?«)

Venedig ist heute eine regenerierte Stadt, frei vom öffentlichen Laster und Verirrungen; man drückt gegenüber den persönlichen Neigungen der Fremden ein Auge zu, aber Männer sind im allgemeinen Männer, und Frauen heiraten für gewöhnlich. Das Kloster der Büßerinnen, reuevollen Dirnen vorbehalten, hat lange schon seine Pforten geschlossen – es steht am Cannaregiokanal, fast gegenüber vom Schlachthaus, und bot seinen Insassinnen einen fünfjährigen Umerziehungsaufenthalt. Das gleiche gilt für das Heim für gefallene Frauen in der Nähe von San Sebastiano, das von der berühmtesten und gebildetsten aller Kurtisanen, der Dirnen-Dichterin Veronica Franco gegründet wurde. Venedig ist keine rauchige, anrüchige Musikautomatenstadt, hier wird die italo-amerikanische Kultur, diese schrille Kreuzung, durch das Wasser und die Tradition in Schach gehalten. Eines schönen Sommertages prangte an einer Mauer ein von der Gesellschaft zum Schutze der Jugend in Venedig herausgegebenes Plakat, das Bürger und Gäste aufforderte, sich »in Übereinstimmung mit der Schicklichkeit unserer Stadt« zu kleiden, »die, stolz auf ihr traditionell hohes Sittlichkeitsniveau, spärliche oder unangemessene Kleidung nicht dulden kann.« Ich mußte an die ausgelassenen Karnevalstage denken, als ich diesen nüchternen Aufruf las, an den maskierten Nuntius und die schmachtenden *cicisbei*, die Dirnen und Hedonisten, und flüsterte »O Tempora, o mores!«, während ich meine etwas heruntergerutschten Hosen hochzog.

Aber bei aller »Reformation« ist Venedig dennoch nach wie vor eine irgendwie sexuell erregende Stadt, wie mancher entzückte Fremdling festgestellt hat: Es ist eine Stadt der Verführung. Der ganzen Atmosphäre wohnen Sex und Empfänglichkeit inne, den Steinen seiner Bürgersteige im heiteren Sonnenlicht, dem Schatten seiner Höfe, der diskreten Verborgenheit seiner schwarzen Gondeln (sie, wie Byron bemerkte, »gestatten leichte Abenteuer gleich Trauerkutschen nach der Trauerfeier«). An den Sommerabenden halten symmetrische Liebespaare, sauber ausbalanciert, alle dem Wasser zugewandten Plätze in den Anlagen besetzt; die Stufen aber, die, fast genau meinem Fenster gegenüber, vom Hof des Herzogs Sforza zum Canal Grande hinunterführen, sind von Mondlichtekstasen ausgetreten.

Kleinere Venezianer

Die Venezianer lieben ihre Kinder, bisweilen mit einer geradezu krankhaften Innigkeit. Venezianische Väter trägen ihre Babys umher mit einer Wonne, die von keinem Schamgefühl getrübt wird, und venezianische Mütter lassen Anzeichen jäher Herzattacken erkennen, wenn der kleine Giorgio sich auf anderthalb Meter ans Wasser heranwagt. Die venezianischen Kinder sind fein gekleidet, wenn auch manchmal etwas spaßig: die winzigsten kleinen Mädchen tragen ein Taschentuch als Kopftuch ums Kinn gebunden, und sogar die wächsernen Christuskinder der Kirchen, die in Flitterwerk eingehüllt sind, tragen bisweilen spitzenverzierte Höschen.

Venedig ist für Kinder nicht gerade eine angenehme Stadt. Es hat keinen gefährlichen Verkehr, nur wenige schlimme Verbrecher. Aber es ist unausweichlich städtisch, und nur glückliche Kinder mit Gärten oder mit Eltern, die nachgiebig genug sind, sie in den weit entfernten Park zu führen, haben ein grünes Plätzchen zum Spielen. Fröhlich, wenngleich mitleiderregend sind die Grüppchen von kleinen Knirpsen, die sich auf heißen, trockenen Plätzen oder in tropffeuchten Gassen vergnügen mit ihren unerklärlichen venezianischen Spielen – bei dem beliebtesten geht es um die Genauigkeit, mit der ein Kind den alten Gummiabsatz eines Schuhs werfen kann, aber es ist mit so vielen Subtilitäten und besonderen

Bedingungen verzwickt, daß ich um alles in der Welt der Regeln nicht Herr wurde. Die staatlichen Schulen Venedigs sind ausgezeichnet und großzügig mit Lehrkräften versehen, aber sie sind alle in großen, dunklen, überheizten Gebäuden untergebracht und ausgiebig mit Topfpflanzen dekoriert. Es gibt keine Spiel- oder Tummelplätze, und selbst die große morgendliche Pause wird innerhalb des Schulhauses zugebracht, mit einem Stück Kuchen oder einer Orange an einer abgeräumten braunen Bank.

Und nachmittags, wenn die Schule aus ist – Kinder unter zehn Jahren gehen nur morgens zur Schule – und ihre Mütter sie zum Luftschnappen irgendwo an den Kais entlang spazierenführen, dann sind die Kleider dieser Kinder herausfordernd fleckenlos, unbeschmutzt die polierten Schuhe, sauber die Handschuhe und untadelig das Haar: so ziehen sie gemessenen Schritts neben der tänzelnden Lagune entlang. In den Wintermonaten ist ein Jahrmarkt an der Riva degli Schiavoni mit dem üblichen Sammelsurium von Karussells, Autoskooters, Schiffschaukeln und Zukkerwarenhändlern, das sich in aller Buntheit dreht vor einem Hintergrund von Schiffsschornsteinen und Takelwerk. Das ganze Drum und Dran der Ausgelassenheit ist dann vorhanden, noch dazu versehen mit einem Seegeschmack, aber ich bin kein einziges Mal über diesen Juxplatz geschritten, ohne von einer gewissen mitleidigen Rührung ergriffen zu werden – so beengt kommen einem diese Kinder vor, so glühend entzückt von jedem neuen Ruck der großen Karussells. Viele Venezianer scheinen ihre Kinder streng zu halten, sie mit Hausaufgaben zu überlasten, Fremdsprachen und Mathematik, damit sie die Familienehre hochhalten oder die Universität besuchen können, und sie kommen erst spät abends ins Bett. Kleine Venezianer sehen oft für ihre Lebensjahre zu alt aus und sind bisweilen erschreckend gut informiert. Als im Jahre 1479 der Dogenpalast niederbrannte, war die einzige Quelle, aus der die Inschriften Petrarcas an den Wänden hervorgingen, das Notizbuch Marin Sanudos, der sich die Mühe gemacht hatte, sie abzuschreiben, als er den Palast im frühen Alter von acht Jahren besichtigte. (Er schrieb dann allerdings noch eine 55 Bände umfassende Weltgeschichte)

Aber nicht alle venezianischen Kinder sind ernste kleine Gelehrte, und viele sind ungewöhnlich anziehend. Die Frauen der venezianischen Arbeiterklasse ziehen ihre Kinder oft mit handfestem gesunden Menschenverstand auf: Eine einzige Ohrfeige von der Hand einer gutmütigen Waschfrau kurierte meinen ältesten Sohn sofort und für alle Zeiten von der unschönen Angewohnheit des Ausspuckens. Während der Hundstage im Sommer stürzt sich wie in einem altmodischen Hollywood-Musical eine ganze Kette von Gassenjungen vor den Füßen des Fremden kontrapunktisch in die Kanäle, und einige berückende Rangen weiblichen Geschlechts kann man an den meisten Nachmittagen sehen, wie sie schenkeltief in den Schlickbänken der inneren Lagune herumtappen. Ungestüme Banden von Jungen paradieren den Zatterekai entlang, bekämpfen einander mit hölzernen Keulen oder Rapieren oder jagen auf Roller Skates umher; ich erinnere mich noch mit Freuden einer Schar von Kindern, die eines Nachmittags das Leinwanddach einer *vaporetto*-Haltestelle am Canal Grande erkletterte und auf dem elastisch gespannten Tuch im Sonnenschein herumtollte wie kleine Akrobaten, zum Erstaunen und Ärgernis der darunter wartenden Fahrgäste. Die kleinen Mädchen von Venedig sind überfein gekleidet, aber oft einfach reizend, und je verschmutzter der Straßenjunge, desto vertrauter wird er dem nordländischen Gast der Stadt sein, denn je tiefer man die soziale Stufenleiter hinuntersteigt, fort von den Palästen den Mietshäusern entgegen, desto freier, offenmütiger und natürlicher werden die Kinder, bis man schließlich vor den heruntergekommenen Häusern der Armenviertel Jungen und Mädchen trifft – so blauäugig, blondhaarig, keck, freundlich und zerzaust, daß man sich in seinen eigenen Garten versetzt glaubt und sich vorstellt, wie man hoffnungslos bemüht ist, Henry zum Händewaschen zu bewegen und Mark von seiner Regenwürmersammlung fortzulocken.

Noch mehr, will mir manchmal scheinen, lieben die Venezianer ihre Tiere. Ich habe nie beobachtet, daß in Venedig eines mißhandelt wurde. Selbst zur Römerzeit waren die Leute Venetiens so gut zu ihren Tieren, daß sie von den blutigen Zirkusschauspielen ihrer Tage angewidert waren und Wagenrennen vorzogen. Man findet nur wenige Kinder auf den Bildern der venezianischen Meister, aber fast jeder Maler hat Vögel und Vierbeiner porträtiert, von dem Wellensittich auf Carpaccios *Zwei Kurtisanen* bis zu dem schönen großen Apportierhund im Vordergrund von Veroneses *Gastmahl bei Levi*. Eine Vielzahl von Hündchen hüpft durch die venezianische Kunst, eine Menagerie von Löwen, Kamelen, Drachen, Pfauen, Pferden und seltsamen Reptilien. Ich besuchte einmal in Venedig eine Ausstellung, die aus etwa fünfzig Porträts bestand, welche alle von demselben Künstler stammten, alle sorgfältig ausgeführt und sehr teuer waren und alle dieselbe Katze zum Gegenstand hatten.

Venedig ist eine der größten Katzenstädte der Welt, vergleichbar, meinen Erfahrungen nach, nur mit London und Aleppo. Es ist eine Metropole der Katzen. Ab und zu haben die Gesundheitsbehörden eine Katzenjagd veranstaltet, aber die Venezianer lieben ihre Katzen so sehr, sogar die räudigsten und erbärmlichsten von ihnen, daß diese Razzien jedesmal mit einem jämmerlichen Fehlschlag endeten und die Katzen, die sich fauchend und kratzend wehrten, auf Hinterhöfen und in Kisten versteckt wurden, bis die Jäger vorüber waren. Die Katzenbevölkerung nimmt auf diese Weise ständig zu. Manche führen ein geborgenes Dasein und werden selten vor die Tür gelassen; sie erscheinen nur gelegentlich gleich Nonnen, auf schmalen und unzugänglichen Balkonen. Andere, eine bedeutend größere Zahl, sind nur halb domestiziert und leben von der Barmherzigkeit, in alten Abflußröhren hausend, aus denen mitleidige Bürger die Gitter entfernt haben, unter den Sitzbänken aufgebockter Gondeln oder in den Winkeln gestrüppverwachsener Gärten. Man kann sie allmorgendlich beobachten, wie sie die ungenießbaren Eingeweide, Fischschwänze und *pasta* hinunterschlingen, die ihnen Haushälterinnen in Zeitungspapier eingewickelt hingelegt haben; an den meisten Winternachmittagen stellt sich eine alte Dame ein, die die Katzen der Königlichen Gärten bei San Marco füttert, während ein Mann in schwingendem Umhang den Strahl eines nahegelegenen Trinkbrunnens derart umleitet, daß eine Wasserfontäne in eine Mulde zwischen den Pflastersteinen spritzt und dadurch ein Katzenbad entsteht.

Es sind seltsame und bisweilen exzentrische Tiere. Obwohl sie ständig fressen und oft geringschätzig angesichts eines Häufchens Spaghetti auf einer Haustürschwelle die Barthaare hochziehen, werden sie selten dick: die einzigen fetten Katzen in Venedig (außer zu Weihnachten, wenn sie alle der Jahreszeit gemäß rundlich werden) sind die Rattenfänger in den Kirchen. Sie werden nie grob behandelt, oft sogar richtig gehätschelt, dennoch sind sie gewöhnlich sehr furchtsam. Sie klettern nur selten auf Bäume. Sie reagieren nicht auf eine lockendes »ts-ts-ts«, aber wenn man zur Statue Giuliano Oberdans am Ende der Öffentlichen Gärten geht und ein Geräusch macht, das sich so ähnlich wie »Tschwörk-tschwörk« anhört, hebt im Gebüsch ein Rascheln und Schwanzwedeln an wie von zuckenden Fischen in einem Netz, und dann kommt eine kleine Heerschar von Katzen herausgehüpft, um den Rufer zu begrüßen. In einer Trattoria am Rio del Ponte Lungo auf Giudecca ist eine kleine weiße Katze mit einem gelben und einem blauen Auge: dies mag Ohrenspezialisten, wie ich aus einem Brief in *The Lancet* erfuhr, an die weiße Stirnlocke und Verschiedenfarbigkeit des Wardenburgschen Syndroms erinnern – die Katze ist wahrscheinlich taub und ein nur mäßiger Jäger. Sehr wahrscheinlich ist sie sarazenischer Abstammung, Nachkomme der Beute eines Kreuzfahrers, denn solche asymmetrischen Katzen sind besonders in der Türkei verbreitet.

Die venezianischen Katzen führen oft ein für ihre Spezies ungewöhnliches Gemeinschaftsleben, sie leisten einander träge Gesellschaft und rasen manchmal zu viert oder fünft eine Hintergasse entlang wie sanfte graue Wölfe oder Windhunde. Bisweilen wagt es ein tapferer Nonkonformist, dem von solch einem Rudel die Beine unterm Leib weggezogen werden, der Meinung Ausdruck zu verleihen, daß die Leute von der Gesundheitsbehörde eigentlich doch recht hätten – es gibt zu viele Katzen in Venedig. Im Jahre 1947 warf Daniele Varè, »der lachende Diplomat«, eine Klageschrift gegen sie in einen der alten Denunziationsbriefkästen. »Es gibt« – so heißt es in der Schrift – »zu viele Katzen im Stadtviertel Dorsoduro«: Aber dort bleibt das Stück Papier auch ruhen, denn heutzutage werden diese alten Behältnisse nicht einmal alle Jahrhunderte geleert.

Ein venezianischer Kater brachte es zu internationaler Berühmtheit. Er gehörte in den neunziger Jahren des vorigen Jahrhunderts zu einem Café gegenüber dem Hauptportal der Frari-Kirche, und wenn man heute dort seine Tasse Kaffee trinkt zwischen den Fresken des vorderen Raumes, wird man feststellen, daß er noch nicht in Vergessenheit geraten ist. Nini war ein weißer Kater, der von seinem Besitzer so geschickt ausgenutzt wurde – teils im Interesse des Geschäfts, teils aus Tierliebe –, daß es für Venedigreisende zum guten Ton gehörte, sich ihn anzusehen; wenn man den Kellner dort höflich bittet, wird er unter seiner

Espressomaschine ein dickes Album herausholen, es ehrfürchtig abstauben und den Interessierten einen Blick in Ninis Gästebuch tun lassen. Unter seinen Besuchern waren Papst Leo XIII., Zar Alexander III., der König und die Königin von Italien, Fürst Paul Metternich, Negus Menelik Salamen und Verdi, der ein paar Takte aus dem III. Akt von *La Traviata* hineinkritzelte (der Oper, die mit solchem Mißerfolg im Fenice-Theater uraufgeführt wurde). Als Nini im Jahre 1894 starb, sandten Dichter, Musiker und Künstler ihre Beileidsschreiben, die jetzt in dem Buch stecken, und ein Bildhauer schuf eine Skulptur der Katze, die bis vor kurzem auf einer Mauer neben dem Café stand. »Nini!« heißt es in einem Nachruf. »Seltenes Juwel, aufrichtigstes Wesen!« In einem anderen ist von »einem endlosen Tränenbedürfnis« die Rede. Der Kater war »ein Edelmann, weiß von Pelz«, heißt es in einem dritten, »leutselig gegenüber groß und klein«. Ein düsterer Trauermarsch befindet sich in dem Buch und eine lange *Ode auf Ninis Tod*; Horatio Brown, der englische Historiker Venedigs, der einen großen Teil seiner Zeit im Staatsarchiv der Frari-Kirche gerade um die Ecke verbrachte, läßt ein Gedicht mit den folgenden Zeilen enden:

> Yours was indeed a happy plight
> For down the Frari corridors,
> The ghosts of ancient senators
> Conversed with you the livelong night.

Das alles ist in einem äußerlich todernsten satirischen Stil angelegt, der wesentlich venezianisch ist, und man muß den Kellner, wenn er das Buch in braunes Papier einwickelt und vorsichtig wieder weglegt, schon ganz scharf ansehen, um einen angedeuteten Funken der Belustigung in seinen Augen zu entdecken.

Ich für meine Person liebe die Katzen Venedigs, wie sie von ihren Sockeln herunterspähen, sich zu Füßen der Statuen sonnen, auf dunklen Treppen kauern, um dem Regen zu entrinnen, oder aus ihren übelriechenden unterirdischen Schlupfwinkeln heraus ins Tageslicht hineinstolzieren. Shylock bezeichnete sie als »notwendig und harmlos«, und Francesco Morosini, einer der großen kämpferischen Dogen, hatte eine so hohe Meinung von ihnen, daß er eine mit sich nahm auf seine siegreichen Feldzüge auf dem Peloponnes. Es gibt kaum einen anheimelnderen Zufluchtsort als einen venezianischen Garten an einem flammenden Sommermorgen, wenn die Bäume mit dichtem Grün belaubt sind und die Luft schwer ist vom Duft des Geißblatts und die zitternden Wasserreflexe von den Kanälen geheimnisvoll an die Mauern geworfen werden. In dem Durcheinander von Fenstern an der rückwärtigen Fassade des Palastes wimmelt es vor den Augen des Betrachters von freundlicher Geschäftigkeit. Im obersten Geschoß läßt eine ältliche Haushälterin an einem Seil ihren Korb herunter, in Erwartung der Morgenpost. Aus einem tiefer gelegenen Fenster dringt die rauhe Melodie des Lieds heraus, welches das Hausmädchen beim Scheuern des Badezimmerfußbodens singt. In der Tür der Erdgeschoßwohnung sitzt ein Mädchen, in schwarzem Kleid und ernster weißer Schürze, und näht, und ein Glanz von polierten Pfannen aus der Küche umgibt ihr Haar mit einem Heiligenschein. Auf dem Kanal ertönt das angenehme Puckern von Booten und manchmal der kehlige Warnruf eines Kahnführers. Auf einem benachbarten Dachgarten steht ein Maler vor seiner Staffelei, Pinsel in der einen Hand, Kaffeetasse in der anderen.

Und ringsumher ins Gras getüpfelt, in statuenhaften, zufriedenen Posen, die Schwänze heruntergezogen, die Augen im Sonnenschein verengt, die eine sich die Schenkel leckend, die andere in einen Grashalm beißend, die dritte mit Unterbrechungen schnurrend, die vierte mit den Schnurrbarthaaren zuckend – ringsumher sitzen die Katzen des Gartens, schwarz, grau oder irgendwie gescheckt, gleich höflichen, aber hageren Wächtern.

Es gab früher viele Pferde und Maulesel in Venedig – ihrer so viele im 14. Jahrhundert, daß sie gesetzeshalber Warnschellen tragen mußten. Im 15. Jahrhundert besaß Michel Steno, ein lebenslustiger Playboy-Doge, vierhundert Pferde, deren Fell gelb gefärbt war: ein naiver ausländischer Diplomat soll ihn gefragt haben, aus welcher Gegend Italiens diese besondere Zucht stamme. Eine der Glocken des Campanile von San Marco wurde *Trottoria* genannt, weil bei ihrem Klang die Patrizier auf ihren Maultieren zum Ratssaal zu trotten pflegten. Einigen Theoretikern zufolge sollen sie an der *Strohbrücke* neben dem Dogenpalast ihre Reittiere angebunden und während der Ratssitzungen mit einem tröstenden Futtersack versorgt haben; neben der Frari-Kirche aber wohnte ein erfolgreicher Wagenbauer, dessen Betrieb noch so lange nach dem

Verschwinden des venezianischen Pferdes Wagen gebaut und sie an Kunden auf dem Festland verschickt hat, daß auf den meisten Bildern des Campo dei Frari aus dem 18. Jahrhundert ein Exemplar vor der Werkstatt zu sehen ist.

Die Einführung der Bogenbrücke in Venedig machte aus den Kanälen Fahrwege und vertrieb das Pferd. Der letzte Mann, der die Merceria entlanggeritten ist, soll ein überführter Kuppler gewesen sein, der zur Strafe in gelben Kleidern auf einem Esel durch die Straßen geführt wurde, ein riesiges Paar Hörner auf dem Kopf. Im 18. Jahrhundert war ein Pferd eine solche Seltenheit, daß Mrs. Thrale davon berichtet, gesehen zu haben, wie eine schlangestehende Reihe von armen Leuten Geld bezahlte, um ein ausgestopftes Exemplar betrachten zu können. Die Pferdelosigkeit Venedigs wurde zum internationalen Gespött, und die Venezianer waren bald als entsetzliche Reiter verschrien, genauso wie sie heute in dem Ruf stehen, fürchterliche Autofahrer zu sein. Eine alte Anekdote berichtet von einem Venezianer, der seine Sporen in die Tasche steckte anstatt an die Fersen und den man einmal seiner Stute hatte zuflüstern hören: »Wenn du nur wüßtest, was ich in der Tasche habe, dann würdest du einen anderen Gang einschlagen!« Ein anderer Venezianer, der mit einem störrischen Pferd seine Last hatte, soll ein Taschentuch herausgeholt und es im Wind ausgebreitet haben. »Also *deshalb* geht es so langsam«, rief er dann aus. »Es hat den Wind gegen sich!« Vor einem Jahrhundert traf ein zeitgenössischer Beobachter, obwohl man damals in den Giardini Pubblici noch reiten konnte, die seltsame Feststellung, daß die einzigen Leute, die dies taten, »junge Personen hebräischen Glaubens« zu sein schienen. Vor fünfzig Jahren verbrachte ein altes Pferd die Sommermonate noch in den Gärten; es zog einen Rechen und einen Rasenmäher und wurde jeden Herbst in einem Prahm wieder nach Mestre hinübergeschafft. Wie mir erzählt wurde, verspotteten die Kinder es dabei, die Gondolieri machten sich über das Tier lustig und sogar die Passagiere der vorüberfahrenden Fähren riefen ihm Schimpfworte zu und warfen ihm Zigarrenstummel hinterdrein. Heute gibt es kein einziges lebendes Pferd mehr in der Stadt Venedig, und wem nach einem Ritt zumute ist, der muß zum Lido hinausfahren und dort am Strand entlangtraben.

Es gibt jedoch sechs prächtige künstliche Pferde. Das Reiterstandbild des Condottiere Sforza, das in Dürers *Ritter mit Tod und Teufel* erscheint, ist schon lange nicht mehr in Venedig. Vorhanden sind noch das ausgezeichnete Standbild von König Victor Emmanuel zu Pferde an der Riva degli Schiavoni, der unvergleichliche Colleoni vor San Zanipolo und die vier Bronzepferde an der Fassade der Basilika, die Goethe so sehr beeindruckten, daß er die Meinung eines »guten Kenners von Pferdefleisch« über sie einholen wollte. Kein wohlgehegtes rassereines Zuchttier, kein narbengezeichnetes Streitroß hat eine so romantische Karriere hinter sich wie sie. Ihr Ursprung liegt im dunkeln – einige sagen, sie seien griechischer Herkunft, andere behaupten, sie seien römischer Abstammung; sicher ist, daß sie vom Trajansbogen in Rom nach Konstantinopel geschafft wurden, wo man sie auf dem Turm des Hippodroms aufstellte. Dort entdeckte sie Enrico Dandolo, der sie nach Venedig verschiffen ließ. Ein Huf brach unterwegs ab, und der Kapitän des Schiffes, ein Mann mit Namen Morosini, nahm ihn als Erinnerungsstück an sich und brachte ihn später über der Tür seines Hauses am Campo Sant'Agostin an. Die Pferde wurden in Venedig repariert und zunächst vor dem Arsenal aufgestellt. Bald aber verhalf man ihnen zu ihrer erhöhten Position über dem Markusplatz, und sie wurden so symbolisch für den Stolz und die Herrlichkeit der Stadt, daß die Genuesen, als sie mit Venedig im Krieg lagen, sich damit zu rühmen pflegten, sie würden »die Pferde von San Marco zügeln« – auf ein modernes Bild übertragen: Sie wollten ihre Wäsche demnächst an der Siegfried-Linie aufhängen. Napoleons Ingenieure holten sie vorsichtig von der Basilika herunter (sie wiegen jedes über 15 Zentner) und nahmen sie mit nach Paris, wo sie 13 Jahre lang auf der Place du Carroussel standen. Nach Waterloo entfernten die Österreicher sie abermals von ihrem Standort und gaben sie an San Marco zurück in einer großen Zeremonie, die, im Zusammenhang mit dem politischen Fieber jener Zeit, von den Venezianern selbst stumm boykottiert wurde. Im Ersten Weltkrieg wurden sie auf einem Kahn fortgeschafft, der Sicherheit wegen: durch die Lagune und die trostlosen Nebenflüsse des Po hinunter, unterwegs beobachtet von traurigen Grüppchen von Dörflern, bis in den Garten des Palazzo Venezia in Rom, der einst der Sitz des venezianischen Botschafters war (wo sich das Colleoni-Denkmal und Donatellos großartiger Gattamelata aus Padua zu ihnen gesellten). Im Zweiten Weltkrieg wurden sie wiederum von ihrer Galerie heruntergeholt und sicher in einem Lagerraum verstaut.

Inzwischen haben sie ihren Aussichtsplatz für immer verlassen, Opfer des Konservatorengeistes und weil sie unter der zunehmenden Luftverschmutzung Schaden nahmen. Langweilige Kopien haben ihren Platz über dem Markusplatz eingenommen. Ich finde nicht als einziger, daß man die antiken Pferde als die großartigsten aller Trophäen und nobelsten Symbole der venezianischen Eigenstaatlichkeit besser dort gelassen hätte. Es ist mir ein beinahe unerträglicher Gedanke, daß man sie aus dem Licht der Sonne verbannt hat, denn mir wie Generationen von Venezianern erschienen sie immer als wirklich lebende Geschöpfe, beseelt vom Genius ihrer unbekannten Erschaffer. Woher sie auf ihrer Wanderschaft auch gekommen waren, sie wirkten dort oben auf ihren stolzen Sockeln stets alterslos, von keiner Müdigkeit beschwert. Ich habe sie oft, in sternklaren venezianischen Mitternächten, über das Mauerwerk stampfen sehen, und einmal hörte ich das zweite Pferd von rechts wiehern, ein Laut so alt, kühn und metallisch, daß Sankt Theodors Krokodil unter den heiligen Kothurnen den Kopf hob und als Antwort eine Art Knurren von sich gab.

Es gibt viele Hunde in Venedig. Man wird oft Exemplare jener flauschigen, weißen Rasse – ganz wuscheliger Schwanz und gespannte Aufmerksamkeit – begegnen, die verewigt wurde in den Gemälden Carpaccios (der berühmteste von ihnen blickt mit einer rührenden Mischung von Ungeduld und Zuneigung den geistesabwesenden heiligen Hieronymus an in der Scuola di San Giorgio degli Schiavoni). Es gibt viele Pudel und viele ziemlich unangenehme Schäferhunde, die durch ihren Maulkorb, den das italienische Gesetz verlangt, für die frecheren Katzen zu ohnmächtigen Opfern der Belustigung werden. In einem Palast am Canal Grande hausen zwei tibetanische Terrier, und einmal habe ich einen jungen Geschäftsmann gesehen, der auf der Via 22 Marzo in die Hocke gegangen war und einem erschöpften Bullterrier mit seiner Aktenmappe Kühlung zufächelte. Die Hauptsache sind aber die zahllosen Hunde unbestimmter Rasse, zähe, schwarze, von Selbstvertrauen gestärkte Tiere, die die Schiffe und Bootswerften Venedigs bewachen und die man oft im Bug von Barken, mit wehendem Schwanz, den Kopf hochgereckt, in einer wunderbar männlichen und eingebildeten Haltung den Canal Grande hinunterfahren sieht.

Tausende von Krebsen paddeln über die Wasserwege Venedigs, seine Pflastersteine schwitzen Millionen von Ameisen aus. Die Mäuse pflanzen sich rasch fort, und ihre schwarzen Silhouetten huschen vor den Füßen des Besuchers die zerbröckelnden Gänge eines Palastes hinunter, schießen aus dem stehenden Gewässer einer Gosse heraus oder verschwinden unter dem Kühlschrank. Mehr als einmal hat, den Aufzeichnungen von San Marco zufolge, das Geknabber von Mäusen die große Orgel der Basilika zum Schweigen gebracht. Einmal fand ich mitten in der Nacht eine Maus auf meinem Kopfkissen, und eine andere war leichtsinnig genug, sich in meinem Badezimmer »einzumauern«. Die Venezianer schließen Mauselöcher mit Beton, wobei sie ohne Aussicht auf durchschlagenden Erfolg, von einem Zimmer ins andere eilen wie Mrs. Partington mit ihrem Mop. Doch sie bezeichnen die Mäuse mit ihrer Diminutivform, *topolini*, als ob sie damit demonstrieren wollten, daß *sie* jedenfalls *keine* Angst vor ihnen haben; die Mäuse Venedigs sind dennoch eine Geißel und ein Schrecken, und sie sind zweifellos mit ein Grund dafür, daß Shylock, der sich kaum als tierliebende Seele bezeichnen läßt, die Katzen duldet. Es gibt auch Ratten, wie in jedem Hafen. Sie fressen manchmal die Brotkrumen, die wir für die Tauben auf den Balkon unserer Wohnung im dritten Stockwerk streuen, aber im allgemeinen halten sie sich an die Kanalränder oder schleichen sich, finster und abgezehrt, von einem stinkenden Loch ins andere oder beschließen ihr unheimliches Leben damit, daß sie den rosafarbigen Bauch nach oben, den Canal Grande hinuntertreiben.

Einmal wurden in Venedig Löwen als Haustiere gehalten; vor fünfzig Jahren pflegte ein bekannter Hausierer einen zappelnden Delphin im Schlepptau den Canal Grande hinauf und hinunter zu ziehen, während die Leute Geldmünzen aus den Fenstern warfen; im Jahre 1819 flüchtete sich ein Elefant, der einer in der Stadt gastierenden Menagerie entlaufen war, in die Kirche Sant' Antonin und konnte, so berichten respektvoll zeitgenössische Aufzeichnungen, »nur durch einen Schuß aus einem schweren Geschütz erlegt werden«.

Die Quadriga an der Front von S. Marco

Die meisten Leute werden Venedig jedoch als eine Stadt der Vögel in Erinnerung behalten. Die Vögel sind unentwirrbar mit Venedigs Legende verbunden, wie sie auch überall in seiner Kunst erscheinen. Ein Schwarm Vögel war es, so hören wir, der die Leute von Altinum bewog, in die Lagune zu ziehen, und Vögel spielen eine pittoreske Rolle in einer Reihe Visionen, die die Stadtbegründer dazu inspirierten, die ersten Kirchen zu bauen – eine mußte an der Stelle errichtet werden, an der sie »eine Anzahl von Vögeln versammelt« finden würden, eine andere dort, »wo zwölf Kraniche beieinanderstehen«. Vögel sind immer noch bedeutsam in der venezianischen Tradition, von den Schwalben, die Mitte Juni flügelschwingend eintreffen (und die vor der Zeit der modernen Bekämpfungsmittel die Hauptvernichter der Schnaken waren), bis zu den großen weißen Möwen der Lagune (die oft von schlechtem Wetter in die Stadtkanäle getrieben werden und die man sogar, auf demütigende Weise gerupft, auf dem Rialtomarkt zum Verkauf aushängen sehen kann – gekocht ein Leckerbissen, wie ich mir sagen ließ, aber nur in den Wintermonaten). Manchmal sieht man einen schlichten Spatzen, der verloren wirkt zwischen den Dächern oder bei Ebbe in den grünen Wassergewächsen herumpickt. In einigen wenigen abgeschirmten Gärten der Stadt stolziert exotisch eine lebensvolle Gans umher oder spreizt sich ein bunter zahmer Fasan. Tausende von Kanarienvögeln singen in den Häusern Venedigs, ihre in Massen angebrachten Käfige versperren bisweilen ganze Fenster. Und in der Nähe der Frari-Kirche ist ein Laden, dunkel und höhlenartig, durch dessen geschlossene Tür hindurch man selbst in der Nacht das Flattern kleiner Flügel zwischen Käfigwänden und das Hacken von Schnäbeln hören kann. Mitunter fliegt ein wilder Schwan in imperialem Rhythmus über die Stadt hinweg, den geschützten Plätzen in der Lagune oder den Marschen Ravennas entgegen – auf einer Miniatur des 15. Jahrhunderts aus dem *Buch von Marco Polo* schwimmen weiße Schwäne erhaben unmittelbar an San Marco vorüber.

Und schließlich sind noch die Tauben da, die berühmtesten Vertreter der venezianischen Fauna. Sie werden aus Tradition in Ehren gehalten und geschützt, und wer eine gebratene Taube zum Mittagessen verspeisen will, der muß auf die Straße nach Padua hinausfahren oder – besser noch – in den Euganeischen Hügeln nach einer muffigen Trattoria Ausschau halten. Einige sagen, dies rühre daher, daß Dandolo, als er Konstantinopel erstürmte, die Siegesnachricht mit einer Brieftaube nach Venedig schickte. Andere glauben, es hänge mit einem alten Palmsonntagsbrauch zusammen: Ein Schwarm Tauben wurde auf der Piazza freigelassen, und diejenigen, die man wieder einfing, wurden gleich verzehrt, während man denen, die entkamen, ewige Freiheit zusicherte – eine Sitte, die auf die Dauer, da eine Taube ziemlich wie die andere aussah, zu einem Freibrief für alle führte. Was nun auch die richtige Erklärung sein mag, die Tauben sind gediehen. Sie haben einige schwere Epidemien von Taubenpest überlebt und sterben heute eigentlich nie – sie fliegen nur auf die Lagune hinaus und gehen unter. Sie sind meistens von schmuckloser grauer Farbe, nur gelegentlich findet sich ein Halbalbino mit einem weißen Kopf darunter, und sie scheinen einen ungezieferartigen Geruch an sich zu haben. Ihr Hauptquartier ist die Piazza. Dort sind die Steine der Basilika geschwellt von generationenaltem Kot, und bei den porphyrnen Löwen der nördlichen Piazzetta ist ihr privates Vogelbad, neben einer antiken Brunneneinfassung. Zu bestimmten Tageszeiten versammeln sie sich dort zu Tausenden, schlingend und würgend, auf den Steinfliesen, eine wogende graue Masse – und sie hüpfen einander auf den Rücken, stoßen sich und plustern sich auf und rascheln mit den Flügeln in obszöner Raserei, um an den Mais und die Brotkrumen heranzukommen. Zwischen die Säulen geklemmt oder spöttisch neben einem Schornstein aufgepflanzt, kann man ein paar alte weltmüde Tauben sehen, die es vorziehen, diese Geschäftigkeit aus abgeklärter Entfernung zu beobachten.

Schaugepränge und Allheilmittel

Die Venezianer wurden reich an den Seidenstoffen, Gewürzen und anderen Exotika, die ihre Handelsschiffe aus den östlichen Basaren mitbrachten, und ebenso wie sie Putz und Tand lieben, haben sie einen orientalischen Geschmack für Gepränge und Schaustellung. Dies wurde durch die weisen Männer der Republik gefördert, nach dem alten Motto »Brot und Spiele«. Der venezianische Kalender war reich versehen mit Festtagen, Vorführungen und Ausstellungen, von der großen Zeremonie der Trauung des Dogen mit der Adria bis zu den Kundgebungen des Sankt Markus-

Tages, an dem jeder Ehemann seiner Gattin eine rote Rose der unsterblichen Treue überreichte. Prächtig waren die Prunkflotten, die den Dogen bei seinen zeremoniellen Pflichten eskortierten, und der Karneval, der zum Schluß das größte Ereignis des venezianischen Lebens wurde, war eine einzige, lange, ausgelassene Nacht.

Bis 1802 gab es Stierhetzjagden auf den venezianischen Plätzen, bei denen knurrende Hunde auf angebundene Stiere losgelassen wurden: Sie waren erstaunlich schlecht organisiert, wenn wir nach einem Bild aus dem 17. Jahrhundert urteilen sollen, das den gesamten Platz von San Polo in einem Zustand des Chaos zeigt – Stiere gehen nach allen Seiten zum Angriff über, Frauen stieben auseinander, Hüte fliegen durch die Luft, Hunde bellen, und nur einige wenige maskierte Schönheiten schreiten, in jungfräulichen Atlas gekleidet, mit verächtlicher Gelassenheit durch den Wirrwarr. Es gab lustige Faustkämpfe, die die alten Vendetten zwischen den Parteien sublimierten und sich zu turbulenten Schaukämpfen entwickelten – auf dem Ponte dei Pugni (Brücke der Fäuste) und an der Brücke neben der Kirche Santa Fosca kann man noch, in den Boden einzementiert, die Fußspuren sehen, die die Trennlinie des Spiels bildeten. Es gab prachtvolle Regatten und sportliche Wettbewerbe und religiöse Prozessionen, in früheren Zeiten sogar ritterliche Turniere. Es gab zeremonielle Kanonensalutschüsse auf der Piazza, bis man entdeckte, daß die Erschütterungen die kostbaren Mosaiksteine der Basilika lockerten. Von Zeit zu Zeit veranstaltete die Republik eine offizielle Schaustellung von ausgewachsener Extravaganz, um einen fernen und oft illusorischen Sieg zu feiern, um einer Erhebung vorzubeugen oder um einen in der Stadt zu Besuch weilenden Würdenträger zu beeindrucken; eben diese schimärischen Vorgänge verliehen Venedig die legendäre Aura eines oft bizarren Glanzes.

Das denkwürdigste dieser Prunkfeste wurde anläßlich des Besuchs Heinrich III. von Frankreich im Jahre 1574 gegeben – es war ein Ereignis, das sich, obwohl es keine besonderen politischen Folgen hatte, dem venezianischen Gedächtnis so tief einprägte, daß man es in die Reihe der bedeutsamsten Daten in der Geschichte der Stadt aufnahm. Zum Empfang wurden von Palladio Triumphbögen entworfen und von Tintoretto und Veronese ausgeschmückt, und Heinrich (23 Jahre alt) wurde in die Stadt eingeholt mit einem von 400 Rudersklaven fortbewegten Schiff, von einer Eskorte von

14 Galeeren begleitet. Während diese Flotte über die Lagune fuhr, bliesen Glasbläser auf einem Begleitfloß zur Belustigung des Königs alle möglichen Figuren; ihr Ofen war ein gigantisches Seeungeheuer, das Flammen aus Backen und Nase spie. Und diesem Geleitzug fuhr eine zweite Armada entgegen, bestehend aus phantastisch oder symbolisch aufgemachten, seltsam dekorierten Schiffen, verziert mit Delphinen und Meeresgöttern oder üppig mit Tuchwerk behangen. In Venedig war der Ca'Foscari genannte Palazzo, am Canal Grande gelegen, eigens für den Besucher hergerichtet worden. Man hatte ihn verschönert mit golddurchwirktem Tuch, Teppichen aus dem Osten, seltenem Marmor, Seidenstoffen, Samt und Porphyr. Die Bettücher waren mit karmesinroter Seide bestickt. Die Bilder, speziell für diese Gelegenheit erworben oder in Auftrag gegeben, stammten von Giovanni Bellini, Tizian, Paris Bordone, Tintoretto und Veronese. Für das Hauptbankett, im riesigen Großen Ratsaal des Dogenpalastes, wurden die Gesetze gegen den übermäßigen Aufwand vorübergehend aufgehoben, und die schönsten Frauen Venedigs erschienen alle in blendendem Weiß, »geschmückt«, wie ein Historiker uns berichtet, »mit Juwelen und Perlen von erstaunlicher Größe, nicht nur an Schnüren um den Hals, sondern auch die Haartracht bedeckend und die Umhänge auf ihren Schultern«. Auf der Speisekarte waren 1200 Gerichte verzeichnet, die 3000 Gäste aßen alle von silbernem Geschirr, und die Tafeln waren mit Zuckerfiguren von Päpsten, Dogen, Göttern, Tugenden, Tieren und Bäumen dekoriert, allesamt entworfen von einem berühmten Architekten und hergestellt von einem talentierten Apotheker. Als Heinrich seine kunstvoll zusammengefaltete Serviette aufhob, stellte er fest, daß auch sie aus Zucker gemacht war. Dreihundert verschiedene Sorten Bonbons wurden verteilt, als das Mahl dem Ende zuging, und nach dem Essen sah der König die erste Oper, die je in Italien aufgeführt wurde. Als er schließlich in die Nacht hinausschritt, entdeckte er, daß eine Galeere, die man ihm vorher in ihren Einzelheiten gezeigt hatte, während des Banketts draußen am Kai zusammengesetzt worden war: sie wurde, als er den Palast verließ, fix und fertig in die Lagune hinaus vom Stapel gelassen, bestückt mit einer 145 Zentner schweren Kanone, die man zwischen der Suppe und dem Soufflé gegossen hatte.

Einigen Historikern zufolge kam der junge König, der persönlich sehr schlicht gekleidet ging und es liebte, inkognito durch die Städte zu schlendern, nie wieder ganz zu sich und lebte den Rest seines Lebens im Zustand ständiger Benommenheit dahin. Viele andere Besucher wurden gleichermaßen durch Venedigs Farbenpracht und Luxus aus der Fassung gebracht. Thomas Coryat aus Somerset schrieb im Jahre 1610 ganz erregt, daß er sich lieber vier der reichsten Herrensitze in seinem Lande versagen würde, als darauf zu verzichten, diese Stadt zu sehen. Einem Mailänder Priester zeigte man im 15. Jahrhundert das Schlafgemach einer hochstehenden Venezianerin, blau und golden verziert im Werte von 11 000 Dukaten, überladen mit Edelsteinen und versorgt von 25 Zofen; aber als man ihn fragte, was er davon halte, sagte er (überzeugend): »Ich wußte nicht, wie ich antworten sollte – außer mit einem Achselzucken.« – »Ich habe oft Fremde beobachtet«, schrieb ein alter Engländer, »weise und gelehrte Männer, die, als sie zum erstenmal Venedig erblickten und seine Schönheit und Pracht sahen, von einer so großen Bewunderung und Verblüffung gepackt wurden, daß sie offenstehenden Mundes gern eingestanden, nie zuvor Vergleichbares gesehen zu haben.«

Venedig ist heute nicht mehr ganz so prachtvoll, aber es erfreut sich immer noch seiner Reihe von großartigen Aufzügen, seines Kalenders der Festlichkeiten. Einige tragen natürlichen, volkstümlichen Charakter, andere sind schreiend touristisch aufgezogen, aber allen ist Lustbarkeit und Schönheit gemeinsam. Da ist das große Fest des Erlösers, zu dem eine Brücke über dem breiten Kanal der Insel Giudecca geschlagen wird zur Redentore-Kirche auf der anderen Seite, und dann ist die Nacht laut und hell vor Feuerwerk. Da sind die nächtlichen Konzerte im Hof des Dogenpalasts und auf der Piazza. Da sind immer noch die Regatten, die frommen Prozessionen bei Kerzenschein und das große Fest der Biennale. Da ist das alljährliche Film-Festival, eine Angelegenheit von Nerzpelzen und Rennbooten, zu dem die Exhibitionisten der ganzen Welt herbeischwärmen wie die Falter zum Licht. Allabendlich werden im Sommer auf dem Canal Grande Serenaden veranstaltet – dann ziehen, auf märchenhaft beleuchteten Barken thronend und unbeholfen zwischen den Dampfbooten dahinschwankend, Sängerinnen mit tremolierenden Sopranstimmen und brustgewaltige Tenöre vorüber, angekündigt über einen Lautsprecher in salbungsvollem amerikanischem Englisch und bisweilen dicht gefolgt, in einer Dissonanz von Arien, von einer rivalisierenden Troubadourenflottille.

Das Städtische Verkehrsamt, das eine seiner Tätigkeiten als »Organisieren traditioneller Veranstaltungen« definiert, hält eifrig die alten Feste aufrecht und regt ab und zu neue an: es scheint im venezianischen Sommer kaum einen Tag ohne eine Festlichkeit zu geben – eine Prozession der Geistlichkeit im Umkreis des Markusplatzes, ein Lichterfest, einen traditionellen Brauch oder eine alte venezianische Fête, die Jahrhundertregatta (für ältere Gondolieri), eine Flutlichtbestrahlung der Paläste, eine Romantische Mondscheinserenade. Als das Bild der Madonna von Fatima im Jahre 1959 nach Venedig kam, landete es im Hubschrauber neben San Marco. Die modernen venezianischen Veranstaltungen beginnen gewöhnlich mit einer halben Stunde Verspätung und schmecken stark nach Reisebüro (»und was Sie jetzt sehen, ist das gleiche traditionelle Fest, das die alten Dogen abhielten seit undenklichen Zeiten, gemäß althergebrachter Sitte«). Aber irgendwo zwischen Mache und Flitterwerk kann man sich manchmal noch einen Schimmer der alten Herrlichkeit vorstellen und sich ausmalen, wie König Heinrich samt seiner Garde von sechzig seidengekleideten Hellebardieren zwischen den Taftvorhängen seines Palastes dem Schauspiel zusah.

Die Venezianer lieben das Schaugepränge noch immer, und sie kümmern sich nicht um die Art und Weise der Inszenierung – sie waren begeisterte Anhänger der künstlichsten Kunst, des Puppenspiels. Wenn abends jene seltsame Serenade vorbeischwimmt, gibt es immer Venezianer, die sich entzückt über ihre Balkone lehnen, um der Musik zu lauschen und das unbestreitbar romantische Wiegen der Gondelbüge im Dämmerlicht zu beobachten. Wenn man ihnen nur den kleinen Finger reichte, würden sie sofort die Barke besteigen und selbst mit in den Chor einstimmen. Ich half einmal bei der Herstellung eines Fernsehfilms in Venedig, und es war herrlich zu sehen, mit welcher Ungezwungenheit und Laune die Venezianer vor unseren Kameras auf den Straßen schauspielerten (außer denen, die, einem unwiderstehlichen Instinkt folgend, sich sogleich erkundigten, wieviel wir ihnen zu zahlen gedächten). Neben der Riva degli Schiavoni, fern von den Hotels, stehen zwei lange tunnelartige, mit Wäsche bespannte Mietskasernen, die sich vom Meer aus bis zu einem Gewirr von Häusern erstrecken. Hier stellte unser römischer Kameramann die ortsansässigen Bewohner für die Szene auf, um die es uns ging, neben ihren Waschbrettern, im Geschwätz erstarrt, gefährlich auf Türschwellen balancierend, in Bogendurchgängen zu steinernen Gestalten geworden, Statuen in Fenstern. Dort standen sie zwei, drei Minuten lang und harrten geduldig aus. Die Belichtung wurde gemessen, der Produzent billigte die Anordnung, der Drehbuchautor tat einen Blick durch den Sucher, die Sonne rückte einen befriedigenden Schritt weiter, der Dampfer im Hintergrund war gerade sehr schön von der Wäsche eingerahmt – und plötzlich rief unser Kameramann, auf seine Klappe drückend: »Via!« Im Nu war die Siedlung zu wilder Aktivität erwacht: die Hausfrauen schrubbten drauflos, die Klatschweiber begannen zu schwatzen, die Passanten »passierten« überzeugend, die alten Frauen lehnten sich zu ihren Fenstern hinaus, und eine Menge von unverhofften, nie zuvor gesehenen Statisten tauchte aus Hinterhöfen und Durchgängen auf – ein alter Mann mit schwarzem Hut, eine Gruppe von Heranwachsenden und ein Clown von einem Jungen, der plötzlich aus einem Gang herauskam und über unser Blickfeld trabte wie ein Kamel, bis dem Drehbuchautor die Tränen übers Gesicht rannen und die ganze Gesellschaft sich in Lachen auflöste. Die Venezianer sind kein überschäumendes Volk, aber sie besitzen eine lange schauspielerische Tradition und bewahren sie. Eleonora Duse kam in einem Eisenbahnabteil Dritter Klasse zur Welt, als die venezianische Mundarttruppe ihres Vaters von einer Vorstellung zur anderen hetzte, und der Harlekin ist gleich dem Pantalone eine venezianische Erfindung. Das Wort *zany* (»Hanswurst«) rührt, wie der Kameramann mir an jenem Morgen sagte, von einem venezianischen Bühnendarsteller her – er hieß Giovanni und spielte Verrückte.

Ab und zu veranstalteten die Venezianer noch eine große Schaustellung außerhalb der üblichen Touristenreihe und fangen dabei ein wenig von der alten Spontaneität wieder ein. Im Jahre 1959 wurde der Stadt die sterbliche Hülle Papst Pius' X., eines der wenigen kanonisierten Päpste der jüngeren Zeit, zurückgegeben und einen Monat lang in allem Pomp aufgebahrt. Dieser heilige Mann war sieben Jahre hindurch Patriarch von Venedig gewesen bis zu seiner Wahl zum Papst im Jahre 1903, und er wird heute noch in der Stadt verehrt. Dutzende von Kirchen weisen sein Bildnis auf, und manche alte Dame kann dem Fremdling, mit einem

Blick hochachtungsvoller Zuneigung, Geschichten von seiner Schlichtheit und Güte erzählen. Er war ein Mann der Armut – er trug die Kleider seines Vorgängers, um keine neuen kaufen zu müssen, und gegen Monatsende mußte er manchmal dem Monte di Pietà, dem Pfandhaus Venedigs, einen Besuch abstatten. Er verachtete das Konventionelle, die Anmaßung und das Gehabe und war deshalb beim gemeinen Volk beliebter als bei den Aristokraten. Er machte einmal einer Dame bei einer Privataudienz im Vatikan die Schritte eines venezianischen Tanzes vor. Als eine Nonne, die ihn um ein Paar seiner alten Socken als Heilmittel gegen ihren Rheumatismus gebeten hatte, sich später für völlig geheilt erklärte, sagte der Papst, das sei höchst seltsam – »Ich habe sie viel länger getragen, als sie, und mir haben sie nie etwas Gutes getan!«

Ganz Venedig trauerte, als dieser gute Mensch die Stadt verließ, um an dem Konklave teilzunehmen, das ihn zum Papst wählen wollte. Es gibt eine bewegende Fotografie, die ihn zeigt, wie er zum letztenmal in seine Gondel steigt, um sich zum Bahnhof zu begeben. Im Vordergrund steht ein schon älterer Gondoliere, feierlich und barhäuptig, das Ruder in der Hand; ein Kahlköpfiger kniet nieder, um dem betagten Geistlichen die Hand zu küssen; ein kleiner Junge, eine Säule umklammernd, starrt bleichgesichtig aus dem Hintergrund hervor; die Szene ist umrahmt von Gruppen besorgter, stummer, trauriger Frauen. Es stand fast mit Sicherheit fest, daß er der nächste Papst werden würde, aber er kaufte sich fröhlich eine Rückfahrkarte nach Rom und sprach zu der Menge den Satz, der Berühmtheit erlangte: »Habt keine Angst, ich komme wieder, tot oder lebendig!« – *O vivo o morto, ritorneró!*

Ein halbes Jahrhundert später wurde wieder ein Patriarch von Venedig Papst, und eine der ersten Amtshandlungen Johannes' XXIII., eines Mannes von ziemlich dem gleichen Schrot und Korn, bestand darin, das Versprechen seines Vorgängers einzulösen und der Stadt den einbalsamierten Leichnam des heiligen Pius' X. zurückzugeben. Eine wunderbare Prozession fuhr ihn den Canal Grande hinunter zur Basilika. Zuerst kamen die zahllosen Gondeln der Geistlichkeit, jede gerudert von einem weißgekleideten Gondoliere: ein Wirrwarr von Kruzifixen, Stolen, purpurnen Soutanen, mannhaften Bischöfen und gebeugten Mönchen, Armeniern mit buschigen Bärten, Dominikaner in Weiß, rosigen Landpfarrern, fuchsgesichtigen Denkern, zittrigen alten Heiligen und bleichen Novizen, alle lächelnd und tief in ihre Kissen versunken. Dann kamen die traumhaften Barken der venezianischen Tradition, die Mannschaften angetan mit bunten mittelalterlichen Livreen, silberne oder blaue Turmaufbauten im Bug und im Heck, schwere, im Wasser nachschleifende Schleppen (von Korken hochgehalten, damit sie majestätisch dahintrieben). Die Glocken Venedigs läuteten. Einstimmiger Choralgesang ertönte aus hundert Lautsprechern. Banner, Fahnenschmuck, da und dort ein Teppich flatterten an den Fenstern der Palazzi am Kanal. Tausende von Schulkindern, in Massen an den Kais und auf den Brükken versammelt, warfen Rosenblütenblätter ins Wasser, Polizeiboote huschten hin und her, und an der Accademiabrücke sprach ein Reporter in einem Expreßboot einen blumigen Kommentar in sein Mikrofon hinein.

Und so tauchte dann unter der Rialtobrücke in flammendem Gold die Barke, genannt Bucintoro, auf, Nachfolgerin der prächtigen Staatsfahrzeuge der Dogen (deren letztes beim Fall der Republik in ein Gefängnisschiff umgewandelt und später zu Brennholz zerkleinert wurde). Eine Mannschaft von jungen Seeleuten ruderte sie, in langsamem Trauerrhythmus, jeder Ruderschlag befohlen von dem einzelnen Trommelschlag eines grimmigen Majordomus im mittleren Teil des Schiffes – eines Mannes, der, zornig von einem Ruderer zum andern blickend und mit ritualer Hingabe seinen Schlegel schwingend, ganz wie ein alter Sklavenantreiber auf dem Zwischendeck einer Galeere aussah. Langsam, schwerfällig, unheimlich kam diese Barke den Kanal entlang auf uns zu, ihr Gold glitzerte, ein breites karmesinrotes Tuch hing von ihrem Heck hinab ins Wasser – bis wir schließlich, von unserem Balkon hinunterspähend, unter dem vergoldeten Baldachin hindurch in das zeremonielle Staatsgemach sehen konnten. Dort lag, einbalsamiert, der Leichnam des großen Papstes in einem Kristallsarg, in einem Glanz von Gewändern, Ringen und Atlas; er glitt langsam und schweigend San Marco entgegen.

Sie brachten Papst Pius in die Basilika und legten ihn auf den Hochaltar, und eine Vielzahl von Pilgern umschritt seinen Sarg und berührte das Glas mit ehrerbietigen Fingern oder küßte die Holzverkleidung. Als aber die Zeremonien an jenem Tag vorüber waren, nahm ich mein Boot und folgte diesen reichgeschmückten, phantastischen Barken auf ihrem Weg von der Piazzetta fort. Sie nahmen, gleich Langschiffen der Wikinger, nach getaner Pflicht Kurs über den unruhigen Giudeccakanal. Ihre hohen Hecks gravierten sich dem Sonnenuntergangshimmel ein, ihre Mannschaften schwitzten im Schattenriß, ihre Wimpel flatterten im aufkommenden Wind, und ihre Tuchverzierungen lagen schwer auf dem Wasser entgegen der hereinkommenden Flut. Sie mühten sich an einem hoch aufragenden britischen Frachter vorbei, das Ufer Giudeccas entlang, vorbei an der Lido-Autofähre, vorbei an der stillgelegten Mühle am Ende der Insel, vorbei an den Kränen von Sacca Fisola – bis sie, als das Tageslicht zu schwinden begann, ihr Ziel erreichten und die Ruderer ihre bunten Kostüme ablegten, ihre Zigaretten anzündeten, die pfauenstolzen Fahrzeuge aus dem Wasser zogen, ihres Tuchwerks entkleideten und bis zur nächsten Festlichkeit in Wellblechschuppen unterbrachten.

Hinter all diesem Renaissanceanstrich, dem Glanz der venezianischen Fassaden, den gut gekleideten Frauen und den pomadisierten Männern, bleibt eine Schicht Schmutz. Es gibt immer noch graue Elendsviertel in Venedig, trotz der Wohnungsbauprogramme, die ganze Stadtbezirke verwandelt haben, und es gibt immer noch viele Menschen, deren Einfalt ans Primitive grenzt. Vor weniger als einem Jahrhundert war Venedig eine von der Folklore umkränzte Stadt, wie ein Blick in fast alle Darstellungen des 19. Jahrhunderts bestätigt – »in Venedig sind die Omen des Todes zahlreich und vielgestaltig«, »der Hexenglaube beschränkt sich hauptsächlich auf Frauen«, »die einzelnen Fraktionen von Venedig haben all ihre bombastischen Lieder«, »Gelegenheit, einen traditionellen Geschichtenerzähler zu hören, findet man am besten unter den Platanen der Öffentlichen Gärten, wohin sich die Venezianer der niederen Schichten wenden zur Verkürzung ihrer Sommerabende«. Die meisten dieser pittoresken Glaubensansichten und Gebräuche sind, soweit ich feststellen kann, schon vom Hollywoodwind verweht. In Venedig wird keine Volkstracht mehr getragen, und eine charakteristische Demonstration zeitgenössischen Geschmacks ist die schweigende Menge, die an trüben Winterabenden in gebannten Reihen vor dem Fernsehgerät jedes Cafès in der Stadt sitzt. Gelegentlich jedoch erinnert den Aufmerksamen eine drollige Erzählung oder eine »hausgemachte« Bemerkung an die knorrigen mittelalterlichen Wurzeln Venedigs, der

Stadt der Wasserbauern. Die Venezianer deuten immer noch auf die Lampen vor der Madonna an der Piazetta-Fassade der Basilika und erzählen einem die Geschichte von dem Bäckerjungen, der zu Unrecht hingerichtet wurde und zu dessen Gedächtnis (wie sie seit Jahrhunderten fälschlicherweise annehmen) die Lampen reuevoll Tag und Nacht flackern. Ein paar Venezianer halten einen Buckligen für einen Glücksbringer. Sie pinseln noch große Augen auf den Bug ihrer Schiffe – noch öfter euphemistische Sterne –, um das Unglück fernzuhalten. Sie umkleiden immer noch ihre Religion mit einer ganz besonderen Aura von Magie und Schwarzkünstlertum.

Ich machte einmal Filmaufnahmen im Hof eines ehemaligen Klosters, das jetzt von zahlreichen Familien ohne Wohnanrecht bevölkert wird. Wäsche hing trübselig quer über ehemaligen Kreuzgängen und war um den alten Brunnenrand drapiert (der mit Draht geflickt war, damit er nicht zerfiel), und Töpfe und Pfannen standen in den verkommenen Schlafsaalfenstern; die Überbleibsel des Refektoriums hatte man in baufällige Verschläge und Aborte unterteilt. Alles war kalt und schmutzig, und ein paar zerlumpte Kinder spielten zwischen den Trümmern. Eine junge Frau hängte im Hof Bettücher auf, und wir fragten, ob wir sie fotografieren dürften, um die sonst düstere Szene etwas zu beleben. Sie zeigte auch Entgegenkommen und schritt gerade auf unsere Kamera zu, als aus einem Fenster gleich über uns ein krächzender Schrei herausdrang. Wir erblickten eine hexengleich über einen Fenstersims lehnende, furchterregende alte Frau ganz in Schwarz mit einem verwitterten, fleckigen Gesicht und einer Stimme, deren Strenge das Blut erstarren machte. »Laß dir das nicht antun!« kreischte sie. »Das ist das Böse Auge! Sie haben es mit meinem armen Mann gemacht, erst letztes Jahr, mit dem gleichen Ding, und einen Monat später war er tot! Schick sie fort, diese bösen Menschen! Schick sie fort!« Die junge Frau erbleichte bei diesen gräßlichen Worten, dem Kameramann blieb der Mund offenstehen, und ich selbst hatte den Hof schon hinter mir gelassen und stand draußen auf dem breiten, freien Kai, ehe das letzte irre Echo ihres Spruchs zwischen der aufgespannten Wäsche verhallt war.

Venedig war bekannt für seine Liebestränke, Alchimisten, Ausräucherungen, Quecksilberspeichelkuren, Dampfbäder, Quacksalber und Wahrsagerinnen. Casanovas früheste Erinnerung bezieht sich auf eine venezianische Hexe, umgeben von schwarzen Katzen, die zur Heilung eines Anfalls von Nasenbluten Kräuter verbrannte und Beschwörungsformeln über seinen Kopf hinsprach. (Er selbst besaß ähnliche Neigungen: als die Venezianer ihn schließlich festnahmen, geschah dies, so sagten sie, zum einen wegen seiner voltairianischen Ansichten, zum anderen wegen seines Interesses an Zauberei). Im Jahre 1649 bot ein venezianischer Arzt dem Staat eine »Pestessenz« an, mit der durch Besprengen der auf feindlichem Gebiet zu verkaufenden Tuchwaren die Krankheit bei den Türken verbreitet werden sollte: Die Republik machte sich seine Erfindung nicht zunutze, wollte aber auch nicht, daß sie einem anderen in die Hände fiel, und steckte deshalb den armen Mann kurzerhand ins Gefängnis. Der Brunnen, der das Arsenal mit Trinkwasser versorgte, war, wie uns berichtet wird, immer rein, weil man zwei Rhinozeroshörner hineingeworfen hatte. Sogar heute noch kann man medizinische Heilprediger sehen, die in Venedig mit Erfolg ihre Kuren durchführen. Vor der Kirche San Francesco di Paola begegnete ich einmal einem Mann, der behauptete, aus den Säften von Murmeltieren Wundersalben produzieren zu können – zwei dieser Tiere saßen verzagt vor ihm auf einem Tisch. Er war von Häuten, Flaschen und Attesten umgeben wie ein Medizinmann. Er garantierte sofortige Linderung bei Rheumatismus, Arthritis, steifen Gliedern, Schnupfen, Blinddarmentzündung, Altersschwäche, Warzen, trockener Haut, Haarausfall und Schwindelgefühl; er machte bei den morgendlichen Käufern ein gutes Geschäft.

Im Mittelalter verließ kein vernünftiger Besucher die Stadt ohne seine Flasche Teriaca, eine berühmte Mixtur, die praktisch alles heilte (außer der Pest, wie die »Brauer« allerdings zugeben mußten). Dieses Universalmittel enthielt Gummiarabikum, Pfeffer, Zimt, Fenchel, Rosenblätter, Opium, Bernstein, aromatische Blätter aus dem Osten und über sechzig verschiedene medizinische Kräuter. Es wurde zu gewissen Zeiten des Jahres gebraut, unter strenger staatlicher Aufsicht, in großen Kesseln vor den Apotheken – vor einem Apothekerladen im Campo Santo Stefano sieht man noch die Abdrücke, die die Füße des Kessels im Boden hinterließen. Ein verwässerter Aufguß der Medizin wird in Venedig heute noch in der Apotheke zum Goldenen Kopf bei der Rialtobrücke verkauft. Eine herrliche, verschwiegene Katze, die den Geist des Ganzen bewahrt, sitzt dort auf der Theke, und das Teriaca befindet sich in einem großen Glaskrug auf einem Wandregal. Auf dem Etikett ist ein goldener, lorbeergekrönter Kopf, und in der Gebrauchsanweisung steht zu lesen, daß die Arznei nützlich sei bei der Behandlung von »Darm-, Nerven-, Wurm- und Magenleiden«. Der Käufer bekommt die Medizin, die in einem zylindrischen Metallbehälter, gleich einer dicken Patronenhülse, abgefüllt ist, in braunes Packpapier eingewickelt. Eine braune zähe Flüssigkeit schwitzt zum Deckel dieses Behälters heraus – aber ob dies schon die Mixtur selbst oder nur eine Art Siegelmasse ist, vermag ich nicht zu sagen, denn ich muß gestehen, daß ich noch nicht den Mut gehabt habe, den Deckel abzunehmen.

Mit dem Primitiven geht der Schmutz Hand in Hand. Venedig ist eine schmutzige Stadt, trotz all seiner großartigen Fassaden und sauber gefegten Gassen. Es bestehen sehr strenge Gesetze gegen das Verunreinigen der Kanäle mit Abfällen – ein Vergehen, das im Wiederholungsfall mit Gefängnis bestraft wird; aber ständig wird eine üble Menge Unrats hineingeworfen, und die venezianische Hausfrau denkt sich gar nichts dabei, wenn sie ihren Papierkorb und den Mülleimer einfach zum Fenster hinaus entleert, daß der ganze Abfall vom Wind über die Stadt hin getrieben wird, in den Garten des Nachbarhauses und die Hintergassen hinauf und hinunter. Nach ein, zwei Nächten in einem Seitenkanal ist mein Boot jedesmal mit Müll verunstaltet, der von Orangenschalen bis zu zerrissenen Briefen reicht, und häßlich ist der Abschaum, der an einem vorbeiwirbelt und -gurgelt, wenn man sich zu einem Augenblick des Nachdenkens ans Wasser setzt. Dies rührt zum Teil daher, daß das venezianische Abwässersystem die Einfachheit selbst ist – es besteht gewöhnlich aus Rohren, die aus den Häusern direkt in die Kanäle führen –, zum Teil daher, daß die Venezianer von Hygiene nur rudimentäre Vorstellungen haben. Seit mehreren hundert Jahren macht sich die Stadtverwaltung Sorgen um die sanitären Verhältnisse, aber die Durchschnittsbürgerin gießt ihren Spüleimer so unbekümmert in den Kanal wie nur je im Mittelalter. Venedig war, so wurde mir berichtet, die letzte große italienische Stadt, die die römische Praktik des Bades im Haus wiederaufleben ließ, und obwohl es im Wohnzimmer der armen Frau gewöhnlich funkelt und glänzt vor Sauberkeit und Ordnung, bietet ihr Hinterhof oft einen gräßlichen Anblick. Die Kanäle Venedigs sind mit Ansammlungen von Müll gesäumt, und nichts in der gesamten Reiseliteratur ist in heftigere Worte gefaßt als Herrn Baedekers Warnung vor venezianischen Austern.

Schmutzig ist auch der unvermutete Rußschleier, der sich im Winter durch diese klare Atmosphäre herabsenkt und die Wäsche niemals ganz zur Vollkommenheit ausfallen läßt. Daran sind jedoch nicht die venezianischen Hausfrauen, sondern die alten venezianischen Architekten schuld. Ihre Schornsteine sind von charmanter Inkonsequenz in der äußeren Erscheinung (jemand hat einmal ein Buch über sie geschrieben) und waren speziell dafür konstruiert, Funkenflug zu verhindern in der Stadt, die oft von Bränden heimgesucht wurde. Mit ihren komplizierten doppelten Rauchfängen und inneren Kammern sind sie jedoch schwer zu reinigen. Der venezianische Schornsteinfeger arbeitet von oben nach unten, indem er Reisigbündel an Stricken hinabläßt und wieder hochzieht. Dabei muß er ständig über altersschwache Dächer klettern, sich an antike Simse ankrallen und über schwankende Balkone kraxeln. Ich sah einmal zufällig aus meinem Schlafzimmerfenster und erblickte dabei das pechschwarze Gesicht eines dieser Männer, der fast kopfüber vom Dach herunterhing. Er hatte ein Reisigbündel in der Hand und ein Seil um die Schulter geschlungen, und hinter ihm waren alle die Zinnen, Türme und seltsamen Wetterhähne, die die Szenerie seines Arbeitsgebiets bilden. Aber er wirkte nicht eigentlich unvertraut, denn als er lächelte, erkannte ich ihn zugleich als Mitglied jener ersten Zunft, der universalen Bruderschaft der Schornsteinfeger, die sich mit ihrer rußig-heiteren Erscheinung auf der ganzen Welt so beliebt gemacht haben, daß auch die erhabenste und unabergläubischste aller Bräute, in Seide gekleidet und von Chanel umwölkt, sich freut, wenn einer bei ihrer Trauung zugegen ist.

Poi Cristiani

Die Venezianer sind nicht ganz so religiös, wie man annehmen könnte, wenn man an die große Zahl ihrer Kirchen und ihre mystischen Ursprünge denkt. »Ungefähr so wie die Römer«, gab mir ein Beamter im Patriarchat nach reiflichem Überlegen zur Antwort, »vielleicht ein wenig mehr als die Milanesen« – und diese hielten, so schien er anzudeuten, keineswegs himmlischen Vergleichsmaßstäben stand. Die große Kraft des volkstümlichen Glaubens, an der sich die Republik während vieler Notlagen aufrichtete und die offenbar noch vor einem halben Jahrhundert mächtig war, hat ihre Vorherrschaft eingebüßt. Heute sind die großen religiösen Veranstaltungen oft schlecht besucht, und die feierlichen Sommergottesdienste in der Basilika locken im allgemeinen mehr Touristen als Venezianer an. In einigen Teilen der Stadt ist nach italienischer Art die Religion mit Politik gewürzt, so daß katholische und kommunistische Parolen einander an den Ladenwänden Konkurrenz machen; aber es besteht kein Gefühl für priesterliche Macht in Venedig, und so demokratisch die Christlichen Demokraten auch sind, sie sind nicht immer zutiefst christlich.

Die Gewebestruktur der Stadt ist natürlich von christlichen Symbolen durchwirkt, und jedes Viertel hat seine wohlbekannten Wunder. An der Fährstation von Santa Maria Zobenigo schritt einst eine fromme Jungfrau, die man nicht mit der Fähre zur Kirche fahren lassen wollte, einfach über den Canal Grande hinweg. In der Basilika gibt es ein hölzernes Kruzifix, das, von der Hand eines Gotteslästerers getroffen, Blut verspritzte. Ein Engel hielt einmal den Fall eines Arbeiters auf, der vom Campanile von San Marco abgerutscht war, indem er ihn mitten im Sturzflug auffing und wieder auf sein Gerüst hob. Von der Riva degli Schiavoni brach einst ein Fischer zu einer ihm von den Heiligen Markus, Nikolaus und Georg befohlenen Reise über die Lagune auf, in deren Verlauf die himmlischen Auftraggeber eine Schiffsladung von Dämonen exorzierten (der Fischer fragte besorgt, welcher der drei Heiligen ihn denn zu bezahlen gedächte). Im Jahre 1672 fiel ein alter, schlichtgläubiger Sakristan vom Campanile von Santi Apostoli herab, wurde aber auf wunderbare Weise vom Minutenzeiger der Uhr aufgefangen, der sich langsam auf sechs Uhr drehte und ihn behutsam auf einer Brüstung absetzte. Auf der Piazzetta dei Leoncini, neben der Basilika, wurde ein Sklave vor der Strafe der Blendung gerettet durch das Eingreifen des heiligen Markus, der sich kopfüber in die versammelte Menge hineinstürzte und den glühenden Brand gefrieren ließ. Es gibt wunderwirkende Madonnen in den Kirchen Santa Maria dei Miracoli und Madonna dell'Orto, und die Statue der Jungfrau in der Kirche San Marziale kam aus eigenem Entschluß auf dem Seeweg von Rimini nach Venedig.

Die berühmte Nicopeia Madonna in der Basilika, eine der vielen Ikonen, die der heilige Lukas gemalt haben will, wird heute noch verehrt; einem Bild, das angeblich von Giorgione stammt und das sich früher in der Kirche San Rocco befand, schrieb man Wunderkräfte zu; in allen Teilen der Stadt gibt es heilkräftige Reliquien, Schreine und Statuen. Die silbernen Herzen der Votivgaben schmücken fast alle venezianischen Kirchen. Ein dankbarer Anbeter des Giorgionebildes, dessen Leiden uns unbekannt ist, ließ von dem Gemälde einen Marmorguß anfertigen – und das war prophetisch, denn bald darauf wurde das Bild aus der Kirche entfernt und in der benachbarten Scuola di San Rocco untergebracht, so daß in der Kirche heute nur noch die Votivkopie zu sehen ist. Ein anderer dankbarer Bittsteller hängte seine Büchse neben ein Bild der Madonna in der Nähe der Mascoli-Kapelle in der Basilika: sie hängt immer noch da, aber niemand scheint ihre Geschichte zu kennen.

Es gibt 107 Kirchen in der eigentlichen Stadt – eine auf 2000 Einwohner –, von denen 80 noch benutzt werden. Venedig einschließlich seiner Festlandvororte und seiner Inseln beherbergt 24 Männer- und etwa dreißig Frauenklöster von wenigstens 13 verschiedenen Orden. Ungefähr 230 Geistliche leben in Venedig unter einem Patriarchen, der heute fast immer ein Kardinal ist und seinen Titel in den westlichen Ländern nur noch mit den Patriarchen von Lissabon und von Westindien teilt. Es hat 51 Bischöfe von Venedig gegeben und 144 Patriarchen, die zusammen drei Päpste und 17 Kardinäle hervorbrachten. Mehr als hundert Heilige sind in den Straßennamen der Stadt vertreten, von Julian dem Märtyrer, von dem man jetzt glaubt, daß er überhaupt nicht existiert hat, bis zu San Giovanni in Olio – dem Evangelisten Johannes, der unverletzt aus einem Kübel mit kochendem Öl emporgetaucht sein soll, in den ihn Kaiser Domitian hatte werfen lassen. Es gibt die Kirchen des heiligen Moses und des heiligen Hiob, und die Madonna wird unter einer Reihe schöner Namen verehrt – Heilige Maria von der Lilie, vom Trost, von der Gesundheit, der Gnade, vom Garten, von den Mönchen, ferner Maria die Wohlriechende, Maria die Schöne, Maria von der Prozessionshymne, Maria Mutter des Herrn.

Doch die Ordnung, die durch diese Frömmigkeit repräsentiert wird, scheint im Sterben zu liegen. Nur die Fremdenführer sprechen mit überzeugter Miene von den venezianischen Wundern, und die jungen Venezianer erzählen die alten Geschichten oft genug mit einem zärtlichen, aber nachsichtigen Lächeln. Rom hat in der Tat Venedig nie fest im Griff gehabt. *Veneziani, poi Cristiani,* so pflegten sich Leute der Republik selbst zu bezeichnen – zunächst Venezianer und dann erst Christen. »Erlöse uns, o Christus!« sang der Chor von San Marco im Mittelalter. »O Christus, regiere! O Christus, triumphiere! O Christus, befiehl!« Die Antwort darauf war jedoch nicht so orthodox, denn die andere Hälfte der Kathedrale erwiderte sodann: »Dem Erhabensten und Vortrefflichen Dogen Gesundheit, Ehre, Leben und Ewigen Sieg!«

»Sind Sie Venezianer?« fragte ich einmal einen ehrwürdigen Dominikaner in der Kirche San Zanipolo. »Gott sei Dank, nein!« entgegnete er im Ton aufrichtiger Dankbarkeit. Die venezianische Bürgerschaft ist nüchterner, skeptischer und intellektueller als die Bauernschaft auf dem Festland. »Zeig-mal-Staat« ist ein Spitzname für Missouri und spielt auf die Neigung an, einem geschenkten Gaul sehr wohl ins Maul zu schauen – er könnte auch auf Venedig gemünzt sein. Die Republik war nie feudal und ihr politisches System klerikaler Einschüchterung gegenüber nie willfährig. Es gab einmal eine Zeit zu Beginn des 17. Jahrhunderts, als Venedig dicht vor der Grenze zum Protestantismus stand (wobei Sir Henry Wotton, der britische Botschafter, eifrig bemüht war, es hinüberzuschieben). Mehrmals in seiner Geschichte wurde es vom Papst angeklagt oder exkommuniziert; zu der Zeit, als Paolo Sarpi theologischer Berater des Dogen war, während der ersten Dekade des 17. Jahrhunderts, nahm der Streit mit dem Heiligen Stuhl so heftige Formen an, daß Venedig zum Vorkämpfer säkularer Staatsrechte wurde und zwei Bischöfe in den Gefängnissen des Dogenpalastes schmachteten.

Seine Maler waren zum Teil bekannt für eine fast heidnische Liederlichkeit und Wildheit der Phantasie. Veronese wurde sogar vor die Inquisition des Heiligen Offiziums geladen, weil er »Hunde, Hanswurste, betrunkene Deutsche, Zwerge und andere solche Absurditäten« in ein Abendmahlsbild einbezogen hatte. Er erwiderte, daß er sich die gleichen Freiheiten erlaubt habe wie Dichter und Narren, und diese Entschuldigung schienen die Inquisitoren nicht ohne Humor zu akzeptieren. Sie trugen ihm auf, sein Bild zu korrigieren, aber er änderte statt dessen einfach den Titel, und so hängt es heute in der Accademia als das *Gastmahl bei Levi*, samt Zwergen, Deutschen und allem Drum und Dran. (»Was bedeutet die Gestalt dessen, dem die Nase blutet?« wollten die Inquisitoren während des Verhörs wissen. Der Künstler erwiderte höflich: »Das ist ein Diener, der Nasenbluten hat von irgendeinem Unfall.«)

Denn in seiner hohen Zeit war Venedig dem Papsttum nur dann untertan, wenn es dies für angebracht hielt. Seine Gemeindepfarrer wurden unter staatlicher Aufsicht von den Gemeindemitgliedern geheim gewählt und die Kurie von ihrer Bestallung lediglich in Kenntnis gesetzt. Bischöfe wurden im Senat nominiert, und sogar der Patriarch konnte ohne die Zustimmung des Dogen keine Synode einberufen. Alle Priester mußten gebürtige Venezianer sein, und sie waren ihrer üblichen Privilegien nie sicher: im 15. Jahrhundert wurden Kleriker, die sich irgendwelche unmoralischen Vergehen zuschulden kommen ließen, in Käfigen außen an den Campanile von San Marco gehängt, wo sie manchmal ein Jahr lang von Brot und Wasser lebten, bisweilen angeblich verhungerten und eine der speziellen Touristenattraktionen der Stadt darstellten. Der Große Rat von Venedig trat absichtlich an Sonn- und Feiertagen zusammen, und wiederholt lief seine Politik im Sklavenhandel und im Verkehr mit Moslems päpstlichen Bestimmungen zuwider. Eine Gruppe christlicher Missionare, die im 15. Jahrhundert im Hinterland des Balkans verschollen war, tauchte schließlich als Kaufobjekt auf dem venezianischen Sklavenmarkt wieder auf, und als Vasco da Gama den Seeweg nach Indien entdeckte, stachelten die Venezianer den Sultan von Ägypten ganz offen dazu an, die Portugiesen mit Krieg zu überziehen, indem sie sich erboten, Holz für die nötigen Kriegsschiffe zu beschaffen und Schiffsbauer, Kalfaterer, Kanonengießer und Marinearchitekten zu stellen. Unter den venezianischen Prioritäten war Venedig selbst ganz deutlich die erste.

Die wahre Kathedrale der Stadt (bis 1797) war San Pietro di Castello, am östlichen Ende der Stadt gelegen, aber ihr geistiges Zentrum war eigentlich die Basilica di San Marco – die Privatkapelle des Dogen. Im Jahre 1606, während der Periode des großen Interdikts, kündigte ein Priester, der des venezianischen Stolzes eingedenk war, sich aber dem Papst gegenüber keinen Ungehorsam zuschulden kommen lassen wollte, an, daß er erwarte, der Heilige Geist werde ihm sagen, ob er die Messe halten solle oder nicht; die Regierung der Republik erwiderte, der Heilige Geist habe sie bereits inspiriert – nämlich jeden aufzuknüpfen, der sich weigern sollte. »Wollen Sie bitte niederknien?« forderte im 18. Jahrhundert ein venezianischer Senator einen zu Besuch weilenden Engländer auf, als die Gemeinde in der Basilika vor der Hostie auf die Knie fiel. »Ich glaube nicht an die Transsubstantiation«, erwiderte der Engländer. »Ich auch nicht«, sagte der Senator, »aber entweder Sie knien nieder oder Sie verlassen die Kirche!«

Die Kirchen Venedigs haben somit ihre Höhen und Tiefen gehabt. Die rauchschwarze Rosenkranzkapelle in der Kirche San Zanipolo, die 1867 ausbrannte, wurde, wie einem die Mönche geheimnisvoll berichten, absichtlich zerstört »von antireligiösen Elementen«. Die Kirche San Gerolamo wurde einmal zu einer Backsteinfabrik gemacht – damals kam Rauch aus ihrem Glokkenturm. Die Kirche Sant'Elena wurde als Eisengießerei benutzt. San Bartolomeo diente im 15. Jahrhundert als Schule für Staatsbeamte. Santa Maria war im 19. Jahrhundert eine Taverne, und ein Besucher berichtet, daß das Personal, zwischen Gästen und Theke hin und her eilend, manchmal rief: »Einen Krug Weißen in die Kapelle der Madonna! Am Altar des Sakraments noch einmal das gleiche!« Madonna dell'Orto hat alles in allem als Stall, Strohlager und Pulvermagazin gedient. Die Kirche San Vitale ist heute eine Kunstgalerie, und ihre kühnen abstrakten Malereien werden über dem Hochaltar in erhabenem Glanz von einem Carpaccio bewacht. San Leonardo ist Übungsraum einer städtischen Kapelle und überladen mit Fotografien von backenbärtigen, längst verstorbenen Dirigenten. Auf der Insel Giudecca wird eine Kirche als Fabrik benutzt, eine andere stellt Raum für die Galerien der Accademia zur Verfügung, und eine dritte, am Campo Santa Margherita, ist in ein Kino umgewandelt worden. San Basso, neben San Marco, ist ein Vortragssaal. San Vio, in der Nähe der Accademiabrücke, ist nur einmal im Jahr geöffnet – am Tage seines Heiligen. Santa Maria Maggiore ist ein zerfallener Teil des Gefängnisses.

Einige der schönsten venezianischen Kirchen – San Zanipolo, San Marcuola, San Lorenzo, San Pantaleone – sind, wie ihre Backsteinfassaden zeigen, nie fertig geworden. Viele andere sind verschwunden. Vier Kirchen wurden auf Befehl Napoleons abgerissen, um Platz für die Giardini Pubblici, die Öffentlichen Gärten, zu schaffen. Eine, von Palladio erbaut, verschwand unter den Fundamenten des Bahnhofs. Die Überreste einer anderen liegen unter den großen roten Mühlen am westlichen Zipfel von Giudecca, und die Ruine einer weiteren steht noch in der Nähe der Docks. Sant' Aponal kam einmal unter den Hammer des Auktionators; das gleiche Schicksal ereilte San Paternian, aber da sich kein Käufer fand, riß man die Kirche ab, um Platz zu haben für die Statue auf dem Campo Manin. Eine byzantinische Säule in der Nähe der Bahnhofsbrücke ist alles, was von der Kirche Santa Croce übrig ist, die immer noch einem Postbezirk Venedigs den Namen gibt. Schon 1173 gerieten die Venezianer unter ein päpstliches Interdikt, weil sie die Kirche San Geminiano ohne Erlaubnis des Papstes umgebaut hatten – sie wollten der Piazza ein schöneres Aussehen verleihen; schließlich ließ Napoleon sie völlig einreißen, aber sie soll in ihrer letzten Gestalt genau wie San Maurizio an der Accademiabrücke ausgesehen haben. In den sechziger Jahren des vorigen Jahrhunderts waren ernstliche Bestrebungen im Gange, die Basilica di San Marco abzureißen, ausgehend von denjenigen italienischen Bilderstürmern, die es gründlich satt waren, als Kuratoren eines Nationalmuseums behandelt zu werden, und die das ganze alte Italien zerstören und einen neuen Anfang machen wollten.

Heute ist das Schlimmste wahrscheinlich vorüber. Der Geistliche im Patriarchat erzählt dem Bewohner vielleicht mit einem bedeutungsvollen Seufzer, daß Venedig eine religiöse Stadt aus *Tradition* ist – aber es besteht zumindest keine aktive Feindseligkeit von Belang gegenüber dem Glauben. Die religiösen Prozessionen werden nicht mehr verspottet, wie dies, einem Bericht Wagners zufolge, noch 1858 der Fall war (zum Teil zweifellos deshalb, weil viele Angehörige des Klerus mit den österreichischen Oberherren kollaborierten). Die Kirche ist in Venedig keiner schimpflichen Behandlung ausgesetzt. Ihre Gebäude sind im allgemeinen makellos sauber, und man findet nur sehr wenig von jener dumpfigen Fäulnis und Vernachlässigung, die den alten protestantischen Reiseführern so köstlich offensichtlich schien. Mehrere außer Dienst gestellte Kirchen wurden restauriert, und der Aktivität der Kirche, von ihr betriebenen Jugendklubs bis zu Zeitschriften, begegnet man überall. Der Patriarch ist einer der großen Männer von Venedig, und die meisten Bürger, sogar die Agnostiker, fühlen sich ihm verbunden. Kardinal Sartos', des späteren Papstes Pius X., gedenkt man mit echter Zuneigung, besonders in den ärmeren Kreisen. Einer seiner Nachfolger ist in weniger guter Erinnerung. »Wir Venezianer, wir mögen *sympathische Leute*«, wird einem vielleicht gesagt, »wir mögen einfache Leute, freundliche Leute« – und hier wird einem die Erzählerin, von ihrem Waschbrett aufblickend, ein langes, schwaches Lächeln schenken, das Mitleid, Verständnis, Demut andeuten soll. »Aber dieser Kardinal Soundso, der war ganz anders, der war immer *così* – öh!« – und bei dieser heftigen gutturalen Verwünschung wird sie abermals aufblicken, das Gesicht jetzt zu einer Miene unsäglicher *hauteur* erstarrt, die Lider geringschätzig gesenkt, das Kinn zusammemgezogen. »Ah – nein, nein, nein, den haben wir nicht leiden können – aber dann, Signor Morris, *guarda*, dann kam Kardinal Roncalli, der jetzt Papst ist, Papst Giovanni XXIII. – ah, Signor Morris, ah – was für ein Unterschied ... !« Und so krankhaft heftig wird das Lächeln jetzt sein, so feucht das Auge vor Bewunderung, so schwach der ganze Körper unter der Last des Mitgefühls, daß sie völlig außerstande ist, den Satz zu vollenden, und sich mit dem Schürzenzipfel übers Gesicht wischt und stumm zu ihrem Spülstein zurückkehrt. Die Patriarchen gehören nicht zu den Gestalten, die unbemerkt vorübergehen.

Die Farbe und die Pracht der Stadt rühren zum großen Teil immer noch von der Kirche her – von ihren zahllosen herrlichen Bauten, ihren Prozessionen und Festen und Schätzen, ihrem Weihrauch und Orgelklang, der durch portierenverhüllte Türen auf die trüb erleuchteten Plätze hinausdringt, von ihren Tausenden von Mönchen, die sich in Selbstherabsetzung auf die Oberlippe beißen, während sie ihre Almosenrunde machen, oder athletisch schwindelndhohe Drähte hinaufklettern, um die Lampen der Frari-Kirche zu versorgen. Priester sind allgegenwärtig in Venedig, und ich erinnere mich mit besonderer Freude eines Palmsonntagmorgens, an dem ich auf das Zattereufer zuging und am Kai einer Schar lustig schwatzender Nonnen begegnete, alle rosig, schwarz und weiß bewimpelt, die zum Mittagessen nach Hause eilten, die Hände fröhlich in die Höhe haltend. An Sonntagnachmittagen sind die Kirchen erfüllt von ungebärdigen Schulklassen, von den brüchigen Stimmen der Jungen, den hohen, blechernen Katechismusworten der kleinen Mädchen; und an der Wand der Steuermannskajüte fast jedes *vaporetto* hängt ein kleines Kruzifix.

Die Kirche in Venedig ist jedoch etwas mehr als nur Glanz und Schönheit. Sie stammt von Byzanz ab, ist aber zugleich hervorgebracht von Nationalismus; manchmal haftet ihrem hohen Ritual in der Basilica di San Marco auch stark der Charakter einer östlichen Vergangenheit an, marmorn, verschleiert und seiden. San Marco selbst ist ein barbarisches Bauwerk, gleich einem großen mongolischen Vergnügungspavillon oder einer Festung in Turkestan. Bisweilen schleicht sich auch in seine Gottesdienste die Anwendung eines üppigen Barbarismus ein, so fromm, ehrerbietig und schön sie sind.

Jedes Jahr in der Osterwoche holen der Patriarch und sein Klerus aus den Gewölben des Kirchenschatzes die heiligsten Reliquien hervor und breiten sie zeremoniell vor dem Volk aus. Dieser alte Brauch ist beladen mit Erinnerungen an den Orient. Er findet am Abend statt, wenn es auf der Piazza dunkel ist und die trüben Lichter der Basilika geheimnisvoll auf die goldenen Mosaiken der Decke scheinen. Die Gemeinde drängt sich im Dämmerlicht des Kirchenschiffs, wogt hin und her und weiß nicht, wohin sie zuerst sehen soll. Ein Kirchendiener im Dreispitz, mit seinem silbernen Degen und dem Gesicht eines Erblehnsmannes, steht in gebieterischer, aus dem 18. Jahrhundert stammender Haltung neben einer Säule. Die Orgel spielt leise von ihrer Empore herunter, irgendwo ertönt der Gesang von Männerstimmen, und manchmal dringt von der Piazza der Lärm herein, wenn die Tür aufgeht. Alles ist Geflüster und Schimmern.

Ein Blinken von Gold und Silber von einem Gang herüber, ein Rauschen steifer Gewänder, das Klirren eines Räucherkessels, und da schreitet durch die Menge, in Weihrauch gehüllt, die patriarchalische Prozession voran. Angekündigt durch geschäftige Küster, die einen Weg durch die Gemeinde bahnen, raschelt sie langsam und rheumatisch den Gang hinauf. Ein leuchtender Baldachin aus alten Behängen schwankt und schwingt über dem mit der Mitra bedeckten Patriarchen hin und her, und darum herum schreiten die Priester, feierlich und schlurfend, mit den Händen ehrfurchtsvoll die berühmten Reliquien von San Marco umklammernd (in juwelenbesetzten Kästchen ruhend, eingefaßt in goldene Rahmen, Kruzifixe und mittelalterliche Monstranzen). Man kann nicht viel sehen, denn die Menge stößt sich ununterbrochen an, und die Atmosphäre ist drückend; aber wenn die Priester langsam an einem vorbeiziehen, erhascht man hier und da einen Blick auf seltsame Chorröcke und Reliquienschatullen, ein Kreuz, besetzt mit irgendeinem merkwürdigen Erinnerungsstück, das Fragment eines Knochens in einer Glaskugel, unheimliche schmuckreiche, kunstvolle Gegenstände, über dem Volk auf- und niederschwebend, indes die alten Männer, die sie tragen, dem Altar entgegenschwanken.

Es ist ein östliches Zeremoniell, eine Angelegenheit von weihrauchschwangerem exotischem Glanz. Wenn man sich umdrehen und die große Kirche verlassen will, sind alle diese heiligen Gegenstände auf dem Rand der Kanzel aufgestellt und die ernsten Priester dahinter versammelt gleich weißhaarigen, gelehrten Vögeln. Weihrauch umwölkt sie, die Kirche ist erfüllt von langsamer leuchtender Bewegung – und wenn man die Tür öffnet, schlendern draußen auf der Piazza die Feiertagsvenezianer gedankenlos von Café zu Café wie die Männer, die unter dem spöttischen Lächeln der Sphinx Coca-Cola verkaufen.

Wenn die Venezianer nicht immer fromm sind, so sind sie doch gewöhnlich freundlich. Sie standen stets, gleich anderen Geldschefflern, im Ruf der Großzügigkeit gegenüber den Armen. Die fünf Großen Schulen Venedigs, von denen die Scuola di San Rocco heute die berühmteste ist, waren wohltätige Vereinigungen, eingerichtet, um »zeitliche Werke der Barmherzigkeit« zu vollbringen; sogar Baron Corvo mußte in seinen schlimmsten Jahren der Ernüchterung zugeben, daß die Venezianer, wenn es um wohltätige Dinge ging, außerordentlich großzügig waren. Die einheimischen Bettler der Stadt werden mit Nachsicht behandelt und selten von der mit leichter Hand arbeitenden Polizei verjagt. Da gibt es eine nette alte Dame, die, in Schals eingehüllt, abends unten an der Accademiabrücke sitzt und viele treue Unterstützer hat. Da gibt es einen gebeugten alten Mann, der die Gassen in der Nähe von Santo Stefano unsicher macht und den man oft dabei beobachten kann, wie er, von Standort zu Standort ziehend, eine kleine Melodie auf seiner Gitarre zupft. Sonntagmorgens stellt sich ein faungleiches Paar von Landleuten auf dem Kai von Giudecca ein mit einer Reihe von Dudelsäcken und einer Holzpfeife. Eine bekannte komische Gestalt vom Zattereufer ist ein Mann mit einer Tuchmütze und einem langen blauen Mantel, der plötzlich zwischen den Tischen des Cafés im Freien auftaucht, in selbstbewußter Haltung, Beine gespreizt, Kopf zurückgeworfen, auf dem Bürgersteig Aufstellung nimmt, ein Notenblatt aus der Tasche zieht und sich in eine laute und völlig unverständliche Arie hineinstürzt, krampfhaft und ohne Melodie, aber mit einer Miene derart überzeugter Autorität vorgetragen, daß immer ein paar Naive dabei sind, die dem Gesang mit hingerissen andächtiger Aufmerksamkeit folgen. Ich fragte diesen Mann einmal, ob ich seine Noten sehen könne, und stellte fest, daß es sich um eine Probeseite aus einer Partitur von Beethovens Neunter Symphonie handelte, die er verkehrtherum und dicht an den Leib gedrückt hielt.

Ich habe den Verdacht, daß die Venezianer, die noch ein starkes Sippengefühl besitzen, unbekannten Herumtreibern gegenüber vielleicht manchmal weniger duldsam sind. Ab und zu trifft man Zigeunerinnen, die in ihren bunten wadenlangen Röcken vom Festland her in die Stadt eingedrungen sind und sich, ihre Babys auf den Armen, die hageren Hände ausgestreckt, von Piazzetta zu Piazzetta durchjammern. Ich persönlich habe eine Schwäche für Zigeuner, aber die Venezianer denken da offensichtlich anders, denn nur selten kann man beobachten, daß einem bettelnden Zigeuner eine Gabe zuteil wird. Ich bin selbst einmal in Venedig unter die Bettler gegangen. Eines trostlosen Winterabends hatte ich mit meinem Motorboot eine Panne und benötigte ein paar Groschen, um mit dem Fährboot nach Hause fahren zu können. Die Vorsehung, so sagte ich mir, würde in einer so göttlich gegründeten Stadt gewiß für mich sorgen; tatsächlich kam da auch schon ein Mönch von einem der Bettelorden auf mich zu, den ich oft mit Säcken beladen von Wohnung zu Wohnung hatte ziehen sehen und der sich jetzt auf dem Heimweg zu seinem nahen Kloster befand. Ich hielt ihn an und bat ihn um eine Anleihe von 100 Lire bis zum nächsten Tag: aber eisig und argwöhnisch war die Antwort, die ich erhielt, und kalt die Schwelle, auf der meine Familie und ich am Klostereingang wartend stehengelassen wurden, und gewunden die Kanäle, durch die vergeblich um die Zustimmung des Abts ersucht wurde, und mürrisch war der Pförtner, der uns mitteilte, daß wir in der Kirche nebenan warten sollten, und flüsternd die Beratung der Klosterbrüder, die uns leise silbenzischend erreichte, als wir im Kirchenschiff standen, und hastig und beiläufig das Gebaren des Mönchs, der sich mir schließlich von der Seite näherte, als sei er nicht willens, mir allzu nahe zu kommen, und mir die Münze in die Hand beförderte, so, wie man einem nicht ganz geheuren Terrier einen Knochen anbieten mag; beunruhigend aber war am nächsten Morgen, als ich die Anleihe zurückzahlte, meine Überzeugung, daß der Pförtner, der das Geld mit nachlässiger Miene in Empfang nahm unter dem grinsenden *memento mori*, das sein Portal zierte, das Geld höchstwahrscheinlich in die eigene Tasche wandern ließ.

Aber wenn ich damals zynisch war, so bin ich es heute weniger; denn jetzt kenne ich Venedig besser und bin sicher, daß ich im Nu das Geld und noch ein Glas sauren Weißweins dazu bekommen hätte, wenn ich an jenem Abend in eine schäbige Hafenkneipe gegangen wäre, um dem unrasierten Sünder hinter der Theke meinen Fall vorzutragen. Das Mitleid ist wirklich ein ausgeprägtes Gefühl bei den einfacheren Venezianern. Im 18. Jahrhundert war ihnen der Gedanke an Schmerz und Leid so unerträglich, daß sogar Schauspieler, die in einem Bühnenstück »getötet« wurden, eine schnelle postume Verbeugung machen mußten, um das besorgte Publikum zu beruhigen und seine mitfühlenden Rufe wie *Bravo i morti!* entgegenzunehmen.

Venedig ist im Grunde eine melancholische Stadt, und seine Bewohner schütteln ständig mitleidsvoll die Köpfe über irgendeinen neuerlichen Beweis für den traurigen Zustand der Welt. Als ein Gast aus Bologna eines Abends im Canal Grande ertrank, war meine Haushälterin seinetwegen am nächsten Tag fast in Tränen aufgelöst. Wenn sich ein Trauerzug vorüberbewegt in Richtung auf den Friedhof San Michele, kann man die Zuschauer kondolierend vor sich hin flüstern hören: »Oh, der Arme, oh, tot, tot, tot, armer Kerl – ah, da geht er fort, fort nach San Michele, *il povero*!«

Auch schlechtes Wetter ist ein Anlaß für sanften Kummer, und das Schicksal des armen, einst so mächtigen Venedig selbst; manchmal auch bewirkt irgendeine internationale Katastrophe, ein Eisenbahnunglück in Uruguay, eine fehlgeschlagene Konferenz, eine unverheiratete Prinzessin, ein abgeschobener Sports-

Blick in die freskengeschmückten Bogengewölbe von S. Marco

Christusmosaik in S. Marco

mann, daß das venezianische Auge ein kurzes Brennen verspürt und in jähem Mitgefühl aufleuchtet. Quälend ist in der Tat der Kummer, der sich noch Monate, sogar Jahre nach dem Tod eines Vetters zeigt, so daß schon bei der gesprächsweisen Erwähnung des Friedhofs eine Trauermaske über die leidgeprüften Züge fällt. Und wann immer die Venezianerin auf ihren teuren Onkel Carlo zu sprechen kommt, der, wie man herauszufinden inzwischen hinreichend Gelegenheit gehabt haben wird, am 18. September 1936 in eine bessere Welt abberufen wurde, genügt schon dieser alleinige Gedanke an Onkel Carlo, um das Geschäft des Tages zumindest für den Augenblick zu unterbrechen.

Dieser Weichherzigkeit haftet eine Spur von Morbidität an. Die Venezianer sind fasziniert von toten Dingen, von Schrecknissen, Gefängnissen, Mißgeburten und Mißbildungen. Sie sprechen gern, mit einer Mischung von Herzeleid und Abscheu, von den Krankenhäusern und Nervenheilanstalten auf den Inseln, die Venedig wie ein Bannkreis umgeben, und demonstrieren mit grausigen Gesten die Gewalttätigkeit von einigen der armen Insassen. Heftig war die Enttäuschung, als sich herausstellte, daß der Leichnam ihres geliebten Pius X., aufgebahrt in seinem gläsernen Sarg, eine vergoldete Maske anstatt des Gesichts trug (er war nun vierzig Jahre tot, und sie hätten gern gewußt, in welcher Verfassung er war).

Auch die Vorhersehbarkeit ihrer Gefühlsausbrüche hat etwas Orientalisches. Eine Art Etikette oder Formalität ruft die Tränen hervor, die in Marias Augen treten, wenn man ihren armen Verwandten erwähnt, und zwar so rasch, als wäre ihr Kummer lediglich ein antikes Ritual gleich dem Gejammer bestellter Klageweiber bei einem ägyptischen Begräbnis. Es ist in Venedig wie auch anderswo in Italien Sitte, einen Todesfall bekanntzugeben durch Anschläge in Läden und Cafés, oft zusammen mit einer Fotografie; sehr ausgeprägt erscheint die Trauer der Leute, die man bisweilen diese Zettel verteilen sieht, und ganz außerordentlich die Ansteckungskraft, so daß wenige Minuten nach ihrem Fortgang das ganze Café in düstere Stimmung getaucht und sogar das Zischen der Espressomaschine nur gedämpft zu hören ist.

Eine sentimentale Ader durchzieht das venezianische Leben, was überraschend ist bei einer so zähfibrigen Stadt. Eine venezianische Menschenmenge hat stets ein weiches Herz für den Getretenen, und der Letzte bei einer Regatta ist gewöhnlich freundlicher Zurufe sicher. Ich beobachtete einmal das Nachspiel eines Kampfs zwischen zwei jungen Leuten an der Rialtobrücke. Der eine war ein geschmeidiger, hübscher junger Mann, der ein Tablett mit Päckchen neben sich auf die Steinstufen gestellt hatte und in Tränen aufgelöst war, der andere ein sonnengebräunter, zäher, untersetzter Fischjunge, eine wuchtige Gestalt mit Stentorstimme und Fäusten aus Eisen. Der schlanke Jüngling flehte die Menge um Gerechtigkeit an, seine Stimme war vor Gram gebrochen, und ab und zu zog er das Hemd aus der Hose, um seine angeschlagenen Stellen zu zeigen. Der Fischjunge schritt auf und ab wie ein Löwe im Käfig, schob sich gelegentlich durch die Zuschauer hindurch, um ein Schimpfwort auszustoßen, er spie hin und wieder aus und hatte für seinen Gegner mal einen verächtlichen Schubs, mal ein spöttisches Grinsen übrig. Meine Sympathien waren völlig auf der Seite dieses ungehobelten Raufbolds aus der alten venezianischen Schule, aber die Menge drängte sich schützend um den andern, und eine Frau geleitete ihn tränenreich auf die Rialtobrücke zu, aus der Gefahrenzone hinaus, inmitten eines allgemeinen Gemurmels von Mitleidsbekundungen. Nur ein Mann hielt sich abseits und schien meine Sympathien zu teilen, ein Zwerg, ein kleiner Mann, ganz in Schwarz gekleidet, der auf den Zehenspitzen hinter der Menge stand und zwischen den wogenden Schultern hindurchspähte – aber ich sollte mich getäuscht haben, denn als ich seinen Blick einfing und ihm ein schuldbewußtes Verschwörerlächeln zuwarf, starrte er mich böse an, so, wie man vielleicht einen unbußfertigen Muttermörder ansieht oder einen Mann, der für Grausamkeit gegenüber kleinen Kindern bekannt ist.

Es gibt viele solche Zwerge und Bucklige in Venedig, wie schon seit Hunderten von Jahren immer wieder berichtet wurde, und auch ihnen begegnet man mit Freundlichkeit (obwohl es früher einen Aberglauben gab, insofern als man nicht näher als auf dreißig Schritt an einen Hinkenden herangehen sollte, was vielleicht zu Lord Byrons bekannter Abneigung beitrug, bei Tageslicht auf der Piazza in Erscheinung zu treten). Viele erhalten Arbeit als Sakristane oder Putzer in Kirchen und huschen dann gleich lächelnden Gnomen zwischen den schattenverhüllten Altären hin und her. Es gibt auch viele und vielgestaltige Originale: Frauen, die von Umschlagtüchern und anachronistischen Röcken umflattert sind, Männer, die von Brückenbrüstungen herab in die Nacht hinein zornige Reden halten. Künstler sind wirklich Künstler in Venedig und tragen oft nachlässig geschlungene Halsbinden und breitkrempige Hüte und treffen sich leutselig, um in Tavernen riesige Mahlzeiten zu verspeisen. An Frühlingsabenden pflegte eine Gruppe von offensichtlich verrückten Mädchen neben dem Canal Grande vor meinem Fenster zu tanzen, und mitunter hört man mitten in der Nacht einen einsamen Opernliebhaber, der vom Heck eines Dampfbootes aus *Tosca* in die Finsternis hinaus deklamiert. Ausländer auffälliger Individualität haben Venedig immer gern besucht, von George Sand in engen Hosen im Danieli bis zu dem schwer auf die Theke von Harry's Bar gestützten Orson Welles; aber sie haben die Venezianer, die seit langem an die Extreme menschlichen Verhaltens gewöhnt sind, zu keiner Zeit zu verblüffen vermocht. In der hohen Zeit der venezianischen Autokratie, im 15. Jahrhundert, paradierte oft ein stadtbekannter Wichtigtuer in einer Gondel die Kanäle entlang, beschimpfte das Regime und forderte die sofortige Beseitigung aller Aristokraten. Ihm wurde nie ein Haar gekrümmt, denn sogar der gestrenge Rat der Zehn hatte eine Schwäche für Exzentriker.

Man kann sich in Venedig auch betrinken, ohne die Stadt gegen sich aufzubringen. Obwohl die meisten echten Venezianer keinen Geschmack mehr für Liederlichkeiten haben und sittsame Leute geworden sind, hallen ihre Abende doch häufig vom Gegröle der Trunkenbolde wider. Oft sind es Touristen oder Seeleute von den Docks, aber ihr Geschrei pflanzt sich unterschiedslos durch die Kanalschluchten fort und macht manchmal die Mitternacht erschauern. Gelegentlich sieht man auch, wie ein Mann, ganz Arme und gelalltes Aufbegehren, mit Gewalt von einer Bartheke hinwegbefördert wird wie im Film, und ausgelassen sind die Lieder der venezianischen Studenten, wenn sie einigen Wein intus haben. Ich hörte einmal, wie zwei Angeheiterte um vier Uhr an einem Maimorgen vor meinem Fenster vorbeizogen, und als ich auf den Rio San Trovaso hinausblickte, sah ich sie in einer Gondel vorbeigleiten. Sie saßen auf dem Boden des Bootes, trommelten auf die Fußbodenbretter, klappten mit den Sitzen und sangen und brüllten aus voller, schwerfälliger Kehle: im Heck der Gondel jedoch stand, gelassen und erhaben, der Gondoliere, ein schon älterer, grauhaariger Mann, der sie mit leichtem, nüchternem, welterfahrenem Schlag dem Morgengrauen entgegenruderte.

Die praktische Toleranz hat Venedig immer zu einer kosmopolitischen Stadt gemacht, in der Ost und West sich vermischen und (wie Shakespeare mit Recht sagt) »der Handel und Gewinn dieses Staates sich auf alle Nationen erstreckt«. Siedler vieler Rassen trugen zur Macht und speziellen Zusammensetzung der Republik bei, wie man aus den Gemälden der Meister ersehen kann, die oft beturbante Mohren und Türken mitten in der Menge darstellen und manchmal sogar schwarze Gondolieri. Venedig war in der Blütezeit seines Handels eine Basarstadt oder eine Karawanserei, in der Griechen, Juden, Armenier und Dalmatiner ihre bestimmten Viertel hatten und die Deutschen und Türken ihre großen Handelsplätze. Eine der Säulen des Dogenpalastes illustriert diese Vielfalt, denn dort sieht man Seite an Seite auf einem Kapitell die Gesichter eines Persers, eines Latiners, eines Tataren, eines Türken, eines Griechen, eines Ungarn, eines bärtigen Ägypters und eines erstaunlich harmlosen Goten. (Wir brauchen jedoch nicht anzunehmen, daß sich die alten Venezianer über die Gleichheit besondere Illusionen machten. Gerade um die Ecke sind acht weitere Gesichter, auf einem anderen Kapitell: sieben sind gräßlich anzusehen, eines ist schön, und dieses »zarte, nachdenkliche und würdevolle Bild«, sagt Ruskin, »durchaus rein in jeder Weise«, soll »die Überlegenheit des venezianischen Charakters über den anderer Nationen ausdrücken«.)

Die unverwüstlichen von allen diesen Bewohnern fremder Abstammung waren die Juden, die im mittelalterlichen Venedig eine Stellung zwischen Protektion und Verfolgung innehatten. Die ersten von ihnen kamen im Jahre 1373 als Flüchtlinge vom Festland in die Stadt; sie durften sich (zumindest scheinen die meisten Historiker dieser Ansicht zu sein) zunächst nur auf der Insel Giudecca niederlassen, die nach ihnen genannt sein mag – vielleicht kommt der Name aber auch von dem Wort *iudicato* in dem Sinne von »zugeteilt« oder »für gut befunden«, nämlich als passender Ort für Juden, Vagabunden und Gesindel. Im 16. Jahrhundert wurde im nordwestlichen Teil der Stadt das erste aller Gettos für sie eingerichtet. Es lag auf dem Gelände einer ehemaligen Eisenhütte – das Wort *ghetto* soll ein mittelalterlich-venezianisches Wort für »Gießerei« gewesen sein –, und alle Juden, vermehrt noch durch Flüchtlinge aus den Kriegen der Liga von Cambrai, mußten dorthin umziehen.

Sie mußten eine besondere Kleidung tragen (zuerst einen gelben Hut, später einen roten); sie wurden unbarmherzig besteuert unter jedem nur denkbaren Vorwand; sie mußten gehörig bluten allein für die häufig zu erneuernde Erlaubnis, überhaupt in der Stadt bleiben zu dürfen. Ihr Getto war auf der Außenseite fensterlos, um es vollkommen von der übrigen Stadt abzuteilen, und seine Tore wurden bei Sonnenuntergang verschlossen. Christliche Wächter (die natürlich von den Juden zu bezahlen waren) sorgten dafür, daß nach Einbruch der Dunkelheit niemand mehr aus- und einging. Doch obwohl die Juden so schweren Beschränkungen unterworfen waren und finanziell unbarmherzig ausgepreßt wurden, waren sie in Venedig ihres Lebens sicherer als anderswo in Europa. Die Venezianer fanden sie nützlich. Ein- oder zweimal gab es die üblichen Gerüchte über Kinderverbrennungen; im Jahre 1735 mußten die mit der Leitung der jüdischen Angelegenheiten beauftragten Beamten berichten, daß das Getto bankrott war; aber über die Jahrhunderte hinweg erfreuten sich die venezianischen Juden, gegen öffentliche Gewalttat und religiösen Fanatismus geschützt, langer Perioden des Wohlstands und Prestiges.

Im 17. Jahrhundert wurden die vornehmen Damen des Gettos beschrieben als »von prächtiger, anziehender Erscheinung, geschmückt mit Juwelen, goldenen Ketten und mit kostbaren Steinen besetzten Ringen ... sie haben herrliche, lange Schleppen wie Prinzessinnen, die von Zofen getragen werden, welche zu diesem Zweck angestellt sind«. Heinrich VIII. konsultierte einen gelehrten venezianischen Juden, als er sich mit dem Gedanken einer Scheidung von Katharina von Aragon trug. Einige der Rabbis von Venedig brachten es zu europäischer Berühmtheit, und für durchreisende Gäste wurde es zur Mode, einer Predigt in einer Gettosynagoge beizuwohnen. 1797 schaffte Napoleon das Getto ab: als 1848 die Venezianer gegen ihre österreichischen Oberherren rebellierten, war ihr Anführer ein Halbjude, und jüdischer Erfindungsreichtum verlieh der revolutionären Republik ihre erstaunliche finanzielle Stabilität.

Man hat oft eine Verwandtschaft zwischen Venezianern und Juden festgestellt – eine beiden gemeinsame Fähigkeit zum Geldverdienen, einen ähnlichen Sinn für trockenen Humor, ein gemeinsames Gefühl nationalen Ausgeschlossenseins. Ein Besucher aus der Zeit König Edwards schrieb von der »hebräischen Haltung« der Priester von San Marco. Ein anderer spricht von der Überzeugungskraft, mit der venezianische Maler die Patriarchen des Alten Testaments darstellten. Heute fällt es sehr schwer zu sagen, wer in Venedig ein Jude ist. Lord Fisher, der britisch-israelische Sympathiegefühle besaß, pflegte zu sagen, daß die Gesichter der verlorengegangenen Stämme offenbar verschieden seien von denen der anderen Juden, »sonst wären sie ja nicht verlorengegangen«; aber oft hat das männliche venezianische Gesicht in seinem meditierenden Ernst eine auffällig jüdische Form, die stark an Venedigs Osthandel erinnert und an die Einflüsse orientalischer Kultur (und auch orientalischen Blutes), die die Stadt über die Jahrhunderte hinweg berührten.

Es leben immer noch etwa 800 Juden in Venedig. Einige wohnen noch in den drei Sektionen des Gettos, *Vecchio, Nuovo, Nuovissimo* – Altes, Neues und Neuestes: es wird berichtet, daß die Insassen, als Napoleons Soldaten die Tore aufstießen, so geschwächt waren, daß sie sich nicht von der Stelle rühren konnten und seitdem dort geblieben sind. Bedeutend mehr wohnen in den anderen Stadtteilen. Sie sind zumeist Bürger der Mittelschicht und Angehörige der gelehrten Berufe – nur wenige sind sehr reich –, und sie haben sich einen starken Gemeinschaftssinn bewahrt. Die hohen, von Menschen wimmelnden Häuser der Gettos sind immer noch arm und schmutzig, und der Kanal dahinter, auf dem die Wachen aufmerksam in Booten auf und ab zu patrouillieren pflegten, ist gewöhnlich zäh vor Schmutz und Unrat; aber es ist ein schönes jüdisches Altersheim vorhanden sowie ein gut ausgestatteter Versammlungssaal und ein interessantes kleines Museum. Der jüdische Friedhof auf der Lidoinsel, einst Byrons Reitgelände und Spielplatz für ausgelassene Jugendliche, wird jetzt gut instand gehalten. Von den fünf Gettosynagogen – ursprünglich eine für levantinische, eine für spanische, eine für italienische und zwei für deutsche Juden – werden noch zwei zu Gottesdiensten benutzt (eine dritte ist ein Teil des Museums, und die anderen sind unzugänglich zwischen Mietskasernen versteckt).

Wer eine davon an einem Passahfest besucht, kann feststellen, wie sauber, heiter und gesellig die venezianischen Juden heute sind. Der Rabbi steht gebeugt und gelehrt auf seinem hohen Pult. Der Kirchendiener hat seinen hohen Zylinder ein wenig schräg aufgesetzt. Einige gut gekleidete Frauen spähen herunter von der ovalen Galerie hoch oben an der Decke der Synagoge. Auf der Männerseite unten im Schiff sitzt alles friedlich oder fromm da – auf der Frauenseite ist ein Flattern von farbigen Kleidern und Blumenhüten, ein Rascheln gestärkter Kinderkleidung, ein fröhliches Stimmengewirr und ein Hauch von Parfüm (*Ca'd'Oro* vielleicht, so genannt nach einem Palazzo am Canal Grande oder *Abends in Venedig*, mit einer blauen Gondel und einem Liebespaar auf der Packung). Alles hier wirkt kraftvoll und ungezwungen; bewegend ist, wenn einen der Pförtner an der Tür höflich in den Sonnenschein hinausgeleitet, der Gedanke, daß man sich inmitten des ersten all der betrüblichen Gettos der Welt überhaupt befindet.

Auf den Mauern draußen stehen jedoch zwei Inschriften, die man lesen sollte, ehe man sich zum Gehen wendet. Die eine ist eine Mitteilung aus dem 16. Jahrhundert, die die Absicht der republikanischen Magistratsmitglieder kundtut, die Sünde der Gotteslästerung zu unterdrücken, wie sie sowohl von den eigentlichen wie von den konvertierten Juden begangen werde. »Sie ordnen deshalb an, daß diese Proklamation in Stein gehauen am meist besuchten Platz des Gettos aufgestellt wird, und drohen den Strang, Stockschläge, Peitsche, Galeere oder Gefängnis allen an, die sich der Gotteslästerung schuldig machen. Ihre Exzellenzen erbieten sich, geheime Denunziationen entgegenzunehmen und Spitzel mit einer Summe von hundert Dukaten aus dem Vermögen des Missetäters zu belohnen, wenn dieser für schuldig befunden ist.«

Die andere Inschrift stammt aus der neueren Zeit. Sie erinnert an den Umstand, daß von den 8000 italienischen Juden, die im Zweiten Weltkrieg ihr Leben verloren, 200 Venezianer waren. Von der ersten Tafel haben die Juden, wahrscheinlich beim Ende der Republik, das Bild des Markuslöwen, Symbol ihrer Knechtschaft, entfernt; aber die zweite Tafel haben sie selbst angebracht.

Am anderen Ende der Stadt, jenseits der Piazza von San Marco, war das griechische Viertel von Venedig gelegen, einst blühend, reich und gesichert. Noch vor einem Jahrhundert verlieh die griechische Kolonie der Stadt einen vertrauten Farbflecken und hatte ihre eigenen Treffpunkte und Restaurants und sogar ihr eigenes Café an der Piazza. Venedig war den byzantinischen Kaisern einst durch eine ziemlich verschwommene Lehenspflicht verbunden, und obwohl die Venezianer später heftig mit Konstantinopel im Streit lagen und den zeitweiligen Untergang des griechischen Kaiserreichs herbeiführten, stand die Serenissima der Welt der Griechen doch immer sehr nahe und befand sich unter dem Einfluß ihrer Lebensformen. Die Griechen, Händler und Geldverleiher in der Levante, waren auch hier Geldverleiher und brachten es mit manchem kleineren Geschäft zu Wohlstand in jenen Tagen, die Visa und Importlizenzen vorausgingen. Mehrere Jahrhunderte lang schwankten sie in ihrer religiösen Treubindung zwischen Rom und Konstantinopel, wobei ein Bischof sein Doppelspiel so ungeschickt trieb, daß er es fertigbrachte, gleichzeitig vom Papst und vom Ökumenischen Patriarchen exkommuniziert zu werden. Die Regierung hielt sich in dieser Angelegenheit meistens zurück, denn ihr war die Anwesenheit der wohlhabenden griechischen Händler willkommen; bis 1781 hielt die Griechische Kirche in Venedig eine prekäre Verbindung mit Rom aufrecht und bekannte sich erst offen zum Schisma, als Napoleon im ganzen besetzten Venetien Gewissensfreiheit proklamierte.

In der Blütezeit der Kolonie lebten 10000 Griechen in Venedig. Sie richteten eine Schule ein, das Phlangineion, das zu einem der großen Zentren griechischer Kultur im Ausland wurde, als die Türken ihr Heimatland überfluteten. Longhena entwarf das Gebäude dafür, das heute noch steht, und Sansovino baute die daneben gelegene Kirche San Giorgio dei Greci. Viele der erfolgreichsten venezianischen Kurtisanen waren Griechinnen. Im 16. und 17. Jahrhundert wurden an allen besseren venezianischen Tischen griechische Weine getrunken. Viele reiche Griechen kamen nach Venedig im Anschluß an den Fall Konstantinopels, und Venezianer waren, wenn die politischen Winde günstig wehten, bisweilen Besitzer von Landhäusern und Gärten auf dem Peloponnes.

Selbst heute noch ist man in Venedig nicht weit von Griechenland entfernt. Da sind nicht nur die byzantinischen Schätze der Stadt und die griechischen Akzente seiner Geschichte und Kultur: fast an jedem Sommertag sieht man einen schmucken, weißen griechischen Dampfer, einen Hauch von Ägäis, mit der Morgenflut hereinfahren oder mit seinen pelzbehangenen und würdevollen Passagieren an Bord ablegen zu einer archäologischen Kreuzfahrt. Es gibt einen griechischen Konsul in Venedig und ein griechisches Institut für byzantinische Forschungen; manchmal, während der Saison, steigt einer der legendären griechischen Magnaten aus dem Beiboot seiner Jacht am Markusplatz an Land, samt seiner blendend schönen Mätresse oder seiner selbstgefälligen Frau, seinem Kapitän in makelloser Uniform und seinen geschniegelten Sekretären, um diesen strengen Säulengängen eine handfeste Vision von Handelsabenteuern zu vermitteln.

Die Kolonie selbst besteht noch, wenn sie auch auf etwa fünfzig Mitglieder zusammengeschrumpft ist. Bei einem Festgottesdienst in der Kirche San Giorgio dei Greci, die jetzt ungescheut orthodox ist, kann man sie fast vollzählig versammelt und ergänzt durch einige ortsansässige Russen beobachten. Die Zeremonielle dort sind wunderbar ruhig und geheimnisvoll; sie heben sich ab von einem Hintergrund leuchtender Ikonen und goldener Kreuze. Ein großer Teil des Gottesdienstes spielt sich nach griechischer Art an einem inneren, für die Gemeinde nicht sichtbaren Altar ab. Aber die Menschen im großen Raum der Kirche gehen mit eindrucksvoller Selbstversunkenheit ihrer eigenen Andacht nach, schreiten allein unter kunstvollen Bekreuzigungen und Kniebeugen den Gang entlang, um vor einem Kruzifix niederzusinken; sie betreten das Allerheiligste, offenbar unangemeldet, um den persönlichen Segen des Priesters zu empfangen, und singen die Loblieder keineswegs leichtfertig oder unerherbietig, aber merkwürdig losgelöst. Wenn der Priester hinter den Altarvorhängen hervorkommt, mit schwarzem Hut und dichtem Bart, und feierlich mit dem Räucherfaß ins Schiff hinunterschreitet, verneigen sich diese Griechen alle anmutig und lassen sich den Weihrauch um die Köpfe wehen, wie die Araber ihn benutzen, um ihre prachtvollen Bärte duften zu machen.

Es gibt auch noch Armenier in Venedig. Sie haben ein berühmtes Kloster auf einer der Laguneninseln und eine Kirche, Santa Croce degli Armeni, versteckt in der Gasse der Armenier in der Nähe von San Giuliano. Die Armenier bildeten die älteste der ausländischen Gruppen in Venedig. Sie hatten sich schon zu Beginn des 12. Jahrhunderts fest niedergelassen; ihre Stellung wurde gestärkt, als ein Doge, der in ihrem Land ein Vermögen erworben hatte, einen Teil seines Reichtums zur Errichtung eines armenischen Hauptquartiers in Venedig hinterließ. Die Armenier waren Kaufleute, Ladenbesitzer, Finanzleute, Geldverleiher, Pfandleiher (sie bezahlten ihre Kunden teils mit Geld, teils mit verwässertem Weißwein, so, wie die farbigen Arbeiter in Südafrika ab und zu mit einem Schluck Alkohol entlohnt werden). Es wird gesagt, daß die Pest zuerst mit armenischen Einwanderern in die Stadt gekommen sei, aber sie wurden nie belästigt oder verfolgt: In Venedig hatte es, wie ein Engländer des 16. Jahrhunderts bemerkte, gar nichts zu bedeuten, »ob jemand Türke oder Jude, Lutheraner, Papist oder Teufelsanbeter sei; auch fragt einen niemand, ob man verheiratet sei oder nicht und ob man in seinem eigenen Hause Fleisch oder Fisch esse«.

Einige wenige Armenier wohnen heute noch in der Gasse der Armenier. Jeden Sonntagmorgen kann man sieben, acht Leute beobachten, meist Frauen, die zur Messe in die Kirche gehen (die Armenische Kirche, die älteste instituierte Kirche der Welt, ist heute in Katholiken und Orthodoxe aufgespalten; die Armenier von Venedig haben sich Rom angeschlossen). Es ist ein merkwürdiges kleines Gebäude. Der Glockenturm, jetzt stumm, ist von hohen Häusern und Schornsteinen so dicht umgeben, daß man ihn kaum entdeckt, die Fassade ist unscheinbar hinter einer Häuserreihe versteckt, und nur das Kreuz an der Tür weist darauf hin, daß es sich um eine Kirche handelt. Innen ist sie ein wenig heruntergekommen, aber reich geschmückt, und der Fußboden des Vorraums ist bedeckt mit Gedenkplatten, die die Tugenden hervorragender venezianischer Armenier aufzählen – »Er lebte als Löwe«, heißt es auf einer, »starb als Schwan und wird aufsteigen als Phönix.« Die Gemeinde ist im allgemeinen ärmlich gekleidet, und obwohl der Priester glänzende Gewänder trägt und den Gottesdienst mit feierlicher Anmut leitet, hat sein ernster junger Meßdiener wahrscheinlich Blue jeans und einen Pullover an. Ein Gefühl alter Kontinuität haftet der Handlung an, denn die Kirche Santa Croce steht auf eben dem Gelände, das der armenischen Gemeinde vor acht Jahrhunderten von jenem großzügigen Dogen geschenkt wurde.

Die Deutschen mit ihren alten und ertragreichen Verbindungen zu Venedig haben auch ihre Kirche in der Stadt, die Kapelle der Lutheraner, die seit 1813 in einem großen Raum im ersten Stock eines Gebäudes in der Nähe von Santi Apostoli untergebracht ist.

Die Gottesdienstbesucher sind nicht zahlreich, aber sehr gut gekleidet; die Beleuchtung ist zart gedämpft, und ein Hinweis an der Tür besagt: »Der Gottesdienst wird auf deutsch abgehalten. Bitte nicht stören.«

Wer eine Vorstellung von der englischen Kolonie Venedigs bekommen will, gehe an einem Sommermorgen in die anglikanische Kirche St. George, ein umgebautes Lagerhaus in der Nähe der Accademiabrücke. Die Bänke sind gewöhnlich gut besetzt, und die vertrauten Melodien aus alter und neuerer Zeit schweben schwülstig, aber enthusiastisch über den Canal Grande hinüber. Die monotone Sprache des Geistlichen paßt sich mühelos dem heißen Summen des venezianischen Sommers an, und wenn der Gottesdienst vorüber ist, sieht man sein Chorhemd in der Tür flattern zwischen den zierlichen Hüten und denTweedanzügen, den weißen Handschuhen und Gebetbüchern, den sauber herausgeputzten Kindern und den rosenwangigen, dichtgelockten, lavendelduftenden, perlhalsbandbehängten, uniform bebroschten Ladies, die in so bewundernswerter Weise jahraus, jahrein in Ost und West den unveränderlichen Geist Englands im Ausland repräsentieren.

Die Engländer waren den Venezianern immer vertraut (und es gibt erstaunliche Parallelen in der Geschichte der beiden Völker). Im 15. Jahrhundert bestand eine reguläre Galeerenverbindung zwischen Venedig und Southampton; jeder Ruderer war ein kleiner Geschäftsmann und nahm unter seinem Sitz ein wenig Handelsware mit, die er dann in den Gassen von Hampshire auf eigene Rechnung verkaufte. Venezianische Schiffe legten auch in Rye, Sandwich, Deal und anderen Häfen der englischen Südküste an, die jetzt fast so tot sind wie die Serenissima selbst. Die private anglikanische Kapelle, die Sir Henry Wotton, der englische Botschafter, unterhielt, war eines der Streitobjekte in Venedigs schlimmster Auseinandersetzung mit dem Heiligen Stuhl. Petrarca spricht bei der Beschreibung einer venezianischen Festlichkeit im 14. Jahrhundert davon, daß unter den Ehrengästen auch einige englische Edelleute waren, »Gefährten und Verwandte ihres Königs«, die mit ihren Schiffen auf einer Übungsfahrt Venedig angesteuert hatten. Englische Kapitäne und Soldaten kämpften oft auf der Seite Venedigs, und die Engländer nahmen dafür manchmal venezianische Schiffe und Seeleute in ihren Dienst.

Im 19. Jahrhundert, als Venedig seinen Tiefpunkt erreicht hatte, waren es die selbstgefälligen Engländer, die seinen romantischen Kult begründeten: Browning, der den Glanz der Ca'Rezzonico erlebte (auf einer Tafel an der Hauswand heißt es: *Open my heart and you will see, Graven inside of it, Italy*); Byron, der nach einer Soiree den Kanal entlangschwamm, während ihm ein Diener mit seinen Kleidern in einer Gondel hinterdrein fuhr; Shelley, der die Sonne hinter den Euganeischen Hügeln untergehen sah; Cobden, der auf einem Bankett auf Giudecca gefeiert wurde, bei dem jeder Gast eine Kornähre im Knopfloch trug; Ruskin, fünfzig Jahre lang tonangebend in Sachen Venedig und Autor der bis heute besten Beschreibungen der Stadt in englischer Sprache. In der viktorianischen Zeit besaß die englische Kolonie sogar ihre eigene Herde von 17 Kühen, die unter erhabener Mißachtung der Bestimmungen in einem venezianischen Garten gehalten wurden und jedes subskribierende Mitglied täglich mit einem Glas frischer Milch vrsorgten.

Auch die Amerikaner waren in Venedig bald bekannt. W. D. Howells schrieb vor einem Jahrhundert ein charmantes Buch über die Stadt, ehe er sich der Romanschriftstellerei zuwandte: Er hatte eine beifällig aufgenommene Biographie über Lincoln geschrieben und war dafür mit dem angenehmen und einträglichen Posten eines US-Konsuls in Venedig belohnt worden. Ein anderer Konsul, Donald Mitchell, schrieb ein einst sehr bekanntes Buch mit dem Titel *Reveries of a Bachelor*, unter dem Pseudonym »Ik Marvel«. Henry James schrieb in fast unheimlicher Weise über die Stadt und wohnte eine Zeitlang in einem Haus am Canal Grande. Reiche Amerikaner ahmten dann die englische Mode nach, alte Paläste zu kaufen oder während der Saison zu mieten, und eine großzügige Dame hinterließ bei ihrem Tod jedem ihrer Gondolieri ein Haus. In den (gerade erst zu Ende gehenden) Tagen, da der Amerikanismus gleichbedeutend war mit allem, was Freiheit, Großzügigkeit und Vernunft hieß, erfreuten sich die Vereinigten Staaten in Venedig eines gewaltigen Prestiges. Der Bildhauer Canova war Ehrenpräsident der Akademie der Schönen Künste von Philadelphia, und einige Gondolieri, die sich mit ihren Fahrzeugen zur Weltausstellung in Chicago aufmachten, wurden bei ihrer Rückkehr nach Venedig als Helden gefeiert und vermochten, so ließ ich mir erzählen, den Rest ihres Lebens hindurch von ihren Erfahrungen zu leben.

Der venezianische Sommer schwirrt heute von steinreichen Besuchern, aber es ist nicht mehr Mode, in Italien ein Haus zu besitzen; lediglich eine Minorität Fremder zieht einen gemieteten Palazzo einer mit Klimaanlage versehenen Hotelsuite vor. Im Winter halten sich heutzutage nur etwa ein Dutzend Engländer in Venedig auf und vielleicht ein Dutzend Amerikaner. »Sind das alles Millionäre?« fragte ich einmal einen Konsulatsbeamten. »Zum größten Teil«, erwiderte er mit sanftem Lächeln. Eine Handvoll amerikanischer und englischer Maler, Schriftsteller und diverser Dilettanten findet sich in der Stadt, und im Hochsommer scheint hier, wie einmal ein Amerikaner sarkastisch zu mir sagte, »ein angloamerikanischer Homosexuellen-Parteitag« zu tagen. Ein paar bekannte englische Namen sind noch heute mit der Stadt verwoben – Eden, Cunard, Guinness. Gondolieri, die einem ein heimisches Gefühl geben wollen, erzählen einem oft, daß der Palast, an dem man gerade vorbeifährt, einer (sehr schönen) englischen Dame oder einem (sehr reichen) amerikanischen Diplomaten gehöre. Aber sie sind mit ihren Kenntnissen in der Regel Jahre hinterher, haben sie vor Zeiten als Kinder aus den Erzählungen pensionierter Vorgänger aufgeschnappt.

Die Legende eines überall und nirgendwo gegenwärtigen Engländers verfolgte mich während der ersten Monate meines Aufenthalts in Venedig. Er mußte ein sehr vom Glück begünstigter Mensch sein, obwohl meine Zuträger ihm nie begegnet zu sein schienen. Er sollte eine Wohnung am Canal Grande und eine Schwäche für kleine Boote haben, eine fröhliche junge Familie, eine entzückende Frau und Geld *en masse* – »wie alle Engländer, Signor Morris, ha, ha, ha, streiten Sie das nur nicht ab!« Ich muß sagen, daß ich diese geheimnisvolle Gestalt nicht wenig beneidete – bis ich eines düsteren Februarmorgens herausfand, daß es sich dabei um mich selbst handelte.

Melancholie

In Venedig sind Vergangenheit und Gegenwart auf seltsame Weise miteinander verwoben, wie in den Köpfen sehr alter Damen, die es fertigbringen, einen zu fragen, ob dieser Dummkopf von Mr. Baldwin immer noch Premierminister ist, und sich manchmal verärgert über die Mißhandlung von Droschkengäulen beklagen. Die

Venezianer haben sich nie ganz vom Verlust ihrer Herrlichkeit erholt und ihn vielleicht nie ganz akzeptiert, so daß irgendwo in ihrem Unterbewußtsein die Stadt immer noch die Serenissima ist, die Braut der Adria, das Auge Italiens, Herr über ein Viertel und ein halbes Viertel des Römischen Imperiums – Würden, die sich dem Geschlecht, aber niemals der Pracht nach gewandelt zu haben scheinen. Diese Mischung von Resignation und Beharren verleiht dem Volk seine eigene Melancholie, eine lagunenähnliche Traurigkeit, ungekräuselt und trocken. Die Melancholie trägt stark zur venezianischen Atmosphäre bei, ob sie sich nun in allzu üppigen Gärten oder in sehnsüchtigen Versen ausdrückt – und ein Venezianer schrieb einmal ein Bühnenstück über »die fundamentale Melancholie der erotischen Leidenschaften«.

Vor einem Jahrhundert, als die Republik in der Erinnerung der Welt noch lebendig war, stellte sich das Schauspiel des unterworfenen Venedig bedeutend schärfer dar als heute, und insbesondere Engländer hatten ein erschauerndes Vergnügen daran, die Ruinen der Serenissima von den Zinnen britischen Erfolgs aus zu betrachten. »In der Geschichte der Menschheit«, bemerkte ein Schriftsteller der viktorianischen Zeit, »waren drei Völker vor allen anderen groß und mächtig – die Römer im Altertum, die Venezianer im Mittelalter und die Engländer in der Neuzeit.«

> Menschen sind wir (sagte Wordsworth großmütig)
> und müssen trauern, wenn selbst der Schatten
> des einstmals Großen ist dahingegangen.

Die viktorianischen Lobsänger Venedigs liebten es, aus der Erniedrigung der Stadt sentenziöse Schlüsse zu ziehen, und erblickten im Sturz der Republik entweder eine Rechtfertigung ihres eigenen politischen Systems oder eine schreckliche Ankündigung kommender Dinge.

Heute ist das eine zu alte Geschichte. Die Welt hat die stolzen Flotten Venedigs, seine gefürchteten Befehlshaber und seine erbarmungslosen Inquisitionen vergessen. Die Verliese des Dogenpalastes haben für die Generation von Belsen und Hiroshima ihre Schrecken verloren; sogar die Macht selbst scheint ein allzu zerbrechlicher und launischer Artikel zu sein, als daß sich unsere Lyrik an sie verschwendete. Die Venezianer mögen ihrem verschwundenen Reich noch mit halbem Herzen nachtrauern, für den Fremden ist die Traurigkeit Venedigs eine sehr viel nebulösere Abstraktion, ein schmachtendes Gefühl unnützen Strebens und verlorenen Adels, eine Andeutung und Dekadenz, ein Hauch hohlen Snobismus, das Knarren des Drehkreuzes und das Gedröhn der Singsangstimmen der Touristenführer, zusammengehalten von zerbröckelndem Mauerwerk, in Winterdämmerlicht getaucht.

Eine Zeitland repräsentierte dieses Volk die erste Macht der westlichen Welt. Eine so gewaltige Erfahrung im Leben einer Gemeinschaft kann nie ausgetilgt werden, außer durch physische Vernichtung, und überall in Venedig finden sich noch Spuren ihrer politischen Hoch-Zeit, gleich dem India Office in Whitehall oder dem großen Kaiserplatz in Isfahan.

Die Republik entsandte ihre Botschafter in die Hauptstädte der Erde, und die Weltmächte unterhielten ihrerseits bedeutende Vertregungen in Venedig mit kunstvollen Flotten von Diplomatengondeln und prächtigen wappengeschmückten Palästen. Die Geister dieser Institutionen sind noch nicht vollends ausgetrieben. Die alte österreichische Botschaft am Canal Grande heißt heute noch Palast der Botschafter. An die spanische Botschaft erinnert die Lista di Spagna in der Nähe des Bahnhofs (ich habe mir sagen lassen, daß jede venezianische Straße, die *lista* heißt, alte »diplomatische Verbindungen« hat). Der Palast der Päpstlichen Legaten nahe San Francesco della Vigna hat seinen Namen in lustig korrumpierter Form an die Salizzade delle Gatte weitergegeben – die Gepflasterte Gasse der Katzen. Die englische Botschaft war zu Wottons Zeit in einem Palast in der Nähe von Santa Maria dei Miracoli untergebracht. Die russische Botschaft war in einem Haus an der Einmündung des Rio San Trovaso in den Canal Grande, das (zumindest für das Auge des phantasievollen Betrachters) noch von einem schwachen Abglanz von Säbeln und Schlitten umgeben ist. Rousseau war einmal Sekretär an der französischen Botschaft; Wotton hielt in seinem Haus einen Affen und sammelte Lauten und Tizians; die Venezianer hatten vor ihrem Sturz gerade noch Zeit, mit den jungen Vereinigten Staaten Briefe auszutauschen. (Eines der ersten amerikanischen Konsulate wurde bald darauf in Venedig eröffnet, und herrlich authentisch klingen die Namen seiner verschiedenen Konsuln – Sparks, Flagg, Corrigan, Gerrity, Ferdinand L. Sarmento und John Q. Wood.) In den großen Tagen der Republik war die Versetzung an eine Botschaft in Venedig eine der begehrtesten diplomatischen Beförderungen.

All dieser Glanz ist mit der Republik erloschen. Der Niedergang Venedigs war lange und qualvoll. Er begann mit Vasco da Gamas großer Fahrt, die die Stadt ihrer östlichen Monopole beraubte; aber noch drei Jahrhunderte lang bewahrte die Serenissima ihre Unabhängigkeit, absinkend in ganz allmählicher Entkräftung von Macht zu Prunk, von Prunk zu Frivolität, von Frivolität zu Ohnmacht. Ihr großes mittelmeerisches Imperium ging Stück für Stück verloren – Negroponte (Euböa), Rhodos, Zypern, Kreta, Korfu, die Ionischen Inseln, der Peloponnes, allesamt an die vorrückenden Türken. Zu Beginn des 18. Jahrhunderts war Venedig der unkriegerischste Staat Europas. »Die Engländer benutzen ihr Pulver für ihre Kanonen«, sagte ein zeitgenössischer italienischer Beobachter, »die Franzosen für ihre Mörser. In Venedig ist es gewöhnlich feucht, und wenn es einmal trocken ist, läßt man ein Feuerwerk los.« Die venezianischen Soldaten waren »ohne Ehre, ohne Disziplin, ohne Kleidung – es ist unmöglich, eine einzige ehrenvolle Tat zu nennen, die sie vollbracht hätten«. Addison nannte als Ziele der venezianischen Hauspolitik »Ermutigung des Müßiggangs und des Luxus beim Adel, Pflege der Ignoranz und Liederlichkeit bei der Geistlichkeit, Aufrechterhaltung der Zwietracht beim gemeinen Volk, Streben nach Lasterhaftigkeit in den Klöstern«. Das Venedig des 18. Jahrhunderts war das Paradigma der Verderbtheit. Seine Bevölkerungszahl war von 170000 in seiner großen Zeit auf 96000 im Jahre 1797 gesunken (obwohl die venezianische Vereinigung der Haarkünstler noch 852 Mitglieder zählte). Sein Handel hatte aufgehört, seine Aristokratie war hoffnungslos entkräftet, und es ging in seinem Fortbestehen einzig vom spärlichen guten Willen seiner Nachbarn ab.

Kein Wunder, daß Napoleon den Staat fortwischte. Die Venezianer, abwartend und zögernd, leisteten ihm keinen echten Widerstand, und er beendete die Tage der Republik mit einer brüsken, verabschiedenden Geste: *Io non voglio più Inquisitori, non voglio più Senato; sarò un Attila per lo stato Veneto* – »Ich will keine Inquisitoren, keinen Staat mehr haben; ich werde für den venezianischen Staat ein Attila sein.« Der letzte der Dogen dankte ruhmlos ab und reichte die Dogenmütze seinem Diener mit den Worten: »Nimm sie, wir werden sie nicht mehr brauchen.« (Der Diener tat, wie ihm geheißen, und behielt sie als Andenken.) Die goldenen Pferde der Basilika, der Löwe auf seinem Sockel auf der Piazzetta, viele der Schätze von San Marco, viele der Gemälde des Dogenpalastes, viele kostbare Bücher und Dokumente wurden nach Paris geschafft, so wie man sie zum großen Teil früher in Konstantinopel geraubt hatte. Einige Diamanten des Schatzes von San Marco dienten als Verzierung von Josephines Krone, und auf dem Gebäude von Sansovinos Bibliothek, gegenüber dem Dogenpalast, wurde eine große Statue Napoleons aufgestellt. Die letzten Schiffe der venezianischen Marine wurden beschlagnahmt und sollten an der Invasion Irlands teilnehmen; doch als diese gestrichen wurde, schickte man sie statt dessen nach Abukir, wo Nelson sie versenkte.

Der Große Rat selbst machte der aristokratischen Regierung Venedigs mit 512 Ja- gegen 30 Nein- und 5 ungültige Stimmen ein Ende, und die Worte *Pax Tibi Marce*, die im aufgeschlagenen Buch des venezianischen Löwen geschrieben standen, wurden durch die Parole »Rechte und Pflichten von Männern und Bürgern« ersetzt. »Endlich«, so bemerkte ein Gondoliere mit einem Satz, der zum Sprichwort wurde, »endlich hat er ein neues Blatt aufgeschlagen.« Die Verliese des Dogenpalastes wurden geöffnet, aber Shelley zufolge wurde nur ein einziger Gefangener darin entdeckt, und der war stumm. Sogar die Gifte des Rats der Drei waren schal geworden und vermochten kaum noch eine Fliege zu töten.

Es war das Ende einer Ära: für Venedig, für Europa, für die Welt. Doch gab es noch ein letztes Aufflammen nationalen Feuers, ehe Venedig, endlich mit dem Festland vereint, eine der vielen italienischen Provinzhauptstädte wurde. Es ging von den Franzosen an die Österreicher, von diesen wieder an die Franzosen und nach Waterloo abermals an die Österreicher über; als dann 1848 halb Europa sich gegen Wien erhob, griffen auch die Venezianer zu den Waffen, riefen wieder die Republik aus, vertrieben die österreichische Besatzung und trotzten der Macht Habsburg.

Die Zeiten hatten sich seit 1797 einschneidend geändert, und ihre Führer waren diesmal Männer der Mittelklasse – Gelehrte,

Anwälte, Akademiker, Soldaten. Der Unterschied in der Moral war erstaunlich. Präsident der Revolutionsrepublik war Daniele Manin, ein Rechtsanwalt halb jüdischer Abstammung mit demselben Nachnamen wie der letzte Doge, ein Mann, der entschlossen war, die Ehre des Staates wiederherzustellen. Die Regierung, die er bildete, war fähig, aufrecht und beliebt. Es war keine bloße nationale Protestjunta, sondern eine durchorganisierte Verwaltung, die Venedig als Stadtstaat regierte. Die Revolutionäre gaben ihr eigenes offizielles Mitteilungsblatt heraus, traten in Korrespondenz mit den Regierungen Englands und Frankreichs, ohne von ihnen Unterstützung zu erlangen, und druckten ihr eigenes Papiergeld, das weithin Verbreitung fand. Die Londoner *Times* sagte von ihnen: »Venedig hat in seinen Mauern wieder regierungsfähige Männer gefunden und ein Volk, das der Freiheit würdig ist.« Die Bürgerschaft brachte in einem letzten Aufwallen des alten Geistes große persönliche Opfer, um den Feldzug durchzuhalten. Ein Mann stiftete einen Palast am Canal Grande, ein anderer einen Besitz auf dem Festland, ein dritter ein Gemälde von Leonardo da Vinci. Ein Teil des übriggebliebenen Schatzes von San Marco wurde verkauft, um Kriegskosten zu decken, einen noch größeren Teil schmolz man zu Barren. Außer gewissen venezianischen Elementen in der österreichischen Kriegsmarine, die schon seit langem demoralisiert war, scheinen sich alle Teile der Bevölkerung im großen und ganzen ehrenhaft benommen zu haben: einmal sah man sogar Manin selbst als bebrillten einfachen Soldaten in der Bürgergarde einen Patrouillengang über die Piazza machen.

Aber die Sache war hoffnungslos. Die Revolution begann im März 1848 – die Via 22 Marzo, der Hauptzugang zur Piazza von Westen her, ist nach dem Tag genannt –, und ein ganzes Jahr lang war Venedig von den Österreichern eingeschlossen. Um die Lagune spannte sich ein Blockadering. Österreichische Granaten, auf dem Festland abgeschossen, gingen in vielen Teilen der Stadt nieder und sind heute noch zu sehen, zusammenhängend wie klebrige Bonbons, als Verzierung von Kriegerdenkmälern oder in Kirchenfassaden eingebettet. Die Vorräte wurden immer knapper, die Cholera brach aus. Ohne Unterstützung durch das Ausland hatte Venedig kaum eine Chance, und so nahm im August 1849 der österreichische General Gorzkowsky Manins Kapitulationsangebot an und rückte wieder in die Stadt ein. Manin wurde zusammen mit 39 seiner Kollegen ins Exil nach Paris geschickt, wo er sich für den Rest seines Lebens als Italienischlehrer für junge Damen sein Brot verdiente. Erst als Toter kehrte er wieder nach Venedig zurück, in das große, dunkle, schreckliche Grabmal unter der Nordflanke von San Marco.

Venedig sank in dumpfe Hörigkeit zurück und boykottierte alles, was österreichisch war, sogar die Militärkapelle auf der Piazza. Noch lange nach dem Triumph des Risorgimento, als das ganze übrige Italien (außer Rom) frei war, blieb es Wien unterworfen. Erst 1866, nach dem preußisch-österreichischen Krieg, belohnte Bismarck das neue Italien für seine Unterstützung, indem er ihm die Serenissima übergab. Venedig wurde in das Königreich Italien eingegliedert und war kein eigenes Ganzes mehr.

Es ist seitdem ein Hafen, ein Kunstzentrum, so etwas wie eine Faktorei: vor allem aber eine Sehenswürdigkeit. Im Ersten Weltkrieg war es Ausgangspunkt der italienischen Unternehmungen gegen die Österreicher: zwei Drittel der Bevölkerung wurden evakuiert, und vom Campanile aus konnte man die Fesselballons der Beobachter über den Schützengräben hängen sehen. Während Mussolinis Regime war es eine gehorsame faschistische Stadt, da seine Einwohner bald entdeckten, daß man leichter einen Posten bekam, wenn man auf die Parteilinie einschwenkte. Im Zweiten Weltkrieg leisteten die Venezianer, obwohl sich in der Stadt zuweilen eine heldenhafte Partisanentätigkeit entfaltete, den Deutschen erst 1945 ernsthaften Widerstand, als der Ausgang des Krieges bereits feststand. Was die Engländer betrifft, so fanden sie, als sie Venedig in den letzten Tagen vor dem Waffenstillstand einnahmen, nur zwei Widerstandsgruppen vor: zum einen die Gondolieri, die höhere Tarife verlangten, zum anderen die Motorbootbesitzer, die nicht haben wollten, daß schon wieder eine Soldateska über ihre Fahrzeuge verfügte, und diese deshalb unter Aufbietung aller Listen zum Comer See und zum Gardasee hinüberzuschmuggeln versuchten.

Die Venezianer sind nicht mehr erhaben. Sie waren groß vor langer Zeit, und niemand rechnet damit, daß sie es je wieder werden. Patriotische Starrköpfe, die sich in ohnmächtiger Erbitterung wänden angesichts der Erniedrigung ihrer großen Republik, be-

Arkadengang im Dogenpalast

Das Kapitell einer Säule des Dogenpalastes

Die »Scala dei Giganti« im Innenhof des Dogenpalastes mit den Standbildern von Mars und Neptun

sitzt die Stadt nicht. Die riesigen Staatsarchive befriedigen nur noch die Neugierde der Gelehrten. Der Dogenpalast, der grandioseste Versammlungsraum der Welt, ist ein Museum. Die Venezianer haben sich seit langem schon in Resignation gefaßt, und nur noch eine alte Essenz von Macht ist zurückgeblieben, eine Pomade der Bedeutung, ein Echo von Trompetenklängen (gestellt vom Streichorchester im Café Quadri, dessen Mannen, das starre Lächeln von Verzweiflung überschattet, unaufhaltsam ihre Bogen schwingen im Takt des River-Kwai-Marschs).

Fort sind die großen Diplomaten, die versiegelten roten Kurierkisten, die geheimen Verbindungen, der österreichische Gesandte in seiner Opernloge, Seine Exzellenz der Botschafter des Allerchristlichsten Königs, der der Illustren Signoria der Erhabensten Republik sein Beglaubigungsschreiben überreichte. Heutzutage gibt es nur noch Konsulate in Venedig. Die Amerikaner, die Argentinier, die Brasilianer, die Briten, die Franzosen, die Griechen, die Panamesen und die Schweizer halten diesen Posten durch »Karrierekonsuln« besetzt, die anderen sind durch Italiener vertreten. Den Amerikanern gehört ein Haus in der Nähe von San Gregorio. Die Briten haben ein Appartement an der Accademia gemietet (ihre Tätigkeit ist zu drei Vierteln dem Commonwealth gewidmet und nicht dem Vereinigten Königreich). Die Argentinier und die Dänen sind am Canal Grande untergebracht. Die Franzosen wohnen elegant am Zatterekai. Die Panamesen haben eine Villa am Lido. Die Monegassen hausen in einem uncharakteristisch baufälligen Gebäude hinter San Barnaba. Die anderen wohnen über die ganze Stadt verstreut, in Hintergassen und Sackgassen oder irgendwo hoch oben im zweiten Stock.

Nur drei Konsulate – das amerikanische, das britische und das französische – können sich eigene Motorboote leisten. Ein Plan zur gemeinsamen Benutzung eines Bootes, den eine Gruppe von lateinamerikanischen Konsuln gefaßt hatte, ist offenbar durch Schwierigkeiten des Temperaments und der unterschiedlichen Sparsamkeit zu Fall gebracht worden. Nur die Argentinier, Franzosen und Panamesen unterhalten Generalkonsulate in Venedig, und die Russen sind überhaupt nicht vertreten – ihre alte Botschaft ist in eine ungewöhnlich komfortable Pension umgewandelt worden. Einige der Konsulate sind noch für einen größeren Bereich auf dem Festland zuständig; aber das Diplomatische Korps von Venedig hat heute etwas Schales, Leeres, denn die Konsuln sind in der Hauptsache damit beschäftigt, unglückliche Touristen zu trösten, nach einer düsteren Hafenschlägerei die italienischen Behörden zu beruhigen, genauestens den gesellschaftlichen Verpflichtungen nachzukommen und für zu Besuch eintreffende Kriegsschiffe Cocktailparties zu veranstalten.

So spiegeln sie, wie das auch zu erwarten war, die Situation Venedigs wider, die eine Mischung von Großartigkeit und quälender Armseligkeit ist. Jedes Jahr erfreut sich die Stadt einer kurzen Karnevalssaison, des letzten Überbleibsels der einstigen legendären Festlichkeiten. Heute kaufen sich nur noch die Kinder in einem rührenden letzten Aufwallen ihre lustigen Masken und Bärte in den billigen Warenhäusern und hüpfen in ihren Phantasiekostümen durch die Stadt: hier ein Teufel, dort ein Harlekin, ein kleiner Indianer, eine Spanierin, Matadore und Ritterfräulein und Zigeunermädchen, mit richtigen Blumen in ihren Körbchen und grellen Lippenstiftflecken im Gesicht. Die Kostüme sind oft sehr kunstvoll, aber der allgemeine Eindruck ist eine gewisse Verlassenheit. Jede exotische kleine Gestalt schreitet an der Seite der Familie dahin – der Matadore hat keinen Stier, die Spanierin keinen Serenadensänger, der Clown keinen lustigen Partner; und sie paradieren die Riva degli Schiavoni hinunter in schmucker ängstlicher Sprödigkeit (denn es geht natürlich nicht an, daß einem venezianischen Siouxindianer eine Feder zerdrückt oder einer kleinen Zigeunerin das frisch gewaschene Kopftuch beschmutzt wird).

Am letzten Tag der Karnevalszeit ging ich einmal nach Hause durch das Gewirr von Gäßchen und Höfen, das die vornehme Franziskanerkirche der Frari umgibt; als ich um eine Ecke bog, sah ich auf dem Platz vor mir drei kleine Gestalten, die eilig von einer Gasse in die andere gingen. In der Mitte schritt ein hagerer kleiner Mann in einem für ihn viel zu langen Mantel, der vorn ganz zugeknöpft war, mit sauberen Handschuhen, den Hut sehr akkurat auf dem Kopf, die Schuhe glänzend poliert. Seine rechte Hand umklammerte ein kleiner Pierrot, dessen orangefarbene Troddel im Dämmerlicht wackelte. Seine linke Hand hielt eine winzige Märchenfee, die Beine schlottrig in weißer Baumwolle verpackt, in einem putzig kleinen Röckchen und mit einem Zauberstab, der von der Mühe und Aufregung des Tages schon ein wenig geknickt war. Rasch, stumm und vorsichtig überquerten sie den Platz und verschwanden aus meinem Blickfeld: die Fee mußte trippeln, um Schritt halten zu können, der Pierrot gab dem plötzlichen Entschluß nach, nur auf den Rillen zwischen den Steinfliesen zu gehen, und der kleine Mann balancierte auf einem gefährlichen Seil zwischen Nachgiebigkeit und Konvention.

Wie klein sie aussahen und wie ehrbar! Wie sorgfältig die Mutter sie zurechtgemacht hatte, alle drei, damit sie vor den prüfenden Blicken der Nachbarn bestehen konnten! Wie langweilig es gewesen war, verlegen und geziert am Kai auf und ab zu promenieren! Venedigs alter Karnevalsrausch, seine Dogen und maskierten Patrizier, seine großen Liebenden, seine mächtigen Kriegsschiffe und fürstlichen Künstler – wie schwach spiegelten sie sich in diesen drei kleinen Venezianern wider, die fest zugeknöpft durch ihre Gassen huschten und einen geradezu rührenden Anblick boten!

Doch als ich noch in dieser gönnerhaften Weise vor mich hin sinnierte, schweiften meine Augen aufwärts, über die baufälligen Mauern des Plätzchens, den Wirrwarr von Schornsteinen, die Fernsehantennen und die würgenden Tauben in ihren Gesimsspalten hinaus bis dorthin, wo der große Turm der Frari-Kirche stand, königlich und fest, ein Backsteinadmiral vor dem Himmelsblau.

Die Stadt

Die Ex-Insel

Venedig liegt, wie einem gern gesagt wird, auf der Grenze zwischen Ost und West, in der Mitte zwischen der untergehenden und der aufgehenden Sonne. Goethe nennt es »Marktplatz der Morgen- und Abendländer«.

Gewiß erweckt keine Stadt auf Erden einen unmittelbareren Eindruck von Symmetrie und Einheit, und keine scheint so offensichtlich zur Größe geboren zu sein. Auf der Karte sieht Venedig aus wie ein Fisch; oder wie eine Laute, nach Evelyns Deutung; oder vielleicht wie zwei im Todeskampf verknäulte Schlangen; oder wie ein Känguruh, das den Kopf zum Sprung geneigt hält. Wenn man die moderne Topographie der Stadt begreifen will, muß man jedoch die Straßenpläne beiseite legen und auf den Campanile von San Marco steigen, hoch über der menschenwimmelnden Piazza. Man kann den Aufstieg im Lift bewältigen; wer jedoch ein Pferd vorzieht wie Kaiser Friedrich III., findet zu diesem Zweck einen Wendelgang vor. Wenn man erst die Berufsfotografen und Ansichtskartenverkäufer verscheucht hat, kann man von der Glockenstube dieses großen Turmes aus sehen, wie eigenartig kompakt die Gestalt Venedigs ist.

Im Norden stehen die majestätischen Alpen, jenseits der Ebene von Treviso, schneebestäubt und erhaben schweigend; im Süden liegt die Adria, ein grimmiges, aber schönes Meer; und um den Betrachter herum erstreckt sich düster, aber faszinierend, mit Inseln übersät, die venezianische Lagune. Die Horizonte sind lang gedehnt, die Luft ist glasklar, der Wind weht böig von Süden her – und in der Mitte dieses Rundbildes, von Schlickbänken eingefaßt, von Geschichte bespült, liegt die Serenissima.

Infolge eines Paradoxes der Perspektive ist von der Glockenstube aus kein einziger Kanal zu sehen, nur eine wirre, kunterbunte Masse von rotbeziegelten Dächern, Schornsteinen, Türmen, Fernsehantennen, schönen Dachgärten, flatternder Wäsche, steinernen Heiligen und kunstvollen Wetterhauben; der Eindruck ist nicht der einer überwältigenden Großartigkeit, sondern der einer mittelalterlichen Intimität, so als ob man im Begriff wäre, eine Hausfrau des 14. Jahrhunderts zu belauschen oder einem alten Degen in den Hinterhof zu spähen. Es ist keine große Stadt, man kann sie mühelos von einem Ende bis zum anderen überblikken. Sie ist etwa drei Kilometer lang und einen Kilometer breit, und man kann sie zu Fuß, vom Schlachthof im Nordwesten bis zu den Öffentlichen Gärten im Südosten, in anderthalb Stunden durchwandern – wer gern drängelt und schiebt, schafft es in kürzerer Zeit. Venedig hat etwa 360 000 Einwohner, aber nahezu die Hälfte wohnt in den neuen Festlandvororten – dem großen Industriebezirk von Mestre und Porto Marghera, dessen Werften und blinkende Öltanks man im Westen sieht.

Die eigentliche Stadt beherbergt ungefähr so viele Einwohner wie Portsmouth, Worcester oder Massachusetts – eine respektable Stadtgemeinde mittlerer Größe. Sie ist erbaut, so wird behauptet, über einem Archipel von 117 Inseln (obwohl sich die Geologen nicht ganz einig zu sein scheinen in der Frage, wo die Inseln aufhören und die Schlammbank beginnt); ihre Kanäle und Gassen aber folgen dem Lauf einer Unzahl von Bächen, welche diese Untiefen vor dem Eintreffen der ersten Venezianer wie ein Netz überzogen. Bis zu einer durchschnittlichen Tiefe von 35 Metern ist der Untergrund weich; die mittlere Temperatur ist 13 Grad Celsius, und die Höhe Venedigs beträgt, wie uns ein Reisebuch ernsthaft berichtet, 2,10 Meter über dem Meeresspiegel.

Wenn man über die Piazza hinausblickt, erkennt man eine vage abschüssige Kante zwischen den Gebäuden, so, wie man bisweilen, über die Ebenen des amerikanischen Westens hinweg, die ersten fernen Ankündigungen eines Cañons ausmachen mag. Dieser Einschnitt schwingt sich in drei jähen, aber majestätischen Bogen mitten durch die Stadt, die er in zwei schöne Hälften teilt. Es ist der Canal Grande, der dem Lauf eines Flusses folgt, welcher den Alten als *Rivo Alto* bekannt war – der Ursprung des Rialto. Drei Brücken überspannen diesen riesigen Wasserweg, 46 Seitenkanäle münden in ihn, zweihundert Palazzi säumen ihn, 48 Gassen führen zu ihm hin, zehn Kirchen stehen an seinen Ufern; der Bahnhof bewacht funkelnd das eine, San Marco das andere Ende. Er ist zugleich die Seine und die New Jersey Turnpike von Venedig, der Spiegel seiner Schönheit und der Verkehrsweg, auf dem die Kähne mit tutenden Sirenen und knatternden Motoren zu den Märkten und den Hotels fahren. Den gewöhnlichen venezianischen Kanälen sieht man sofort an, daß sie von Menschenhand geschaffen sind; aber die meisten Leute müssen ab und zu die Anwandlung unterdrücken, den Canal Grande einen Fluß zu nennen.

Rund um sein Ufer und auf der Insel Giudecca liegt Venedig, dicht gedrängt, in sechs von alters her bestehende Bezirke eingeteilt. Die Stadt ist eine Sequenz von Dörfern, ein Mosaik von alten Einzelgemeinden. Einst war jeder Bezirk eine Insel für sich im Archipel, aber sie sind im Laufe der Jahrhunderte zusammengeschoben worden, verschmolzen durch die gemeinsame Geschichte. Wohin man auch vom hohen Ausguck her den Blick richtet, kann man eines dieser alten Zentren erkennen, mit seiner schönen Kirche, seinem geräumigen Marktplatz, seinen anheimelnden Läden, seinen Banken, Tavernen und Touristenattraktionen. Der Mittelpunkt von Venedig soll der Sockel auf dem Campo San Luca sein, aber die lückenlose Vollkommenheit dieser verschiedenen alten Siedlungen bedeutet, daß die Stadt reich ist an Tiefe: sie hat nur wenige öde Viertel oder trostlose Vororte. Keinem Stadtteil, wohin man auch sieht, fehlt es an großen Monumenten oder an eigenem Charakter. Im Osten erheben sich die Wälle des Arsenals mit ihren düsteren Tortürmen; im Nordwesten kann man als verschwommenen Fleck zwischen den Wohnvierteln die graue Trostlosigkeit des Gettos erkennen; im Süden liegt die lange Rippe von Giudecca, wo die Bootsleute wohnen; und rings um die Stadt erstrecken sich die Uferpromenaden, gesäumt von Dampfbooten, Fischerfahrzeugen und sich wiegenden Gondeln, einem schmucken Passagierschiff am Zatterekai, einem Holztransporter von Istrien an den Fondamenta Nuove, wo die Lagune geheimnisvoll zur Friedhofsinsel San Michele hingleitet. Von der Spitze des Campanile aus erscheint die gesamte venezianische Geschichte einfach und selbstverständlich, und man kann den Blick unmittelbar von den braunen, trägen Schlammbänken, welche die ersten Anfänge der Stadt repräsentieren, bis zu den goldenen Ornamenten und durchbrochenen Gitterwerkverzierungen von San Marco schweifen lassen, die an ihre höchste Glanzzeit erinnern.

Drüben im Westen, hinter dem Bahnhof, überspannt ein vornehmer Doppeldamm das Wasser bis zum Festland. Wichtigstes Merkmal Venedigs im 20. Jahrhundert ist, daß die Stadt ihr Inseldasein beendet hat. Der Damm ist das zugleich traurige und hochgewölbte Symbol für Venedigs verlorene Vorherrschaft. In seiner größten Zeit war es nur auf dem Wasserweg zu erreichen, und ein gut organisiertes Verkehrssystem von Schiffen verband die Stadt mit dem Festland. Es gab vier Hauptrouten: über Fusina und den Fluß Brenta nach Padua, über Mestre nach Udine und Österreich, über Pellestrina und Chioggia zum Po und nach der Lombardei, und über Treviso nach Friaul. Solange Venedig ein Stadtstaat mit dem Blick zum Meer war, stellten die Schwierigkeiten seiner landwärts gerichteten Verbindungen einen Vorteil dar. Im 15. Jahrhundert jedoch richtete es eine Festlandsmacht auf und trug den geflügelten Löwen nach Padua, Ravenna, Verona, Treviso, Vicenza, Brescia, Bergamo, Belluno – über halb Italien hinweg bis nahe an Mailand heran. Als es endlich eine europäische Macht wurde, änderte sich allmählich seine Blickrichtung, und als die letzten Tage der Republik anbrachen, als sie tief in die italienischen Angelegenheiten verwickelt war, sprach man ernsthaft von dem Plan einer Brücke zum Festland hinüber. Der Doge Foscarini zog ihn offenkundig in Erwägung als Mittel, neue Handelsenergie in den erschlafften Staatskörper zu pumpen, entschied sich aber dann dafür, die dahinsiechende Glasindustrie und die Handelsmarine neu zu beleben. Es wird erzählt, daß Napoleon seinen Ingenieuren den Auftrag erteilte, den Grund auf den möglichen Bau von Brückenpfeilern hin zu untersuchen. Eine Gruppe italienischer Geschäftsleute gründete in den frühen vierziger Jahren des 19. Jahrhunderts eine Gesellschaft zur Finanzierung einer Eisenbahnlinie nach Venedig, und die Österreicher bauten im Jahre 1846 tatsächlich eine Brücke. Sie verband Venedig auf dem Schienenweg mit Vicenza und war allen Romantikern ein Greuel (Ruskin verglich sie mit »einer niederen, eintönigen Werftmauer mit flachen Bögen, um die Flut durchzulassen«).

Sie steht heute noch da, 3000 Meter lang, gestützt von 222 Bögen und versehen mit 48 Sprengkammern zur schnellen Zerstörung im Notfall. Sie bringt etwa hundert Personenzüge täglich in den neuen Bahnhof, wo die Touristen, nachdem sie aus ihren Schlafwagen geklettert sind, noch ganz benommen in Gondeln verfrachtet und gleich den Canal Grande hinuntergefahren werden. Man trug sich einmal mit dem Gedanken, die Züge bis ins Herz der Stadt dampfen zu lassen: die Linie sollte hinter Guidecca als Hochbahn vorbeiführen und neben Palladios Kirche auf der Insel San Giorgio Maggiore enden. Andere Visionäre des 19. Jahrhunderts schlugen eine Doppelbrücke vor, die sich am Stadteingang teilte: der eine Zweig sollte über die Lagune zum Lido und nach Chioggia reichen, der andere bis zur Insel Murano im Norden.

Bei der einen Brücke blieb es jedoch fast ein Jahrhundert lang, bis die Eisenbahnlinie zu einem wesentlichen Teilstück der venezianischen Szene geworden war und sich zu einem Netzwerk von Nebengleisen bei den Docks ausgewachsen hatte. Die Stadt hatte sich inzwischen längst an den nächtlich klagenden Ton der Lokomotivpfeifen gewöhnt (der jetzt leider nicht mehr als beruhigender Echolaut das Knattern der Bootsmotore übertönt). Eine lange und heftige Kontroverse ging dem Bau des zweiten Dammwegs, der Straßenbrücke, voraus. Auf der einen Seite standen die *pontisti*, die Leute des Fortschritts, die für immer engere Bande zwischen der weiten Welt der Neuzeit und Venedig eintraten, »auf daß sein Herz am Herzen Italiens schlage«; auf der anderen Seite traten die Traditionalisten an, die das Alte und Ehrwürdige liebten, die ihr Venedig so jungfräulich wie nur möglich bewahrt wissen wollten und mit einer spektakulären Vielfalt von Gründen argumentierten: von der Gefahr, daß eine zweite Brücke die Gezeiten lähmen und die Stadt durch eine Malariaepidemie umbringen könnte, bis zu der Möglichkeit, daß das Rumpeln von Wagenrädern die Grundfesten der Gebäude erschüttern würde.

So standen sie sich gegenüber, exemplarisch für eine ewige venezianische Streitfrage: ob die Serenissima zu modernisieren oder in ihrem Zustand zu erhalten sei. Alle neuzeitlichen Bücher über Venedig durchzieht dieses Problem wie ein Leitmotiv, so daß jede einzelne Seite düster gefärbt ist von der Vorstellung, Venedig, wie wir es jetzt sehen, existiere vielleicht nicht mehr lange und seiner Zukunft werde keine große Chance eingeräumt. Der Konflikt zwischen Alt und Neu, zwischen dem Schönen und dem Nützlichen, dem Fortschritt und der Vergangenheitssehnsucht, zwischen Geist und Kurbelgehäuse schließt uns alle ein: in Venedig kann man ihn, wenn man nicht zu sehr in Anspruch genommen ist von den Sehenswürdigkeiten, spüren, kristallisiert und zur Synthese gebracht, erfühlen, er ist noch nicht entschieden. Sogar Mussolini verbot zunächst den Bau einer weiteren Brücke und sagte, wenn es nach ihm ginge, würde er auch noch die Eisenbahnlinie abreißen; doch 1931, im Jahre X seiner Diktatur, trugen die *pontisti* in dieser speziellen Frage den Sieg davon, und die Straßenbrücke wurde fertiggestellt. Sie hat acht Bögen mehr als ihre Gefährtin, schwingt von ihr fort, indes sie nebeneinander in die Stadt hineinführen, und endet jäh am Piazzale Roma in den vielgeschossigen, grausam teuren Parkhäusern.

Man bedenke, während man sich an die Brüstung des Campanile lehnt (man kann nicht hinunterstürzen, denn es ist ein Drahtnetz gespannt, um Selbstmorde zu verhindern), wie sehr diese beiden Brücken den Charakter der Stadt beeinflußt haben. Zunächst bereiteten sie jeder Anmaßung insularer Unabhängigkeit ein Ende. Gewiß, Manins Streitkräfte unterbrachen die Eisenbahnbrücke und verteidigten die Stadt gegen alle Eindringlinge; aber es ist fast unvorstellbar, daß eine so eng mit dem Festland verbundene Stadt auf lange Sicht ihre Souveränität hätte bewahren können, außer als eine Art Kuriosum oder in einer fiskalischen Nebenrolle. Zum anderen haben die Brücken die Isoliertheit des venezianischen Charakters geschwächt. Weit mehr Festlanditaliener als früher folgten der Eisenbahn in die Lagune; bedeutend mehr Venezianer als früher besuchten das Hinterland; der angeborene introspektive Komplex der venezianischen Gesellschaft wurde gebrochen. Drittens brachten die Brücken einen Zustrom neuen Lebens und neuer Energie in die Stadt – hieraus erklärt sich zum Teil die eigenartige, plötzliche Wiedergeburt von 1848. Sie förderten Handel und Femdenverkehr und trugen überdies zur Neubelebung des Hafens bei.

Und schließlich zerstörten die Brücken einen Mythos. Sie verbannten ein Gutteil des vergoldeten Mysteriums von Venedig, öffneten die Stadt für Cooks Reisetour und den Familienausflug im Auto und zwangen sie nolens volens halbwegs in die Neuzeit hinein. Sie wurde zu einer Ex-Insel und bleibt es. Das moderne Venedig beginnt nicht an den fernen Eingängen der Lagune, wo das Meer aufschimmert, sondern dort unten am Damm, hinter den Tankstellen und den Bahnsteigen. Wenn man dann die Glockenstube verläßt, den Bon des Fotografen umklammernd, und sich langsam zum Lift vorkämpft, dann zeichne man die Dammbrükken schwarz ein auf der Karte von Venedig, die man im Kopf herumträgt, und behalte das Rosenrot den Kanälen vor.

»Straßen voller Wasser«

Das Lebensblut Venedigs trifft auf Rädern ein – seine Waren und seine Besucher, sogar das arme Vieh für den städtischen Schlachthof; doch einmal am Bahnhof oder am Piazzale Roma angelangt, muß sich diese ganze Masse von Menschen und Material auf dem Wasser oder zu Fuß weiterbewegen. Thomas Coryat geriet, ehe er Venedig besuchte, an einen Aufschneider, der behauptete, »mit der Postkutsche durch Venedig gefahren« zu sein; dies war, wie Coryat verärgert entdeckte, »eine so grobe und greifbare Lüge, wie man nur je eine erfand«. Kein Mensch ist je mit der Postkutsche durch Venedig gefahren, und es gibt auch heute noch keine richtigen Straßen in der Stadt, nur Fußwege und Kanäle. »Straßen voller Wasser«, telegrafierte Robert Benchley, der amerikanische humoristische Schriftsteller, nach Hause, als er gerade in Venedig angekommen war, »erbitte weitere Anweisungen«.

Die einzigen Räder im eigentlichen Venedig sind die Räder an Gepäckträgerkarren, Kinderwagen oder Spielsachen oder an den betagten Fahrrädern, die von einigen wenigen schweigsamen Scherenschleifern als Antriebsmotor für ihre Schleifsteine benutzt werden. Um zu erfassen, was dies heißt, gehe man in den frühen Morgenstunden zum Damm hinunter und sehe sich die Konvois von Lastwagen mit Anhängern an, die im Dämmerlicht darauf warten, entladen zu werden – zu Hunderten stehen sie dort allmorgendlich, dicht aufgefahren, während die Fahrer schläfrig am Steuer sitzen. Ein Teil ihrer Fracht wird auf Schiffe verladen, aber das meiste ist doch für Venedig selbst bestimmt und tritt seinen Weg in die Stadt hinein an in Lastkähnen, Ruderbooten, Karren und sogar in großen konischen Körben, die auf dem Rücken getragen werden. Die Brücken über die Lagune haben Venedig unwiderruflich ans Festland angeschlossen, aber es bleibt dennoch eine Wasserrattenstadt, in der Chateaubriand, der sich vor anderthalb Jahrhunderten so vorschnell über ihre Wässerigkeit beklagte, heute nicht weniger Grund zum Ärger haben würde als damals.

Die Hauptarterie Venedigs ist der Canal Grande, und von diesem unvergleichlichen Verkehrsweg zweigen die kleineren Kanäle gleich Venen ab, durch die Tag für Tag die Nahrung der Stadt gepumpt wird wie das Insulin in den Organismus eines Diabetikers. Es soll 177 Kanäle geben mit einer Gesamtlänge von 45 Kilometern. Sie folgen alten natürlichen Wasserläufen und schlängeln sich launisch durch die Stadt, einmal breit, schön und strahlend, einmal unbeschreiblich gewunden. Der Canal Grande ist dreieinhalb Kilometer lang; er ist an seiner breitesten Stelle achtzig und nirgendwo weniger als 42 Meter breit, er hat eine durchschnittliche Tiefe von etwa drei Metern (etwas über vier an der Rialtobrücke laut Seekarte); und er wimmelt von unablässigem Verkehr. Andere venezianische Wasserwege sind bedeutend weniger imposant – sie haben eine durchschnittliche Breite von vier Metern und die durchschnittliche Tiefe einer geräumigen Badewanne. Ein Kanal führt genau unter der Kirche Santo Stefano hindurch, und bei Ebbe geht eine Gondel mit hinein; andere sind so schmal, daß man sie nur mit ganz kleinen Booten befahren kann, oder so kurz, daß auf der Karte gerade Platz für ihren Namen ist.

Ihre Nützlichkeit schwankt mit dem Wasserstand, und dieser schwankt mit der Jahreszeit. Die höchste Frühjahrsflut beträgt wahrscheinlich etwas über zwei Meter, der durchschnittliche Ebbe-Flut-Unterschied (am Dogana-Eingang des Canal Grande) etwas mehr als sechzig Zentimeter. Diese Schwankungen verändern in drastischer Weise sowohl das Aussehen wie die Leistungsfähigkeit der Stadt. »Wie die Gezeiten – sechs Stunden aufwärts und sechs Stunden abwärts« beschreibt ein venezianisches Sprichwort den angeblich unbeständigen Charakter der Bürgerschaft. Bei Ebbe tritt der Unterbau der venezianischen Häuser in seiner ganzen grünen und schleimigen Heimlichkeit zutage. Der Grund der Kanäle liegt gräßlich nackt da, faulig von Abfall und Schlamm, und einige der kleineren Wasserwege trocknen völlig aus, so daß kein Boot mit einer Schraube sie benutzen kann. Wenn aber die schnelle Flutwelle von der Adria hereinfegt, sauber, frisch und jung, den Canal Grande aufschwellt und in alle seine Nebenkanäle eindringt, dann ist die ganze Stadt bereichert und verjüngt; das Wasser strömt in die Einfahrten der Paläste, die toten Ratten, zerbrochenen Puppen und Kohlstrünke werden fortgespült, und auf jedem Kanal summt es von Geschäftigkeit. Manchmal hüpft eine außergewöhnliche Frühjahrsflut über die Ufer und überschwemmt den Markusplatz – dann fahren die Leute mit der Gondel ins Stammcafé und paddeln lustig in Booten unter den Kolonnaden hindurch. Und einmal alle paar Jahrhunderte frieren die Kanäle zu, wie man es auf einem reizenden Bild in der Ca'Rezzonico sehen kann, und dann zünden die Venezianer auf dem Eis Feuer an, laufen auf Schlittschuhen zu den Laguneninseln und braten frech ihre Ochsen mitten auf dem Canal Grande.

Die Kanäle haben die Auswirkung des Dammes zum Festland abgeschwächt. Venedig ist keine Insel mehr, aber seine Bewohner sind dem Temperament nach immer noch Inselleute, denn das Leben im straßenlosen Venedig fließt noch immer langsam dahin, unberechenbar, daß man wild werden könnte, ein Leben so ganz anders als irgendwo sonst auf der Erde. Der venezianische Geschäftsmann zitiert nie seinen Cadillac herbei, der venezianische Straßenjunge kann sich nicht pfeifend aufs Fahrrad schwingen. Die Hausfrau muß mit dem Boot zum Markt fahren, und der kleine Junge muß jeden Morgen über eine Kavalkade von Brücken gehen, durch einen Irrgarten von Gäßchen, um rechtzeitig in der Schule zu sein (die Eltern können, wenn sie nervös und ängstlich sind, seinen Weg oft durch die halbe Stadt verfolgen, indem sie auf der Terrasse ein starkes Fernrohr aufstellen).

Handel und Verkehr wühlen sich stampfend durch die Wasserstraßen Venedigs, bisweilen so geschäftig und dicht auf dicht, daß die ganze Stadt vor Bewegungsträgheit an Verstopfung zu leiden scheint. Die gesamte Gestaltung des Privatlebens wird durch die Gegenwart des Wassers bestimmt. Ich beugte mich einmal mit einer venezianischen Bekannten über den Canal Grande, als diese plötzlich einen langen, sehnsüchtigen Seufzer ausstieß, den Kanal vom einen Ende zum anderen überblickte und sagte: »Wasser! Nichts als Wasser! Wenn sie das Ding doch nur auffüllen würden – was gäbe das für eine Straße!«

Die Kanäle, von denen einige ihren Ursprung im 9. Jahrhundert haben, sind mit Erfolg vertieft worden, um größeren Booten die Durchfahrt zu gestatten: aber sie sind auch die Abwässerkanäle Venedigs und verschlammen ständig wieder. Bis zum 16. Jahrhundert flossen mehrere Flüsse mitten durch die Lagune, und diese brachten so viele Ablagerungen mit, daß die Kanäle von Venedig versandeten und man vom Festland zur Stadt gehen konnte, ohne nasse Füße zu bekommen. Die Flüsse wurden dann nach den Rändern der Lagune umgeleitet, und heute ist der einzige Schlick, der hereinspült, Meeresschlick, den die Flut jeden Tag wieder neu hinausschwemmt. Jahr für Jahr jedoch fällt ein Berg von Exkrementen in die Kanäle, und wenn man bei Ebbe durch Venedig schlendert, sieht man, bisweilen ein ganzes Stück oberhalb der Wasserstandslinie, die Öffnungen, durch die im einfachstmöglichen Vorgang der größte Teil der städtischen Abwässer die Häuser verläßt. (Die Häuser haben heutzutage eigene Gruben, die in bestimmten Zeitabständen in Kähne entleert werden, aber hier und da kann man immer noch, aus den Fassaden alter Paläste vorspringend, die kleinen Kammern sehen, die früher überall in Venedig als Toiletten dienten und sich direkt in das Wasser darunter entleerten, ähnlich den Aborten, die außen am Rumpf arabischer Dhaus angebracht sind.)

Tonnenweise fließen täglich Fäkalien in die Kanäle und verleihen den rückwärtigen Vierteln Venedigs ihren besonderen Geruch – halb Abwässer, halb fauliger Stein –, der den empfindlichen Touristen so sehr abstößt, aber andererseits dem Liebhaber Venedigs ein perverses, widerwilliges Vergnügen vermittelt. Fügt man dem noch Staub, Gemüseabfälle, tierische Materie und Asche hinzu, Dinge, die allen Gesetzen zum Trotz über Balkonbrüstungen und Hintertreppenstufen hinausbefördert werden, dann kann man sich vorstellen, wie dick die Kanalbetten mit Unrat bedeckt sind. Wenn man bei Ebbe von einer Terrasse hinunterblickt, wird man unter dem Wasser ein vielfältiges Sortiment von Unrat entdecken, das unangebracht mysteriös durch das Grün heraufglänzt; es ist gräßlich zu beobachten, wie breiig der Gurnd ist, in den die Pfähle eindringen, wenn in irgendeinem Kanal eine Ramme mit ihrem Hämmern beginnt.

Die Venezianer fühlten sich durch diese Unterschicht nie in besonderem Maße erschreckt. Im 15. Jahrhundert verbrannten sie Räucherstöcke und drückten Aromen und Gewürze in den Boden, um die Gerüche zu vertreiben: Dennoch pflegten vor gar nicht allzu langer Zeit sogar die vornehmsten Familien regelmäßig im Canal Grande zu baden, und ich habe mir sagen lassen, daß in der Nähe der Rialtobrücke ein Anschlag hing, der es den Passanten streng untersagte, auf die Schwimmer zu spucken. Selbst jetzt noch kann man wilde Straßenjungen und ausgelassene Burschen sehen, die sich an drückenden Sommerabenden von Brücken und Uferkanten herab in die Brühe stürzen, und bisweilen mag man penible Bootsleute beobachten, die, das Gesicht ganz unerschütterliche Hygiene, ihre Becher und Schüsseln behutsam im trüben Wasser eines Kanalarms auswaschen.

Den Behörden freilich bereiten die sanitären Verhältnisse notwendigerweise schwere Sorgen. Ein großer Teil des Kehrichts von Venedig, wie etwa der Schlamm, wird von der Flut fortgespült, ohne die die Stadt unbewohnbar wäre – »das Meer steigt und fällt dort«, sagte im 15. Jahrhundert ein Besucher, »und räumt den Schmutz aus den geheimen Plätzen«. Der Rest muß vom Menschen beseitigt werden. Es ist jetzt zu spät oder doch zu teuer, um Venedig mit einem neuen Abwässersystem zu versehen, das die Kanäle von ihrer fauligen Last befreite; so müssen also, damit die Wasseradern Venedigs lebensfähig bleiben, die Kanäle mit altmodischen Mitteln, nämlich mit Schaufeln, gereinigt werden. Jeder Kanal wird etwa alle zwanzig Jahre trockengelegt (Sackkanäle öfter, weil die Flut nicht durch sie hindurchspült). Lediglich der Canal Grande bildet eine Ausnahme: Er wurde nur ein einziges Mal entleert, als im 14. Jahrhundert ein Erdbeben seine Wasser jäh verschluckte und ihn wochenlang trocken liegen ließ. Das Trokkenlegen der Kanäle ist ein teurer Vorgang, aber die Hauptwasserwege Venedigs fallen unter die Verantwortlichkeit des Staates, nicht der Stadt; auch bestimmt die italienische Verfassung, daß gewisse staatliche Mittel für die Verbesserung der sanitären Verhältnisse aufgewandt werden müssen. Doch da man in Venedig nun einmal nicht viel für die Hygiene tun *kann*, benutzen die Venezianer diesen Fundus für die Ausbaggerung der Kanäle.

Es ist für die Frau des Hauses ein ominöser Anblick, wenn eine Bootsladung respektabler Männer in Mänteln vor ihrer Hintertür aussteigt und mit roter Farbe Zahlen an die Wände malt: denn das mag bedeuten, daß der Kanal trockengelegt wird und bald sein Bett in all seiner Häßlichkeit zeigt. Ein übler Hauch überfällt dann das ganze Viertel, die Bewohner schließen die Fensterläden und eilen mit Taschentüchern vorm Gesicht herum, während tief unten im Schacht des entleerten Wasserwegs, unterhalb der verzierten Eingänge und Marmorstufen der Paläste, man die Arbeiter am Werk sieht. Sie haben dort unten, knietief in schwarzem, klebrigem

Schlamm stehend, eine kleine Transportbahn aufgebaut und werfen die zähe Masse in Kipploren, die sie zu wartenden Kähnen hinschieben. Ihre Körper, Kleider, Gesichter sind mit dem Zeug beschmiert, und wenn man sie in ein Gespräch zieht, spiegelt ihre Haltung benommene, aber dennoch beißende Resignation.

Eine wundervolle Vielfalt von Booten haben die Venezianer über Generationen hinweg entwickelt, um aus ihren unorthodoxen Straßen den größten Nutzen zu ziehen. Schon ihrem ersten Chronisten fielen, als er die Flechtwerkdörfer der ursprünglichen Inselsiedlung besuchte, die Boote auf, die vor jedem Haus festgemacht waren wie andernorts Pferde. Der gewöhnliche Venezianer von heute ist im allgemeinen kein Wassermensch und betrachtet die Kanäle mit einer Mischung von Stolz und tiefem Mißtrauen, aber mitunter sieht man einen auf seinen Fahrgast wartenden Motorbootfahrer, der sich nicht die Mühe macht, sein Fahrzeug zu vertäuen, sondern auf dem Kai steht und es mit einem losen Seil festhält, als wäre es ein Rassepferd und er der geduldige Stallbursche. Im Naturhistorischen Museum befindet sich ein vorgeschichtliches Ruderboot, das aus einer Marsch der Lagune ausgegraben wurde und jetzt in fossilem Zustand zu sehen ist. Es sieht fast so alt aus wie die Zeit selbst, aber an seiner geschwärzten Silhouette erkennt man die ersten sich entwickelnden Linien der Gondel.

Wenn man im Flugzeug dicht über das bunte Dächergewirr Venedigs hinfliegt, sieht man die Kanäle einen endlosen Strom von Fahrzeugen, gleich kleinen schwarzen Blutkörperchen, tragen. Alle möglichen Arten von Booten befahren die venezianischen Kanäle, Fahrzeuge, die allen möglichen Zwecken dienen und von denen einige nur hier anzutreffen sind. Da ist zunächst natürlich die Gondel. Da ist der *sandolo*, ein kleines, aber nicht weniger schmuckes Boot, ebenfalls von einem stehenden, nach vorn blikkenden Ruderer vorwärtsbewegt. Da ist der *vaporetto*, der Wasserbus. Da ist der *motoscafo*, die Motorbarkasse. Da sind die *corfina* und der *topo*, der *trabaccolo*, die *cavallina*, die *vipera* und die *bissona*, ganz zu schweigen von halbmythischen Fahrzeugen wie der *barcobestia* oder zeremoniellen Barken wie dem *bucintoro* oder Skiffs der beiden alten venezianischen Ruderklubs (dem Querini und dem Bucintoro) oder hüpfende Boote mit Außenbordmotor, schmale Rennboote, Müllabfuhrkähne, Paketpostboote, Ausflugsboote, Autofähren, Kanus mit zu Besuch weilenden deutschen Studenten am Paddel, Schlauchboote mit Außenbordmotor, Jachten, Schoner aus Jugoslawien, Marinewachboote, der Schmelzerkahn mit einem rauchwallenden Schmelzofen darauf, Ambulanzboote, Leichenboote, Milchboote oder gar die makellos sauberen, summenden Passagierschiffe, die, von Athen, der Levante oder vom Hudson River kommend, in den breiten Kanal von Giudecca einfahren.

Um einen Querschnitt durch diese geschäftige Armada zu gewinnen, stelle ich mich gern auf meinen Eckbalkon und betrachte die Boote, die den Canal Grande hinuntergleiten. Da kommt (zum Beispiel) gerade der knatternde *vaporetto*, tief beladen und Schaum vorm Bug: ein schmuckes, zweckvolles kleines Schiff, in grüner und schwarzer Farbe gestrichen. Dort ist ein behäbiger Obstkahn, grell leuchtend vor Orangen und großen Bananenstauden – ein hochmütiger schwarzer Hund steht im Vorderteil, ein träger ledriger, braunhäutiger Mann steuert das Fahrzeug, den einen nackten Fuß auf der Pinne. Ein älteres Paar, er mit wollener Mütze, sie in einer fadenscheinigen Khakijacke, bewegt mit Mühe ein Boot mit Gemüse auf irgendeinen kleineren Stadtmarkt zu. Acht Studenten in einem schweren gemieteten Motorboot schwanken nervös der Rialtobrücke entgegen, ein wenig überzeugendes Refrainlied singend. Aus einem Seitenkanal stampft unter ohrenbetäubendem Sirenengeheul schwerfällig ein Kahn mit Zement heraus; die Mannschaft, weiß vor Staub, trägt Hüte aus Zeitungspapier und reicht den einzigen Zigarettenstummel an Bord herum – jeder einen Zug und der Steuermann zwei. Eine Coca-Cola-Barke zockelt lustig vorüber, flaschenklirrend; der Mann am Ruder trägt die übliche Coca-Cola-Uniform, wie man sie auf den Lieferwagen von Seattle bis Kalkutta sehen kann, und auf sein venezianisches Gesicht hat sich, durch die Alchimie des Kapitalismus, das authentische amerikanische Standardlächeln übertragen.

Hin und her flitzen elegant wie Wasserinsekten die Gondelfähren über den Canal Grande, mit einem sauberen Wirbel und einer kleinen Fontäne am Ende jeder Fahrt, wenn sie geschickt an den Landesteg heranfahren. Der Präfekt rauscht vorbei in seiner blitzenden Barkasse, ganz Wimpel und Würde. Von der Kabine eines

Taxis herauf weht mich eine angenehme Mischung von Havanna und Diorissima an, indes ein frisch eingetroffener Plutokrat auf das Danieli zufegt, die Schweinslederkoffer neben dem Fahrer aufgebaut, die blasierte Gattin hinten im Heck. Vor der Accademia-Kunstgalerie laden sie gerade ein riesiges Leinwandbild, einen Orgasmus von Engeln und fleischigen Gliedmaßen, in einen stämmigen, stumpfnasigen Leichter. Hinter San Trovaso, ein herrlicher Anblick zwischen den Häusern, treibt ein Passagierschiff auf seinen Anlegeplatz zu, und hinter der Kuppel von Santa Maria della Salute sehe ich, wie das Astwerk eines exotischen Nadelbaums, die komplizierte Radarantenne eines Kriegsschiffs.

Manchmal erblickt man einen Tupfen Rot oder Orange, wenn sich ein altmodisches Fischerboot die Insel Giudecca entlangmüht; manchmal schäumt, fein säuberlich blankgeputzt, ein entzückender kleiner schwarzer *sandolo* dem Bahnhof entgegen, und immer ist irgendwo auf dem Canal Grande, lässig mit der Flut treibend, erhaben in die Lagune vorstoßend, an einem Pfosten zerrend oder den aristokratischen Schnabel zwischen zwei Palästen herausstreckend, eine hochbugige, nach einer Seite geneigte, schwarz angestrichene, messingverzierte Gondel zu sehen, Seele und Symbol Venedigs.

Der Wasserverkehr Venedigs fließt lässig, funktioniert aber im allgemeinen gut dank fünfzehnhundertjähriger Erfahrung. Die Verkehrsbestimmungen sind nicht streng und werden oft genial ignoriert. Die Höchstgeschwindigkeit für Boote in der Stadt beträgt neun Stundenkilometer, aber jeder erwartet, daß man ein wenig schneller fährt, wenn man kann. Ein von Motorkraft getriebenes Boot soll links, ein Ruderboot rechts überholt werden, doch auf dem breiten Canal Grande kümmert man sich nicht besonders darum, und die Gondel ist ohnehin von einer so mächtigen Mystik umgeben, ist so offensichtlich die Königin der Kanäle, daß man, gleitet ihre hohe, empfindsame Silhouette auf einen zu, nur noch eine Verbeugung macht und zur Seite fährt. Zu Zusammenstößen kommt es erstaunlich selten, und nur hin und wieder hört man laute Flüche erschallen und in gemurmelten Verwünschungen ausklingen, wenn eine Barke einmal die andere rammt. Die Wasserleute Venedigs sind robust, aber umgänglich und machen sich nicht gegenseitig das Leben schwer.

Das Hauptbeförderungsmittel Venedigs für Passagiere ist der *vaporetto*. Das erste Dampfboot tauchte 1881 auf dem Canal Grande auf. Es gehörte einer französischen Gesellschaft, die eine städtische Konzession erhalten hatte, und war mit sieben hochschornsteinigen Schwesterschiffen von der Seine aus um den Stiefelabsatz Italiens herumgefahren, um den motorisierten Transportdienst in Venedig einzuführen. Bis dahin waren die Passagiere entweder großartig in Gondeln gefahren oder hatten den Kanal entlang das große, einem Wikinger-Langschiff nicht unähnliche Gemeindeboot benutzt, das zwei Männer vom Bahnhof nach San Marco ruderten (ein Exemplar ist im Marinemuseum im Arsenal zu sehen, und ein direkter Abkömmling steht noch bei den Fährleuten von Giudecca in Dienst). Die Gründung der *Società Vaporetti Omnibus di Venezia* war für die Gondolieri ein Alarmsignal, und sie traten sofort in den Streik. Aber sie überlebten den Schrecken, und auf Giudecca, in der Nähe des Rio della Croce, kann man ein Exvoto sehen, das die Fährleute dieser Insel der Muttergottes errichtet haben, weil sie dafür gesorgt hatte, daß sie von den Dampfbooten nicht *ganz* ruiniert wurden.

Die Dampfbootlinie florierte ebenfalls und wurde (wie dies bei erfolgreichen ausländischen Konzessionen so Brauch zu sein scheint) bald verstaatlicht und in die *Azienda Comunale per la Navigazione Interna Lagunare* – kurz A.C.N.I.L. – umgewandelt. Sie besitzt jetzt über hundert Boote – seit 1952 sämtlich von Dieselmotoren angetrieben, obwohl alle Welt sie noch *vaporetti* nennt.

Von den allerneuesten Fahrzeugen abgesehen ist die Flotte mehrfach abgewandelt, neu gestaltet, umgebaut und mit neuen Motoren versehen worden, so daß jedes einzelne Boot gleich einer großen Kathedrale das Ergebnis von Generationen liebevoller, geschickter Hände ist – ein Dampfhahn aus der einen Periode, ein Schornstein aus einer anderen, ein Steuerhaus aus einer dritten, das Ganze verschönt und würdig vervollkommnet durch einige exquisite Rettungsringe aus dem frühen 20. Jahrhundert. Die Linie verfügt über ihre eigenen Schiffswerften in der Nähe des Arsenals, und dort herrscht, wie bei den Maurern von Chartres, stets geschäftiges Treiben.

Die A.C.N.I.L. arbeitet mit Verlust, weil in den trüben venezianischen Wintern nur ein Drittel ihrer Sitzplätze besetzt ist und die

Fahrpreise künstlich niedrig gehalten werden. Dies stellt keinen Maßstab für die Leistungsfähigkeit der Linie dar, die sehr eindrucksvoll ist. Die Boote verkehren häufig, fahren schnell und sind ziemlich bequem (wenn auch unbestreitbar geräuschvoll), und nur selten sieht man, wie ein *vaporetto* schändlich zur Werft gebracht wird, ins Tau genommen von dem abgetakelten alten Dampfer, der als Schlepper dient. Das Personal ist zwar manchmal schroff, aber im allgemeinen liebenswürdig. An jeder Haltestelle ist ein ein Meter hoher Meßstab angebracht, daran werden die Kinder zur Berechnung des halben Fahrpreises gemessen; aber es ist rührend, wie oft es dem diensttuenden Angestellten gelingt, mit einem leichten Druck der Hand auf den Kopf des Kindes und der fernen Andeutung eines Lächelns die kleine Gesellschaft noch darunter hindurchzubringen. Die *vaporetti* haben sogar eine gewisse Schönheit an sich, wenn man nicht ausschließlich dem Malerischen verhaftet ist, denn diese kleinen Schiffe besitzen einen fröhlichen Elan, wenn sie an einem heiteren Morgen auf die Lagune hinausfahren und das Wasser aufwühlen, wenn die Gischt ihre Vordersteven umspült und der Steuermann gravitätisch in seiner kleinen Glaskabine steht.

Und zwischen dieser Plebs hindurch winden sich geringschätzig-erhaben, eine Stufe darunter auf der maritimen Skala, aber zwei, drei darüber im Preis, die venezianischen Motorbarkassen. Etwa hundert sind in Privatbesitz und werden von Firmen oder Familien unterhalten – und bisweilen, vielleicht da die Besteuerung so hoch ist, von beiden zugleich. Hundertfünfzig weitere sind Taxis, organisiert in drei Gruppen mit klangvollen Titeln – San Marco, Serenissima und Salute. Es sind schöne hölzerne Boote von einem für Venedig charakteristischen Typus. Sie stammen aus den Bootswerften der Stadt (von denen viele am Ostende von Giudecca gelegen sind) und werden oft mit englischen oder amerikanischen Motoren ausgerüstet. Ihre Tarife sind hoch. Ihre Ausstattung ist prunkvoll – man scheint dabei eine Vorliebe für troddelnverzierte Vorhänge, bestickte Sitze, weiße Verdecks und Wimpel zu haben, und gelegentlich ist auch ein Tisch angebracht. Die meisten Modelle haben ringsherum Windschutzverkleidung, und die ältesten sehen aus wie schwimmende Rolls-Royce-Limousinen.

Ihre Fahrer, die unter dem Einfluß der 40 PS und der schrecklichen Empfindlichkeit ihrer polierten Mahagoniflächen stehen, sind oft mürrisch und zuweilen seltsam unfähig. Sie haben, ob es sich nun um Taxis oder Privatfahrzeuge handelt, ein gewisses Air von Snobismus und Einbildung an sich, das sehr weit entfernt ist von der schwieligen Herzlichkeit der Barkenführer und Fischersleute; manchmal, wenn ihre Kielwelle über die Wände des Bootes eines kleinen Mannes spült (insbesondere über die des meinen), erinnern sie mich an die achtlosen Edelleute in einem verlorenen, rückständigen Feudalstaat, die mit ihren grausamen schwarzen Pferden das Feld eines Bauern zertrampeln.

Völlig anders ist der Charakter der Gondel, eines Bootes, das sich so intim der Natur dieser Stadt anpaßt, daß es einem schwerfällt, sich Venedig ohne Gondel vorzustellen. Sie soll türkischen Ursprungs sein, und gewiß hat ihre Anmut und erhabene Pose etwas, das nach dem Goldenen Horn schmeckt, nach Serails und Odalisken und parfümbesprühten Paschas. Sie ist auch ganz deutlich mit den Booten von Malta verwandt: Im Sommer hat man ab und zu Gelegenheit, sie zu vergleichen, denn wenn Schiffe der Britischen Mittelmeerflotte Venedig einen Besuch abstatten, bringen sie, um ein billiges Beförderungsmittel für die Mannschaften zu haben, einen alten Bootsmann mit, und dann kann man sehen, wie sich sein farbenfrohes Schiff herausfordernd zwischen den schwarzen venezianischen Booten auf und nieder wiegt. Was das Wort »Gondel« bedeutet, weiß niemand so ganz genau. Einige Gelehrte sagen, es komme vom griechischen κόνδυ, eine Schale; andere leiten es von κύμβη ab, dem Namen, den die Griechen der Fähre Charons gaben; einige wenige unerschrockene Antiromantiker sind dagegen auf ein neugriechisches Wort verfallen, das ausgerechnet »Muschel« bedeutet. Ich finde es eigenartig, daß das Wort heute nur drei Dinge bezeichnet: eine bestimmte Art von Eisenbahnwagen in Amerika, die Kabine eines Luftschiffs oder Ballons und eben *das* Stadtfahrzeug der Venezianer.

Die Gondel wird ausschließlich auf den Bootswerften von Venedig gebaut, die, in Rauch und Durcheinander gehüllt, im Gebiet der Hinterkanäle versteckt sind (einige bauen einem auch, wenn man sie gut bezahlt, schöne, originalgetreue kleine Modelle des Fahrzeugs). Sie wird aus mehreren, verschiedenen Holzsorten konstruiert – Eiche, Nußbaum, Kirschbaum, Ulme oder Kiefer –

und nach einem diffizilen, über Generationen von Veränderungen vervollkommneten Muster zugeschnitten. Die erste Gondel war ein bedeutend weniger elegantes Fahrzeug, wenn wir nach den alten Holzschnitten gehen können, denn ihre Form war von der Gewohnheit bestimmt, sie über den Bug zu besteigen. Das heutige Modell ist den Bedürfnissen der Stadt so eng angepaßt, daß es auch bei niedrigstem Wasserstand nur zwei Stellen geben soll, an denen eine Gondel nicht vorüberfahren kann - die eine in der Nähe des Fenice-Theaters, die andere bei der Kirche San Stae.

Die Gondel ist ungeheuer stark. Ein abenteuerlicher Exzentriker fuhr einmal mit einer, von einer achtköpfigen Mannschaft gerudert, von Venedig nach Triest. Ich habe eine Gondel gesehen, deren Bug bei einem Zusammenstoß abgebrochen war und die dennoch munter auf dem Wasser schwamm; ich habe eine andere gesehen, die monatelang unter Wasser gelegen hatte und innerhalb weniger Tage zu glänzender Vollkommenheit restauriert worden war; und wenn man einmal seine Gondel von einem Motorboot ins Schlepptau nehmen läßt und der salzige Schaum an einem vorbeispritzt, dann erkennt man an dem heftigen, aber harmlosen Klatschen des Wassers am Bauch des Bootes, wie solide es gebaut ist, wie eine alte viktorianische Lokomotive oder eine Großvateruhr.

Die Gondel kann auch Geschwindigkeit entwickeln. Ich hatte einmal Mühe, in meinem Außenbord-Motorboot mit einer Gondel Schritt zu halten, die hinter San Giorgio für eine Regatta trainierte. Zwei Gondolieri bringen zwei Fahrgäste mit Leichtigkeit in weniger als zwei Stunden von Venedig nach Burano, über eine Strecke von fast zehn Kilometern. Mit einer Ladung von vier gesprächigen Touristen und einem gemächlich rudernden Gondoliere kann es die Gondel mühelos mit einem Fußgänger aufnehmen, der in der Stadt an einem Kai entlanggeht. (Dennoch berichtete Evelyn, als die Republik Karl II. von England im Jahre 1662 eine Gondel als Hochzeitsgeschenk darbrachte und zwei Gondolieri als Besatzung mitschickte, daß sie »unseren Flußbooten an Geschwindigkeit nicht vergleichbar« war.)

Die moderne Gondel hat oft nicht mehr die *felze*, die kleine schwarze Kabine, die, zumindest für poetische Augen, ihren Anschein von ahnungsvoller Düsternis zu verstärken pflegte, aber sie ist immer noch dick mit Teppichen ausgelegt und mit messingnen

Seepferdchen, kissengepolsterten Sitzen, farbigen Rudern und einer schweren glänzenden schwarzen Lackschicht versehen – die Gondeln sind schwarz seit dem 16. Jahrhundert, als die Gesetze gegen den übertriebenen Aufwand es so bestimmten, wenn man auch bisweilen eine sieht, die anläßlich einer Regatta hellblau oder grellgelb gestrichen wurde. Alle Gondeln sind gleich, mit Ausnahme einiger größerer Typen für die ständigen Fährverbindungen und eines spielzeugähnlichen Rennmodells. Ihre Maße sind genormt: Länge 11 Meter, Breite 1,50 Meter. Sie sind absichtlich nach der einen Seite geneigt, um das Gewicht des mit einem Ruder arbeitenden Gondoliere auszugleichen, so daß, wenn man eine imaginäre Linie längst der Bootsmitte zieht, die eine Hälfte größer ist als die andere. Sie haben keinen Kiel und wiegen etwa 600 Kilogramm.

Am Bootsschnabel ist der *ferro*, eine stählerne, oft in den Gebirgsorten von Cadore hergestellte Vorrichtung mit sechs nach vorn zeigenden Zacken, einer nach hinten zeigenden und einer trompetenähnlichen Klinge darübar. Die meisten Leute finden dieses Emblem schrecklich romantisch, doch Shelley verglich es mit »einem nicht näher definierbaren Schnabel aus glänzendem Stahl«, und Coryat beschrieb es ziemlich wirr als »ein krummes Ding, gemacht in der Form eines Delphinschwanzes mit sehr künstlich dargestellten Finnen, und es scheint verzinnt zu sein«. Niemand weiß so recht, was es darstellen soll. Die einen sagen, es stamme von den Vordersteven römischer Galeonen ab. Die andern behaupten, es sei ein Richtbeil. Wieder andere meinen, es stelle das Symbol eines Schlüssels dar, der an ägyptischen Begräbnisbooten auftaucht. Die Gondolieri selbst haben schlichtere Theorien. Sie scheinen allgemein der Ansicht zu sein, daß die sechs nach vorn zeigenden Zacken die sechs Distrikte von Venedig darstellen, aber im übrigen gehen die Meinungen weit auseinander. Das Oberteil soll eine Dogenmütze sein, eine venezianische Hellebarde, eine Lilie, das Meer, die Rialtobrücke. Die rückwärts zeigende Zacke ist die Piazza, Giudecca, der Dogenpalast, Zypern. Das Metallband, das den Vordersteven hinunterläuft, wird manchmal als der Canal Grande, manchmal als die Geschichte Venedigs interpretiert. Ab und zu hat, nach der venezianischen Art, der *ferro* auch nur fünf nach vorn gerichtete Zacken statt sechs; das erfordert dann eine quälende Neubeurteilung des gesamten

Problems, und wenn man die Symbolik des Dings wirklich geklärt hat, muß man sich immer noch über seinen Zweck klarwerden – ob es zum Messen der Brückenhöhe dient, ob es das Boot in der Balance hält oder ob es einfach eine Verzierung ist. Alles in allem ist der *ferro* einer Gondel ein widerspruchsvolles Emblem, aber es gibt nach meinem Dafürhalten wenige Bilder in Venedig, die eindrucksvoller, suggestiver sind als der Anblick von sieben, acht solcher alter Talismane, die, geschwungen, aufragend und glänzend, nebeneinander durch das Lampenlicht des Canal Grande fahren.

Eine Gondel ist sehr teuer im Unterhalt; im Sommer muß sie alle drei Wochen zur Werft gebracht werden, wo man sie vom Tang befreit und frisch teert. Da die Gondolieri im Winter großenteils arbeitslos sind, sind die Fahrpreise zwangsläufig hoch, und ab und zu kündigt das Syndikat der Gondolieri auf einer Flut von Plakaten das unmittelbar bevorstehende Verschwinden auch der letzten Gondel von den Kanälen Venedigs an, wenn die städtischen Behörden nicht einer neuen Tariferhöhung zustimmen. Im 16. Jahrhundert gab es 10000 Gondeln in Venedig. Heute sind es weniger als 400, aber da eine Gondelfahrt eines der Haupterlebnisse jedes Venedigreisenden ist und sie schon an sich eines der größten Touristenschauspiele darstellen, ist es unwahrscheinlich, daß sie völlig verschwinden. Selbst auf streng praktischem Gebiet ist die Gondel den Venezianern noch nützlich, denn es gibt elf Gondelfähren über den Canal Grande, von denen drei die ganze Nacht über in Betrieb sind (sie haben lustige kleine Schutzaufbauten, oft reizend verziert mit Grünpflanzen und Lampions, in denen dienstfreie Gondolieri malerisch die Stunden dahindösen, manchmal in ein zusammenhangloses Streitgespräch verwickelt, manchmal mit einer allen gemeinsam gehörenden Katze spielend). Der Gondoliere ist wesentlich für den Geist und die Selbstachtung Venedigs. »Der Gondoliere«, sagt ein städtisches Handbuch, »darf nicht einmal als Trinkgeld einen Fahrpreis verlangen, der den übersteigt, welcher auf einem Tarifzettel an seiner Gondel angegeben sein muß«; aber es ist einfach herrlich, mit welchen Mitteln er diese Bestimmungen umgeht, um seine Einkünfte zu erhöhen, und als wie teuer sich seine verschiedenen Scherze irgendwie herausstellen: die ausgefallensten Kenntnisse, sein Gedächtnis in puncto Namenstage der Heiligen und »alte Bräuche«, seine unwahrscheinlichen historischen Anekdoten und seine

überzeugenden blauen Augen, wenn man schließlich am Bahnhof angelangt ist.
Ich persönlich bin gern bereit, ihm ein kleines Trinkgeld zu bezahlen für das Vergnügen, seine Geschicklichkeit bewundern zu können. Zunächst mag einem die Gondel schmal und nicht ganz geheuer vorkommen, aber man wird bald zu ihrer Gestalt bekehrt sein und sie als eines der schönsten Transportmittel der Welt mit Ausnahme vielleicht des Düsenflugzeugs erkennen. Jedes einzelne Exemplar, so wird gesagt, hat seine eigene, durch kleine Variationen im Holzwerk oder in der Einrichtung geprägte Persönlichkeit, und der Gondoliere spielt auf dieser empfindlichen Schalldose mit der Fertigkeit eines Virtuosen. Einige seiner Posen sind sehr schön – insbesondere wenn Carpaccio ihn porträtiert, in gestreiften enganliegenden Hosen auf einer vergoldeten Heckbühne stehend, in den Tagen vor der Luxussteuer. Da ist besonders eine sanfte, gleitende Bewegung zu dem Zweck, das Boot um eine scharfe Ecke herum zu dirigieren, die mich jedesmal an eine Figur beim Skilauf erinnert: die Füße werden in ballettähnlicher Position aufgestellt, die Zehen weit nach außen, das Ruder wird bis zur Taillenhöhe erhoben, der Körper geschmeidig in entgegengesetzter Richtung zur Biegung gedreht – und herum schwingt rauschend die Gondel, immer schräg, aber nie unschön, während der Gondoliere stolz und ruhig im Heck steht. Er stößt eine Reihe von Warnrufen aus, wenn er dieses Manöver vollzieht, kehlig und aufgeregt, gleich dem Schrei eines ältlichen weltmüden Seevogels. Diese Rufe taten es Wagner während seines Aufenthalts in Venedig so sehr an, daß sie ihm vielleicht (er selbst glaubte es) den klagenden Ruf der Hirtenschalmei zu Beginn des dritten Akts von *Tristan* eingegeben haben; sie sind so zwingend der *cri-de-cœur* von Venedig, daß sie während der Verdunkelungszeiten der beiden Weltkriege auch von den Fußgängern übernommen wurden, die sie an gefährlichen Straßenecken ertönen ließen. Die Grundworte des Warnrufs sind *premi* und *stali* – »links« und »rechts«, aber man findet nur schwer heraus, wie sie eigentlich gebraucht werden. Ruskin zum Beispiel macht eine unverständliche Feststellung: »Wenn zwei Gondolieri sich unter Umständen begegnen, die es wichtig erscheinen lassen, auf welcher Seite sie aneinander vorbeifahren, ruft der Gondoliere, der im Augenblick sein Boot am wenigsten in der Gewalt hat, dem anderen ›*Premi!*‹ zu, wenn

Richard-Wagner-Büste im Palazzo Vendramin

er will, daß die Boote sich mit der rechten Seite zueinander begegnen, und ›*Stali!*‹, wenn mit der linken.« Andere Autoren geben sich leichter zufrieden und glauben, daß der Gondoliere *Premi!* ruft, wenn er nach links fahren will, und *Stali!*, wenn er nach rechts ausweicht. Baedeker, der vor dem ganzen Warnsystem die Waffen streckt, führt nur den unaussprechbaren Ausruf *A-Oel!* an – was, wie er rührend erklärt, soviel wie »Vorsicht« bedeutet. Der Dichter Monkton Milne sagt in einigen diesem Problem gewidmeten Versen von den Rufen der Gondolieri:

> Sie verklingen dem Ohr, wie die Lampe erlischt,
> »Premi!« – ich fahr' vorbei, denn auf dich wart' ich nicht!

Heutzutage scheinen die Gondolieri ihren Ruf zu variieren. Ich habe oft die alten Rufe gehört, aber im allgemeinen ruft der Gondoliere der Neuzeit offenbar nur noch *Oi!* (womit also Herrn Baedekers Transkription so gut wie gerechtfertigt wäre), und ich kenne einen ganz modernen, der, wenn er aus dem Canal Grande kommend in den Rio San Trovaso einbiegt, gewöhnlich die Finger in den Mund steckt und einen schrillen Pfiff ertönen läßt.

Es ist gar nicht leicht, eine Gondel zu rudern. Der Rückwärtsschlag des Ruders ist fast so mühsam wie der Vorwärtsschlag, weil das Blatt unter Wasser bleiben muß, damit der Bug geradeaus gehalten werden kann; eine geschickte Handhabung hängt, besonders in schwierigen Augenblicken, von der sofortigen Reaktion des Ruders ab, innerhalb und außerhalb der Ruderklappe (die wie ein gegabelter Stumpf aus einem versteinerten Wald aussieht). Wer diese Kunst in ihrer Höchstform erleben will, verbringe zehn Minuten an einer der *Traghetto*-Stationen am Canal Grande und beobachte die Fährleute bei ihrer Arbeit. In wunderbarer Übereinstimmung durch so etwas wie einen sechsten Sinn miteinander verbunden, bewegen sie sich zu zweit in einer Gondel, und sie bringen ihre Boote mit einem eleganten grandiosen Schwenk an die Landungsbrücken. Sie reißen die Ruder sauber aus den Klampen, um sie als Bremse wirken zu lassen, kommen mit einem Aufrauschen des Wassers längsseits und werfen dem Publikum am Kai einen beifallheischenden Blick zu: Na, wie haben wir das gemacht?

Boote, Schiffmannskunst und Schiffersage machen die halbe Faszination von Venedig aus. Man glaube jedoch nicht, daß die Venezianer noch nie ein Auto gesehen hätten. Man kann Autos natürlich jeden Tag sehen, am Piazzale Roma und auch am Lido, aber manchmal kommen sie noch bedeutend näher an den Markusplatz heran. Bei den Docks in der Nähe des Zatterekais kann man oft Wagen hinter der Absperrung herumfahren sehen, ab und an ist eine große Dieselzugmaschine zu sehen, die ihren Anhänger von München bis an den inneren Rand der Seestadt geschleppt hat. Bei einer besonders wichtigen Feierlichkeit lassen die Behörden Fernseh- und Lautsprecherwagen auf der Piazza an Land bringen, wo sie dann in den Ecken herumstehen, scheu und offensichtlich verlegen unter den Kolonnaden verborgen. Die Engländer brachten amphibische Fahrzeuge auf die Riva degli Schiavoni, als sie gegen Ende des Zweiten Weltkriegs nach Venedig kamen. Ladungen von Autos (und auch Eisenbahnwaggons) fahren oft auf Fährschiffen über die innere Lagune. Und als ich einmal zu meinem Fenster hinausblickte, sah ich draußen vor der vorderen Tür meines Nachbarn einen großen Möbelwagen stehen, direkt auf dem Canal Grande: er war auf Kähnen dorthin gezogen worden, und sein Fahrer saß seelenruhig am Steuer und aß ein Brötchen.

Die Steine von Venedig

Es gibt in Venedig viele Häuser, die nicht an Kanälen stehen und daher nicht mit dem Boot zu erreichen sind, aber es gibt keine Stelle in der Stadt, zu der man nicht zu Fuß hingelangen könnte, wenn man eine gute Karte, ein kräftiges Paar Schuhe und ein heiteres Gemüt besitzt. Die Kanäle bestimmen Form und Aufteilung von Venedig. Die Straßen füllen die Lücken aus wie Filigran. Venedig ist ein Irrgarten von Gassen, versteckten Höfen, Brücken, Bogendurchgängen, gewundenen Passagen, Sackgassen, Kais, dunklen, halb überdeckten rückwärtigen Straßen und unvermittelt sonnenhellen Plätzen. Es ist ein Ort der Enge, der Wirrnis und der Überfülle, und wenn seine Wasserwege oft funkeln und seine Ausblicke über die Lagune herrlich weit sind, so erinnern mich seine Straßen oft an Gänge in irgendeinem alten muffigen, zwar dekorativen, aber hinter der Zeit zurückgebliebenen Gefängnis. Es ist eine sehr steinerne Stadt. Schon nach wenigen Wochen Venedig beginnt man sich nach Bergen, Wiesen oder der offenen See zu sehnen (obwohl es ganz erstaunlich ist, wie schnell man, hat man einmal seine Bettücher zusammengeknüpft und den Sprung über die Mauer getan, wieder zum Gefängnis zurückstrebt). Es gibt verschiedene Arten von Straßen und Plätzen in Venedig. Die *fondamenta* (das Wort steht im Italienischen in der Mehrzahl) ist ein Kai, im allgemeinen breit und luftig. Die *calle* ist eine ungepflasterte Gasse. Die *salizzada* ist eine gepflasterte Gasse, einst so selten, daß es sich lohnte, den Unterschied hervorzuheben. Die *ruga* ist eine von Läden gesäumte Straße, die *riva* eine Uferpromenade. Der *rio terra* ist ein aufgefüllter Kanal und die *piscina* ein ehemaliger Tümpel oder Teich. Dann gibt es noch etwas, das man *crosera* und etwas, das man *ramo* nennt, sowie einen *sotto-portico*, eine *corte*, einen *campo*, einen *campiello* und einen *campazzo*. Einen *piazzale* gibt es in Venedig (den Piazzale Roma, bei den Parkhäusern) und zwei *piazzette* (eine auf jeder Seite der Basilika). Aber es gibt nur eine Piazza, den überwältigenden zentralen Platz der Stadt, den Napoleon den schönsten Salon Europas nannte.

Jeder Stadtbezirk sammelt sich, wie wir vom Campanile aus sahen, um seinen eigenen Platz, gewöhnlich *campo* genannt, weil er in den jungfräulichen Tagen Venedigs gewöhnlich eine Art nasses Stück Feld war. Die interessantesten *campi* Venedigs sind die von San Polo, Santa Maria Formosa, San Giacomo dell'Orio, Santo Stefano und Santa Margherita, wobei man den ersten als fesch, den zweiten als stramm und drall, den dritten als ungehobelt, den vierten als elegant und den fünften als angenehm gemütlich bezeichnen kann. Auf einem solchen *campo* ist gewöhnlich von Wasser nicht die Spur zu sehen, da die Kanäle hinter den Häusern verborgen sind, und alles fühlt sich hart, alt und urban an. Der *campo* ist, wie die Fremdenführer sagen würden, »sehr charakteristisch«.

Mitten auf dem Campo Santa Margherita zum Beispiel steht unerwarteterweise ein kleines viereckiges Gebäude, so eine Art mittelalterliches Rathaus, das einst das Zunfthaus der Pelzmacher war und jetzt den Ortsverband einer Partei beherbergt. Am einen Ende des Platzes steht ein alter Turm, einst Kirche, heute Kino, und am andern Ende erhebt sich der große rote Campanile der

Carmini-Kirche mit einer von Licht angestrahlten Madonna auf der Spitze. Zwischen diesen drei markanten Punkten florieren alle typischen Künste Venedigs und machen den *campo* zu einer selbständigen kleinen Stadt, in deren begrenztem Bannkreis man fast alles findet, was zum normalen Leben nötig ist. Da gibt es, in einem schönen, alten Holzhaus, eine Bank, drei oder vier Cafés mit schrill plärrenden Radioapparaten, ein schwärzliches Weinlokal, das von zähen alten Damen besucht und von einem riesigen Fermsehgerät beherrscht wird, einen Trödler, der mit gebrauchten Kleidungsstücken handelt, ein Milchgeschäft, zwei mit allem gut versorgte Lebensmittelläden und eine entzückende Apotheke im alten Stil, ganz rosa Flaschen und Holztäfelung. An dem farbenfrohen Zeitungsstand starrt der Besitzer den Kunden durch einen schmalen Tunnel zwischen den Filmstars an, als ob er sich wie eine Haselmaus durch die Magazine hindurchgefressen hätte. Im Textilgeschäft ist es mollig von wollener Unterkleidung und dicken Strümpfen; der Tabakhändler bietet alles feil, von der Sicherheitsnadel bis zur Briefmarke. Und allmorgendlich halten sie Markt unter fröhlichen Planen mitten auf dem Platz, und dann wimmelt es von Fischen und Bergen von Gemüse.

Gleich vielen anderen venezianischen *campi* ist Santa Margherita ein unverbildeter, volkstümlicher Ort. In seinen Cafés sitzen keine Spitzen der Gesellschaft, keine Filmstars schlagen auf den Stufen seines Kriegerdenkmals wirkungsvoll die Beine übereinander, zufällig vorbeikommende Touristen befragen verwirrt ihre Stadtpläne und streben eilends großartigeren Plätzen entgegen – und doch kann man dem, der das venezianische Leben schmecken will, nichts Besseres empfehlen, als sich ein, zwei Stunden in einer solchen Szenerie hinzusetzen, einen billigen Weißwein aus Venetien zu trinken und diese spezielle kleine Welt zu beobachten, die sich dort vor seinen Augen dreht.

Gleich zarten Wurzeln greifen von den Plätzen die Gassen Venedigs aus, von denen es über 3000 geben soll. Ihre Gesamtlänge beträgt mehr als 145 Kilometer, aber einige sind fast unpassierbar eng. Browning fand zu seinem großen Entzücken eine, die so schmal war, daß er seinen Regenschirm nicht aufspannen konnte. Die schmalste von allen soll der Ramo Salizzada Zusto in der Nähe von San Giacomo dell'Orio sein – dieses Gäßchen ist gerade siebzig

Zentimeter breit und kann von gewichtigeren Naturen nur durchschritten werden, wenn sie sich nicht schämen, sich seitwärts fortzubewegen. Die Gassen Venedigs haben oft sehr schöne Namen – Gasse der Lockenköpfigen Frau, Gasse der Liebe der Freunde oder der Zigeuner, Aufgefüllter Kanal der Gedanken, Breite Gasse der Sprichwörter, Erste Verbrannte Gasse und Zweite Verbrannte Gasse (beide an Brände im 17. Jahrhundert erinnernd), Straße des Affen oder der Schwerter, Gasse der Blinden. Vor noch gar nicht langer Zeit – ehe die Leute empfindlicher wurden – gab es sogar eine Schmutzige Gasse, die Calle Sporca.

Die Gassen sind berückend unvorhersehbar – sie enden plötzlich vor dunklen, tiefen Kanälen, gehen in Arkaden unter oder führen ohne Vorankündigung zu atemberaubenden Ausblicken. Sie können einen auch in die Irre führen, denn man stellt häufig fest, daß der Palazzo, der am Ende der Gasse aufragt, durch eine breite Wasserstraße von einem getrennt und zu Fuß nur auf einem weiten Umweg zu erreichen ist. Das bedeutet, daß zwei venezianische Häuser zwar dicht beieinander stehen können, aber nicht unbedingt Nachbarhäuser zu sein brauchen, und das hat auch zu der Entwicklung einer komplizierten Zeichensprache geführt, welche die Hausmädchen in die Lage versetzt, über größere Entfernungen ein Schwätzchen zu halten, und einen zarten Flirt *par distance* ermöglicht: Ich sah einmal zufällig einen jungen Mann, der gerade einem Mädchen über einen solchen Kanal eine Kußhand zuwarf, als sein Fenster mit lästigem Krachen herunterfiel, was seiner Haltung sehr abträglich war. Das Geheimnisvolle, Romantische der Gassen hat immer etwas Faszinierendes, besonders wenn man – wie die Venezianer – die Fähigkeit erlernt, *andare per le fodere* – »sich am Innenfutter entlang zu bewegen.«, das heißt in die kleinen Nebengäßchen einzudringen, die gepolstert und gedämpft zwischen den Häusern hindurchschleichen, gleich Wechseln von Stadtwieseln.

Es gab früher Wettrennen in den Zickzackgassen Venedigs, und man kommt auch tatsächlich ganz schnell vorwärts, wenn man die richtige Technik des Ausweichens und Losspringens entwickelt. Am besten bewegt man sich in Venedig fort, wenn man eine wohlüberlegte Kombination mehrerer Methoden benutzt. Man kann von der Rialtobrücke aus die Kirche Ognissanti in einer halben Stunde erreichen – aber wenn man sich auskennt, erwischt man gerade noch den Expreß-*vaporetto* nach San Samuele, fährt mit dem *traghetto* zur Ca'Rezzonico hinüber, folgt den »Futtersaum«-Gassen durch die Calle Traghetto, die Calle Lunga San Barnaba, die Calle delle Turchette, über die Fondamenta die Borgo, die Fondamenta delle Eremite, durch die Calle dei Frari, den Rio Terra degli Ognissanti – und taucht nach ein, zwei benommenen Minuten auf dem Campo Ognissanti auf.

»Biegt nach rechts ab«, sagte Lanzelot zu Gobbo, als dieser alte Herr sich nach Shylocks Wohnung erkundigte, »wendet Euch nach rechts an der nächsten Ecke, aber an der übernächsten Ecke, zu Eurer Linken, biegt nirgendwo ab, sondern geht schräg hinüber zum Haus des Juden.« – »Bei allen Heiligen!« erwiderte da der Alte, »das dürfte schwer zu finden sein« – weiß Gott, er hatte recht!

Vor langen Jahrhunderten schauten sich die Venezianer unter ihren besonderen Umständen um, begutachteten die besten griechischen, römischen und byzantinischen Modelle und entwarfen dann ihr spezielles venezianisches Haus. Manch ephemere Geschmacksrichtung hat ihre Architektur seitdem beeinflußt, und manche Wechselfälle des Schicksals haben ihren Stil in Mitleidenschaft gezogen, so daß Venedig ein Mischmasch an Hausarchitektur ist, so dicht und schwer bepackt und beladen mit Gebäuden, daß es sich wie ein einziger massiver, gezackter Steinhaufen ausnimmt, der in unregelmäßiger Gestalt aus den Wassern der Lagune ragt.

Das klassische venezianische Haus ist immer noch der Palast der alten Aristokratie. Man findet ihn in der ganzen Stadt, in zahllosen Hintergassen und an wenig begangenen Höfen – im besten modernen Reiseführer für Venedig werden 334 solcher Häuser für ewähnenswert gehalten. Hinter machem bescheidenen alten Eingang verbirgt sich ein anmutiges Haus, und oft ist eine Metzgerei oder ein Kolonialwarenladen in die Flanke eines chönen kleinen Herrensitzes aus dem 15. Jahrhundert hineingebaut worden. Die größeren, bedeutenderen Häuser stehen jedoch am Canal Grande. Ihre Architektur geht auf drei Stilperioden zurück – die byzantinische, die gotische und die Renaissanceperiode –, die ich oft nicht zu unterscheiden vermag, wenn sie auch den Verfassern von Reisebüchern auf den ersten Blick deutlich zu sein scheinen. Einige dieser Häuser sind erbärmlich verfallen. Einige wurden rücksichtslos restauriert. Einige sind entzückend, andere (für meine Begriffe) schlechthin häßlich. Einige sind schlicht und spröde, einige in massiver Weise prunkhaft, mit großen, schweren Eingängen und unschönen Obelisken auf den Simsen versehen. Zumindest die des gotischen Typs sind allein für Venedig kennzeichnend, aber als Mr. Tiffany und seine Partner ein Juwelierpalais auf der Fifth Avenue errichten wollten und als der Ausschuß des Army and Navy Club seine neuen Baulichkeiten in Pall Mall plante, blickten alle diese Herren voller Bewunderung zum Canal Grande hin und bauten sich zu Hause ihre eigenen venezianischen Palazzi.

Ihr Grundschema ist vornehm, aber praktisch und leitet sich deutlich von Rom und Byzanz her. Ein typisches Haus ist ungefähr rechteckig, seine Fassade (zum Kanal hin) ist indes ein wenig breiter als die Rückfront (zu einer Gasse hin). Es hat vier, fünf oder sechs Geschosse. Der Vordereingang öffnet sich geräumig zum Wasser hin. Hier werden die Boote an großen bemalten Pfosten festgemacht, wenn nicht neben dem Haus, gleich einer Garage, ein Bootshaus liegt. Die Hintertür geht unscheinbar auf eine Gasse hinaus oder führt in einen hoch ummauerten und meist vernachlässigten Garten. Wenn das Haus ehrwürdig genug ist, hat es vielleicht einen Hof mit Steinfliesen und Brunneneinfassung, von dem aus eine breite Treppe hinaufführt, wie bei den Häusern von Damaskus und Bagdad.

Das Erdgeschoß des Palastes ist Diele und Bootsplatz, wo die Familiengondel während der Wintermonate trocken und geheimnisvoll aufgebockt wurde und die alten Händleraristokraten ihre Seidenballen, Elfenbeinbündel, Wandbehänge, Parfüms und sogar ihre zitternden Affen aufbewahrten, die, wie Shakespeare es einmal phantasievoll ausdrückte, »aus Tripolis, aus Mexiko und England, aus Lissabon, aus der Berberei und aus Indien« stammen. Das erste Geschoß ist der *mezzanino*, das Stockwerk der Büroräume, in denen die Kaufleute Buch führten, ihre Verträge abschlossen und ungetreuen Dienstboten den Laufpaß gaben. Das zweite Stockwerk ist der *piano signorile*, das eleganteste Appartement im Hause, dem Vergnügen des hochehrbaren Besitzers bestimmt. Es hat einen langen, dunklen, imposanten Mittelraum, der oft die ganze Länge des Hauses einnimmt, mit einem breiten Balkon über dem Kanal und je einem Alkoven links und rechts, die

Fenster blicken aufs Wasser hinaus. An diesen zentralen Salon schließen sich zu beiden Seiten Schlafzimmer an, die zu einer Vielzahl von Badezimmern, Ankleideräumen und verschiedenen Wirtschaftsräumen führen.

Oberhalb des *piano signorile* büßt dann das Haus etwas von seiner Großartigkeit ein, und jedes weitere Stockwerk wird ein wenig dürftiger, bis man schließlich über dem letzten Speicherboden auf das planlose Dach hinaussteigt und dort die hölzerne Plattform, *altana* genannt, vorfindet, deren ursprüngliche Funktion es war, die venezianischen Damen vor indiskreten Blicken zu schützen, wenn sie sich in der Sonne ihre Haare bleichten, auf der aber heute meistens Wäsche flattert. Das Haus war vielleicht früher mit Fresken und reichen Ornamenten geschmückt, die hier und da noch undeutlich zu sehen sind, wenn die Sonne richtig steht; jetzt ist es wahrscheinlich rötlich, bräunlich oder steinfarben und wird nur noch belebt durch seine bunten Anlegepfosten, seine gestreiften Markisen und die entzückenden Blumenkästen, Vogelkäfige und Grünpflanzen, mit denen ältere Venezianerinnen ihre Fenster zu verzieren lieben.

An die Fassaden dieser Häuser gegipst hängen die Marksteine des Fortschritts: Stücke und Reste von Schmuckwerk, zurückgelassen von den einzelnen Restauratoren gleich Muscheln in einer Grotte. Engel, Cherubim, Schnörkel und Löwern finden sich auf jedem Sims, und manchmal ist das Dach von riesigen pyramidischen Spitzen gekrönt wie bei den Felsentempeln von Petra. Besonders die seitliche Fassade des venezianischen Palastes kann durch diese Auswüchse ungeheuer kompliziert werden. Ich habe einmal die Steinfront eines Hauses in der Nähe des meinen genau betrachtet und dabei festgestellt, daß sie unter ihrem Kuppelturm und dem kupfernen Wetterhahn geschmückt war mit vier Schornsteinen von drei verschiedenen Formen, 53 Fenstern von acht verschiedenen Formen und Größen, davon zwei nur angedeutet und drei vergittert; ferner mit der Ausbuchtung einer Wendeltreppe, mit zwölf eisernen Krampen, acht eingelegten Stücken weißen Mauerwerks, einer verwitterten Gedenkplatte, einem in Stein gehauenen rechteckigen Ornament von unbestimmter Bedeutung, vier Strebepfeilern, fünf außen entlanglaufenden Kaminen, verstreuten Flecken nackten Ziegelsteins und Mörtels, bloßliegenden Rohren, eingebetteten Bogen, diversen unzusammenhängenden

Gruppen von Wandplatten und einer wuchtigen Betonverstärkung an der Wasserlinie. Dazu kamen ein zum Lüften herausgehängter Teppich, ein neckisches Hausmädchen in einem Fenster des dritten Stocks und eine Inschrift, die an den Umstand erinnerte, daß hier einmal eine gefeierte französische Schauspielerin gewohnt hatte.

Die eindrucksvollsten dieser seltsamen Häuser sind, wenngleich bedeutend kleiner als die Landsitze der englischen Patrizier, wirklich sehr groß. (Ihren Besitzern gehören oft auch noch Herrenhäuser auf dem Festland: die Familie Pisani besaß fünfzig solcher Villen, und in einem Haus in Venetien konnten gleichzeitig 150 Gäste untergebracht werden, samt ihrer Dienerschaft – es verfügte über zwei Kapellen, fünf Orgeln, einen Konzertsaal, eine Druckerei und zwei Theater.) In den frühen Tagen Venedigs wohnten praktisch alle Bürger in gleichen Häusern, »um ihre Einigkeit und Gleichheit in allen Dingen zu zeigen«: später wurden die Paläste Symbole für Reichtum und Erfolg und zum offensichtlichen Mittel, unter Beweis zu stellen, daß man mit den Contarinis Schritt hielt.

Viele Geschichten illustrieren den Stolz der alten venezianischen Hausbesitzer bei der Errichtung dieser grandiosen Bauten. Da wird zum Beispiel von dem Aristokraten Niccolò Balbo erzählt, der es so eilig hatte, in den neuen Palazzo Balbi einzuziehen, daß er einige Monate lang in einem Boot gegenüber dem Bauplatz hauste: leider erkältete er sich aber und starb, ehe er das neue Haus beziehen konnte. In einer anderen Geschichte ist von einem hartnäckigen Freier die Rede, der von einer Dame abgewiesen wurde, weil er keinen Palast am Canal Grande besaß; sofort ließ er einen bauen, und zwar einen so gewaltigen, daß, wie er sagte, jedes seiner Hauptfenster größer war als der Haupteingang des Hauses seines Schwiegervaters. Das Haus des jungen Mannes ist der Palazzo Grimani, in dem heute das Appellationsgericht untergebracht ist, und das des Schwiegervaters, der Palazzo Coccina-Tiepolo, fast genau gegenüber. Eine dritte Geschichte will wissen, daß der verstümmelte Palazzo Flangini in der Nähe von San Geremia einst doppelt so groß war: Als zwei Brüder ihn gemeinsam erbten, soll der eine Bruder seine Hälfte in einem Anfall eifersüchtigen Zorns abgerissen haben. Der Palazzo Venier dei Leoni ist angeblich unvollendet geblieben, weil der Besitzer des mächtigen, gegenüber gelegenen Palazzo Corner gegen eine solche Zumutung heftig protestierte. Er sollte auch tatsächlich enorme Ausmaße erhalten, wie man an einem Modell im Correr-Museum sehen kann. Der ehrgeizige Condottiere Herzog Sforza dachte offenbar beim Bau seines Palastes in der Nähe der Accademia mehr an eine Festung als an ein einfaches Wohnhaus, und deshalb hat das Gebäude zwar fürstliche Treppenaufgänge, erreicht aber nur eine bescheidene Höhe.

Der Canal Grande war, wie Gautier einmal sagte, das Register des venezianischen Adels – »jede Familie hat ihren Namen an eine dieser monumentalen Fassaden geschrieben«. Der Palazzo Vendramin, in dem Wagner starb, war von der Sippe der Loredan errichtet worden und ging in aristokratischer Folge an den Herzog von Braunschweig, den Herzog von Mantua, die Familie Calerghi, die Familie Grimani, die Familie Vendramin, die Duchessa de Berri (Mutter Heinrichs V.) und den Duca della Grazia über. Zahllos und oft fabulös waren die Festlichkeiten, die während der Zeit des venezianischen Niedergangs in solchen Häusern abgehalten wurden. Im Hof der Ca'Foscari gab es Stierreizkämpfe, und manchmal wurde auf Flößen vor den Häusern getanzt.

Vor einigen Jahren wurde ein Ball von legendärem Glanz und Luxus im Palazzo Labia neben San Geremia abgehalten, und die berühmten Parties am Canal Grande gehören nach wie vor zu den größten Ereignissen der internationalen Saison. Nur wenige der größeren Paläste befinden sich jedoch noch in Privatbesitz, und wenn, dann sind ihre Eigentümer gewöhnlich keine Venezianer. Ein, zwei Patrizierfamilien, die sich im allgemeinen aus dem gesellschaftlichen Rampenlicht heraushalten, haben noch ihre alten Häuser inne, aber wahrscheinlich sind diese unter verschiedene Mitglieder der Familie stockwerkweise aufgeteilt, wobei eine Anstandsdame oder Wirtschafterin für die respektable Einheit des Haushalts sorgt.

Viele andere Paläste sind jetzt Sitze von Behörden und Institutionen – wie der Stadtverwaltung, die zwei davon einnimmt, des Museums für Moderne Kunst, des Winterkasinos, des Franchetti-Museums, des Ca'Rezzonico-Museums, des Internationalen Zentrums für Kunst und Kleidung, der Hauptstelle der Biennale, des Museums für Naturgeschichte, der Präfektur, der Städtischen Pfandleihe. Einiger der schönsten sind Hotels. Einige dienen als

Bürohäuser, wieder andere beherbergen Antiquitätenläden, einer ist eine Mosaikwerkstatt, zwei sind Ausstellungsräume für venezianische Glaswaren. Nicht wenige sind in Appartements umgewandelt, meist teuer (besonders am südlichen Ende des Canal Grande) und zum Teil sehr prunkvoll. Die Eigentumsverhältnisse sind bisweilen recht verwickelt, denn der Bau ist oft nach Stockwerken aufgeteilt, so daß dem einen Hausbesitzer der obere Teil des Gebäudes gehört, dem zweiten der mittlere Teil, dem dritten der Garten und der Wassereingang und dem vierten der Weg, der zum öffentlichen Grund und Boden der Hintergasse führt. Manchmal erstreckt sich das Eigentum auf einen Teil des Bürgersteigs. So steht in der Nähe der Rialtobrücke ein Haus, dessen Gartentor jäh in die vorbeilaufende Gasse hinaus vorspringt. In dem Winkel, den das Tor mit der Mauer der Gasse bildet, wurde ein Stein mit der eingehauenen Inschrift »Privatbesitz« ins Pflaster eingelassen. Ich trat einmal mit dem Fuß über diese mystische Schranke in die dahinterliegenden verbotenen Quadratzentimeter und spürte doch tatsächlich – so stark ist die venezianische Tradition –, wie mir ein Kribbeln das Bein hinauflief, gleich einer geheimnisvollen Warnung.

Man beurteile die Prosperität eines venezianischen Hauses nicht nach der Pracht seines Eingangs, vor allem dann nicht, wenn es ein gut Stück vom Canal Grande entfernt steht. Es gibt natürlich viele arme Häuser in Venedig, düstere, monotone Mietshäuser, trostlose Hütten, sogar die Überreste erbärmlichster Slums. Der offensichtliche Schmutz vieler Häuser ist jedoch nur Patina. Unten mag das Haus feucht, unordentlich, verfallen und selbst finster sein, aber wenn man drinnen das dumpfige Dunkel der Diele hinter sich gelassen hat, wenn man die wackelige Treppe hinaufgegangen und durch die große schwarze Tür der Hauptwohnung geschritten ist, wenn man trübe hallende Gänge durchwandert und weitere schwankende Treppen erklommen hat – dann tritt man durch einen schweren Vorhang und steht im denkbar hellsten und elegantesten Zimmer, das hinter der düsteren Außenschicht steckt wie eine Perle in einer rauhen Auster. (Die Venezianer bringen seit jeher ihr Leben gern im Freien zu, was die zahllosen fröhlichen Bürgersleute beweisen, die an jedem Sommerabend ihr Strickzeug und ihre Zeitung mit in die Cafés an der Riva oder auf die Uferwege und in die Lokale bei den Docks nehmen.)

Man glaube auch bitte nicht, daß Venedig keine Gärten habe. Im Winter, wenn das Labyrinth von Häusern kalt, verschlossen und öde ist, kann es sich wie die unfruchtbarste aller Städte ausnehmen, jeden Grüns und aller Säfte beraubt. Dieser Eindruck täuscht. Hunderte von Gärten liegen zwischen den Steinen Venedigs verborgen, geschützt durch eiserne Tore und alte Backsteinmauern, so daß man nur ganz flüchtig eine Glyzinie erblickt oder vom Duft des Geißblatts angehaucht wird. Die Venezianer sind Blumenliebhaber. Es gibt viele Blumenhändler, und es gibt sogar Läden, in denen man eßbare Rosenblütenblätteressenz kaufen kann und Bündel von orangefarbenen Markkürbisblüten, die in Mehl gebacken werden. Es gibt auch Bäume in Venedig – Hunderte zur Parade aufgestellter Kiefern in Napoleons Öffentlichen Gärten, schöne Platanen auf mehreren Plätzen, Myrte, Lorbeer, Oleander, Granatapfel, Tamarisken und Palmen in vielen Privatgärten. Ja, es steht sogar, wie ein gelehrter Mann einmal versicherte, »ein echter Ladognobaum« auf dem Campo San Zaccaria – eine Information, die ich nur mit ehrfurchtsvollem Schweigen zur Kenntnis nehmen konnte.

Diesen grünen Stellen Venedigs haftet eine berückende Heimlichkeit und Abgeschlossenheit an; sie sind oft von drolligen Statuen und Skulpturen übersät und von Katzen bevölkert, und alte, zugewachsene Brunneneinfassungen verleihen ihnen Würde. Auf Giudecca, der einstigen Garteninsel Venedigs, gibt es immer noch ein, zwei schöne Blumengärten, die zur Lagune hinunterreichen und deren Duft wie eine Wolke über dem Wasser hängt; und sogar mitten im Stadtzentrum, wo man nichts als selbstverständlich hinnehmen sollte, verbergen ernste, feierliche Gebäude noch kleine Vergnügungslauben. Hinter dem alten Kloster der Serviten, das von hohen Mauern eingeschlossen ist, befindet sich ein Gemüsegarten (versorgt von Nonnen in Kapuzen und Gummistiefeln), so groß und intensiv bebaut, daß man sich nach Umbrien versetzt glaubt; und über dem niedrigen Dach des Palazzo Venier kann man die großen üppigen Bäume seines Gartens sehen, eines Ortes von tiefer, erinnerungsschwerer Melancholie, der an einen Plantagengarten im amerikanischen Süden gemahnt.

Solche Fleckchen sind nur selten öffentliches Gelände. Die meisten venezianischen Gärten sind eifersüchtig verschlossen und Fremden unzugänglich. Am gesamten Südufer von Giudecca gibt es heute nur eine einzige Stelle, an der gewöhnliche Sterbliche bis zum Wasser hin wandern können. Um die gummigestiefelten Nonnen zu sehen, muß man eine freundlich gesinnte Hausfrau dazu überreden, daß sie einen auf das Dach ihres Hauses steigen und über die Mauer blicken läßt. Nur wenige Bänke laden in den venezianischen Grünanlagen zum Verweilen ein, und die in den großen Öffentlichen Gärten am Ende der Riva sind fast immer besetzt.

Die Venezianer gelüstet gar nicht in jedem Fall nach Gärten. Manches »private Paradies« liegt schmählich vernachlässigt da. Andere werden in grober Weise zu Schauobjekten degradiert. Nachbarn von mir beauftragten in einem jähen Begeisterungsausbruch einen Landschaftsgärtner mit der Neugestaltung ihrer bis dahin überwucherten Wildnis. Sie planten den Garten nach der Regel, samt Rasen, Gartenpfad, einer Blumenumrandung, ein paar Bäumchen und einem Gartentor mit Messinginsignien. Der Gärtner arbeitete fleißig und geschickt, und nach Ablauf eines Monats hatten sie einen funkelnagelneuen Garten, so sauber, korrekt und ordentlich wie ein Hauptbuch. Doch einige Zeit später, als die Blumen herauskamen, beobachtete ich die Dame des Hauses dabei, wie sie mit einem Katalog in der Hand zwischen den Rosen umherwanderte, um festzustellen, ob auch alles geliefert worden war, was sie bestellt hatte.

Wo eine Gasse auf einen Wasserweg stößt, findet man eine venezianische Brücke. Die Brücken »klammern die Stadt zusammen«, wie Evelyn bemerkte. Es gibt ihrer in Venedig auf den Quadratkilometer mehr als irgendwo anders auf der Welt – insgesamt über 450, von der gigantischen Doppelbrücke des Dammes zum Festland bis hinunter zu den winzigen, zierlichen Privatbrücken auf Giudecca, die einen, wenn man ihr Türchen öffnet und ihre Bohlen überquert, im Garten der Königin von Griechenland absetzt. Da gibt es die Brücke der Fäuste, die Strohbrücke, die Brücke der Ehrbaren Frau, die Brücke der Höflichkeit, die Brücke der Demut, die Kleine Brücke, die Lange Brücke, die Paradiesbrücke, die Engelsbrücke und die Seufzerbrücke, auf der Byron stand, in gefühlvolle Träumereien versunken, doch fehlunterrichtet.

Die Bogenbrücke verwandelte die Kanäle in Verkehrsstraßen, doch bis zum heutigen Tag sind viele der venezianischen Brücken so niedrig, dunkel und eng, daß sich der Gondoliere im Heck bükken muß, um unter ihnen hindurchzukommen, während seine Fahrgäste ihre neuen Strohhüte festhalten und über das Echo ihrer eigenen Stimmen lachen (und wenn es eine von jenen Brücken ist, deren Unterseite von huschenden Spiegelungen gesprenkelt wird, dann glaubt man beim Hindurchfahren hinter einem stummen Wasserfall herzugleiten). Diese Allgegenwärtigkeit der Brücken hat den Venezianern ihre »gestutzte« Gangart verliehen und trägt in starkem Maße zu den geschwollenen Knöcheln und unsicheren Fersen bei, auf denen Besucher, die solche Verhältnisse nicht gewohnt sind, nach einem Nachmittagsrundgang durch die Stadt zu einem erfrischenden Bad heimwärts schwanken, indem sie beschwörend versichern, unaussprechliche Wonnen genossen zu haben.

Die ersten venezianischen Brücken wurden sowohl von Pferden und Maultieren wie von Menschen benutzt und hatten deshalb keine Stufen, sondern stiegen einfach schräg an. Sie hatten keine Brüstungen und waren aus geteertem Holz gemacht, wie wir dies auf Carpaccios berühmtem Bild *Wunder des Wahren Kreuzes an der Rialtobrücke* feststellen können. Heute sind die Schrägaufgänge allesamt verschwunden, aber in der Nähe der Misericordia überspannt noch eine brüstungslose Brücke den Rio San Felice. Die meisten kleinen Brücken sind heutzutage einbogig, hochgewölbt und aus Stein. Es gibt noch ein paar flache Holzbrücken, über Stufen vom Bürgersteig aus zu erreichen, gleich englischen Eisenbahnbrücken. Es gibt eine dreibogige Brücke über den Cannaregiokanal, und es gibt ein exzentrisches Brückengewirr am Piazzale Roma, wo fünf verschiedene Brücken in einer verzwickten Gegenüberstellung von Stufen und Richtungen zusammentreffen. Zu erwähnen sind ferner einige Privatbrücken, die jäh und hochmütig an den großen Holztüren von Palästen enden, und eiserne Brücken, von denen einige englischen Ursprungs sind. Zu gewissen Zeiten des Jahres trifft man sogar Pontonbrücken an, die italienische Heerespioniere aus Garnisonen im Po-Tal errichten. Im November wird eine Brücke über den Canal Grande zur Salute-Kirche hinüber geschlagen. Im Juli wird eine weitere über den breiten Giudeccakanal zur Kirche des Erlösers (Redentore) hinüber gebaut, zum Gedenken an die Befreiung von einer weiteren Pestepidemie (dreißig Stunden lang kann dann kein Schiff den Hafen von Venedig anlaufen oder verlassen). Am Allerseelentag wurde früher auch eine Brücke zum Inselfriedhof San Michele gebaut, aber heute bringt einen das Dampfboot ohnehin in wenigen Augenblicken hinüber. Im übrigen sind die kleinen Brücken Venedigs so zahlreich, unauffällig und ähnlich, daß man im Verlauf eines halbstündigen Spaziergangs ihrer zwanzig überqueren kann, ohne sie richtig zu bemerken.

Drei größere Brücken überspannen den Canal Grande. Bis ins letzte Jahrhundert hinein war dort nur eine einzige, die Rialtobrücke, von allen Venezianern sehr korrekt Ponte di Rialto genannt, da der Rialto in ihrem langen Gedächtnis keine Brücke, sondern ein Distrikt ist. Es gab mehrere Brücken an dieser Stelle. Die erste war eine Bootsbrücke. Die zweite wurde während der Tiepolo-Revolution im Jahre 1310 zerstört, als die Rebellen über den Kanal flohen. Die dritte stürzte 1444 während der Hochzeitsprozession der Marchesa von Ferrara ein. Die fünfte, auf Carpaccios Bild porträtiert, hatte in der Mitte eine Zugbrücke. Sie wurde im Jahre 1452 zeitweilig entfernt, damit der König von Ungarn in aller Gala mit dem Herzog von Österreich vorbeifahren konnte; im Laufe der Jahre wurde sie dann so baufällig, daß ein Chronist sie beschrieb als »ganz angenagt und wie durch eine Wunder in der Luft hängend«.

Die sechste war Gegenstand eines berühmten Architektenwettbewerbs des 16. Jahrhunderts. Sansovino, Palladio, Fra Giocondo und sogar Michelangelo reichten Entwürfe ein (den von Michelangelo kann man in der Casa Buonarroti in Florenz sehen, wie ich mir sagen ließ). Die meisten Teilnehmer schlugen mehrbogige Brücken vor, einer jedoch, Antonio da Ponte, wollte sie in einem einzigen Bogen bauen, der, gestützt auf 12 000 Pfähle, eine Spannung von 28 Metern, eine Höhe von 9,5 Metern und eine Breite von etwa 23 Metern haben sollte. Das war ein kühner Vorschlag. Da Ponte war bestallter Architekt der Stadt, und die Signoria pflegte gegenüber Angestellten, die sich geirrt hatten, keine Milde walten zu lassen – Sansovino entging mit knapper Not der Kerkerhaft, als sein neues Bibliotheksgebäude unglücklicherweise einstürzte. Dennoch wurde da Pontes Entwurf angenommen und die Brücke in zweijähriger Bauzeit vollendet. Seitdem ist sie ein Streitobjekt. Vielen Venezianern mißfiel sie damals, oder sie verspotteten sie als unzulässige Grille; viele andere begehrten auf, als ihr schwungvoller Bogen mit dem gegenwärtigen Aufbau von

Läden versehen wurde; es gehörte bis in unsere Zeit zum guten Ton, sie als plump und unwürdig zu verschreien (obwohl mehrere große Maler sie voller Liebe porträtiert haben, so auch Turner auf einem verlorengegangenen Bild).

Baulich war sie ein voller Erfolg – während eines Aufruhrs im Jahre 1797 wurden auf ihren Stufen sogar Kanonen aufgestellt und abgefeuert, um den Mob zu zerstreuen, und ich persönlich möchte sie um keinen einzigen Stein anders haben. Ich liebe die anheimelnden alten Figuren des heiligen Markus und des heiligen Theodor auf der Bahnhofseite der Brücke. Ich liebe den merkwürdigen Walfischrücken der Brücke, der sich über den Märkten buckelt, und ihre dicht gedrängten kleinen Läden, die entschlossen nach innen blicken. Ich glaube, einen der großen Augenblicke des Canal Grande erlebt man dann, wenn man um die Ecke am Fischmarkt biegt und die Rialtobrücke genauso vor sich sieht, wie man sie sich sein Leben lang vorgestellt hat – eines der vertrautesten Bilder der Welt und eines der wenigen venezianischen Denkmäler, die die Eigenschaft wahrer Genialität besitzen.

Drei Jahrhunderte lang blieb sie die einzige Brücke über den Canal Grande. Noch 1848 konnten die Österreicher den Verkehr subversiver Elemente zwischen den beiden großen Teilen der Stadt unterbinden, indem sie einfach die Rialtobrücke sperrten. Dann wurden zwei Eisenkonstruktionen über den Wasserweg gespannt, die eine am Bahnhof, die andere an der Accademia-Galerie. Sie waren flach und sehr häßlich, und die Accademiabrücke wurde bisweilen halb ironisch, halb liebevoll *Ponte Inglese* genannt. Beide existierten bis in die dreißiger Jahre unseres Jahrhunderts hinein, als sie abgerissen werden mußten, weil die *vaporetti* größer geworden waren. Die neue Bahnhofsbrücke ist eine schöne Steinkonstruktion, bedeutend höher als die Rialtobrücke. Die neue Accademiabrücke weist die gleichen Maße auf, aber da es an Geld mangelte, wurde sie (nur vorläufig, wie man fröhlich sagte) aus geteertem Holz gebaut – eine Rückkehr zum ursprünglichen Baumaterial des venezianischen Brückenbaus.

Und jetzt kommt ein außergewöhnlicher Umstand: Es gibt nur diese beiden modernen Brücken über den Canal Grande, den glanzvollsten Wasserweg der Welt, und wenn man mit dem *vaporetto* zur Kirche San Maurizio fährt, zum Fenice-Theater hinübergeht, den Campo San Fantin überquert, an der ersten Ecke links abbiegt, dann an der dritten nach rechts, dann wieder der nächsten Gasse nach links folgt und an der Tür des dritten Hauses rechts klopft, wird aus einem Obergeschoßfenster prüfend eine lustige Haushälterin heraussehen, die Tür wird aufgehen, und wenn man zwei Treppen hinaufgestiegen ist, kann man Eugenio Miozzi die Hand schütteln, dem Architekten, der beide Brücken entworfen und gebaut hat – zwei der bedeutendsten Denkmäler, die ein Mensch unserer Zeit sich selbst errichtete.

Städtische Dienste

Die Venezianer haben in ihre an normalen Maßstäben gemessen unordentliche Stadt all den vielfältigen Zubehör modernen städtischen Lebens einfügen müssen. Die Industrie wurde im allgemeinen auf Armeslänge ferngehalten und in den Außenbezirken und auf dem Festland angesiedelt, aber innerhalb der eigentlichen Stadt wohnen doch mehrere hunderttausend Menschen, die zur Wahlurne gehen und ihre Steuern zahlen – und es ist entmutigend, wie oft der venezianische Steuereinnehmer seine Runde zu machen scheint und mit seinem Quittungsbuch durch die engen Gassen schlurft. Venedig braucht eine Polizei und eine Wasserversorgung, es muß beleuchtet und gereinigt werden wie jede andere Stadt, wobei man mit allen Methoden der Technik sich der seltsamen, altehrwürdigen Szenerie anzupassen sucht.Die alten Venezianer pflegten Regenwasser zu trinken, das durch Wasser aus dem Fluß Brenta ergänzt wurde. Es wurde in kunstvolle Zisternen geleitet und durch Sandfilter gereinigt: die mit Skulpturen verzierten Brunneneinfassungen, die man auf venezianischen Plätzen sieht, sind oft nur die Öffnungen großer unterirdischer Vorratstanks, die manchmal die ganze Fläche eines *campo* einnehmen. (Die Zisternen sind bisweilen noch voll Wasser und erhalten das mühsam kämpfende Grünzeug am Leben, das sich hartnäckig zwischen den Pflastersteinen hindurchzwängt.) Seit 1884 kommt das Trinkwasser durch eine Rohrleitung aus den artesischen Brunnen von Trebaseleghe auf dem Festland. Es wird in Reservoirs bei Sant'Andrea gespeichert und ist so gut, daß sogar Baedeker sich geneigt sah, es zu empfehlen. Während des Ersten Weltkrieges brach der Aquädukt unter der Erde an einer Stelle, und nur sofortige Instandsetzungsarbeiten, die man der Bevölkerung verheimlichte, vermochten eine Katastrophe abzuwenden. Heute ist die Versorgung auch bei Trockenheit ausreichend, und einige der öffentlichen Trinkbrunnen plätschern lustig den ganzen Tag.

Die elektrische Energie wandert, von ihren Quellen im Gebirge kommend, an Masten über die Lagune. Benzin trifft in Barken, Schiffen und Tankwagen ein – es gibt mehrere Tankstellen in Venedig, darunter eine bei San Marco und eine am Canal Grande. Der städtische Gaskessel ist diskret im Norden bei der Kirche San Francesco della Vigna versteckt, daß er nicht von spöttischen Touristenblicken getroffen werden kann. Der Schlachthof ist in der Nähe des Bahnhofs, das Vieh wird zweimal wöchentlich morgens vom Bahnhof hinübergetrieben, über den Schweinemetzgerplatz und durch die Schweinemetzgergasse, und das Wasser um das Gebäude herum ist blutig gefärbt. Die bekannteste Zeitung, der *Gazzettino*, hat einen herrlich verfallenen Palast hinter San Marco, und seine Rollen Zeitungspapier werden mit Lastkähnen herantransportiert (obwohl eines der Mailänder Abendblätter in der Stadt ein rassiges Expreßboot unterhält). Die Rundfunkstation teilt sich mit dem Stadtkasino in den großen Palazzo Vendramin, was zu einem interessanten Nebeneinander von schalldichten Wänden, dekorativen Kaminen, Spieltischen, Marmorsäulen, Hermelin und Jazz geführt hat.

Das Telefonamt ist in einem schönen Kloster in der Nähe von San Salvatore untergebracht. Das Gefängnis steht düster, von Markuslöwen bewacht, in dem unschönen Lagerhausviertel nahe den Parkhäusern, und wenn man an Besuchstagen vorbeigeht, kann man durch die offenen Türen hineinblicken und die armen Insassen ernst durch die Gitter mit ihren Frauen sprechen sehen. Irrenhaus, Isolierstation, Altersheim und Tuberkulose-Sanatorium sind alle auf Inseln der Lagune gelegen. Die Feuerwehr hat sich mit ihren alten roten, wachsam glänzenden Motorbooten unter einer schattigen Arkade in der Nähe der Ca'Foscari niedergelassen, wenige Meter vom Canal Grande entfernt an einem Seitenkanal; wenn Alarm gegeben wird, werden ihre Boote mit solcher Wucht losgelassen, daß eines einmal in der Hitze der Begeisterung bei einem falschen Rudermanöver in die Flanke eines Palastes stieß und dessen Ecke schief drückte. Die Milch wird mit Lastwagen vom Festland herübergebracht – obwohl es vor sechzig

Jahren außer der englischen Herde noch Kühe in Schuppen am Campo Angelo Raffaele und bei Santa Margherita gab – und mit Booten verteilt, so daß morgens im Dämmerlicht die Luft immer von einem leisen Flaschenklirren erfüllt ist. Das Konservatorium nennt einen großen Renaissancepalast an der Accademiabrücke sein eigen, von dem aus die nicht gerade elfenreinen Klänge seiner Blasinstrumente erbarmungslos über das Wasser wehen. Das Steueramt hat seine Zelte im Kloster von Santo Stefano aufgeschlagen, das schon immer ein Ort der Kontroverse war, denn hier soll Pordenone, der beauftragt worden war, eine Reihe von biblischen Szenen zu malen, bei der Arbeit Schwert und Schild getragen haben für den Fall, daß sein wütender Rivale Tizian zum Bogengang hereinstürmte.

Mehrere Arten von Polizei sorgen in Venedig für Sicherheit und Ordnung. Da sind die extravagant uniformierten *Carabinieri*, deren Gesichter zwischen den schräg sitzenden Hüten und den glänzenden Säbelgriffen oft verblüffend jung und leer sind. Da ist die staatliche Polizei in schmucklosem Alltagsgrau, die sich mit den Verbrechen befaßt. Da ist die städtische Polizei in kleidsamem Blau, die den Verkehr überwacht und oft in spielzeugkleinen Schnellbooten den Canal Grande auf und ab patroulliert. Man braucht keinen Führerschein in Venedig, aber das Fahrzeug muß registriert und versteuert sein, wenn es mehr als drei PS entwikkelt, und man muß die Erlaubnis haben, neben seiner Tür Anlegepfosten in den Kanal zu treiben, so daß die städtischen Polizisten einen großen Teil ihrer Zeit mit der Prüfung von Papieren und der Ausstellung von Bescheinigungen verbringen und im allgemeinen den Verkehr sich selbst überlassen. Die Einhaltung der strengen Bestimmungen, die man vor jeder besonderen Festlichkeit erläßt, wird auch zunächst sehr streng überwacht, aber schließlich geben sich die Polizisten der Feier des Tages hin, passen immer weniger auf und lassen zu guter Letzt die Festivalboote in herrlichem, aber manchmal unentwirrbarem Durcheinander dahinwirbeln.

Es gibt einige wenige Verkehrsschilder in Venedig, die den Bootsfahrer auf die Geschwindigkeitsbeschränkungen hinweisen. Ein vertrautes Schild kündigt die Kreuzung zweier Kanäle an. Es gibt sogar zwei Garnituren Verkehrsampeln, bei den Fremdenführern sehr beliebt. Der Neuling am Bootsruder – der Hausfrau aus dem Vorort gleich, die zum Einkaufen in die Stadt fährt – muß erst

Die Seufzerbrücke

in Erfahrung bringen, wo er ungestraft parken kann, was schwierig ist am Markusplatz, gefährlich an der Riva (wegen der Dünung), unmöglich auf dem Canal Grande, einfach in den armen, freundlichen, gutmütigen Bezirken zwischen der Rialtobrücke und den Fondamenta Nuove. Meistens werden die venezianischen Polizisten ihn jedoch unbehelligt lassen, und wie man mir sagte, sind sie als Schwiegersöhne sehr gesucht.

Bedeutend weniger Staat machen die Mülltonnenleute, die das natürliche, entleerende Abführmittel der Gezeiten durch eine Flotte von etwa zwanzig grauen Motorkähnen unterstützen. Unter der Republik bildeten die Männer von der Müllabfuhr eine einflußreiche Zunft, und eine Gedenkplatte wurde ihnen zu Ehren über der Tür von Sant'Andrea hinter den Parkhäusern angebracht. Sie waren in der Tat so mächtig, daß sie einst in ihrem Geschäft Familienmonopole errichteten, andere Leute für sich arbeiten ließen und zu Hause in aller Ruhe vom Gewinn lebten. Heute sind die Abfallmänner gewöhnlich nicht stolz auf ihren Beruf und lassen sich nicht gern bei der Arbeit fotografieren. Aber sehr schneidig und eindrucksvoll wirken sie dennoch, wenn ihre Kähne im Geleitzug in den Canal Grande hineinrauschen, beladen mit obskuren Gerätschaften, sirenenheulend, mit dröhnenden Motoren, gleich Kriegsschiffen eines fortschrittlichen, experimentellen Modells.

Die Müllabfuhrflotte wird, unter städtischem Vertrag, von einem Privatunternehmen betrieben. Eine kleine Armee uniformierter Männer sammelt mit Metallkarren allmorgendlich die Mülltonnen vor den Häusern Venedigs ein und bringt sie eilends durch enge Gassen zu einem Treffpunkt mit den Kähnen. Dort werden die Tonnen in einen Mechanismus eingepaßt, die Motoren rattern, der Abfall wird automatisch tief in den Schiffsraum hineinbefördert, und fort zockelt der Kahn, nicht schmutziger als ein Gemüseboot, nicht mehr Geruch verbreitend als ein Fischkarren. Ruskin bezeichnete Venedig sarkastisch als Stadt im Schlamm, aber sie ist auch eine Stadt auf dem Abfall, denn all dieser Kehricht wird zur Insel Sacca Fisola an der Westspitze von Giudecca gebracht und letztlich, gräßlich vermengt mit Sand, Schlick und Seetang, als Untergrund für künstlich gewonnenes Neuland benutzt.

Das Stadtkrankenhaus ist ein großes, weiträumiges Gebäude in der Nähe der Kirche San Zanipolo, die ehemalige Scuola di San Marco. Der Gang ins Krankenhaus ist somit ein seltsames Erlebnis, denn der Weg zu den Stationen führt durch eine der wunderlichsten Fassaden Venedigs hindurch, eine herrlich augentäuschende Schöpfung des 15. Jahrhunderts, voller Löwen, Groteskerien, Künstlertricks und Übereinanderschichtungen. Der Eingangsraum ist eine hohe dunkle Säulenhalle, und die Büros, Operationssäle und Krankenzimmer ziehen sich dahin wie ein Gehege bis zum fernen melancholischen Ufer der Fondamenta Nuove, von wo aus man unmittelbar zum Friedhof hinüberblickt. Wenn man auf dem Weg zur Poliklinik falsch abiegt, mag man auf einmal in dem berühmten Kapitelsaal der Großen Schule von Sankt Markus stehen, die jetzt eine medizinische Bibliothek ist. Der Raum besitzt die prunkvollste Decke, die ich je gesehen habe. Sollte man sterben, werden sie einen sofort in die alte Kirche San Lazzaro dei Mendicanti rollen, die jetzt ein Teil des Krankenhauses ist und nur zu Trauerfeiern geöffnet wird. Sie ist bemerkenswert zum einen wegen ihrer Atmosphäre eingewurzelter Verzweiflung, zum anderen wegen eines Monuments zum Gedenken an eine Persönlichkeit des 17. Jahrhunderts, so wuchtig dastehend, daß es den Chor der Kirche beherrscht und gleichzeitig die Blicke eines jeden auf sich zieht, der den Vorraum betritt. Und in einer gewölbten Bootseinfahrt unter dem Krankenhaus warten die Ambulanzfahrzeuge, starke blaue Motorboote, die, wenn sie schnell einen Kranken holen müssen, unter Sirenengeheul und erhaben-humanitärer Mißachtung der Verkehrsregeln über die Kanäle rasen.

Andere städtische Dienste können nicht völlig mechanisiert werden und haben Rituale und Konventionen bewahrt, die das Mittelalter ihnen überlieferte. Die Wasserkehrer zum Beispiel arbeiten noch in der alten Weise; sie löffeln auf dem Wasser treibenden Unrat in Körbe oder fahren, mit Netzen und Eimern bewaffnet, grimmig in Booten umehr: Der Mann, der unseren Seitenkanal reinigt, führt bei seinem Arbeitsgerät auch eine Flasche Wein mit sich – für den Fall, daß ihn sein Eifer plötzlich einmal im Stich lassen sollte, wie er mir einmal fröhlich erzählte. Auch der Postdienst hat sich im Laufe der Jahrhunderte nur langsam gewandelt. Das Hauptpostamt hat sich in dem riesigen Fondaco dei Tedeschi niedergelassen, ehedem Mittelpunkt der deutschen Kaufmannskolonie – es enthielt ihre Kontore, ihre Lagerräume, ihren Gottesdienstraum und sogar eine Herberge für durchreisende Händler. Dieses Gebäude war einst mit Fresken von Tizian und Giorgione geschmückt, nachdem diese beiden jungen Genies dort klugerweise geholfen hatten, ein Feuer zu löschen. Heute ist das Gebäude düster und von Echohall erfüllt, und fast hundert Briefträger in groben braunen Uniformen und Mützen verlassen es täglich, beladen mit Taschen und Mappen. Sie fahren mit dem *vaporetto* bis zu ihrem Zustellbezirk und gehen dann schnell von Haus zu Haus, wobei sie die Post in Körbe hineinlegen, die von den Obergeschoßfenstern an langen Seilen herunterhängen, und manchmal mit voller, vibrierender Baritonstimme einen Namen singen.

Seit dem 12. Jahrhundert ist die Stadt in sechs *sestieri* oder Bezirke eingeteilt: nördlich und östlich des Canal Grande liegen die *sestieri* Cannaregio, San Marco und Castello, südlich und westlich von ihnen San Polo, Santa Croce und Dorsoduro (zu dem Giudecca und die Insel San Giorgio Maggiore gehören). Innerhalb jeder einzelnen dieser Sektionen sind die Häuser fortlaufend numeriert, ohne Rücksicht auf Straßenecken, Kreuzungen oder Sackgassen. Der *sestiere* San Marco zum Beispiel beginnt mit Nr. 1 (Dogenpalast) und endet mit Nr. 5562 (neben der Rialtobrücke). Es gibt 29 254 Hausnummern in Venedig, und innerhalb der Grenzen des einzelnen Sektors ist die Numerierung unerbittlich. Durch alle plätschernden Spalten, durch die zahllosen Sackgassen und engen Höfe, über die Brücken, vorbei an Geschäften mit herabgelassenen Rolläden und durch die Bogengänge schreiten, kalt und leidenschaftlslos in ihrer schrecklichen Logik, die Hausnummern. Die Aufgabe des Briefträgers ist somit von barbarischer Einfachheit und Strenge: er fängt bei Nr. 1 an und macht weiter, bis er fertig ist.

Und weiter unten am Canal Grande, im stolzen Palazzo Corner della Regina, blüht und gedeiht der Monte di Pietà, die städtische Pfandleihe. Es kann keine taktvoller organisierte Institution geben als diese. Im Erdgeschoß freilich ist ein Verkaufsraum von einer gewissen lauten Betriebsamkeit, unsicher gemacht von scharfäugigen Profitlern und sprungbereiten Händlern, aber oben, wo man seine Schätze deponiert und sein Geld in Empfang nimmt, ist alles Schicklichkeit und Würde. Die Atmosphäre ist gedämpft. Die Schalter sind diskret und düster wie in einer altmodischen Bank. Die Angestellten sind höflich. Es hängt nichts von dem Geruch nach alten Kleidern, rostigem Schmuck und Verlegenheit in der

Luft, der eine englische Pfandleihe erfüllt. Der Monte di Pietà erinnert mich eher an ein bescheidenes, aber bedeutendes Wallstreet-Finanzhaus oder vielleicht an ein Institut für Wappenkunde.

Eine Pfandleihe ist jedoch eine Pfandleihe, wie liebevoll man sie auch verkleidet; und wenn man durch die Gasse neben diesem großen Gebäude schlendert, wird man oft den traurigen Leuten aus der Welt der Versetzer begegnen – gebrochenen alten Männern mit Säcken voller Krimskrams oder wuscheligen Frauen, die hoffnungsvoll dahineilen, den Rücken gekrümmt unter ihren Matratzen und wackeligen Nähtischen.

In Venedig stirbt jeder. Die Venezianer sterben im normalen Verlauf der Dinge, und die Besucher sterben, weil es zum guten Ton gehört. Im Mittelalter wurde die Bevölkerung periodisch durch die Pest dezimiert, die oft über die levantinischen Handelsrouten in die Stadt gebracht wurde und bei wiederholter Gelegenheit nur durch reichliche Opfergaben und Gebete aufgehalten werden konnte. Ungeheure Dosen von Teriaca vermochten der Pest nicht Schach zu bieten. Eine einzige Epidemie verringerte die Einwohnerzahl im 15. Jahrhundert um zwei Drittel: fast 50000 Menschen sollen in der Stadt selbst und weitere 94000 in den Lagunensiedlungen gestorben sein. So sehr setzten den alten Venezianern diese ständigen Schrecken zu, daß sie in Montpellier in Frankreich die Leiche des heiligen Rochus stahlen, der damals als der wirkungsvollste Streiter im Kampf gegen die bakteriellen Dämonen galt. Und sie errichteten fünf Kirchen zum Dank für die Beendigung von Pestepidemien – die Salute-Kirche, die Erlöser-Kirche (Redentore), San Rocco, San Sebastiano und San Giobbe (Hiob wurde in den Pestgegenden der adriatischen Küste kanonisiert wegen seiner Verwandtschaft mit leidenden Menschen.)

Manch kostbares Fresko ist verlorengegangen, weil die Venezianer eine Wand tünchten, um die Pestkeime zu töten, und der gesamte Fußboden der Kirche San Simeone Grande wurde einmal mühevoll neu gebaut und erhöht, weil unter seinen Fliesen Pestleichen lagen. Als Tizian im Jahre 1576 an der Pest starb, erhielt er als einziger der 70000 Opfer dieser einen Epidemie einen Begräbnisplatz in einer Kirche. Auch sind das durchaus noch keine »alten Geschichten«: Noch 1836 wurde in der Salute-Kirche eine Silberlampe angebracht zum Gedenken an das Ende einer Cholera-epidemie. Schreckliche Leidensszenen aber spielten sich ab – Hinablassen von Leichen aus den Fenstern direkt in Kähne, Massenbegräbnisse in der Lagune –, als die Cholera Venedig während der Revolution von 1848 angriff.

Auch die Malaria hat im Lauf der Jahrhunderte Tausende von Venezianern dahingerafft oder geschwächt, und sie kann erst jetzt mit Hilfe der neuen Chemikalien in Schach gehalten werden (die Stechfliegen treten im Spätsommer immer noch in verheerendem Maße auf), und der rauhe venezianische Winter mit seinen harschen Winden und ununterbrochenen Regenfällen war für zahllose kränkliche Pensionäre todbringend. Bei all seinen strahlenden Frühlingsidyllen ist das Klima heimtückisch – wenn auch heute ausgeglichen durch die relative Ruhe einer Stadt ohne Autos. Oft sind die Tage auf mysteriöse Weise niederdrückend und aufreizend, als ob die Traurigkeit Venedigs die Lüfte durchtränkt hätte; man erzählt sich, daß Eleonora Duse ihr Leben lang unter den trüben Stimmungen litt, die von diesen Augenblicken klimatischer Hoffnungslosigkeit hervorgerufen werden.

Die Fachleute sagen nun, daß Venedig ungewöhnlich gesund sei. Seine Geburtenzahl lag immer über dem italienischen Durchschnitt, die Zahl seiner Todesfälle darunter. »Der Luftdruck«, verkündet ein offizielles Mitteilungsblatt in taktvollstem Stil, »wird auf gleicher Höhe gehalten durch die Gleichförmigkeit seiner Schwankungen.« In einem anderen heißt es: »Bakterioskopische Laboratoriumstests haben bewiesen, daß das Wasser der Lagune selbstreinigende Kräfte besitzt.« Dennoch ist es eigenartig, wie oft ausländische Konsuln und Geistliche in Venedig bei Ausübung ihrer Pflicht gestorben sind und rühmende, verwitternde Epitaphe auf Inselgrabsteinen hinterlassen haben: und mancher zu Besuch weilende Große hat in Venedig seinen letzten Atemzug getan. Wagner starb in dem Palast, in dem jetzt das Winterkasino untergebracht ist. Browning verschied in der Ca'Rezzonico, an der die Stadtverwaltung sein berühmtes Reimpaar der Dankbarkeit gegenüber Italien anbringen ließ. Diaghilew starb hier und Baron Corvo, desgleichen Shelleys Töchterchen Clara, nach einer Reise von den Euganeischen Hügeln her, die durch den Umstand kompliziert worden war, daß Shelley die Pässe zu Hause gelassen hatte.

Im 14. Jahrhundert wurde ein Herzog von Norfolk, der nach einem Streit mit dem späteren Heinrich IV. aus England verbannt worden war, in der Basilika bestattet, bis ihn seine Nachkommen exhumierten und nach Hause brachten. In der Kirche San Zanipolo kann man noch das grandiose Grab von »Odoardo Windsor, Barone Inglese« sehen, der 1574 starb. John Law, der Finanzmann und Börsenschwindler, starb verarmt in Venedig und liegt in der Kirche San Moisè begraben. Sogar Dante starb an einem Fieber, das er sich während einer Reise nach Venedig zugezogen hatte. Die zornigen venezianischen Modernisten sagen gern, ihre Stadt sei zu einem Ort geworden, »zu dem die Leute kommen, um ihr Leben auszuhauchen«. Die vornehmen Nächstanwärter, durch so viele berühmte Vorgänger angeregt, warten nur noch auf ihren Tag.

Nichts ist typischer venezianisch als ein Trauerzug, wie er so erschreckend oft den Canal Grande hinuntergeleitet auf seinem Weg zum Inselfriedhof San Michele (zu dem, seit Napoleon es so bestimmte, alle Toten der Stadt gebracht werden). Es gibt mehrere Bestattungsinstitute, die diese düsteren Prozessionen organisieren und mit einer großen, aber schicklichen Auswahl von Trauerfahrzeugen aufwarten. Das teuerste ist ein geradbugiges, altmodisches Motorboot, das reich drapiert ist mit Braun, Schwarz und Gold und von einem unerschütterlich trauermienigen Bootsmann gesteuert wird. Als nächstes kommt eine Art Leichter, riesig, abweisend und mit Gold verschalt, einem schwimmenden Himmelbett ähnlich. An dritter Stelle rangiert eine kunstvoll vergoldete, von drei oder vier älteren Bootsleuten in schwarzen Baskenmützen geruderte Barke. Am Vorderteil dieses Fahrzeugs ist ein Löwe angebracht, der in ein Taschentuch weint, und am Heck jenes Wunder des Paradieses: ein bärtiger Engel. Und am billigsten ist eine einfach verkleidete Gondel, ein wenig schwärzer und schwerer als gewöhnlich, dem Anlaß entsprechend mit Tüchern behangen und von zwei Männern in unverkennbarer, wenn auch fadenscheiniger Trauerlivree gerudert. Fotografien dieser einzelnen Fahrzeuge sind in den Schaufenstern der Bestattungsunternehmen ausgestellt – und ich habe einmal mit angehört, wie ein kleiner Junge, der diese Bilder zusammen mit seiner Schwester betrachtete, plötzlich eine Bemerkung machte, die mir unheimlich doppelsinnig erschien: »Da! Da ist Papis Boot!«

Viel »Atmosphäre« hat ein Winterbegräbnis in Venedig. Eine Art Karren ähnlich einem Krankenhauswagen bringt den Sarg zum Kai, der Priester zittert in seinem vom Wind gezausten Chorrock, die trauernden Hinterbliebenen sind verzweifelt eingemummt. Und da eilt das schwerfällige Totenboot auch schon den Canal Grande hinunter, hoch aufragend und feierlich, hier von Blumen, dort von Gold leuchtend, hinterdrein ein kleiner Troß von Trauergondeln. Die Prozession hält sich dicht am Ufer, im Schatten der hohen, altersschwachen Paläste (die selbst graue Symbole des Grabes sein könnten) und verschwindet dann langsam in der Ferne, jenseits des letzten Kanals.

Nicht immer sieht der Zug genauso schicklich aus, wenn er in San Michele eintrifft, denn dieser Friedhof nimmt immer noch die Toten von ganz Venedig auf, und oft treffen zwei, drei Trauerprozessionen gleichzeitig am Landungssteg ein. Dann entsteht eine angsterregende Ansammlung von Messinggerät, ein Gewirr von Federbüschen; Motorboote bocken und heulen auf, Gondolieri stemmen ihre Ruder in die Klampen, Barken zerren am Ufer, die Trauernden geraten durcheinander. Das ist dann eine Beerdigungsstockung. Ich beobachtete einmal an einem hellen Sommermorgen einen solchen Wirrwarr, in den eine Trauergondel mit Regattaambitionen zwangsweise hineintorpediert wurde von einem Motorboot, das flott das Seil schlippen ließ, als der Schleppzug vor der Landungsbrücke von San Michele anlangte; dem Trauergefolge stockte der Atem, als dieses blumenbedeckte Leichenboot an seinen Gondeln vorbeischoß, um mit elegantem Schwung am Kai anzulegen.

Wenn man erst einmal an Land ist, gibt es solche Ungelegenheiten nicht mehr, denn der Betrieb auf dem Friedhof funktioniert mit berufsmäßiger Reibungslosigkeit, und der Beerdigungsleiter steht in so stolzer Haltung auf seinem Totenacker wie nur je ein gottgleicher Kreuzerkapitän auf seiner Kommandobrücke. Die Kirche an der Ecke der Insel ist wunderbar kühl, streng und bleich; sie wird von leise umherhuschenden Franziskanern betreut. Paolo Sarpi liegt an ihrem Eingang begraben, und die Österreicher benutzten einst das dazugehörige Kloster als Haftanstalt für politische Gefangene. Der Friedhof selbst ist groß und still und gleicht einer Reihe riesiger Gärten, übersät mit Zypressen und gräßlichen Monumenten. Vor noch nicht langer Zeit bestand er aus zwei getrennten Inseln, San Michele und San Cirstoforo, aber heute sind die beiden Teile künstlich aneinandergefügt, und die ganze Fläche weist Hunderttausende von Gräbern auf – von denen einige mit Kuppeln, Skulpturen und schmiedeeisernen Türen verschwenderisch verziert und andere in hohen, modernen Terrassen angelegt sind wie Karteikästen. Der Blick fällt auf eine rührende kleine Reihe von Kindergräbern, und um das Kloster herum, am Eingang, liegen viele alte Venezianer von Rang und Würden begraben, mit kunstreichen Inschriften auf großen Steinplatten (von denen viele verunstaltet sind durch daraufgekritzelte Signaturen und Unzüchtigkeiten).

Der Totenkult ist bei den Venezianern noch mächtig, und ein ständiger Strom von Besuchern bewegt sich stumm zwischen den Gräbern hindurch oder steht in Nachdenken versunken zwischen den schönen Blumenbeeten. Viele der prunkvolleren, bereits mit Inschriften und Gittern versehenen Gräber sind noch nicht belegt, sondern warten auf einen Todesfall in der Familie. Andere sind so geräumig, so gut gebaut und gut besucht, daß sie eher alpdruckhaften Sommerhäusern als Gräbern gleichen und mich an die gastlichen Mausoleen in Kairos Totenstadt erinnern. In vielen anderen hängen nach italienischer Sitte Bilder der Verstorbenen und lassen sie fast wie blankpolierte, marmorne Sitzungssäle erscheinen, die auf die beschlußfähige Anzahl von Ausschußmitgliedern warten.

Alljährlich pilgern Ballettliebhaber zu Diaghilews bescheidenem Grab, und ein zunehmendes Rinnsal von Besuchern findet den Weg zu der obskuren, hoch oben auf einer Grabterrasse gelegenen letzten Ruhestätte von Frederick William Serafino Austin Lewis Mary Rolfe, »Baron Corvo«. Er starb, den Akten des britischen Konsulats zufolge, im Oktober 1913 im Palazzo Marcello im Alter von 53 Jahren: Exzentrizität, Exzeß und Verderbtheit waren die absteigenden Stufen seines Lebens gewesen. Aber er weigerte sich, die Stadt jemals zu verlassen, gab einige unvergleichliche Beschreibungen von ihr, starb in Armut und Schande und wurde (charakteristischerweise) auf Kosten seines Bruders bestattet. Stumm liegt dieses Schattenheer dort unter den dunklen Bäumen von San Michele, und bei Nacht, so ließ ich mir sagen, flackert und zuckt, winzigen Geistern gleich, eine Milchstraße von kleinen Votivlämpchen auf zehntausend Gräbern.

An der Ostecke von San Michele ist ein alter protestantischer

Friedhof von ganz anderer Prägung. Er gleicht einem Kirchhof in Carolina, üppig, ungepflegt und überwuchert, beschattet von saftigen, knorrigen Bäumen mit Graspfaden und Generationen von herabgefallenem Laub. die meisten seiner Gräber sind unter Unkraut, Erde und Laub versteckt, und es ist lehrreich, durch diese ganze verführerische Wildnis zu gehen, hier und dort einen Grabstein freizuräumen oder durch das Dickicht nach einer Inschrift auszuspähen. Viele Schweizer und Deutsche ruhen in diesen Gräbern, auch britische Seeleute, die im Hafen von Venedig auf ihren Schiffen starben. Da liegt eine Engländerin mit ihrer Tochter, die beim Untergang einer Fähre vor dem Lido, kurz nach der Jahrhundertwende, umkamen; und man findet auch die Ruhestätten mehrerer Amerikaner mit Namen wie Horace, Lucy oder Harriet und die einiger Diplomaten, an deren schmuckreichen, doch beinahe unleserlichen Grabinschriften man eine Fülle von Adjektiven wie »edel gesinnt«, »vornehm«, »hochgeachtet«, »wohlangesehen« entziffern kann. Ebenso ruht hier ein längst vergessener englischer Romancier, G. P. R. James, dessen schriftstellerische Meriten, so wird uns ironisch versichert, »allbekannt sind, wo die englische Sprache gesprochen wird«; und schließlich begegnen wir dem Grab eines bedauernswerten Mr. Frank Stanier aus Staffordshire, dessen trauernde Hinterbliebene seiner mit den nicht unbedingt freundlichen Worten gedachten: »... hinterließ uns in Frieden am 2. Februar 1910«.

Die Marmorarbeiter, die in San Michele die phantasievollen Mausoleen errichteten, haben verständlicherweise den Kosten des Todes in Venedig gegenüber eine zynische Einstellung und sagen, daß nur die Reichen sorglos in ihren Gräbern ruhen. In der Tat haben sich die Venezianer die Unsterblichkeit bisweilen allerhand kosten lassen. Im 16. Jahrhundert bestimmte ein Patrizier in seinem Testament, daß seine Leiche von drei berühmten Ärzten in aromatischem Essig gewaschen, in mit Aloeessenz getränkte Leintücher gehüllt und in einen mit Zypressenholz verschalten Bleisarg gelegt werden sollte; auf dem Grabmonument waren die Tugenden des Verstorbenen in lateinischen Hexametern einzugravieren, und zwar in so großen Lettern, daß man sie mühelos aus acht Metern Entfernung lesen konnte; dem sollte sich eine Familiengeschichte in achthundert Versen hinzugesellen, die bei einem teuren Poeten in Auftrag gegeben worden war.

Auch sollten sieben Gedenkpsalmen verfaßt und von zwanzig Mönchen für alle Zeiten an jedem ersten Sonntag im Monat an seinem Grab gesungen werden. (Wer jedoch wissen will, wie Pietro Bernardos Testamentsvollstrecker diese Bestimmungen ausführten, der sehe sich das bourgeoise Monument an, das sie ihm tatsächlich in der Frari-Kirche errichteten, und erkundige sich, wie oft die Mönche heutzutage diese Psalmen singen.)

Auch bescheidenere Venezianer haben sich immer nach einer komfortablen Grabesruhe gesehnt. »Hier werden wir armen Venezianer endlich einmal Landbesitzer«, sagte eine Venezianerin zu W. D. Howells, als sie sich vor einem Jahrhundert dem Friedhof näherten; aber strenggenommen ist das nicht richtig. Zwölf Jahre lang liegen sie in Frieden in ihren Gräbern, aber dann, wenn ihre Verwandten nicht eine beträchtliche Verlängerungsgebühr zahlen, werden ihre Gebeine schnell exhumiert und in ein Gemeinschaftsgrab gelegt, und ihre kläglichen kleinen Grabsteine, Inschriften und Gedenkfotografien landen zersprungen und modernd auf einem Abfallhaufen. Bis vor wenigen Jahren wurden ihre Gebeine zu einer fernen Laguneninsel gebracht. Heute bleiben sie auf San Michele, und neues Land wird an der Ostseite der Insel gewonnen, damit noch für mehr Platz ist.

Dieses anonyme Los hat lange Zeit die Einstellung des Venezianers zum Tod gefärbt. Nichts dünkt ihn tragikomischer als das ganze Drum und Dran von San Michele. Nichts erregt seine zynischen Instinkte heftiger als der Preis der Ruhe nach dem Tode. »Hier kommen wir zu guter Letzt alle hin«, sagt der Gondoliere in einem venezianischen Epigramm, als er an San Michele vorüberfährt, »ob reich, ob arm« – doch die Erwiderung seines Fahrgasts ist typisch ungerührt: »Ja, hier kommen wir alle hin – aber bis dahin, mein Freund, vergiß das Rudern nicht.« Um eine Vorstellung davon zu bekommen, wie sehr der Gedanke an Gräber, Särge und Urnen sie beschäftigt, versuche man einmal, im Gespräch die Vorteile einer Bestattung auf hoher See zu erwähnen. »Im Wasser!« werden die Venezianer, die alten Seefahrer, ausrufen, »wo alle Fische und Krebse an einem herumknabbern können!« Und sie werden in ungläubigem Entsetzen die Hände überm Kopf zusammenschlagen, als ob man ihnen vorgeschlagen hätte, sich lebendig begraben und verbrennen zu lassen wie so viele Lieblingsmärtyrer der Stadt.

Tod und Venedig gehen Hand in Hand, wie Thomas Mann bewiesen hat. Doch seltsam ist, daß fast jeder sich an ein venezianisches Begräbnis erinnert und es mühelos in das Lebensschema der Stadt einzuordnen vermag, während venezianische Hochzeiten unbemerkt vonstatten gehen. Das war nicht immer so. Im 15. und 16. Jahrhundert waren die venezianischen Bräute in ganz Europa berühmt für die Pracht ihrer Kleider und den Prunk bei ihren Trauungen. Sie trugen auf dem Weg zum Altar das lang über den Rücken hinunterwallende Haar mit Goldfäden durchflochten. Auf dem Kopf trugen sie herrliche juwelenbesetzte Krönchen. Ihre Schultern waren bloß, und ihre wunderbaren, weitröckigen Kleider waren aus Seidendamast und Goldbrokat (falls es sich nicht um eine Witwe handelte, die einfarbig schwarz verschleiert und gekleidet sein und bei Glockenschlag Mitternacht getraut werden mußte).

Manchmal, wenn eine Prinzessin oder Millionärstochter in Venedig Hochzeit hält, finden auch heute noch spektakuläre Festlichkeiten statt, die den illustrierten Zeitschriften die Möglichkeit geben, blumige Bilder zu bringen. Aber im allgemeinen wird die Hochzeit – im Gegensatz zu den Flitterwochen – nicht als eine venezianische Einrichtung betrachtet, und sie tritt auch nur selten in der Folklore der Reiseführer auf. Venedig ist im Grunde keine heitere Stadt. Eine Gondelhochzeit kann jedoch eine reizende Zeremonie sein, wenn der Spitzenschleier der Braut über die Samtkissen hinausweht – der Gondoliere hat eine rote, gelbe oder rosenfarbene Tracht angelegt, die Blumen sind hermetisch in Zellophan eingeschlossen, der Bräutigam wirkt unbeschreiblich förmlich in seinem schwarzen Rock mit der gestreiften Hose, und die Hochzeitsgäste knattern in ihren Motorbooten hinterdrein.

Ich sah einmal eine solche Hochzeitsgesellschaft an einem frischen Frühlingsmorgen aus der Kirche Santa Maria Formosa herauskommen. Die Braut war sehr hübsch, der Bräutigam elegant; die Gäste waren vornehm, die Boote makellos; der Priester, der väterlich aus der Kirche hinausschritt, sah zugleich heiter und gottesfürchtig aus; die zufällig anwesenden Passanten, die mit ihren Einkaufstaschen wartend auf der Brücke standen, machten sichtlich erfreute Gesichter. Doch unmittelbar hinter der Hochzeitsgondel hatte ein plumpes, graues Müllabfuhrboot festgemacht, und sein Kapitän stand, die Arme in die Seite gestemmt, vierschrötig inmitten seines Abfalls. Als das Lilienparfüm ihn anwehte, war sein Gesichtsausdruck eine scharfe Mischung von Sarkasmus und Wohlwollen, und als die feine Gesellschaft den Kanal hinunterglitt in einem Geflatter von Atlas und rosa Bändern, warf er mit öligem Rumpeln seine Motoren an und machte sich fröhlich auf den Weg zum Empfang.

Alter

Die Gebäude Venedigs sind zum größeren Teil sehr alt und manchmal sehr baufällig, und seit Jahrhunderten geht die bekannte Vermutung um, daß Venedig eines Tages ganz unter den Wassern seiner Lagune verschwinden werde. Es wurde vor fünfzehnhundert Jahren aus dem Meer geboren, und mancher Schriftsteller und Künstler hatte den Eindruck, daß es, um seine Laufbahn ästhetisch abzurunden, nur wieder in die Salzfluten einzutauchen brauche, mit einem Gurgeln und einem leisen Seufzer. Tintoretto hat die Stadt auf einem berühmten Gemälde dargestellt, wie sie schließlich vor einer Flutwelle überrollt wird. Rose Macaulay plante kurz vor ihrem Tod einen Roman über den endgültigen Untergang Venedigs. »Geräuschlos und aufmerksam«, so sah Dickens das Wasser der Lagunenstadt, »ringsherum geschlungen ... in vielen Windungen wie eine alte Schlange: so wartet es auf die Zeit, da die Leute hinabsehen werden in seine Tiefe und Ausschau halten nach irgendeinem Stein der alten Stadt, die behauptet hatte, seine Herrin zu sein.«

Gewiß würde das Verschwinden Venedigs der Geschichte der Stadt eine herrliche Symmetrie der Form verleihen – aus dem Wasser geboren und endlich in seinen Schoß zurückgekehrt; man braucht nur eine Fahrt mit der Gondel zu machen, die verfallenen Fassaden rundum zu betrachten und das zähe Hochschlappen des Kanalwassers zu beobachten, um sich bewußt zu werden, wie gefährlich alt Venedig ist. Mancher Palast erscheint gedunsen und wackelig wie ein arthritischer Herzog in fadenscheinigem Hermelin, und mancher Turm sieht verblüffend schief aus. Das alte Gefängnisgebäude an der Riva steht deutlich aus dem Lot gebracht da, und bisweilen, im Rosenrot eines Sommersonnenuntergangs, will mir scheinen, als rutsche sogar der Dogenpalast an seiner Südwestecke ab. Venedig hängt in seiner Lebensdauer von der langen Kette künstlich befestigter Inseln ab, die die Lagune von der Adria trennen und die Seestürme von seiner empfindlichen Struktur fernhalten. Es führt das Leben einer pergamentenen reichen Witwe, die von den Dienern an der Tür bewacht wird.

Es ist auf weichen Schlammbänken erbaut (obwohl der Dogenpalast auf Lehmboden steht, dem festesten Teil des venezianischen Untergrundes). Es ruht auf einem umgekehrten Wald von Pfählen – 1156672 sollen die Salute-Kirche tragen –, so daß man sich nicht zu wundern braucht, wenn es ab und zu ein wenig schwabbelig zittert. Im Laufe der Jahrhunderte wurden seine hölzernen Fundamente wiederholt geschwächt, zum Teil durch die natürliche Korrosion des Salzwassers (der Salzgehalt der Adria bei Venedig ist der höchste in ganz Europa), zum Teil durch den Wellenschlag schwerer Schiffe, zum Teil durch das Ausbaggern der Kanäle, welches das Wasser zu einer Tiefe vordringen ließ, die von den alten Baumeistern nicht vorgesehen war. Des Kampfes gegen Alter, Wind und Korrosion müde, stirbt von Zeit zu Zeit irgendein altes Gebäude, aufrecht auf seinen Stelzen stehend, und löst sich in Schutt auf. Die venezianischen Chroniken sind voll von solchen Einstürzen, und alte Historiker vermerken nicht selten mit beneidenswerter Kaltblütigkeit den jähen Zerfall einer Kirche oder einer berühmten Brücke.

Insbesondere die venezianischen Campanile blicken auf eine lange Tradition des Sichzersetzens zurück, und einige von ihnen sehen heute endgültig zum Tode verurteilt aus. Santo Stefano, San Giorgio dei Greci, San Pietro di Castello – sie alle lehnen sich stark nach einer Seite, und wenn man ihnen zu Füßen steht und ein Ohr mit etwas Phantasie hat, kann man sie fast ächzen hören. Sogar der Turm von San Giorgio Maggiore, der erst 1790 vollendet wurde, steht nicht mehr senkrecht, wie man feststellen kann, wenn man auf die Lagune hinausfährt und ihnen neben den Campanile von San Marco »hält«. Die Campanile gehörten zu den ersten venezianischen Bauten, sie dienten ursprünglich sowohl als Ausguck wie als Glockenstühle und manchmal auch als Leuchttürme. Da die Turmmode nicht so schnell wechselt, blieben sie oft stehen, wenn die dazugehörenden Kirchen neu gebaut wurden, und stellen somit Denkmäler der frühen Architekturstile dar. Im 16. Jahrhundert gab es ihrer mehr als zweihundert – alte Drucke geben bisweilen die Stadt als einen ungeheuren Wald von Glokkentürmen wieder. Heute sind noch etwa 170 vorhanden, die übrigen sind eingestürzt.

Als der Turm der Kirche La Carità, die jetzt Teil der Accademia ist, im 18. Jahrhundert in den Canal Grande fiel, entstand eine solche Welle, daß eine Flotte von Gondeln auf einem benachbarten Ufer plötzlich auf dem Trockenen saß. Der alte Turm von San Giorgio Maggiore tötete bei seinem Einsturz 1774 einen Mönch und hinterließ, wie ein Beobachter vermerkte, »eine traurige Lücke in der Reihe der Wunder«. Der Campanile von Sant'Angelo fiel dreimal zusammen, ehe man ihn schließlich abriß. Der Campanile von Santa Ternita überlebte seine abgerissene Kirche und diente ein halbes Jahrhundert lang als einfaches Haus; aber er stürzte 1882 ein und begrub seine Bewohner zeitweilig unter den Trümmern. Der Turm von San Giorgio dei Greci steht schon von Baubeginn an schief und erweckt zumindest seit 1816 ernstliche Sorgen, als ein dringender Plan zu seiner Restaurierung ausgearbeitet wurde. Der Campanile von Santo Stefano stand nach einem Erdbeben im Jahre 1902 auf so unsicheren Füßen, daß man einen kleinen Ersatzglockenturm errichtete, der heute noch über den Dächern des Campo Santo Stefano zu sehen ist. Als der Campanile der Carmini-Kirche im Jahre 1756 vom Blitz getroffen wurde, läuteten die Mönche gerade die Glocken, rannten aber dann in solcher Eile davon, daß einer mit dem Kopf gegen die Wand stieß und starb. Mindestens sieben Campanile sind dann und wann gerade noch rechtzeitig vor dem drohenden Einsturz abgerissen worden. Vor der Kirche Santa Maria Zobenigo steht das rechteckige Gebäude einer Reiseagentur, Stumpf eines unvollendeten Campaniles, der einen unsicheren Vorgänger ersetzen sollte, aber mangels Mittel nicht fertiggestellt werden konnte. Erdbeben, Blitzschlag und heftiger Sturm haben zusammen den venezianischen Campanilen zu schaffen gemacht; schlammiger Untergrund, Pflanzenwuchs zwischen dem Mauerwerk, unterirdisches Wasser, ungenügende Fundamentierung und minderwertige Bausteine bedrohen gemeinsam ihre Sicherheit. Für Glockentürme ist Venedig ein gefährliches Pflaster.

Als der berühmteste von allen einstürzte, trauerte die ganze Welt. Am Canal Grande, nahe San Marcuola, ist eine *Traghetto*-Station, deren Mitglieder schon früher der Leidenschaft frönten, bestimmte Ereignisse in unregelmäßiger Schrift an der Wand festzuhalten. Fahrpreisänderungen sind dort vermerkt und die Zahl der Dienststunden, und zwischen mehreren fast unleserlichen Inschriften tritt eine deutlich hervor. *14 Luglio 1902* (heißt es da im Dialekt) *Ore 9.55 Cadeva La Torre di S. Marco* – »Am 14. Juli 1902, fünf Minuten vor zehn Uhr morgens, stürzte der Turm von San Marco ein.« Nichts in ihrer ganzen Geschichte scheint die Venezianer tiefer getroffen zu haben, und noch heute wird man vom Verschwinden des alten Campanile, des ersten Symbols und Wahrzeichens Venedigs, nicht weniger sprechen hören als vom Sturz der Republik.

Der Bau wurde, wie die Überlieferung berichtet, am Sankt-Markus-Tag, dem 25. April 912, begonnen. Die Spitze war einmal mit Messing verkleidet, um als ständiges Leuchtfeuer bei Tage zu dienen, und ihr Lichtstrahl konnte auf fast vierzig Kilometer Entfernung wahrgenommen werden. Warnfackeln wurden auch in der Glockenstube entzündet, und während der Kriege gegen die Genuesen stellte man oben fünf Kanonen auf. Zahllose große Expeditionen wurden von den Glocken des Campanile bei der Heimkehr willkommen geheißen. Dutzende von Verbrechern starben beim langsamen Schlag des *Maleficio*, der Glocke des bösen Omens. Im Glockenstuhl demonstrierte Galilei dem Dogen seine neuerste Erfindung, das Teleskop, und von der darunterliegenden Plattform aus erblickte Goethe zum erstenmal das Meer. Seit dem 17. Jahrhundert war der sich drehende vergoldete Engel auf der Spitze der Hauptwetterhahn Venedigs.

Nichts auf Erden schien stärker und standhafter zu sein als der Campanile von San Marco. Man hatte, so erwähnte ein Reiseführer des 18. Jahrhunderts, »nie das geringste Anzeichen des Neigens, Schwankens oder Absinkens an ihm bemerkt«. Er war so sehr Teil von Venedig, hatte so viele Jahre wechselvollen Schicksals mitangesehen, daß er von ewiger Dauer zu sein schien und die Leute ihn mit fast gönnerhafter Zuneigung betrachteten und ihn den »Hauswirt« nannten. Einem verbreiteten Gerücht zufolge gingen die Fundamente des Turms bis tief unter das Pflaster der Piazza hinunter und griffen sternartig nach allen Richtungen aus; jeder Besucher Venedigs absolvierte die Besteigung des Campanile, ob es nun ein Kaiser war, der die Lagunenbefestigungen inspizierte, oder ein abgefallener Priester vom Festland, den man in seinem hölzernen Käfig außen an den Glockenstuhl hängte. All diese Jahre hindurch, einem zwar gut aufgelegten, aber etwas wackeligen alten Onkel gleich, verlor der Campanile jedoch insgeheim an Standfestigkeit. Er war wiederholt vom Blitz getroffen worden, da seine vergoldete Spitze Kalamitäten geradezu herausforderte – bereits 1793 erhielt er einen Blitzableiter, einen der ersten Europas. Er war in unüberlegter Weise restauriert worden, und man hatte einige voreilige strukturelle Veränderungen durchgeführt. Seine Steine waren durch Jahrhunderte von Salzwind und Luft halb pulverisiert worden. Seine Fundamente waren, wenn auch stark, doch bei weitem nicht so unverletzlich, wie es die Legende wissen wollte: obwohl der Turm 98,6 Meter hoch war, hatte man die Pfeiler, auf denen er ruhte, noch keine zwanzig Meter tief in den Grund getrieben.

So hatte sich denn an jenem Julimorgen dieser berühmte Turm, nachdem er von einem leisen Zittern befallen worden war, plötzlich geschüttelt und war dann langsam, fast lautlos zusammengestürzt. Man hatte die Katastrophe einige Tage vorher vorausgesehen: die mittäglichen Salutschüsse waren aus dem Programm der Stadt gestrichen worden, um eine Erschütterung des Bauwerks zu vermeiden, und sogar die Kapellen durften auf der Piazza nicht mehr spielen. Kurz nach Tagesanbruch war an jenem kritischen 14. Juli die Piazza abgesperrt worden, und die bekümmerten Venezianer versammelten sich in weitem Umkreis um den Platz, um auf das Ende zu warten. Als es dann kam, hieß es allgemein: *Il Campanile s' è stato galantuomo* – »Der Campanile hat sich als Edelmann erwiesen.« Keiner Menschenseele geschah etwas zuleide. Ein Schutthaufen bedeckte die Ecke der Piazza, und eine Staubwolke erhob sich hoch über die Stadt gleich einer leitenden Rauchsäule oder einem Leichentuch. Das einzige Opfer war eine getigerte Katze, die zur Erinnerung an Casanovas Hund den Namen Mélampyge getragen haben soll. Sie war aus der Turmwächterwohnung in Sicherheit gebracht worden, hatte sich aber unklugerweise wieder hineingeschlichen, um ihr Mahl zu beenden. Der Wetterhahnengel stürzte auf die Piazza hinunter und rollte vor das Tor der Basilika, und dies wurde allgemein als wundersames Omen dafür angesehen, daß der großen Kirche nichts geschehen würde. Und das war auch nicht der Fall: Einen großen Teil der Trümmer hielt die stumpfe Säule auf der südlichen Piazzetta auf, von der herab die Gesetze der Republik verkündet zu werden pflegten. Als der Staub sich gelegt hatte und das lose Mauerwerk zusammengesunken war, sah man unverletzt auf den Trümmern die *Marangona* liegen, die älteste Glocke von Venedig, die sechs Jahrhunderte lang die Leute zu ihren täglichen Pflichten gerufen hatte. Sogar ein halbes Dutzend Hemden, die die Frau des Wächters am Tag zuvor gebügelt hatte, wurden unter dem Schutt in so gut wie unberührtem Zustand aufgefunden.

In wenigen Augenblicken war alles vorüber, und nur eine Pyramide von zerbrochenen Steinen blieb übrig, als hätte es auf dem Platz eine Eruption gegeben. (Die Überreste wurden später in Kähne verladen und zusammen mit einem Lorbeertrauerkranz in der Adria versenkt.) Ich traf einmal einen Mann, der bei dieser melancholischen Begebenheit zugegen gewesen war und immer noch ein wenig von dem Schock betäubt zu sein schien. »Waren Sie nicht erstaunt, daß so etwas passieren konnte?« fragte ich ihn. »Na ja«, antwortete er nachdenklich, »eine Überraschung war es schon. Ich hatte den Campanile mein ganzes Leben gekannt, wie einen Freund, und ich hatte nie damit gerechnet, daß er tatsächlich einstürzen könnte.«

Die Nachricht vom Tode dieses alten Adligen ging traurig um die ganze Erde. Die Silhouette von Venedig, eines der vertrautesten Bilder der Welt, hatte eine dramatische Veränderung erfahren; sie sah jetzt seltsam flach und charakterlos aus wie ein Schiff ohne Masten. Der Stadtrat trat noch am selben Abend unter dem Vorsitz eines alten Patriziers zusammen, des Grafen Grimani, der seit über dreißig Jahren Bürgermeister der Stadt war; großartig aristokratisch war dann der Entschluß, den die Versammlung faßte. Es gab einige Venezianer, die einen Neubau des Turms für teurer hielten, als die Sache wert war, auch gab es andere, denen die Piazza ohne ihn besser gefiel. Der Rat schloß sich dieser Ansicht jedoch nicht an. Der Campanile sollte, so lautete seine Entscheidung, wieder aufgebaut werden »wie er war und wo er war«, und diese Redewendung erlangte für das venezianische Wesen Berühmtheit – *Com'era, dov'era*.

In vielen Ländern wurde Geld gespendet, Rom schickte seine besten Experten, und in neun Jahren war der Campanile wieder aufgebaut, modernisiert in der Struktur, sechshundert Tonnen leichter, aber äußerlich dem alten fast genau gleich. Die zersprungenen Glocken wurden in einer Gießerei auf der Insel Sant'Elena neu gegossen und vom Papst persönlich bezahlt – eben jenem Pius X., den wir ein halbes Jahrhundert später so triumphal nach Venedig zurückkehren sahen. Die Fundamente wurden durch tausend zusätzliche Pfähle verstärkt, die zertrümmerte kleine Loggia am Fuß des Turms wurde Stück für Stück wieder zusammengesetzt, desgleichen die Löwen und Figuren auf der Spitze. Die zerbrochenen Flügel des Engels wurden geschient. Am 25. April 1912, auf den Tag ein Jahrtausend nach der Grundsteinlegung des alten Campanile, fand die Einweihung des neuen Turms statt. Tausende von Tauben wurden aufgelassen, um die Nachricht in alle Städte Italiens zu tragen; beim Festbankett aber trugen sechs der Gäste jene geretteten Hemden, die neun Jahre zuvor mit so knapper Not noch hatten gebügelt werden können.

Trotz all dieser traurigen Präzedenzfälle bricht Venedig nun nicht gleich vor lauter Senilität zusammen. Zum einen haben Baumeister von Weitblick seine Paläste fest gebaut, und zum anderen bieten seine Fundamente im Schlamm zumindest den Vorteil einer gewissen Elastizität. Es ist erstaunlich, wie wenige seiner antiken Gebäude unbewohnbar sind und wie erfolgreich der alte Ort geflickt und gestützt werden kann, so wie eine runzlige Schönheit wiederholt verjüngt wird durch Schönheitsoperationen, Kosmetika und die Alchimie der Liebe.

Die städtischen Ingenieure können sich bei ihrer Arbeit auf keine anderswo gewonnenen Erfahrungen stützen: die Venezianer sind in dieser wie in manch anderer Beziehung auf sich allein gestellt. Ihre Methoden waren immer kühn und manchmal verblüffend. Schon 1688 gelang es einem einfallsreichen Ingenieur, den schiefen Turm der Carmini-Kirche wieder geradezurichten. Er bewerkstelligte dies, in dem er auf drei Seiten des Turms Löcher in das Mauerwerk bohrte, Holzkeile in die Löcher rammte und das Holz mit einer starken Säure auflöste. Der Turm senkte sich gerade in die so geschaffenen Hohlräume hinein. Man bestattete den Ingenieur später aus Dankbarkeit in der Kirche. In noch früherer Zeit, im Jahre 1445, versicherte ein Bologneser namens Aristoteles, den Turm von Sant'Angelo geraderichten zu können mittels einer nur ihm bekannten Methode (die das Ausgraben des Bodens unter der Basis des Campanile erforderte). Die Arbeit ging sehr kunstvoll vonstatten, der Turm wurde in der Tat geradegerichtet, aber schon einen Tag nach der Entfernung des Gerüsts stürzte das ganze Gebäude ein. Aristoteles floh in Schimpf und Schande nach Moskau, wo er einen Teil des Kreml baute. Im 19. Jahrhundert wurde der Dogenpalast auf technisch brillante Weise restauriert, wobei man einige der tragenden Säulen unter den Arkaden entfernte und durch stärkere Pfeiler ersetzte.

Heute wird mancher Glockenturm durch verborgene Streben und Stützen aufrecht gehalten, und einige Gebäude (wie etwa die ehemalige Kirche San Vitale) sind sichtbarlich mit eisernen Bändern geflickt. Wenn die Paläste Venedigs eine Stützung benötigen, werden sie durch Einspritzen von Beton in die Fundamente verstärkt, wie der Zahnarzt eine Füllung in einen faulenden, aber noch nützlichen Zahn drückt. Die Basilika steht unter ständiger Überwachung durch ihren eigenen fachärztlichen Betreuer, den jeweils letzten in der langen Reihe der Architekten von San Marco. Dieser gelehrte und seiner Aufgabe verschworene Mann kennt jeden Zoll an seiner Kirche und verbringt sein Leben damit, Mittel und Wege zu ersinnen, wie er sie verstärken kann, ohne ihre antiken Unregelmäßigkeiten zu zerstören. Er hat einen Stab von vierzig Männern unter sich, die das ganze Jahr beschäftigt sind, und eine Mosaikwerkstatt, in der zwölf geschickte Handwerker arbeiten. Er unternimmt ständig Experimente und hat insbesondere eine Methode der Ersetzung zerbrochener Mosaikstücke in der Decke mittels Durchstoßen des darüberliegenden Mauerwerks und Einfügen der kostbaren Fragmente von hinten entwickelt. Es gibt kein schöneres venezianisches Erlebnis, als zusammen mit Professor Forlati durch die dunkle Basilika zu wandern und die peinlich genaue, aber wagemutige Sorgfalt zu beobachten, mit der er das fast mythische Gebäude am Auseinanderfallen hindert. Die Ingenieure Venedigs sind wie die meisten Angehörigen seiner gelehrten Berufe eindrucksvolle Persönlichkeiten. Wir brauchen nicht daran zu zweifeln, daß sie die Stadt wenigstens noch manches lange Jahrhundert auf den Beinen halten werden.

Weniger gewiß ist, ob sie erreichen können, daß sie keine nassen Füße bekommt. Obwohl der Prozeß bedeutend weniger spektakulär ist, als die Jeremiaden glauben machen wollen, steht doch mehr oder weniger fest, daß Venedig langsam in die Lagune ein-

Campanile am Markusplatz, von der Lagune aus gesehen

Die Bronzemohren am Uhrenturm. Sie schlagen stündlich die Glocke

sinkt. Bei Flut ist, wie man vom Campanile aus feststellen kann, die Lagune zum größten Teil Wasser, aber bei Ebbe zeigt sie sich hauptsächlich als Schlamm – Goethe ist zweimal den Glockenturm hinaufgestiegen, um den Unterschied zu beobachten. Innerhalb ihrer großen Enklave vollziehen sich zwei geologische Entwicklungen: das Wasser steigt, und der Schlamm sinkt. Der Untergrund Venedigs ist abwechselnd hart und weich. Bis zu einer Tiefe von mehr als dreißig Metern besteht er gewöhnlich aus weichem Schlamm; dann kommt eine etwa drei Meter dicke Schicht guten, festen Lehms, und darunter folgen Schichten schwammigen Torfs, sandigen Lehms und wässerigen Sands. Das Absinken Venedigs wird offensichtlich durch die allmähliche Kompression des festen Lehms, der Grundlage der venezianischen Stabilität, verursacht; das Wasser wird hier wie anderwärts infolge des langsamen Abschmelzens des arktischen Eises hochgedrückt. Der Wasserspiegel steigt, erfährt man, in fünf Jahren um durchschnittlich gut zweieinhalb Zentimeter – das heißt, wie ich an einem regnerischen Nachmittag ausgerechnet habe, daß in genau 1806 Jahren die Azalee auf der Balustrade meiner Wohnung direkt vom Canal Grande bewässert wird oder daß, zeitlich aktueller, in rund hundert Jahren die meisten Straßen Venedigs unter Wasser stehen werden.

Das alles ist offenbar eine alte Geschichte. Es gibt viele Stellen in Venedig, an denen Säulen und Türeingänge, einst auf Bodenhöhe, jetzt ein gutes Stück darunter liegen – der Eingang der Basilika zum Beispiel lag ursprünglich auf gleicher Höhe mit der Piazza, während er jetzt zwei Stufen darunter liegt. Wenn die Arbeiter bei irgendwelchen Rohrverlegungen das Pflaster aufreißen, entdecken sie oft einen Meter tiefer die Spuren einer anderen Straße aus dem Mittelalter, als die Lagune noch seichter war. Heute kann man im Erdgeschoß eines Palastes am Canal Grande keine Damaststoffe mehr aufbewahren – die Feuchtigkeit hätte sie innerhalb einer Woche ruiniert. Die Überflutungen der Piazza sind ein neuzeitliches, durch das Steigen des Wassers verursachtes Vergnügen: Im Februar 1340 stieg das Wasser »drei Ellen höher, als man in Venedig jemals gehört hatte« – aber die Piazza blieb trocken. Die Säulen des Dogenpalastes sind oft als »plump« und »dick« bemängelt worden, aber sie waren einmal bedeutend eleganter und höher, ehe das Niveau der Piazza um sie herum angehoben werden mußte – fünf ältere Pflasterschichten liegen unterhalb der gegenwärtigen Ebene. In der ganzen Stadt kann man die Anzeichen für das Steigen des Wassers sehen: Säulen, die mehrfach erhöht wurden, steinerne Löwen, deren Barthaare von der Flut abgewaschen sind, Fäulnisstellen an hundert Palastwänden. Venedig hat oft die Röcke geschürzt, um nicht naß zu werden, aber das Wasser steigt unablässig weiter.

Es ist hauptsächlich ein natürliches Phänomen, aber es ist zum Teil auch vom Menschen herbeigeführt. Das Ausbaggern tiefer Einfahrtrinnen in der Lagune hat die Flutwelle verstärkt und das natürliche Gleichgewicht der Gewässer gestört. Das gleiche gilt für das Vertiefen der Kanäle innerhalb der Stadt und das ständige Entschlammen der Wasserwege. Die Umleitung der Flüsse, die früher durch die Lagune flossen, hat offenbar den Wasserspiegel eher erhöht als gesenkt. Erdbeben haben zum Hineinrutschen in die Schlammbänke beigetragen, ebenso aber verschiedene industrielle Tätigkeiten auf dem Festland und die Methangas- und Frischwasserbohrungen auf dem Grund der Lagune.

Seit der großen Flut von 1966, der schlimmsten im Gedächtnis der Lebenden, ist es der ganzen westlichen Welt ein Anliegen, Venedig vor dem Untergang zu retten, und wenn heute der Name der Stadt fällt, denken die meisten Leute sofort daran, daß sie versinken könnte. Restaurateure und Bauexperten aus einem Dutzend Länder haben Lösungsvorschläge für die Probleme der Stadt angeboten. Mit Wohltätigkeitsbällen, esoterischen Versteigerungen und unerträglich fashionablen Festen wurden Gelder aufgebracht, um zerbröckelnde Nasen venezianischer Statuen zu kitten, die verblaßten Farben Tizians und Tintorettos aufzufrischen und lepröse Paläste zu sanieren. Ein internationales Konklave von Hydrologen ist zu dem Schluß gelangt, Venedig könne durch den Bau von Schleusen an den Lagunenzugängen vor künftigen Überflutungen bewahrt werden. Zahlreiche Teams auswärtiger Restaurateure haben sich die Kirchen vorgenommen – Franzosen arbeiten an der Salute-Kirche, Engländer an Madonna del Orto, Deutsche an Santa Maria dei Miracoli, Amerikaner beinahe überall sonst. Unerwarteterweise nahmen sich beispielsweise Bürger von Los Angeles der bis dahin fast völlig übersehenen Kirche San Pietro di Castello an. Sogar der italienische Staat hat sich dazu verstanden, der Stadt einen bedeutenden Zuschuß zu gewähren, und die UNESCO ließ, wie gewohnt, einen dickleibigen Band mit Lösungsvorschlägen für alles und jedes erstellen. Niemand könnte behaupten, Venedig werde heute vernachlässigt. Mögen auch Kunst und Enthusiasmus sich der Stadt scheuer nahen als zu alten Zeiten, so hat doch der Geist der Ökologie sie sich ganz zu eigen gemacht.

Ich schreibe dies mit Verdruß. Da ich für künstlich am Leben erhaltene Städte nicht viel übrig habe und mich das Wort Ökologie, jede einzelne Silbe davon, mit tiefem Mißtrauen erfüllt, ahne ich, daß die Errettung Venedigs mehr Anlaß zum Kummer sein wird als die Gefährdung; aber in meinen rationalen Augenblicken erkenne ich doch, daß der Ratschlag, die Stadt versinken zu lassen – meine eigene Lösung für ihre Beschwernisse –, doch zu radikal wäre, als daß man ihm folgen könnte. Venedig wird gerettet werden, man sei unbesorgt; nur in selbstsüchtigen Träumereien sehe ich es noch seinem ihm offensichtlich zugedachten Schicksal gehorchen, schließlich von den Wassern bedeckt, denen es vermählt war. Dann sehe ich Venedigs vergoldete Kuppeln und Säulen aus dem flüssigen Grün matt glänzen und bei sehr niedrigem Wasserstand vielleicht den Engel an der Spitze des Campanile, wie er (denn er nimmt eine mahnende, beinahe zu ökologischer Buße aufrufende Haltung ein) mit dem goldenen Zeigefinger über die Schlammbänke weist.

Das Bestiarium

Jemand hat einmal aus der Hand der Republik einen hübschen Preis entgegengenommen für ein fein gedrechseltes Sonett, in dem von Venedigs göttlicher Gründung die Rede war. Ich persönlich muß in dieser Stadt (obwohl mich niemand dafür belohnt) immer wieder an die alte Geschichte von denen denken, die die Götter vernichten. Venedig benahm sich halb toll in den Jahrzehnten vor seinem Sturz und kreiselte durch seinen endlosen Karneval mit solcher Gedankenlosigkeit, daß ein stirnrunzelnder Beobachter einmal sagte: »Die Männer sind Frauen, die Frauen Männer, und allesamt sind Affen.« Die Massentollheit erreichte solche Höhen, daß man manchmal eine Mutter im Domino ihren Säugling stillen sah, der ebenfalls einen Domino trug. Heute ist Venedig eine relativ nüchterne Stadt, von den sich auffällig benehmenden Fremden abgesehen, die alljährlich im Sommer hereinströmen, doch ich glaube bisweilen zwischen seinen Gebäuden – den größenwahnsinnigen Palästen am Canal Grande, den dunklen kunstreichen Kirchen, den gewundenen Hintergassen – Samenkörner oder Dunghäufchen des Irrsinns zu sehen.

Man denke insbesondere an die Unzahl steingehauener Tiere, die diese Stadt zieren und stark zu ihrer Bizarrerie beitragen. Oft halten sich diese Figuren an die alte Tiersymbolik – der Hase steht für die Wollust, der Fuchs für die Schlauheit, der Pelikan für die Treue, das Lamm für die Gefügigkeit, der Kranich für die Wachsamkeit, die Spinne für die Geduld. Manchmal stellen sie Familienembleme dar – *riccio*, das Stachelschwein, repräsentiert das Haus Rizzo. Andere jedoch scheinen mit seltsamem, perversem Behagen Entartungen, Grausamkeiten, Schrecken und Grillen zu porträtieren. Es gibt keinen Zoo in Venedig, aber seine Wände schmückt eine tolle Menagerie, denn wohin man auch blickt, starren einen aus dem Mauerwerk heraus diese entfesselten Kreatueren an: Hunde, Krokodile, Vögel, Basilisken, Krebse, Schlangen, Kamele, Monstren der verschiedensten und gräßlichsten Art. Es gibt zahllose Adler, die aus Kienäpfeln gemacht zu sein scheinen. Es gibt einige sehr merkwürdige Dromedare (die venezianischen Künstler brachten keine Kamele zustande, und die zwei an der Fassade von San Moisè scheinen Schildkrötenköpfe zu haben). Auf einer Brunneneinfassung in Goldonis Haus sieht man ein mißgestaltetes Stachelschwein, in der Kirche Sant'Aponal steht ein schiefäugiger Ochse, und ein langhalsiger Phantasievogel späht kurzsichtig über das Rialtoende der Merceria.

Der größte Teil dieses monströsen Bestiariums scheint bösartiger Natur zu sein, von den gewundenen Drachen auf der Kino-Kirche Santa Margherita, die in grausigem Todeskampf ineinander verkrampft sind, bis zu den arroganten Hähnen in der Kirche San Donato auf Murano, die einen Fuchs kopfüber an einer Stange tragen, so wie man einen unglücklichen Grizzlybären in die Jagdhütte zurückbringen mag. Ein ganzer Säulenkopf in der Arkade des Dogenpalastes ist Tieren gewidmet, die gerade an ihrer Beute würgen – da ist ein Löwe mit einer Hirschkeule, ein Wolf mit einem zerdrückten Vogel, ein Fuchs mit einem Hahn, ein Greif mit einer Ratte, ein Bär mit einer Honigwabe. Die steinernen Tiere Venedigs scheinen alle zu beißen, zu reißen, zu ringen oder sich zu winden in einem Durcheinander von Gliedern, Zähnen, Haaren, Ohren und Speichel. Wenn man das Mosaik der Taufe Christi in der Taufkapelle der Basilika betrachtet, wird man entdecken, daß sogar der heilige Jordan von Schwertfischen verseucht ist. Nichts ist lieblicher als das Kleingetier auf venezianischen Gemälden, von Carpaccios lockigem Hündchen bis zu dem ironischen Affen von Tintorettos *Kreuzigung*, der hinter dem Kreuz traurig verwelkte Palmblätter kaut – doch die venezianischen Bildhauer versahen ihre Fauna mit einem paranoischen Zug, der an Stilgefühl und Originalität abnimmt, bis er schließlich seinen Tiefpunkt erreicht in dem gräßlichen, halb menschlichen, halb tierischen Kopf, der mit hervorquellenden Augen und heraushängender Zunge auf der Mauer von Santa Maria Formosa steht.

Eine ganz andere, sanftere Tollheit beseelt die steingehauenen Löwen Venedigs, die sich von all diesen Entartungen großartig abheben. Der Löwe wurde das Schutztier Venedigs, als Markus sein Schutzheiliger wurde, und tausend Jahre lang waren Löwe und Serenissima unzertrennlich, wie China und der Drache. Pope schrieb verächtlich von dem Venedig der Niedergangszeit als von einem Ort, wo

> ... Cupidos den Löwen der Tiefen reiten;
> Wo, frei von Flotten, die weite Adria
> Den weichen Eunuchen schaukelt und den verliebten Schäfer.

In früheren Zeiten waren dem Löwen ehrenvollere Rollen zugefallen. Er ritt aufrecht auf den Schnäbeln der venezianischen Kriegsgaleonen und flatterte auf den Bannern von San Marco. Seine Freundschaft mit dem heiligen Hiernonymus sicherte diesem alten Gelehrten einen hohen Rang in der venezianischen Hagiarchie. Er stand Wache neben Thronen und Palästen, blickte düster auf Gefangene herab, verlieh den Staatsdokumenten der Republik Echtheit. Sein Ausdruck wandelte sich mit seiner Funktion. In einer kroatischen Stadt wurde nach einem Aufstand gegen die venezianische Herrschaft ein sehr mißbilligender Löwe aufgestellt; die üblichen Worte in seinem aufgeschlagenen Buch: *Pax Tibi, Marce*, wurden ersetzt durch die Inschrift »Gott wird sich erheben und Seine Feinde zerstreuen«. In Zara, das sich siebenmal gegen Venedig erhob und 32 venezianischen Belagerungen widerstand, wurde, wie uns die Chronisten berichten, ein Löwe »mit einem grimmigen Gesichtsausdruck, mit einem geschlossenen Buch und einem zusammengerollten Schwanz wie eine zornige Schlange« aufgestellt. Auf einer Griechenlandkarte des 17. Jahrhunderts setzt ein Löwe zum Sprung auf die Türken an, mit ausgebreiteten Schwingen, ein Schwert in der Klaue und die Dogenmütze auf dem Kopf. Die Venezianer respektierten ihn so sehr, daß einige Patrizier sich sogar in ihren Gärten lebende Löwen hielten. Im 14. Jahrhundert berichtete ein Beobachter ganz erregt, daß das Löwenpaar in den Zoologischen Gärten am Becken von San Marco zwei gesunde Junge bekommen hatte: Sie wurden, wie die Pelikane im St. James' Park, auf Staatskosten gefüttert.

Ich werde den Verdacht nicht los, daß die alten Venezianer in puncto Löwen ein wenig den Verstand verloren, denn die Menge der steinernen Artgenossen dieses Raubtiers in Venedig wirkt fast unglaublich. Die Stadt wimmelt von Löwen: geflügelten Löwen und gewöhnlichen Löwen, großen Löwen und winzigen Löwen; Löwen an Türschwellen, Löwen zur Unterstützung der Fenster, Löwen auf Kragsteinen; selbstzufriedenen Löwen in Gärten, aufrecht stehenden Löwen, schläfrigen Löwen, freundlichen Löwen, wilden Löwen, gebrechlichen Löwen, lebensstrotzenden Löwen, toten Löwen, verwesenden Löwen; Löwen auf Schornsteinen, auf Blumentöpfen, Gartentoren, Wappenhelmen, Medaillons, Löwen im Gelaub lauernd, von Säulen herabbrüllend, Löwen auf Flaggen, Löwen auf Gräbern, Löwen auf Bildern, Löwen zu Füßen von Statuen; realistischen Löwen, symbolischen Löwen, heraldischen Löwen, archaischen Löwen, verstümmelten Löwen, chimärischen Löwen; Halblöwen, Superlöwen, Löwen mit überlangem Schwanz, gefiederten Löwen, Löwen mit Juwelenaugen, Marmorlöwen, Porphyrlöwen und einem echten Löwen von der Hand des unermüdlichen Longhi, nach dem Leben gezeichnet, wie der Künstler stolz bemerkt, und zu sehen zusammen mit seinen anderen Genrebildern in der Querini-Stampalia-Galerie. Es gibt griechische Löwen, gotische Löwen, byzantinische Löwen, ja sogar hethitische Löwen. Fünfundsiebzig Löwen stehen an der Porta della Carta, dem Haupteingang des Dogenpalastes. Ein geflügelter Löwe ist auf jeder eisernen Versicherungsmarke. Ein trauernder Löwe ist sogar am Fuße des Kreuzes zu sehen, auf einem Bild in der Scuola di San Marco.

Der gebieterischste Löwe ist das von Carpaccio gemalte geflügelte Raubtier im Dogenpalast, mit einer Mondblume neben den Vordertatzen und einem anderthalb Meter langen Schweif. Das häßlichste Löwenpaar liegt zu Füßen des Grabes eines französischen Botschafters in der Kirche San Giobbe; sie tragen Kronen auf dem Kopf, lassen die Zunge ein wenig heraushängen und stammen von dem französischen Bildhauer Perreau. Der dümmste Löwe steht in den Öffentlichen Gärten, nachdem man ihn von der Fassade der Accademia entfernt hat: Minerva reitet dieses alberne Tier im Damensitz, und auf ihrem Helm ist eine weitere anatomische Kuriosität: eine Eule mit Knien. Der unheimlichste Löwe ist der sogenannte Krebslöwe in einem dunklen Torbogen nahe der Kirche Sant' Aponal, der weniger einem Krebs ähnelt als einer Art gefiedertem Ghul. Der bescheidenste steht auf einer Säule von San Niccolò dei Mendicoli; er hält das Buch des heiligen Markus in den Tatzen, hat sich aber niemals erkühnt, Flügel zu beantragen. Der trotzigste steht auf einer Brücke in der Nähe von Santa Chiara, hinter den Parkhäusern, wo eine Reihe von Stufen modrig in den Kanal hinunterführt wie eine Dickenssche Treppe in den Schatten der London Bridge und dieses ungemütliche Tier einen anfunkelt wie ein finsteres Orakel.

Der mitleiderregendste Löwe ist ein schon älteres Exemplar auf der Palisade des Palazzo Franchetti neben der Accademiabrücke, der im Maul lustlos ein Schild mit der Inschrift *Labore* trägt. Der unterernährteste ist ein langer Löwe auf der Südfassade der Basilika, dem drei, vier Rippen grausam hervorstehen. Der glanzvollste ist der geflügelte Löwe auf der Säule der Piazzetta, dessen Augen aus Achat gemacht sind und dessen Beine beschädigt wurden, als Napoleon ihn nach Paris schaffen ließ, und dem man das heilige Buch fein säuberlich unter die Pranken schob, als er noch früher aus dem heidnischen Osten nach Venedig gebracht und aus einem wilden Basilisken in den Begleiter eines Heiligen verwandelt wurde.

Der unentschlossenste Löwe ist das Wesen zu Füßen der Manin-Statue auf dem Campo Manin, dessen Schöpfer sich offensichtlich nicht darüber im klaren war, ob solche Fleischfresser nun Haare oder Federn unter den Flügeln haben. (Von einem anderen mopsähnlichen Exemplar mit Fellschwingen sagt Ruskin: »In einigen anderen Punkten ist die Art seiner Skulptur nicht uninteressant.«)

Die senilsten Löwen sind die an der Dogana, die in mitleiderregender Weise die Zähne verlieren und sehr pensionsbedürftig aussehen. Die leidgeprüftesten sind die Porphyrlöwen auf der Piazzetta dei Leoncini, die Generationen von kleinen Venezianern als Ersatz für Reitpferde gedient haben. Die freimütigsten Löwen, diejenigen, denen am ehesten Erfolg beschieden sein wird, sind die beiden Tiere, die – das eine furchtlos, aber in Ketten, das andere frei und schrecklich adlig – unter dem schönen Reiterstandbild Victor Emmanuels auf der Riva degli Schiavoni kauern.

Der rätselhafteste ist der hagere, kahlköpfige Löwe vor den Toren des Arsenals, in dessen Rumpf nordische Runen eingeritzt sind. Der selbstbewußteste ist der neue Löwe vor der Marineschule bei Sant'Elena, der allen den Zugang verwehrt, die sich nicht auf eine ausdrückliche Genehmigung des Kommandanten berufen können. Der athletischste blickt an der Porta della Carta schräg am Dogen Foscari vorbei. Der drohendste duckt sich an der Fassade der Scuola di San Marco, die Tatzen vorgestreckt, bereit zum Sprung durch den marmornen Umkreis. Der vorwurfsvollste blickt vom Uhrturm der Piazza herunter, eher bekümmert als zornig, so, als ob er einen gerade unter den Arkaden beim Begehen einer leicht ehrenrührigen Handlung beobachtet hätte. Der lustigste – aber da wären Vergleiche gehässig, denn keiner der Löwen von Venedig ist durch und durch unangenehm.

Sie stellen ein wesentliches Element in der venezianischen Atmosphäre dar, das Element einer verrückten, aber liebevollen Zwangsvorstellung. Es ist kein Zufall, daß in der Mitte von Tintorettos riesigem Paradies, im Dogenpalast, der Löwe von Sankt Markus in zurückhaltender Behaglichkeit dasitzt, sich neben seinen Herrn und Meister hinkuschelnd inmitten der ringsum tobenden Raserei und, wie Mark Twain glaubte, mit dem heiligen Mann über die korrekte Schreibweise eines Adjektivs diskutiert.

Tierisch waren auch die Menschen von Venedig, wenn sie die Tollwut der Politik oder der Rache packte. Dem, der sich für Gruselstücke interessiert, hat Venedig viel zu bieten, denn hier lebt bis zum heutigen Tag der Geist des Melodramas in bahrtuchumhülltem Triumph fort, wenn man sich nur die Mühe macht, an den Tisch zu klopfen und ihn ausfindig zu machen. Den Menschen der frühviktorianischen Zeit war Venedig gleichbedeutend mit Tyrannei und Schrecken. Die lautlosen und schnellen Methoden der venezianischen Sicherheitsorgane unter dem Rat der Zehn und dem Rat der Drei machten ganz Europa frösteln und haben (jetzt, da wir vor der Schnur des Würgers sicher sind) einen genüßlichen Nachgeschmack des Erschauerns hinterlassen.

Sie gingen mit gespenstischer Heimlichkeit zu Werke, aber es gehörte auch zu ihrer Technik, sich mit einer Aura unaussprechlichen Horrors zu umgeben, so daß Montesquieu eines Tages im Scherz sagte, er werde »von den Dreien« beobachtet, am gleichen Morgen noch seine Koffer packte und Hals über Kopf nach Paris flüchtete. »Die Zehn schicken dich in die Folterkammer«, pflegten die Venezianer zu flüstern, »die Drei aber ins Grab«; dann bekreuzigten sie sich – eine fromme, aber nicht immer unfehlbare Anrufung höheren Schutzes. Sogar ausländische Botschaften waren dagegen nicht immun. Unter dem Dienstpersonal jedes Diplomatenhaushalts befanden sich wenigstens zwei Spione, und die Agenten der Drei durchsuchten das Haus jedes Geschäftsträgers nach Geheimgängen und verborgenen Räumen.

Staatsfeinde wurden rasch stranguliert, zwischen den beiden Säulen der Piazzetta enthauptet oder zwischen den oberen Säulen des Dogenpalasts erhängt (von denen zwei, wie die Überlieferung fälschlich berichtet, noch von Verräterblut befleckt sind). Manchmal wurden Übeltäter öffentlich gevierteilt und die einzelnen Körperteile auf den Schreinen der Lagune zur Schau gestellt. Zum letztenmal wurde diese Strafe im Jahre 1781 angewandt, und zwar im Falle eines gewissen Stefano Fantoni, der seiner Geliebten geholfen hatte, den Ehemann zu töten, seine Leiche zu zerstückeln und die Stücke in die Kanäle und Brunnen der Stadt zu streuen. Manchmal geschah das alles auch ohne Erklärung – dann bemerkten frühmorgendliche Passanten auf dem Weg zur Arbeit lediglich, daß, jede an einem Bein, zwei frische Leichen von einem zwischen Piazzattasäulen gespannten Seil herabhingen. Wenn ein Gesuchter aus Venedig floh, stöberten ihn gedungene Mörder mit fast unfehlbarer Sicherheit auf. Blieb der Betreffende aber in der Stadt, forderte er das Interesse der schrecklichen Folterknechte Venedigs heraus, der fortschrittlichsten und wissenschaftlichsten ihrer Zeit.

Die Verliese der *Piombi* (der Bleikeller oder Bodenkammern) und der *Pozzi* (der Brunnen) waren schon in ihren Tagen berüchtigt und erst recht, nachdem Casanova aus ihnen hatte entfliehen können – weil er, wie manche Leute glauben, in Wirklichkeit ein Geheimagent der Drei war. »Ich sehe, Herr« (sagt der Kerkermeister zu dem Abenteurer im berühmtesten Kapitel seiner Memoiren), »daß Ihr den Gebrauch dieses kleinen Instruments kennenlernen wollt. Wenn Ihre Exzellenzen anordnen, daß jemand erwürgt werden soll, wird der Verurteilte auf einen Stuhl gesetzt, mit dem Rücken gegen die Wand und diesem Kragen um den Hals; eine seidene Schnur geht durch die Löcher an den beiden Enden und führt über ein Rad; der Henker dreht dann nur an einer Kurbel, und der Mann gibt den Geist auf!«

Casanova hielt das für höchst einfallsreich, und eine gewisse Atmosphäre kapuzenverhüllten Einfallsreichtums lastet immer noch düster auf den Gefängnissen des Dogenpalasts, mögen die Touristen noch so eifrig an ihren Kaugummis kauen, während sie durch die Gucklöcher der Verliese spähen. (»Ihre Eintrittskarte berechtigt Sie auch zum Bersuch der *Verliese*«, sagt Mr. Grant Allen in seinem *Historical Guide* von 1898. »Ich wüßte keinen ausreichenden Grund anzugeben, weshalb Sie von dieser Möglichkeit Gebrauch machen sollten.«) Der Schrecken fließt im Blut Venedigs: nicht nur, weil die venezianischen Kerkermeister grausamer waren als die französischen oder englischen, nicht weil die *Pozzi* gräßlicher waren als die Zellen des Tower, die Ratten lauter oder die Stranguliermaschinen abgefeimter – sondern weil Venedig ein so kleines Fleckchen Erde war, weil seine Symbolismen so kompakt waren und der gesamte Apparat mittelalterlicher Autokratie, prächtig vergoldet und verschönt, in einem Umkreis von wenigen hundert Metern um den Dogenpalast Platz fand.

Die Venezianer von heute, durch dieses grausige Erbe konditioniert, haben einen Sinn fürs Makabre. Sie haben es aber gern authentisch und verschwenden nur wenig Zeit an müßigen Aberglauben, wie schauerlich er auch sei. Es stimmt, daß Alfred de Musset bei seinem verhängnisvollen Venedigbesuch mit George Sand, die ihm prompt mit einem hübschen jungen Arzt durchging, im Danieli das Zimmer 13 hatte (»Alfred war ein armseliger Liebhaber«, sagte Swinburne, »und George kein Gentleman«): Aber in Venedig kümmert man sich nicht um das Verschütten eines Salzfasses oder das Hindurchgehen unter Leitern – die einem, über die schmalen Fußwege hinweg aufgestellt, oft gar keine andere Wahl lassen. Es gibt wenig venezianische Gespenstergeschichten. Im Palazzo Contarini delle Figure, in der Nähe von Byrons Palast am Canal Grande gelegen, sollen Geister umgehen. Er gehörte im 15. Jahrhundert einem unverbesserlichen Verschwender, der eine reiche Frau heiratete und zuerst deren Ländereien, dann ihren Palast und schließlich sie selbst verspielte. Heute sollen in dem Palast seltsame Klopftöne und Geräusche sich öffnender Türen zu vernehmen sein, als ob gespenstische Pfandleiherboten ihr Unwesen trieben. Eine andere Geschichte verbindet sich mit der Kirche San Marcuola, deren Pfarrer, nachdem er leichtsinnigerweise von der Kanzel herunter verkündet hatte, daß er nicht an Gespenster glaube, sogleich von den Leichen auf seinem eigenen Kirchhof gepackt wurde, die ihn aus dem Bett zerrten und gehörig verprügelten.

Die bekannteste dieser Geschichten betrifft ein Haus mit dem Namen Casino degli Spiriti, das an einem rechteckigen Wasserarm im nördlichen Teil der Stadt steht und bis vor kurzem in einer einsamen, verlassenen Gegend lag. Dieses Haus blickt auf eine sehr bewegte Vergangenheit zurück. Es gehörte einmal, so erfährt man, einem Bonvivant von intellektuellem Geschmack, der es zum Mittelpunkt eines Künstler- und Literatenkreises machte und im Garten heitere Gesellschaften gab. Aber es steht am Weg der Trauerprozessionen nach San Michele und soll auch als Schauplatz für Leichenöffnungen gedient haben – die Leichen lagerten dort die Nacht über, ehe sie am Morgen zu ihren Gräbern gebracht wurden. Anderen Gerüchten zufolge war es einmal ein Schmugglermarkt, und die Schmuggler hätten es absichtlich mit ominösen Legenden umgeben, um Neugierige fernzuhalten. Was nun daran auch wahr ist, das Haus steht in einem unheimlichen Ruf, und seine Geistergeschichte, eine lange und ziemlich weitschweifige Angelegenheit, bezieht sich auf ein Dreiecksverhältnis, eine tote Kokette und ein besitzgieriges Phantom.

Sogar heute noch hat das Casino degli Spiriti, obwohl es nicht mehr in einsamer Gegend steht, etwas Spukhaftes an sich. Die einen wollen dort gespenstische Echolaute gehört haben, die anderen sagen, schon bei seinem Anblick auf der Landzunge beginne ihnen das Blut in den Adern zu grinnen. Die Legende von den Gespenstern ist verblaßt, und nur noch der Name besteht fort;

Die ehemalige Abtei San Gregorio

aber vor Jahren beraubten zwei schlimme Gondolieri, die bald darauf im Gefängnis schmachteten, eine Frau, ermordeten sie, zerstückelten die Leiche und taten sie in einen Sack, den sie nur wenige Meter von der Terrasse dieses unheimlichen, übelbeleumdeten Hauses entfernt ins Wasser fallen ließen.

Venedig bedarf kaum der Fabeln, um seinen Zug des Grausigen zu unterstreichen. In den Bildern und Skulpturen der Stadt ist für jeden Geschmack makabre Stimmung genug – da sind die realistischen Folterszenen seiner religiösen Gemälde, die Leichname, die abgetrennten Sehnen, zusammengeschrumpften Gliedmaßen und metallenen Totenmasken seiner zahllosen Reliquien, der rollende Kopf Goliaths in der Kirche San Rocco, die sich windenden Geister von Tizians *Jüngstem Gericht* in der Kirche Madonna dell'Orto (»röchelnd und nur halb geformten Anatomien anhaftend«, wie Ruskin sie mit Behagen sah, »die herumkriechen, sich aufrichten und zwischen dem fauligen Unkraut emporsteigen«). Da ist der Palazzo Erizzo, in der Nähe der Maddalena-Kirche, der von einem gewissenhaften Mitglied der Familie Erizzo mit Bildern ausgeschmückt wurde, die einen seiner illustren Ahnen zeigen, wie er bei lebendigem Leib von den Türken entzweigesägt wird. Da ist die erschreckende Figur der Kreuzigung, die einen aus einem Glaskabinett anblickt, wenn man die Wendeltreppe in der Kirche der Gesuiti hinaufsteigt. Da sind die geschwärzten, verstümmelten Statuen in der ausgebrannten Rosenkranzkapelle von San Zanipolo.

Auch auf den Straßen Venedigs leben alte Schrecken weiter. In den Straßen um die Kirche San Zaccaria herum wurden drei Dogen ermordet: Pietro Tradonico im Jahre 864, Vitale Michiele I. im Jahre 1102 und Vitale Michiele II. im Jahre 1172. Auf dem Campo San Polo wurde Lorenzino de'Medici, der selbst ein erfahrener Mörder war, von zwei gedungenen Schurken überfallen, als er aus der Kirche kam: sie hieben ihm mit einem Schwertstreich den Kopf entzwei. In der Nähe der Kirche Santa Fosca wurde Paolo Sarpi von zwei Mordbuben im Auftrag des Papstes erdolcht (einer von ihnen soll ein Schotte gewesen sein). In dem Glauben, er sei tot, ließen sie ihn liegen, mit einem Dolch im Wangenknochen; doch er genas auf wunderbare Weise und hängte den Dolch als Exvoto in seiner Klosterkirche auf, nachdem seine Ärzte ihn an einem Hund und einem Huhn ausprobiert hatten, um sich zu vergewissern, daß er auch nicht vergiftet war. Einmal ereignete sich ein Mord im Palazzo Vendramin, dem Stadtkasino. Während der Revolution von 1848 jagte eine Volksmenge einen österreichischen Marineoffizier die Wendeltreppe eines der Türme des Arsenals immer höher hinauf, bis man ihn, als er oben in die Enge getrieben war, mit einer Eisenstange tötete und die blutige Leiche wieder die Steinstufen hinunterklatschen ließ. In der Kirche der Misericordia wurde ein venezianischer Autor des 17. Jahrhunderts von einem Priester mittels einer vergifteten Hostie ermordet. Die zahllosen kleinen Schreine am Wegesrand, gewöhnlich an dunklen Straßenecken, wurden ursprünglich an den Stellen errichtet, an denen sich oft Straßenräuber herumtrieben – zum einen, weil die Kerzen die Ecke bei Nacht beleuchteten, zum anderen als Mahnung an das Gewissen der Verbrecher. Im 12. Jahrhundert verbot man in Venedig das Tragen falscher Bärte, weil so viele Mörder sich ihrer als Verkleidung bedienten. Es gibt sogar eine Mördergasse – Calle degli Assassini – in der Nähe von Santo Stefano, einer Kirche, die wegen wiederholter Bluttaten in ihren Mauern bei sechs verschiedenen Gelegenheiten geweiht wurde.

Es gibt viele venezianische Begräbnisplätze von morbider, düsterer Wirkung. In der Frari-Kirche kann man einen hölzernen Sarg von gröbstem Material sehen, der, auf eisernen Klammern ruhend, hoch oben an einer Wand neben dem rechten Querschiff hängt. Dieser Sarg, so heißt es, war für den unglücklichen Condottiere Carmagnola bestimmt, der im Jahre 1431 eine venezianische Armee in eine Niederlage hineinführte und, nach Venedig zurückgelockt, des Verrats angeklagt, gefoltert und enthauptet wurde. Seine Leiche ruht jedoch heute in Mailand, und der finstere Holzkasten, so hoch oben zwischen Staub und Schatten, enthält als grimmigen, aber dennoch ungenügenden Ersatz die Asche eines ermordeten venezianischen Adligen. Irgendwo in der Kirche Santo Stefano liegt ein anderer Feind Venedigs begraben, nämlich Novello Carrara von Padua, der 1406 im Kampf gefangengenommen und in aller Stille zusammen mit seinen beiden Söhnen im Dogenpalast ermordet wurde: Man bestattete ihn mit heuchlerischem Pomp in der Kirche gleich am Tag nach seiner Strangulierung, aber niemand kennt die Stelle seines Grabes – obwohl noch jahrhundertelang die Leute glaubten, die Initialen auf dem Grab eines harmlosen Kaufmannes namens Paolo Niccolò Tinti ständen in Wirklichkeit für Pro Norma Tyrannorum und zeigten die Ruhestätte des alten Granden an.

Auf San Michele liegt der französische Maler Léopold Robert begraben, der 1835 Selbstmord beging, auf den Tag genau zehn Jahre, nachdem sein Bruder auf die gleiche Weise aus dem Leben geschieden war. Sein Epitaph stammt von Lamartine und verkündet erhaben, den Selbstmord als *un accès de défaillance* bezeichnend, daß, »wo Michelangelo siegreich gewesen wäre, Léopold Robert unterlag«. In der Kirche San Francesco della Vigna ist ein Grab der Familie Barbaro, unter dem Ahnensymbol eines roten Kreises auf silbernem Feld: Dieses Wappen wurde den Barbaros verliehen als Anerkennung für die Verdienste Admiral Marco Barbaros, der im 12. Jahrhundert in einem Kampf einem Araber die Hand abhackte, dem armen Ungläubigen den Turban vom Kopf schnickte, mit dem blutenden Armstumpf einen Triumphkreis darauf zeichnete und das Tuch als Siegeszeichen vom Masttopp flattern ließ.

Unter den Sarkophagen der Säulenhalle des Museums für Naturgeschichte, im Fondaco dei Turchi, befindet sich einer, der weder Schmuck noch Inschrift aufweist. Er gehörte der Familie Faliero, einem der bedeutendsten venezianischen Geschlechter. Im Jahre 1355 wurde Marino Faliero, damals Doge von Venedig, des Verrats für schuldig befunden und auf den Stufen seines Palastes enthauptet (»Ihr seid verurteilt«, teilte ihm der Gerichtsbote in brüskem Ton mit, »innerhalb der nächsten Stunde den Kopf abgeschlagen zu bekommen«). Seine Leiche, mit dem Kopf zwischen den Füßen, wurde 24 Stunden lang öffentlich zur Schau gestellt und dann ohne Aufsehen mit dem Boot nach San Zanipolo gebracht, wo der Sarkophag der Falieros sich damals befand. Die Jahrhunderte vergingen, und im Jahre 1812 wurde das Gewölbe geöffnet, das die Leiche des entehrten Dogen freigab, mit dem Schädel noch zwischen den Beinknochen. Der Sarkophag wurde geleert, aus der Kirche geschafft und jahrelang vom Apotheker des Bürgerspitals um die Ecke als Wasserbehälter benutzt. Dann brachte man ihn aufs Land, wo er als Viehtrog diente. Jetzt steht er, groß und düster, unbeachtet neben den Wasserstufen des Museums, ohne Schädel, ohne Wappen, ohne Inschrift, aber behaftet mit traurigen Erinnerungen; was endlich aus dem Skelett des armen Dogen geworden ist, scheint niemand zu wissen.

Die in ihren Assoziationen schaurigste Erinnerungsstätte ist das Denkmal des venezianischen Admirals Marcantonio Bragadino, das im rechten Seitenschiff von San Zanipolo steht. Bragadino war ein hervorragender venezianischer Kommandant, der während der Kriege des 16. Jahrhunderts Famagusta auf der Insel Zypern gegen die Türken verteidigte. Er leistete tapferen und besonnenen Widerstand, mußte aber nach vielen Monaten der Belagerung kapitulieren. Der türkische Kommandeur bot ihm ehrenvolle Bedingungen an, und Bragadino verließ die Festung, um die Urkunde der Übergabe zu unterzeichnen, in der purpurnen Robe seines Amts, begleitet von den Offizieren seines Stabes und durch einen roten zeremoniellen Schirm gegen die Sonne geschützt. Der Pascha empfing sie auch zunächst höflich, sprang aber dann mitten in der Verhandlung von seinem Sitz auf, beschuldigte Bragadino der Grausamkeit gegenüber seinen Gefangenen und ließ die Offiziere des venezianischen Stabes auf der Stelle in Stücke hacken.

Bragadino selbst war ein noch schlimmeres Schicksal vorbehalten. Dreimal stand er kurz vor der Enthauptung, doch jedesmal erhielt der Henker, als besonderes Raffinement zur Verlängerung der seelischen Qualen, den Auftrag innezuhalten. Man schnitt ihm Nase und Ohren ab, verstümmelte seinen Körper, und zehn Tage lang wurde er mit Körben voll Erde beladen und zu den türkischen Befestigungen getrieben, wo er vor dem Pavillon des Paschas haltmachen und den Boden küssen mußte. Man hißte ihn am Rahnock eines Schiffes und ließ ihn stundenlang dort baumeln. Er wurde allen möglichen Arten entwürdigenden sadistischen Gespötts ausgesetzt. Schließlich wurde er auf den Hauptplatz der Stadt geführt, ausgezogen, an einen Pfahl gekettet und langsam in Gegenwart des Paschas bei lebendigem Leibe geschunden. Seine Haut stopfte man dann mit Stroh aus und führte sie, auf einer Kuh reitend und ironisch den roten Schirm darüber haltend, im Umzug durch die Straßen; als der Pascha schließlich siegreich zum Goldenen Horn zurücksegelte, hing diese grausige Trophäe schaukelnd vom Bugspriet seines Flaggschiffs herab.

Die Haut wurde als Siegeszeichen in das türkische Arsenal von Konstantinopel gebracht, aber Jahre später konnten die Venezianer sie erwerben, die einen sagen durch Kauf, die anderen durch Diebstahl. Sie war, wie uns mitgeteilt wird, noch so weich wie Seide, und man reinigte sie, segnete sie und legte sie in eine Urne.

Heute sieht eine Büste von Bragadino (nach dem, wenn auch sonst nichts, ein *vaporetto* genannt ist) gelassen von dem großen Denkmal der Kirche San Zanipolo herab. Über dem alten Recken ist ein sehr ins Detail gehendes, vom Alter und von den Schatten in gnädiges Dunkel gehülltes Fresko von seiner Schindung. Neben ihm starren zwei Löwen empfindungslos ins Kirchenschiff. Und genau über seinem Kopf kann man, wenn man scharf hinsieht, die kleine Steinurne erkennen, in der seine vergilbte, zernarbte Haut liegt, friedlich zusammengefaltet wie ein Taschentuch in einer Wäscheschublade.

Arabesken

An der Strada Nuova, auf dem Weg zum Bahnhof, ist ein kleiner Markt, auf dem ich bisweilen, an einen Pfosten gelehnt, mit geschlossenen Augen stehenbleibe. Ein angenehmer Marktgeruch steigt einem dann in die Nase, gewürzt mit Fisch, Pfeffer und einer Andeutung von Nelken; Holzschuhe klappern, schrille Stimmen verwirren sich, Röcke rauschen, Pfannen klappern, Hökerinnen und Standbesitzer preisen ihre Ware an; es knarrt von altem Holz, flappt von Planen, und manchmal bellt ein Hund oder kreischt eines der alten Marktweiber. Wenn ich dann so benommen an meinem Pfosten lehne und die Gedanken wandern lasse, verblaßt Venedig auf einmal um mich her, und ich bin auf irgendeinem staubumwölkten, fliegenumschwirrten bunten Markt des Vorderen Orients, in dem baufälligen *suk* von Amman, in den Basaren neben der Großen Moschee der Omaijaden, im fernen Sonnenschein von Damaskus. Ich höre fast das leise Blubbern einer Wasserpfeife im Kaffeehaus nebenan, und wenn ich die Augen einen Spalt breit öffne und die Straße entlang zum Turm der Apostoli-Kirche blicke, möchte ich schwören, daß ich dort oben den Muezzin sehe, wie er noch einen tiefen, gebieterischen Atemzug tut, ehe er uns zum Gebet ruft.

In Venedig beginnt der Osten, wie einem jeder vergoldete Basilisk erzählen kann. Als Marco Polo mit seinem Vater und seinem Onkel von seinen Reisen zurückkehrte, ging er stracks zu seinem Haus an der Rialtobrücke und klopfte an die Tür. Niemand erkannte ihn (er war zwanzig Jahre fortgewesen und hatte sich einen buschigen Bart wachsen lassen), und niemand glaubte die tollen Geschichten, die er von der Pracht Chinas zu berichten wußte – Geschichten, die so sehr mit Superlativen und Prahlereien durchsetzt waren, daß er den Spitznamen *Il Milione* erhielt. Er überzeugte sie jedoch bald, indem er plötzlich einen fabulösen Reichtum zur Schau stellte, Säcke mit Rubinen, Smaragden und Karfunkeln, Samtumhänge und Damastroben, wie man sie zuvor in Europa noch nicht gesehen hatte; seit diesem Tag stehen die Venezianer mit Haut und Haaren im Banne des Ostens. Sie sehen ihre Stadt gern als eine Brücke zwischen Okzident und Orient und erliegen periodisch erhabenen Träumen von einer Mittlerrolle zwischen den Farben, Religionen und Zielen von Ost und West.

Farbe, Intrige, Formalität, Gepränge, Ritual – alle diese östlichen Leidenschaften spiegeln sich seit langem im täglichen Leben Venedigs, geradeso wie seine Gebäude von orientalischen Schätzen angefüllt sind und seine Legenden nach Weihrauch riechen. Seine Geschichte ist unentwirrbar mit dem Osten verwoben, seit die ersten Venezianer eine ambivalente Verbindung mit den byzantinischen Kaisern eingingen. Reichtum und Stärke Venedigs gründeten sich auf den Osthandel, und es erhielt ein Handelsmonopol mit den Fabelländern, die jenseits der Levante lagen. Beute der verschiedensten Art floß aus dem Orient nach Venedig, um in funkelnden Haufen auf der Riva getürmt zu werden. Manchmal machten diese gestohlenen Kostbarkeiten seltsame Wandlungen durch – aus einem heidnischen Basilisken wurde ein venezinanischer Löwe, aus einem bösen Kaiser ein Doge. Die Pala d'Oro in der Basilika, die eine gedrängte Darstellung der aus Konstantinopel nach Venedig gebrachten Reichtümer vermittelt, enthielt (bis zu ihrer teilweisen Plünderung unter Napoleon) 1300 große Perlen, 400 Granate, 4 Topase, 2 Kameen und ungezählte Splitter von Gold, Silber und kostbarem Email. Die Juwelen waren poliert, aber nur *en cabochon* geschliffen, und der ganze Vorsatz war in 86 gleichermaßen herrliche Schichten und Sektionen unterteilt.

Auch viele orientalische Ideen haben Venedig geholfen, von geographischen Theorien bis zu dem Ventilationssystem, das den neuesten seiner Hotels Kühlung verschafft und unmittelbar verwandt ist mit den Windstürmen des Persischen Golfs. Sogar die orientalischen Völkerschaften selbst waren der Stadt vertraut. Im Jahre 1402 traf in Venedig eine Gesandtschaft des Priesters Johannes ein, des legendären Kaisers von Äthiopien, dessen Roben von Salamandern gewebt waren und nur in Feuer gewaschen wurden, dem 7 Könige, 60 Herzöge, 360 Adlige, 30 Erzbischöfe und 20 Bischöfe dienten, der von Melchior, Kaspar und Balthasar abstammte und an dessen gastlicher Tafel 30000 Gäste Platz fanden. Wenige Besucher wurden mehr geehrt als die japanisch-christlichen Gesandten, die im Jahre 1585 eintrafen und ausgiebig gefeiert wurden als mögliche Bundesgenossen im Kampf gegen die Ansprüche des Papstes. Eine der populärsten Gestalten Venedigs des 18. Jahrhunderts war der gute alte arabische Exzentriker, der in Turban und Sandalen durch die Straßen zu gehen, eine große Glocke zu läuten und jeden zum Glücklichsein aufzufordern pflegte. Noch in den zwanziger Jahren des 19. Jahrhunderts wimmelte es auf der Piazza von Arabern, Türken, Griechen und Armeniern, die Sorbet tranken, Eis lutschten oder sich in Opiumträume hinabsinken ließen.

Alles das kann man in Venedig noch spüren, denn der Geist der Stadt hat etwas Mandarinhaftes. Die hölzerne Accademiabrücke schwingt sich anmutig über den Canal Grande in einem deutlich erkennbaren fernöstlichen Muster (Motiv Brücke und Trauerweide), und manchmal zieht im Regen eine Reihe hopsender Schirme darüber hinweg, genau wie auf einem Hokusai-Druck. Die Bootsleute der Lagune, die im Heck ihrer Wasserjungferfahrzeuge stehen, scheinen oft über einen See aus Reispapier zu rudern, und wenn man an einem magischen Frühlingsmorgen von den Fondamenta Nuove aus die ferne weiße Linie der Alpen erblickt, möchte man fast erwarten, daß sich der Fudschijama persönlich zwischen seinen Nadelbäumen im Wasser spiegelt. Richtige japanische Fischdampfer treffen bisweilen in Venedig ein, von ihren Fischgründen im Atlantik kommend, und ihre kleine schwarzäugige Mannschaft in den abgetragenen blauen Drillichanzügen fügt sich mühelos dem vielgestaltigen Muster der Stadt ein. Ich begegne ab und zu einem chinesischen Diener in den Gassen hinter San Stae; ich habe nicht herausfinden können, wo er beschäftigt ist, aber er scheint immer eine delikat dampfende Schüssel mit einem weißen Tuch aufzutragen – zweifellos Peking-Ente oder gebratenen Fasan mit Kastanien.

Noch öfter jedoch begegnet man arabesken Andeutungen, denn als die Venezianer erst einmal China entdeckt hatten, handelten sie hauptsächlich mit den Völkern des Vorderen Orients. Die großen Handelsstraßen, die der Serenissima ihren Reichtum und ihre Macht sicherten, liefen, aus Turkestan und Persien, Afghanistan und Arabien kommend, in den Häfen der Levante zusammen, in denen die Venezianer ihre eigenen *khans* und Lagerhäuser unterhielten (einer der bedeutendsten ist noch zwischen den Basaren von Aleppo zu sehen). Die Kriege, in welche die Republik fast ständig verwickelt war, brachten ihre Soldaten wiederholt an moslemische Küsten, ob sie nun auf zynische Weise einen Kreuzzug unterstützten, auf einsamem Posten Europa gegen die Türken verteidigten oder, im letzten aller venezianischen Unternehmen, die Berberpiraten Nordafrikas im 18. Jahrhundert unschädlich machten – jene gefährlichen Mauren, die mit ihren Schiffen bis zum Bristolkanal fuhren und die bei den Engländern in so schwarzem Ruf standen, daß sogar arme Waliser nach ihnen Morris genannt wurden.

Arabische Lebensformen und Ideen beeinflußten die Venezianer sehr stark. Der große Bischofsthron in der Kirche San Pietro di Castello, auf dem der Überlieferung zufolge Petrus in Antiochia gesessen hat, weist einen eingeschnitzten Spruch aus dem Koran auf, und man kann, wenn man scharf hinsieht, arabische Lettern sogar an einer Säule an der Fassade der Basilika selbst erkennen. Einige venezianische Dialektworte stammen aus dem Arabischen, und einige arabische Worte sind auf dem Weg über die venezianische Zwischenstation zu uns gekommen: *dar es sinaa* (Haus der Kunst) = *arzena* = *arsenale* = Arsenal; *sikka* (Würfel) = *zecca* (Münzanstalt) = *zecchino* (eine Münze) = Zechine. Die Venezianer haben in der Navigationskunst vieles von den Arabern gelernt, und ihre Architekten teilten sich mit den großen islamischen Baumeistern in das gemeinsame Erbe von Byzanz, so daß San Marco und der Felsendom, wenn auch nicht gerade Brüder, so doch zumindest entfernte, durch die Umstände entfremdete Vettern sind.

Trotz all dieser Berührungspunkte dachten die Venezianer hauptsächlich an die Moslems, wenn sie von »Heiden« sprachen, und meistens wurden seltsame Ausländer ganz einfach als Mauren charakterisiert, dunkle, heidnische, muskulöse Leute, die man als Sklaven ausbeutete oder als Bösewichter schikanierte. Niemand weiß, wer die vier kleinen porphyrnen Ritter sind, die in der Haltung herzlicher Umarmung vor dem Haupteingang des Dogenpalastes stehen, aber die venezianische Volkslegende hat sich schon sehr früh dafür entschieden, daß sie eine Gruppe böser Mauren darstellen sollen, die man beim Versuch der Plünderung des Markusschatzes faßte. Vier reizende rätselhafte Figuren auf einem *campo* in der Nähe der Kirche Madonna dell'Orto sind schon so lange als Mauren bekannt, daß der Platz nach ihnen genannt ist (obwohl die eine an der Ecke mit der eisernen Nase Signor Antonio Rioba ist, einst eine düstere, später eine komische Gestalt; es war ein beliebter Scherz, uneingeweihte Botenjungen mit Aufträgen zu diesem Herrn zu schicken).

Zwei wunderbare Mauren, sechs Meter hoch und schweißglänzend, stützen das Denkmal des Dogen Giovanni Pesaro in der Frari-Kirche; die weißen Augen quellen ihnen hervor, und die Rücken sind vor Anstrengung gebeugt. Zwei andere schlagen mit überraschender Zartheit die Stunde auf der Spitze des Uhrturms auf der Piazza; sie haben zwar einmal unabsichtlich einen Arbeiter getroffen, der hinterstürzte und sich das Genick brach, aber nach all den Jahrhunderten des Hämmerns haben sie der Oberfläche der Glocke nur eine bescheidene Kerbe geschlagen. Der eigenartigste von allen steingehauenen Mauren treibt, gekrümmt und einbeinig, an der Wand des Palazzo Mastelli ein widerwilliges Kamel an. Wenn ein kleines Kind für den Beruf des Gondoliere bestimmt war, schraubte ihm sein Pate früher einen Amethyst in der Form eines Mohrenkopfes ins Ohr, und bis zum heutigen Tag scheint die Hälfte der vornehmen vorderen Eingangstüren dicklippige Neger als Türknäufe zu haben.

Das klassische venezianische Andenken in den besten Tagen der Großen Tour war einer jener kleinen schwarzen Pagen aus Holz, in Schärpe und Turban, die man bisweilen neben den Türen gewisser englischer Antiquitätenläden sieht, gleich den Indianern vor amerikanischen Tabakgeschäften: Sie erinnerten an die Tage, da die Venezianer lebende schwarze Sklaven zur Verfügung hatten, die sie erst durch hölzerne ersetzten, als der Sklavenhandel abflaute.

Die Venezianer scheint Shakespeares Gestaltung des Othello immer ein wenig zu kränken; sie heben gern hervor, daß das alles auf einem Mißverständnis beruhe und der Prinz gar kein Maure oder Mohr gewesen sei, sondern ein venezianischer Edelmann namens Moro, der aus der Morea stammte – und dessen Standbild, in glänzender und sehr christlicher Rüstung, immer noch an der Ecke seines Palastes am Campo dei Carmini steht, wie sie hinzufügen. Aber trotz einiger starker Vorurteile gibt es keine Schranke der Hautfarbe bei den Venezianern. Als die Türken die Erlaubnis erhielten, sich ihr nationales Lagerhaus (den Fondaco dei Turchi) am Canal Grande einzurichten, wurden strenge Grenzen um das Gebäude gezogen – Frauen und Kinder durften es überhaupt nicht betreten. Aber sogar im 15. Jahrhundert wurde ein Jüngling aus vornehmster Familie ein Jahr lang in die *Pozzi* gesteckt, weil er die Ehre eines schwarzen Sklavenmädchens verletzt hatte.

Zahlreich und ergötzlich sind die Andeutungen des Islams in Venedig – obwohl sie freilich manchmal älter sind als der Islam selbst und direkt aus Konstantinopel kamen in den Tagen, bevor die arabischen Heerscharen aus ihren Wüsten hervorbrachen. Da sind die alten eisernen Fenstergitter und die kühlen, schattigen Höfe der Stadt; die arabischen Schoner, schlanke, romantische Schiffe, die man bisweilen auf den Bootswerften von Giudecca sieht; die Schuster, Brille vorn auf der Nasenspitze, und die sehnigen bloßarmigen Kupferschmiede zwischen ihren Löwen und Seepferden; der dunkle kleine Arbeitsraum in der Nähe von San Polo, wo die Mädchen im Türkensitz Daunendecken stopfen; die kleinen Hohlräume in den Hauswänden, die als Kühlbehälter dienen; die an Beduinenteppiche erinnernden, in fröhlichen Streifen gehaltenen Matten, die in den Fenstern der ärmeren Tuchhändler hängen; die kleinen Siedlungshäuser auf Giudecca, wie Strandhäuschen in Beirut, und die großen modernen Blöcke von Sant' Elena, die in Heliopolis sein könnten; die Brunnen und unvermutet auftauchenden Gärten der Stadt, die den Beschauer auf entzükkende Weise in eine syrische Szenerie versetzen; die Figuren von Kamelen, beturbanten Händlern, vergessenen östlichen Kaisern, die in manchem unbeachteten Hof Wache stehen; die nasal gemurmelten Lieder der Mädchen, wie sie bisweilen aus den schwarzen Schleiern arabischer Frauen herausdringen; die Damen, die gleich Ehefrauen im Purdah durch die geschlossenen Fenster luftiger Paläste hinausspähen; das träge Gefühl des Dolcefarniente, das den venezianischen Sommer durchdringt; die geschnitzten, beschlagenen Türen Venedigs, die Kaffeetabletts auf seinen offiziellen Tischen und die jasminduftenden Abende von Giudecca und die burnusartigen Umhänge der Polizisten. Die weißen Fransen der Gondelplanen erinnern an Kameldecken, und das sternenbetüpfelte Blau des Uhrturms ist wie ein Grab in Karnak; die große Basilika selbst, bei der Mark Twain an einen »riesigen warzigen Käfer« denken mußte, »der einen nachdenklichen Spaziergang macht«, dünkt die meisten Betrachter ein östliches Schatzhaus, ein sarazenisches Kriegszelt oder ein troddelnbehangener Schahpavillon.

In Venedig kann man die Freuden des Orients genießen, ohne seine Qualen zu erleiden. Es gibt nicht viele Fliegen, die Stechmücken sind im Abnehmen begriffen, die Bettler sind nicht hartnäckig, das Wasser ist gut, der Nationalismus hält sich in Grenzen; keiner wird einen erdolchen oder in eine Diskussion über den Zionismus verwickeln oder einem in der Kaschmirfrage die Schuld geben oder einem Ziegeltee zu trinken und Schafsaugen zu essen geben. Doch in Venedig hat man wie in den arabischen Ländern das tröstliche Gefühl, daß man, läßt man die Dinge laufen und stellt keine Ansprüche ans Leben, seine Ziele letztlich erreicht. Man mache sich keine Sorgen, wenn man seine Freundin auf einem verschwindenden Dampfboot aus den Augen verliert; man schlendere eine Weile auf der Piazza umher, und da wird sie schon auf wunderbare Weise auftauchen, ohne ein Wort der Überraschung oder des Vorwurfs. Der Fremde verzage nicht, wenn der Rumpf seines Bootes von einem vorbeifahrenden Kahn zersplittert wird; der Schaden mag unheilbar aussehen, aber irgendwie wird die Bootswerft, wenn man kein großes Aufhebens von der Sache macht, das Loch schon wieder flicken, das Geld wird unerwarteterweise aus New York eintreffen, und man wird zu guter Letzt feststellen, daß das Fahrzeug eleganter und seetüchtiger ist als vorher.

Nichts erinnert mehr an den Vorderen Orient als die Auseinandersetzungen unter Gondolieri, die seit Jahrhunderten den Besuchern ein so malerisches Vergnügen bereiten. Sie beginnen mit einer kleinen Meinungsverschiedenheit um einen Anlegeplatz oder ein Tau und gehen dann zu einer Reihe jäher Crescendi und Entladungen über, während die Protagonisten die Muskeln spielen lassen. Manchmal, wenn ihr Zorn einen seiner verschiedenen Gipfelpunkte erreicht hat, geht ein Gondoliere vielleicht unvermittelt fort auf die Piazza hinaus und kehrt der ganzen Sache den Rücken, als sei er es müde; doch nach einigen Augenblicken völliger Stille, wie sie einem Gewitter oder einem Katzenbrunstkonzert vorausgehen, wirbelt er wie wild wieder herum und stürzt sich mit einer frischen Ladung von Schimpfwörtern auf seinen Rivalen. Der Streit geht dann in dieser Weise sporadisch weiter, ruckweise, nimmt allmählich an Hitze und Heftigkeit zu, wird lauter und schriller, intensiver und wilder; die Augen funkeln, die Stimmen beben, die Füße stampfen, bis dann schließlich der letzte Sturm ausbricht, die Schimpfkanonade zum Trommelfeuer geworden ist und Handgreiflichkeiten unvermeidlich geworden zu sein scheinen – aber da ist auf einmal alles verraucht, die Gondolieri haben sich auf unerklärliche Weise versöhnt, die erwartungsvolle Menge zerstreut sich lachend, und der Streitfall geht unter in einem Gemurmel aus Selbstrechtfertigung und Verständnis für den gegnerischen Standpunkt. Ich habe den gleichen Vorgang hundertmal in den Straßen Ägyptens erlebt, wenn einer schon dabei war, dem anderen die Kehle durchzuschneiden und dann plötzlich kein Interesse mehr daran hatte.

All dies – Gebäude, Erinnerungen, Sitten – bindet Venedig an den Osten und läßt das Exotische selbstverständlicher erscheinen. In den zwanziger Jahren unseres Jahrhunderts kehrte ein Magnat nach Venedig zurück, der Gouverneur einer italienischen Kolonie in Ostafrika gewesen war. Er brachte einen muskelstarken Diener mit, kleidete ihn bunt ein, wie seine Vorfahren ihre Sklaven gekleidet hatten, roter Turban und grüne Schärpe, und lehrte ihn mit dem Familienmotorboot umzugehen. Die Venezianer haben sich, so wird mir versichert, kaum zweimal nach dieser spektakulären Gestalt umgeblickt, so altvertraut waren ihnen die Assoziationen mit dem Osten, genauso wie sie kaum die *grande dame* zu sehen schienen, deren schöner indischer Leopard gewöhnlich den Vordersitz ihrer Gondel einnahm.

Auch die Geräusche Venedigs klingen oft orientalisch, nicht zuletzt die plärrenden Radios und Fernsehgeräte, die einem ihre Melodien die Hintergassen entlang nachschleudern, und der Lärm der Gepäckträger und lästigen Fremdenführer, die einen am Bahnhof in Empfang nehmen. Vor vielen langen Jahren schon hat die Stadt ihren Ruf der Stille eingebüßt. Die Dampfboote haben ihn nicht gänzlich zerstört, denn sie pflegten den Canal Grande mit leisem Tuckern, Stampfen und Zischen hinunterzufahren, das mit poliertem Messing und geölten Kolben sehr schön harmonierte; erst als der Benzinmotor nach Venedig kam, war es um den Frieden der Stadt geschehen.

Heute ist Venedig mindestens ebenso geräuschvoll wie nur irgendeine Festlandstadt. Das Rattern von Motoren, das Tuten von Sirenen, das Klopfen von Dampfhämmern, das Rufen zorniger Bootsleute, das Mädchen nebenan, das mühsam seinen Chopin einübt, die Warnrufe der Gondolieri, das gemeinsame Singen von Studenten, das ausgelassene Tun der Betrunkenen – das alles gräßlich verstärkt und verzerrt durch die Wasserfläche und die hohen Mauern ringsum und widerhallend, wie von einer straff gespannten Trommel ausgeschickt. (Es ist beunruhigend, Fetzen des eigenen Gesprächs zu hören, wenn man von einer mitternächtlichen Party nach Hause mäandert und sich in einem klaren Augenblick bewußt wird, wie weit und laut es die Kanäle entlangschallt.) Ich werde jeden Morgen von einem schrecklichen Lärm von Motoren, Hupen und Stimmen vor meinem Fenster aufgeweckt – »Von den stillen, klaren Wassern aufklingen Zauberlaute amphionischer Musik«, wie sich ein betörter viktorianischer Dichter ausdrückte. Man könnte in einem solchen Babel glauben, die Goten seien endlich in die Lagune eingefallen; in Wirklichkeit ist es nur der Müllabfuhrgeleitzug, der in die Stadt hineindampft, Schaum vorm Bug, die Steuermänner hoch und drohend im Heck.

Es gibt andere, andeutungsvollere Geräusche. Die Straßen Venedigs haben ihren eigenen Laut, das rasche Tappen von Absätzen auf den Steinfliesen. Aus tausend Häusern dringt das Zirpen einer Myriade von Kanarienvögeln. In den hinteren Räumen von Trattorien klappern die Kegelkugeln gegen Holz. Der Ruf des Briefträgers schallt durch die Gassen, und manchmal kündet ein Gondoliere die Einfahrt seines Kahns in den Canal Grande mit gewaltiger Stimme aus seiner Magengrube heraus an. Das Klappen von Fensterläden ist ein vertrautes Geräusch, denn Venedig ist eine entschieden abgeschlossene Stadt, die ständig ihre Fenster öffnet und schließt.

Das dumpfe Dröhnen einer Schiffssirene ist ein ebenso venezianisches Geräusch wie das Trompeten von Schleppern; in den nebligen Winternächten, wenn die Stadt von Dunkelheit und Feuchte zugedeckt ist, kann man das Klingen der Glockenbojen draußen auf der Lagune hören und das noch fernere Rollen der Adria. Der große Markusplatz ist an einem Hochsommertag eine

Die vier Tetrarchen: Porphyrgruppe an der Südfassade von S. Marco

reiche Mischung von Geräuschen: Da hört man das Geschnatter der zahllosen Touristen, das Lachen der Kinder, die tiefen Baßtöne der Orgel in der Basilika, die feinen Geigenklänge der Kaffeehausorchester, das Klirren der Kaffeetassen, das Rascheln der Maiskörner in den Papiertüten der Vogelfutterverkäufer, die Rufe der Zeitungsburschen, Glocken, Uhren, Tauben und all die Stimmen des Meeres, die vom Kai um die Ecke herum auf den Platz vordringen. Es ist eine berauschende, alexandrinische Mixtur. Fieldings Blinder sagte, er habe sich die Farbe Rot immer als »ganz ähnlich dem Klang einer Trompete« vorgestellt; wenn man ein visuelles Äquivalent für die Symphonie der Piazza haben möchte, denke man an ein scharlachrotes Tuch, das golden gesprenkelt und an den Rändern seegrün gefärbt ist.

Venedig ist nicht mehr die große Musikstadt, die es im 18. Jahrhundert war, als vier berühmte Konservatorien hier ihre Blüte erlebten, als seine Chöre und Instrumentalisten nicht ihresgleichen hatten, als der Priester Vivaldi, mitten im Zelebrieren einer Messe mit einer Melodie inspiriert, plötzlich in die Sakristei eilte, um sie niederzuschreiben. Dennoch ertönt oft Musik in der Stadt. Die Klänge großer Symphonien steigen in der Sommersaison aus schwülen, hell angestrahlten Höfen auf; Zwölfton-Skalen und elektronische Kadenzen erklingen beim Internationalen Festival für Zeitgenössische Musik, aus dessen Anlaß Strawinsky oft nach Venedig kam, um im Fenice-Theater eigene Werke zu dirigieren; der vornehme Chor von San Marco, der einst unter Monteverdis Leitung stand, singt seraphisch rein von seinem Horst zwischen den hohen Mosaiken der Basilika herab. Die Gondolieri deklamieren einander nicht mehr *Tasso* zu und singen auch keine alten venezianischen Liebeslieder mehr (die meisten volkstümlichen Weisen stammen heute aus Neapel oder New York), aber mitunter öffnet doch ein überschäumender junger Mann Herz und Lungen zugleich und gleitet den Kanal hinunter auf den Schwingen einer aus voller Kehle gesungenen Arie.

Wer die Glocken Venedigs hören will, komme am besten an Weihnachten, wenn die Luft dunstgedämpft ist und die Geräusche der Stadt tief und voll sind wie Rosinenpudding. Ein herrliches Glockengedröhn erklingt am Weihnachtsmorgen, vornehme Glocken und tolle Glocken, spröde Glocken und pompöse Glocken, gesprungene Glocken und freundliche Glocken, dazu barsche, vorwurfsvolle Glocken. Die Glocken von San Trovaso klingen genau wie Kuhglocken in den Alpen. Die Glocken der Carmini-Kirche spielen die ersten Töne der Hymne von Lourdes. Die Glocken von Santa Maria Zobenigo werden, wie ein Beobachter der viktorianischen Zeit berichtet, »mit solcher Hartnäcktigkeit geläutet, daß die ganze Nachbarschaft der Verzweiflung nahe sein muß«. Die Glocken der Kapelle der Jungfrau in der Nähe von San Giobbe gingen den Mönchen des benachbarten Klosters so auf die Nerven, daß sie im Jahre 1515 nachts plötzlich hinausgingen und den kleinen Campanile bis auf den Erdboden abtrugen: Sie mußten ihn auf eigene Kosten wieder aufbauen lassen.

Das Geläut von San Salvatore erklingt in erregender Dissonanz, in den Tönen Es, Des und B, wie ich mir sagen ließ. Die große *Marangona*-Glocke, aus den Ruinen des alten Campanile von San Marco gerettet, ertönt nicht mehr, sondern hängt stumm, zerbrechlich und ehrwürdig im Glockenturm; aber die neue große Glocke von San Marco darf als einzige um Mitternacht läuten und erklingt auch in unregelmäßigen Abständen während des Tages. Es gibt eine kleine Glocke, die an der Nordwestecke der Basilika unter einem kleinen Steinbaldachin die Stunden schlägt, und sie scheint als Startsignal für die beiden alten Mohren auf dem Uhrturm zu wirken, die sogleich zum Schlag ihre Hämmer heben. Alle diese Glocken und noch hundert andere heißen Weihnachten mit einem mitternächtlichen Tusch willkommen, und minutenlang der vollen Stunde nachhallend, kann man sie weiterläuten hören, leiser und leiser über die Lagune hinweg, gleich gesprächigen alten Herren, die langsam in Schlaf fallen.

Und noch ein Geräusch gibt es, welches das alte Venedig heraufbeschwört, Motorbotte und die Kakophonie der Rundfunkgeräte übertönend. Manchmal, wenn man frühmorgens im Dämmerlicht im Bett liegt, kann man das leise, eigene Plätschern von Rudern draußen hören, das Rauschen eines leichten, sich schnell bewegenden Bootes, das Klatschen der Wellen an der Kaiwand des Kanals und das rasche, mühelose und selbstsichere Atmen des Ruderers.

Ein Bewußtsein islamischer Ablehnung scheint die venezianische Einstellung zum Vergnügen zu beherrschen. Venedig ist nicht mehr die Stadt lauter, extrovertierter Freuden, und die Venezianer haben lange schon die leichtsinnige Heiterkeit verloren, die die Stadt während des letzten Jahrzehnts ihres Abstiegs kennzeichnete. Der moderne Venezianer ist ein Mensch der Überlegung, zum Skeptizismus erzogen. Er sieht einer Schwäche fest ins Auge und untersucht die Freuden der Welt analytisch, wie ein hungriger Entomologe eine seltene, aber potentiell eßbare Spinne zerlegen mag. In Venedig läßt es sich immer noch gut, träge und oberflächlich leben, aber es ist gleich den Städten der moslemischen Welt nicht der ideale Ort zum Orgienfeiern.

Es ist zum Beispiel keine Feinschmeckerstadt. Einst galt die *cucina veneziana* als die feinste der Welt, ihre Spezialitäten waren Wildschwein, Pfau, Wildbret, kunstvolle Salate und monumentale Konditorwaren. Selbst damals hielten einige Perfektionisten seine Küche für verdorben durch den übermäßigen Gebrauch orientalischer Gewürze: Aretino, der Dichter und Tunichtgut, pflegte zu sagen, daß die Venezianer nicht wüßten, »wie man ißt und trinkt«, und ein anderer Kommentator berichtete sarkastisch, der Stolz der venezianischen Kochkunst sei der harte Zwieback, der speziell dem Nagen der Kornwürmer zähen Widerstand leistete (einige im Jahre 1669 auf Kreta zurückgelassene Zwiebäcke waren 1821 noch eßbar). Heute haben gewiß die Eßwaren Venedigs ihren letzten antiken Glanz verloren und sind im allgemeinen zahm der italienischen Küche angeglichen, die vielleicht die langweiligste von Europa ist.

Es gibt kein Getränk, das zu Venedig gehörig wirkt, so wie Bier den deutschen Landen zu entspringen scheint und Arrak unmittelbar dem Saft der Dattelbäume Bagdads. Die Weine des venezianischen Hinterlands sind gewöhnlich und oft sauer, und beschränkt in der Tat ist das Lager ausländischer Weine der Händler. Die meisten venezianischen Restaurants bieten dem Gast einfach Rotwein oder Weißwein an (wenn es sich um eine der bescheideneren Trattoiras handelt, heißt er *nero* und *bianco*). Die bekannteste Bar der Stadt ist ausgezeichnet, wirkt aber immer »gemacht«: Harry's Bar ist in venezianischem Besitz und hat venezianisches Personal und spricht gern über die Berühmtheiten unter ihren Gästen – Hemingway, spektakulär umschlungen von Patronengurten und toten Vögeln, mit großen Schritten von Torcello hereinkommend; Orson Welles, neben den getoasteten Sandwiches sitzend; Herzoginnen (mit und ohne Herzog); Präsidenten (amtierende und gewesene); Filmstars (unter Vertrag, der Ruhe pflegend oder in raublüsterner Bereitschaft bei den Filmfestspielen); ein, zwei Bischöfe, Truman Capote, einige wenige Nobelpreisträger und Winston Churchill persönlich, den letzten der Nabobs, einen Malkasten im Arm.

Hier liebt die italienische Aristokratie, mit schwerem Make-up um die Augen, in rauchigem Schweigen zu sitzen, schrecklich distinguiert oder erschreckend verlebt aussehend, und hier wird einem der Mixer einen Giorgione oder einen Tizian anbieten, zwei seiner Cocktailspezialitäten. In Harry's Bar versammelt sich im Sommer die große, ausgelassene Welt, und die Venezianer sprechen mit einem gewissen Stolz von ihr, denn seit ihrer Eröffnung in den zwanziger Jahren ist sie ein märchenhaftes Geschäft – aber sie paßt so gar nicht zum venezianischen Geist des Verfalls, seinen erhabenen Denkmälern und seiner reflektierenden Seele.

Die Freuden des Eros, des Zufalls, der Intrige, des Gepränges – alle sind sie in den Chroniken Venedigs ausgiebig behandelt und spiegeln sich in den wollüstigen Gemälden der venezianischen Künstler wider: aber die Freuden des Weins tauchen selten auf; und man hat gesagt, der Karneval sei ein Mittel gewesen, der Realität zu entweichen, ohne betrunken zu sein. Die Alltagsgastlichkeit in Venedig war immer mäßig – ein Glas Marsala, ein Schlückchen Cocktail, fertiggemixt aus der Flasche, eine Dose Plätzchen, und alle sind zufrieden. Wenn die alten Paläste Venedigs heute trinken könnten, würden sie sich wahrscheinlich an die teuersten Kaffeesorten halten, eigens importiert von den westlichen Küsten Arabiens und aufgetragen in abgeblätterten Goldtassen am Spieltisch.

Und speisen würden sie mit erhabener Frugalität. Nicht jedermann wird jedoch die Gerichte Venedigs mit Beifall begrüßen. Sogar die Venezianer haben da so ihre Zweifel. Ich sah einmal eine Gruppe venezianischer Gastronomen, die sich im Patriarchat zu einer Versammlung trafen; die meisten von ihnen sahen fahl und pickelig aus, und einige schienen sogar unterernährt zu sein. Man kann teuer und ganz gut essen in zwei oder drei der besseren Hotels, aber eine grausame Monotonie beherrscht die Menüs der durchschnittlichen Restaurants. Während der ersten Jahre unseres Jahrhunderts aß E. V. Lucas einen Monat lang jeden Tag in einem anderen venezianischen Gasthaus und kam zu dem Ergebnis, daß nur ein einziges darunter sei, daß er ein zweites Mal aufzusuchen wünschte. Ich habe etwa dreißig ausprobiert und werde mich nicht unerträglich brüskiert fühlen, sollte man mir in Zukunft den Zutritt zu einem davon verweigern (wenngleich ich den zahllosen bescheidenen Speisehäusern eine liebevolle Sehnsucht weihen werde, die einem das Essen in eine Tüte packen, so daß man dampfend und nach Garnelen und *lasagna* riechend durch die Straßen heimwärts zieht).

Die Bedienung in den venezianischen Restaurants ist gewöhnlich kurz angebunden, manchmal oberflächlich und gelegentlich ausgesprochen grob; das Essen beginnt nach dem ersten Dutzend Mahlzeiten eine schläfrige Gleichförmigkeit anzunehmen. Beim Fleisch dreht sich alles träge um ein knorpeliges Stück Kalbfleisch. Die Salate sind ohne Phantasie zubereitet und werden, wenn man darauf besteht, hauptsächlich durch großzügigen Gebrauch von Fenchel verbessert. Erst wenn man an den Fisch kommt, die Hausnahrung der Venezianer, verspürt man vielleicht einen Funken der Begeisterung. Venezianische *scampi* sind herrlich. Es gibt ein Gericht, *mista mare* genannt, ein gebratenes Potpourri von Meeresgenüssen, das köstlich sein kann, zumindest die ersten zwanzig, dreißig Male. Verschiedene Aalsorten sind ausgezeichnet, desgleichen zahllose Muscheln und andere kleine Mollusken. Wenn die Jahreszeit günstig ist und das Restaurant nicht zu vornehm, bekommt man vielleicht köstliche weichschalige Krebse vorgesetzt, die in Amerika als große Delikatesse betrachtet werden, in Venedig aber als billiges Essen gelten.

In der Tat hat man für meinen Geschmack um so mehr Freude am Essen, je tiefer man in der Hierarchie der venezianischen Küche hintuntersteigt, bis man dann schließlich, nachdem man der *crêpe suzette* der Hotels und der geizigen Vornehmheit der großen Restaurants den Rücken gekehrt hat, in einer Trattoria am Kai vor einem wunderbaren, aber namenlosen Fisch der Lagune sitzt, der garniert ist mit Krabben und hinuntergespült wird mit einer Karaffe kratzenden Weißweins, wozu man eine glänzende Scheibe *polenta* ißt, das warme Maisbrot der Venezianer, das, zusammen mit einem Aal, einer Forelle oder einem Stück Thunfisch, eine Speise für Dogen ist.

In Venedig zu wohnen ist eines der höchsten Vergnügen, die unsere Welt zu bieten hat. Doch obwohl ich in dieser Stadt oft unbeschreiblich glücklich und vor Bewunderung ganz benommen bin und überfordert durch ihre interessanten Dinge, ihren Reiz und ihre Vielfalt, habe ich mich niemals auch nur ein klein wenig als Genießer oder Schlemmerer gefühlt. Das levantinische Gebaren der Venezianer ist ansteckend. Wenn eine fröhliche Gesellschaft von Fremden den Canal Grande hinunterglitt, zur Akkordeonbegleitung sang, Feriengeplauder austauschte und einander mit Rotweingläsern zuprostete, habe ich mehr als einmal meine Reaktionen genau untersucht und mich dabei ertappt, daß ich schnell überschlug, wieviel sie für ihre leeren Flaschen zurückbekommen würden.

Die Jahreszeiten

Venedig ist eine Jahreszeitenstadt, mehr als andere Städte von Witterung und Temperatur abhängig. Es lebt für den Sommer, wenn seine große Touristenindustrie anläuft; und obwohl heutzutage die Saison mit jedem Jahr länger wird und zu allen Zeiten Besucher in die Stadt strömen, kann sie im Winter ein merkwürdig schlichter, hausbackener Ort sein, durchdrungen von Melancholie: die Piazza liegt verlassen da, die Kanäle sind unruhig und trostlos. Das Winterklima Venedigs ist berüchtigt. Ein rauhes, feuchtes Miasma lastet wochenlang auf der Stadt und wird nur gelegentlich von Tagen kalten Sonnenglanzes unterbrochen. Der Regen strömt hernieder mit einer ganz besonderen Feuchte, rührt den Schlamm am Grund des Canal Grande auf und rinnt prächtig vom Marmor der Basilika herab. Der Nebel wandert trotzig vom Meer herein, so dicht, daß man nicht über die Piazza hinwegsehen kann, und der *vaporetto* müht sich mit einem besorgten Ausguck im Bug der Rialtobrücke entgegen. Manchmal bedeckt eine Lage Schnee die Stadt und verleiht ihr eine gewisse plötzliche Launenhaftigkeit, so als hätte man den Einfall gehabt, eine Herzogin ganz in rosa Krausen zu kleiden. Manchmal fegt der Saum einer *bora* das Wasser in wilden Wellen die engeren Kanäle entlang und wirft die festgemachten Boote heftig gegen den Kai. Die Nächte sind dunstig und grabesgleich, und die Tage ziehen in monotonem Grau herauf.

So sitzt Venedig um seine unzulänglichen Öfen gekauert oder kuschelt sich in seinen Cafés. Die Paläste am Canal Grande sind schwer verriegelt und verschalt, und nur eine Handvoll Lichter an häßlich klirrenden Leuchtern dringt durch muffige dunkelbraune Vorhänge. Die Bootsleute ducken sich über ihre Pinnen, in Säcke und alte Mäntel gehüllt und bisweilen einen Regenschirm umklammernd. In den Gassen hocken die Katzen hager hinter ihren Gittern, und die Tauben drängen sich niedergeschlagen in den Mauerspalten der Piazza aneinander. Ganz Venedig hat Schnupfen oder Halsentzündung; als die Republik im 15. Jahrhundert heimlich drei ihrer politischen Gegner beseitigte, wurde als Todesursache höflich Katarrh angegeben, und alle waren es zufrieden. Die großen Hotels sind geschlossen oder vegetieren so dahin, ihre hallenden Foyers sind nur von einigen wenigen desillusionierten Millionären und zähen Intrigendamen besucht. Die Restaurants sind leer und gleichgültig, und sogar das Café Florian, das sich zu rühmen pflegte, seit zwei Jahrhunderten Tag und Nacht geöffnet gewesen zu sein, läßt lange vor Mitternacht die Läden herunter. Keine Geige spielt auf der Piazza. Kein Kundenschlepper treibt sich unter den Arkaden herum. Kaum ein Tourist beklagt sich über den Preis einer Tasse Kakao. Es ist eine sehr private Stadt.

Seine Feste haben eine klubähnliche Atmosphäre, frei von neugierigen Außenstehenden. Eine venezianische Weihnacht ist ein ausgesprochenes Familienfest. Die Züge sind voll von heimkehrenden Zugvögeln, Kellnern und Arbeitern aus Paris, Kindermädchen aus England, auf den Straßen erlebt man ein großes Händeschütteln und manche schöne Wiedersehensbegrüßung an der Haltestelle der Dampfboote. Plötzlich scheint in Venedig jeder jeden zu kennen. Ein endloser Strom von einkaufenden Frauen im besten Staat schiebt sich in so dichten Reihen durch die enge Merceria, daß die Polizisten, die sich an einzelnen Punkten aufstellen, kurzfristig den Einbahnverkehr einführen. Die Fenster knospen von Christbäumen. Jeder vorbeifahrende Kahn scheint hoch beladen zu sein mit Flaschen oder Paketen oder kleinen Tannen aus dem Gebirge, und jedes Kind in Venedig scheint einen roten Luftballon nachzuziehen.

In den plüschgepolsterten Cafés von San Marco (Biedermeierstreifen und spindeldünne Stühle) lauschen sauber zurechtgemachte Kinder den endlosen Erinnerungen herausstaffierter Onkel. Am Heiligen Abend aber kichern in den Cafés 20000 Familien vor den Fernsehapparaten, trinken Cinzano und essen klebrige

Plätzchen, während die Schlagermelodie des Tages von Laden zu Laden wandert, von Platz zu Platz, von einer dunklen Gasse in die andere, wie ein fröhliches Losungswort in der Nacht. Die Weihnachtsgottesdienste sind warm, hell und strahlend; die Krippen sind grob gefertigt, aber rührend; die Chöre singen voller Lust – und Venedig gleicht weniger einer vornehmen Herzogin als einer drallen Wirtin, die sich ein Glas Starkbier genehmigt, nachdem die Gäste gegangen sind (außer den geheimnisvollen Varietäten der Geistlichen, in Gold und Scharlach, von Weihrauch umweht, die man erspäht, wie sie die offenen Türen der Basilika durcheilen).

Wenn man die Serenissima ohne Make-up sehen will, versuche man einmal an einem nebligen Februarmorgen um drei Uhr aufzustehen und zu beobachten, wie die alte Dame widerwillig aufwacht. Steht man auf seiner Terrasse über dem Kanal, ist es, als wäre man plötzlich inmitten eines fast vergessenen Nirgendwo abgesetzt worden, so totenstill ist alles, so geknebelt und verstopft mit Nebel und Dunst. Tümpel von Lampenlicht liegen auf dem verhüllten Canal Grande, und der einzige Mensch weit und breit ist ein einsamer Exzentriker in einer Pelzmütze, der mit kalter, unnatürlicher Intensität am Dampfbootsteg die Beförderungsbestimmungen liest. Und wenn man seinen Pullover übergestreift hat und die blankgescheuerte hallende Treppe seines Palasts hinuntergestiegen ist (vorbei an dem schlafenden Advokaten im zweiten und der slawischen Baronesse im ersten Stock, dem einäugigen gelben Kater in seiner Nische, den schweren, vorhängeschloßbewehrten Türen zum Kohlenkeller, der taubenkotbekleckerten Büste eines unbekannten Helden am Eingang, der kleinen, vergessenen Madonna am Holzschuppen, dem dürren Rasenwirrwarr und dem steifen, quietschenden Eisentor) – wenn man endlich draußen ist, sieht man, daß die ganze große Stadt feucht und in die Polster des Schlafs gekuschelt ist. In London oder New York ist die Nacht nie so absolut. In Venedig, um drei Uhr an einem nebligen Wintermorgen, hat man das Gefühl, als würde es nie wieder Tag.

Alles ist naßkalt, strudelnd, trostlos. Bleibt man einen Augenblick stehen, damit sich das Echo der eigenen Schritte um die nächste Ecke zurückzieht, hört man nur noch das traurige Wasserschlappen an einem festgemachten Boot, das ferne Läuten einer Nebelglocke oder das dumpfe Dröhnen eines Dampfers auf dem Meer. Vielleicht erhebt sich, weit fort über den Dächern, ein sporadisches Durcheinander von Männerstimmen. Vielleicht flackert ein bleiches treues Licht vor einem glitzernden Exvoto. Die weiße Katze, die unter dem Sitz einer Gondel im Rio della Toletta zu Hause ist, springt vielleicht wie ein Dämon von ihrer Lagerstätte auf; vielleicht huscht auch, in abgetragene Wolle gehüllt, Schal vor Nase und Mund und ein Einkaufsnetz in der Hand, irgendeine einzelne, arme gewissenahfte Seele vorüber, um ein nüchternes Büro zu säubern oder den ersten Kohlkopf des Morgengrauens zu erstehen. Im übrigen ist alles feuchtes oder nebelgedämpftes Schweigen. Wasser fließt trübselig aus einer antiken Pumpe. Lampenlicht scheint düster zwischen den Gassen auf und hebt manchmal mit einem Glänzen nassen Mauerwerks eine halbe steingehauene Heiligennase heraus, das Schwanzende eines Pfaus, eine Krone, einen Helmschmuck oder einen Krebs in einem Medaillon.

Im Winter wacht Venedig an seinen Rändern auf. Unten jenseits des leeren Parkhauses beginnt das Leben früh. Vor der Kirche Santa Chiara, wo ein stämmiger Nachtwächter breitschultrig den Kai auf und ab geht, scheint Licht aus den Luken von einem Dutzend Kähnen, das die riesigen, sich bewegenden Schatten der Maschinisten jenseits des Wassers an die Mauer wirft. Am Ende des Festlanddammes wartet die tägliche Parade der Lastwagen auf das Entladen, von Dieselöldämpfen umwallt. Rauhe Stimmen und das Krachen von Kisten dringen aus den großen Lagerhäusern bei den Docks heraus, und ein Geruch nach Aalen, Äpfeln, Zwiebeln und billigem Tabak hängt in der Luft. Lichter sind da und Polizisten und ein paar hellerleuchtete dampfende Kaffeehäuser und ein Geschnatter und Gewimmel von Leben an den Kais.

Langsam, zögernd breitet sich diese morgendliche Belebung über Venedig aus, während man durch die Gassen schreitet. Die Ränder der Stadt kräuseln sich, färben sich und brechen auf in winterlicher Flamme. Wenn man durch Dorsoduro zurückgeht, durchbohren Lichtbalken aus sich öffnenden Türen den Nebel. Die tausend Cafés ziehen die Läden hoch, und ihre Flaschen, Kaffeemaschinen und Zuckerbehälter stehen schläfrig glänzend im Dunst. Auf dem Campo San Polo heben ein Metzger und sein Geselle gerade mühevoll eine Tierleiche ins Schaufenster. An der Faustbrücke, gerade eine Straßenecke von der Gasse der Eile entfernt klettert ein Obstverkäufer gähnend und brummend aus dem

Laderaum seines Kahns heraus. Eine Bootsladung grobschlächtiger Fischer aus der Lagune wäscht sich im Wasser unter einer Brücke. Unter dem hohen Bogen der Accademiabrücke mühen sich zwei wuchtige Zementkähne den Canal Grande hinauf, erhaben, langsam und schwerfällig in der Dämmerung wie antike Galeeren, während die vier Ruderer einander zurufen. Vor der Kirche San Maurizio scheuern zwei bleiche Novizinnen die Marmorstufen. In der Kirche Santa Maria Zobenigo blicken die Barockengel des Altars mitleidig auf eine Frühmesse herab (ein Priester, ein Meßdiener, drei Nonnen und eine trauriggesichtige Frau in Grau). Bei Harry's Bar steigt ein Matrose aus dem *vaporetto*, das in Zeitungspapier eingewickelte Gewehr in der Hand, und auf den kleinen Verbindungsgassen fegen Gruppen von Straßenkehrern energisch mit ihren Besen durch die Kälte.

So kommt dann wieder ein Tag herauf, rosenfarbig und gedämpft, ein feuchter, dunstiger Seevogeltag im Stil von Turners Bildern. »Ungemütlicher Morgen«, sagt man zum Kellner, wenn man sein Frühstück bestellt. Aber der zuckt nur die Achseln und lächelt ein losgelöstes, melancholisches Lächeln, so wie ein Doge über einen lästigen Kaiser oder ein großer Seekapitän gönnerhaft über einen Türken gelächelt haben mag.

Und dann trifft eines Morgens der Frühling ein. Nicht eines beliebigen Morgens, sondern genau am 15. Mai, denn die Venezianer glauben an die Unfehlbarkeit des Kalenders und betrachten den Anfang einer Jahreszeit als einen strikt unbeweglichen Festtag. Ein Exzentriker ist in der Tat der Ausländer, der vor dem 1. Juni, dem Beginn der Badesaison badet, und es scheint tatsächlich zu stimmen, daß alljährlich am 25. Juli (dem St. Jakobstag) die Schwalben aus der Stadt verschwinden und den Stechmücken das Feld überlassen.

Im Frühling sind die Schwalben noch im Eintreffen, und sie tragen ein neues Element sanfter Raserei in die Stadt – »Da zieht eine Schwalbe nach Venedig, tapfere Schwinge! Wenn man diese Vögel schweben sieht, möchte man sich Flügel wünschen.« Im allgemeinen ist Venedig keine Stadt des Tanzes wie New York an einem frostigen Morgen oder London im Frühsommer, wenn sich jeder Mann als Fred Astaire vorkommt und jedes Mädchen als Kleopatra. Hier hat die gepfiffene Melodie die Neigung, einem auf den Lippen zu verklingen, wenn man die nachdenklich venezianischen Gesichter vorüberziehen sieht oder eine Horde wilder Touristen grimassenschneidend auf einen zukommt, weil sie glaubt, den Mann vor sich zu haben, der sie durch die Glasfabrik führen soll. Im Frühling jedoch hat die Stadt ihre Augenblicke strahlender Heiterkeit.

Das sind die stillen schönen Tage des venezianischen Jahres. Die Stadt ist nicht zu überfüllt, die Sonne ist nicht zu heiß, die Nebel sind verschwunden, es liegt ein Gefühl überstandener Unbequemlichkeiten und zukünftiger Prosperität in der Luft. Der Kohlenmann klopft an, setzt ein beflissenes Lächeln auf und sagt, daß er durchaus bereit sei, den nicht gebrauchten Vorrat an Anthrazit zurückzukaufen (zu einem etwas geringeren Preis natürlich). Der Gemüsemann zieht eine Nelke aus der Vase, die er hinter sich stehen hat, und bietet sie einem mit wahrhaft neapolitanischer Grandezza dar. Streifen und Flecken frischen Grüns tauchen endlich in der Stadt auf und mildern ihre urbane Steinigkeit. Alle Katzen sehen, wie ihr Umfang beweist, Mutterfreuden entgegen; die Kater verschwinden im Gebüsch. Indes die Tage heller werden und der warme Wind von Süden hereinbläst, scheinen sogar die Gassen neu belebt zu sein, von den kalten, starren Wohnzimmern gar nicht zu reden. Der Frühling strömt in den Organismus von Venedig hinein wie ein prickelndes Elixier oder ein trockener Martini oder vielleicht eine Dosis Teriaca.

Nun schmiert die gewaltige Maschinerie des Fremdenverkehrs Venedig ihre Zahnräder und streicht ihre Aufbauten für den Sommer neu an. Wohin man sieht, hängt ein Stückchen Gondel frisch überholt an einer Mauer, Totemzeichen des Monats Mai: glänzende Sitze, Samtkissen. An einem Fensterknauf baumelt ein Messingseepferd, gegen eine Tür gelehnt steht eine schwarze Nußbaumtäfelung. Die Bootswerften wimmeln von Ferienfahrzeugen, denen man den Tang vom Kiel kratzt. Der Canal Grande, der den Winter als Marktstraße und Verkehrsader zugebracht hat, wird jetzt wieder der Versorgungsweg des Tourismus, indes alle die Vorhänge, bemalten Blumentöpfe, Polstersachen, Bettücher, Möbelstücke und Chromeinrichtungen der neuen Saison nach San Marco hinuntergleiten. Das erste Rundreiseschiff des Jahres ankert, quälende Sehnsüchte erweckend, in der Lagune, markisenbunt, mit einem Hauch Ägäis in den Schornsteindämpfen oder einem Schimmer Rost vom Hudson River. Die ersten Touristen paradieren über die Piazza, im Fes, in maltesischen Sandalen, spanischen Röcken oder im Burnus, je nach der gerade zuvor angelaufenen Reisestation. Die ersten zu Besuch eintreffenden Kriegsschiffe legen bei der Dogana an, und die Wachoffiziere stolzieren mit roten Schärpen und Säbeln an Deck umher. Der erste britische Seemann der Saison zieht sich nach einer kleinen Frühjahrsauseinandersetzung an der Riva degli Schiavoni ins Stadtkrankenhaus zurück.

Jetzt kommt wieder Leben in die Hotels und Pensionen und Restaurants. Ihre Fensterläden werden endlich weggepackt, die Messingteile poliert, und ihre Landungsstege leuchten wieder blau und golden. Wenn man ein Zimmer bestellt, begrüßt einen der Portier nicht mehr mit heiterer Zwanglosigkeit, wie er das vor einem Monat tat, sondern zieht jahreszeitlich-blasiert eine Augenbraue in die Höhe, blättert eine hochmütige Seite um und verkündet liebenswürdig, daß er infolge einer etwas verspäteten Abbestellung eines Gastes aus Venezuela tatsächlich noch über ein kleines, aber nettes Zimmer verfüge, das leider nicht auf den Canal Grande hinausgehe, aber einen Blick auf die sehr charakteristische, wenn auch etwas geräuschvolle Gasse auf der Rückseite gestatte – ohne Bad, ja, leider, aber am Ende des Flurs sei eines, hinter dem Anrichteraum für die Hausmädchen –, im sechsten Stock, aber mit Liftbedienung natürlich, bis zum vierten – und all das, wie er am Schluß gerade noch hinzufügt, zu einem Sonderpreis, der, in Lire ausgedrückt, nur wenig über dem der Präsidentensuite im Waldorf zu liegen scheint. Abwesenden Lächelns trägt er dann den Namen seines neuen Gastes ins Buch ein; denn es ist Frühling, und die venezianischen Instinkte erwachen wieder zu neuem Leben.

Die Wasserwege hinauf und hinunter strotzen auch die wuchtigen Herrenhäuser von Blumentöpfen, Vogelkäfigen und Lack. Das Dienstpersonal der globetrottenden Reichen wird von der Unruhe der unmittelbar bevorstehenden Ankunft seiner Herrschaft erfaßt. In vielen winterverschlossenen Appartements sind die Hausmädchen und die Hausdiener am Werk, in einer Wolke von Staub und in blitzenden Schürzen, und mancher schlaue Hausbesitzer packt seine Siebensachen in Erwartung lukrativer Sommermieter. »Meine amerikanischen Mieter«, erzählte mir einmal ein venezianischer Adliger, »finden gleich am ersten Abend alles vor, vom Butler bis zu den Leuchtern – schon eine Stunde nach ihrem Eintreffen können sie ein Dutzend Gäste zu einem großen Dinner empfangen. Aber wenn dieser hohe Bediengungsstandard ein wenig abfällt während ihres Aufenthalts in meiner Wohnung – na ja, wir leben in einer schwierigen Welt, in der man so manche Illusion einbüßt, nicht wahr?«

Und manchmal wacht man im venezianischen Frühling an einem Canaletto-Tag auf. Dann ist die ganze Stadt lebendig vor Gefunkel und Sonnenschein, und der Himmel strahlt in unbeschreiblichem Babyblau. Eine Atmosphäre von Flaggen und Freiheit durchdringt Venedig an einem solchen Morgen, und alles wirkt leicht, geräumig, sorgenfrei, kristallinisch, als ob die Dekorateure der Stadt ihre Farben mit Champagner gemixt und die Maurer ihrem Mörtel Lavendel zugesetzt hätten. Mit einem dumpfen Schlag, Stimmengeplapper und dem Knistern von Reisesckecks bricht dann der Sommer über Venedig herein. Die Vergnügungsfabrik arbeitet auf vollen Touren, und die eingeborene Traurigkeit der Stadt wird von einer jähen Geldverdienerwut überstrahlt. Das klingt unangenehmer, als es ist. Venedig wurde in seiner großen Zeit beschrieben als »eine einzige große Aktiengesellschaft zur Ausbeutung des Ostens«. Heute hat es sein Geld im Tourismus investiert. Seine Hauptfunktion in der Welt besteht darin, eine Art bewohnbares Museum zu sein, ein Tintoretto-Ferienlager, geradeso wie Coventry Autos herstellt und Cedar Rapids Cornflakes. Und obwohl die Stadt im Sommer schrecklich überfüllt und verschwitzt, der Anblick der Touristenhaufen gräßlich sein kann und die Venezianer eine unschöne Habgier entwikkeln mögen, haftet dennoch dem ganzen Betrieb der Charakter des Funktionellen an wie einem Instrument, das genauestens die Umdrehungen pro Minute zählt, oder einer Wasserpumpe, die wirksam die Fluren bewässert.

Daran ist nichts Neues. »Das Wort *Venetia*«, schrieb ein alter Chronist, »wird von einigen als Veni Etiam gedeutet, was besagen soll ›Komm wieder und wieder‹.« Die Venezianer haben immer die Ferientrümpfe ihrer Stadt ausgebeutet. Schon im 14. Jahrhundert war es eine Stadt der Hotels – es gab die Gasthöfe Zum Hut, Zum Wilden, Zum Kleinen Pferd, Zum Hummer, Zum Hahn, Zur Ente, Zur Melone und Zur Königin von Ungarn. (Es war auch eine Stadt raubgieriger Monopolleute – einem einzigen Mann gehörten neun dieser Herbergen.) Ein Gasthaus, an der Stelle des heutigen Gefängnisses, wurde von einem Engländer unterhalten und wegen seiner ausgezeichneten Stallungen viel von englischen Touristen besucht. Ein anderes, das noch existiert, wurde 1397 vorübergehend geschlossen, weil sein Wirt wegen Unredlichkeit gegenüber den Gästen verurteilt worden war. Bereits im 13. Jahrhundert hatten die Venezianer ihre Touristenpolizei, die die Herbergen auf Sauberkeit und Bequemlichkeit untersuchte und in die Irre gelaufene Besucher der Stadt (in mehreren Sprachen) zu den teueren Geschäften hin dirigierte.

»Die Piazza von San Marco«, schrieb ein venezianischer Mönch des Mittelalters mit einem leicht ungehaltenen Seufzer, »scheint ständig von Türken, Libyern, Persern und anderen Seeungetümen angefüllt zu sein.« Hunderttausend Fremde kamen in einem guten Jahr zur großen Himmelfahrtsmesse, dem ersten internationalen Handelsfestival, zu dem man die Piazza mit einer großen Markise überspannte und die gesamte Riva entlang Buden und Stände aufschlug. Touristen aus ganz Europa strömten herbei, um der alljährlichen Zeremonie beizuwohnen, bei der der Doge, in einer Barke von traumgleicher Vollendung fahrend, einen Ring in die Adria warf zum Zeichen ewiger Herrschaft: Die Karnevalsfeste des 18. Jahrhunderts, die die Stadt mit maskierten Spielern, Kurtisanen, Abenteurern und hemmungslosen Hedonisten bevölkerten – diese entzückenden, aber dekadenten Lustbarkeiten wurden vom Staat gefördert, zum einen um die machtentkleidete Bevölkerung bei guter Laune zu halten, zum anderen um die Touristen der Welt anzulocken. Venedig läßt sich gern schmeicheln und gibt den Blick seiner Bewunderer aus schillerndem, aber schwerlidrigem Auge zurück. Wenn der Sommer die Stadt summen, die Drehkreuze quietschen und Ladenkassen klingeln macht, ist das nur richtig so: die Maschinerie arbeitet wieder, die Fabriksirenen heulen, Sheffield macht wieder Messer, in Rhondda dreht sich ein Grubenrad.

Mehr als eine Million Fremde kamen durchschnittlich in einem Normaljahr der jüngsten Vergangenheit nach Venedig. In der Basilika wird regelmäßig in fast allen westlichen Sprachen die Beichte abgenommen. Die Amerikaner führen den Besucherstrom zahlenmäßig an, gefolgt von den Deutschen, den Franzosen, den Briten, den Österreichern, den Schweizern, den Dänen, den Belgiern, den Holländern, den Kanadiern und (wie eine Tabelle es diskret ausdrückt) »Verschiedenen«. Zehntausend Wagen fahren an einem einzigen Sommertag manchmal über den Festlanddamm, und der Omnibusse sind oft so viele, daß sie, wenn sie am Piazzale Roma ihre Fahrgäste abgesetzt haben, wieder zum Festland zurückfahren und man sie im Sonnenschein unter einem Bogen der großen Brücke abgestellt sehen kann. Es gibt 170 bekannte Hotels und Pensionen in Venedig, und auf dem Höhepunkt einer guten Saison sind sie alle voll belegt. Ich bin an einem Sommermorgen um drei Uhr einmal vor der Basilika gewesen und habe ernsthafte Touristen dabei angetroffen, wie sie im Mondschein in ihrem Reiseführer blätterten. Einer der Angestellten in einem Parkhaus behauptete, lange bevor er das Erkennungszeichen an der Rückseite eines Wagens sieht, die Nationalität des Fahrers ausmachen zu können, indem er ihm genau ins Gesicht blickt.

So passiert ein Querschnitt der Menschheit die lockere, vergoldete Masche der Stadt, und es gehört zu den Sommervergnügen Venedigs, die »Seeungetüme« vorbeiziehen zu sehen. Die Deutschen scheinen in der vorherrschenden Stellung zu sein, denn sie bewegen sich in Regimentsstärke, sprechen ziemlich laut, schieben ziemlich kräftig und haben offenbar keine individuellen Gesichter, sondern gehen in einer heiteren, sonnverbrannten Volkswagenmasse unter. Die Amerikaner sind entweder schreiend grell kostümiert bis zur Widerwärtigkeit, in scharlachroter Seide, oder unauffällig in nüchterner Baumwolle gekleidet; letztere Gruppe sitzt eifrig beschäftigt in einer Trattoria mit ihren intelligenten Kindern und ihrem genauen Stadtplan, die andere Sorte hält sich offenherzig dekolletiert, kräftig geschminkt und leicht angeheitert an einem Ecktisch in Harry's Bar auf.

Die Engländer scheinen mir von den Männern die besten (sie sind oft distinguiert, häufig sparsam und manchmal angenehm individualistisch) und von den Frauen die schlechtesten Vertreter (schlecht gelaunt, ungewaschenes Haar, schlecht sitzende Kleider, snobistisch oder auf peinliche Weise zu einem Flirt aufgelegt) zu stellen. Die Franzosen sind fast durchweg reizend, ob es sich nun um gelehrte ältere Herren mit vielbändigen Reiseführern oder existentialistisch eingestellte Studentinnen mit violetten Augenlidern und ungeschminkten Lippen handelt. Die Japaner sind fast völlig hinter Girlanden von Fotozubehörtaschen verborgen. Die Inder sind wundervoll zerbrechlich, erlesen und erhaben. Die Jugoslawen wirken ein wenig benommen (und sollen, den Gondolieri zufolge, die Geizigsten von allen sein). Die Australier sind unverkennbar, die Kanadier nicht zu unterscheiden. Die Russen kommen nicht mehr, und die Chinesen sind noch nicht eingetroffen.

Diesen Massen gegenübergestellt, wird der Charakter Venedigs plötzlich rauher, gröber. Der Preis für eine Tasse Kaffee schnellt in die Höhe, wenn man irgendwo in der Nähe von San Marco ist, und nimmt allmählich in topographischen Stufen ab, je weiter entfernt man von diesem habgierigen Nabelpunkt an einem Tisch sitzt. Die Kellner der Piazza kehren ihre ungehobelsten Manieren hervor in Erwartung der mehreren Hundert täglicher Gäste, die verständlicherweise glauben, bei der Addition sei ein Fehler unterlaufen. Andenkenbuden schießen aus dem Boden wie Pilze, und der Markt ist plötzlich überschwemmt mit Strohhüten, Gondolierihemden, Landkarten auf Kopftüchern, Bleigondeln, unechten Antiquitäten – *originalissimi*, wie die alten Händler zu sagen pflegten –, einer Million Wasserfarbenbildern und tausend Briefbeschwerern in der Form des Campanile von San Marco.

Der Fremde, der ahnungslos aus dem Dampfboot steigt, wird von zwei hartnäckigen Gepäckträgern angesprochen, die ihm seine Koffer die fünf, sechs Meter in die Hotelhalle schleppen und als Zwangslohn für ihre Dienste den Preis für eine substantielle Mahlzeit inklusive Wein verlangen. Die verwitterten Sakristane der berühmten Kirchen klopfen den Staub von ihren Gewändern und treten beflissen aus dem Schatten heraus, um den Besucher zu dem allerletzten Pseudo-Tizian der Sakristei zu führen. Verzärtelte junge Männer wollen unbedingt erreichen, daß man ihre Ausstellungsräume besucht. Der Ruf »Gondola! Gondola!« verfolgt einen den Kai entlang wie eine unsittliche Aufforderung. Vor dem Aufzug zur Spitze des Glockenturms steht eine Schlange. Jeden Morgen spähen genug Menschen in das Grauen der Verliese, um Casanova schwindeln zu machen. In der Nähe von San Marco ist ein Laden, der sich so gut auf jede mögliche Verschiebung der Machtverhältnisse eingestellt hat, daß sich der heimwehkranke Tourist die Flagge des Jemen, der Ukraine, Boliviens und sogar der Vereinten Nationen kaufen kann.

Und eine Singsangmelodie des Triumphes deklamierend, treten die Fremdenführer Venedigs wieder in den Vordergrund. »Die Fremdenführer«, schrieb Augustus Hare in den neunziger Jahren des letzten Jahrhunderts, »sind in Venedig gewöhnlich dumm und vulgär, und außer den ganz hoffnungslos imbezilen Besuchern der Stadt wird jeder sie für ein unerträgliches Ärgernis halten« (obwohl er in späteren Auflagen das mit den »imbezilen« fortließ). Dennoch blühen und gedeihen die Fremdenführer von Venedig, die Leiter von Führungen haben Hochkonjunktur, und manche arme Ferienmacherin schwankt nach den Vergnügungen des Tages heim, als hätte sie in einer Tretmühle Korn gemahlen oder an einem entscheidenden und zermürbenden mündlichen Examen teilgenommen. Es gibt 107 Kirchen in Venedig, und fast jedem Touristen ist zumute, als hätte er ihrer zumindest zweihundert besichtigt, denn die Fremdenführer wie die Verfasser von Reiseführern setzen bei ihren Opfern eine unermüdliche Energie voraus, eine erhabene Gleichgültigkeit gegenüber regelmäßigen Mahlzeiten und einen unersättlichen Appetit auf Kunst aller Perioden, Normen und Zwecke.

Ein Rundgang sieht zum Beispiel vor, daß der unglückliche Gast der Stadt an seinem ersten Morgen die Basilica di San Marco besichtigt *(die Mosaiken, die Schatzkammer, die Pferdegalerie, das Museum, die acht Seitenkapellen, den berühmten Fußboden, die Taufkapelle, das Atrium, die Nicopoeia Madonna, die Pala d'Oro, den Lettner und die Sakristei)* sowie die Piazza davor *(den Campanile, den Uhrturm, die Bibliothek, das Archäologische Museum, die Säulen von Sankt Markus und Sankt Theodor, die beiden Piazzetten, das Correr-Museum, das Café Florian und das Café Quadri)* und den Dogenpalast *(die äußeren Arkaden, die Gigantentreppe, die Staatsräume, Tintorettos Paradies, die Rüstkammer, die Seufzerbrücke, die Verliese, die Bocche di Leone)*. Am Nachmittag hat er sich dann die Accademia-Galerie vorzunehmen *(alle vierundzwanzig Säle)*, die Scuola di San Rocco *(alle zweiundsechzig Tintorettos)*, die Frari-Kirche *(die Madonna von Bellini, Tizians Mariä Himmelfahrt, die Grabstätten von Tizian und Canova, das Pesaro-Altargemälde, die Denkmäler und die sehr schönen Chorstühle)*, die Märkte *(Fischmarkt und Gemüsemarkt)* und die kleine Kirche San Giacomo di Rialto, die sehr wohl die Mühe eines kurzen, aber aufmerksamen Besuchs lohnt. Und er soll möglichst den Tag abschließen mit »ein, zwei stillen Augenblicken« auf der Rialtobrücke, ehe er, wie der Reiseführer nachdenklich vorschlägt, behaglich per Gondel zu seinem Hotel zurückfährt. Abgespannt sind die Gesichter der Touristen, die sich auf einen solchen Kurs begeben, und unerbittlich, unnachgiebig die Stimmen der Vortragenden, die man so oft dogmatisch, aber nicht gelehrsam durch das Schweigen von San Giorgio oder der Salute-Kirche hallen hört.

Leider ist die Wahrheit die, daß die meisten Besucher Venedigs in jedem Falle gedankenlos zwischen den Wundern der Stadt umhergehen, rasch durch die Maschinerie gepumpt und zum Festlanddamm hinausgespien werden, sobald sie richtig bearbeitet sind. Ein altmodischer Engländer, den man einmal um einen Touristenslogan für ein vorderasiatisches Land bat, schuf den grausam doppeldeutigen Spruch *Where Every Prospect Pleases* vor – und es gibt Augenblicke im hohen venezianischen Sommer, da selbst der eingefleischteste Liberale, wenn er die bunte Harlekinade beobachtet, die sich um ihn her dreht, einen derartigen Ausdruck der Intoleranz unterdrücken muß. Vor einer so erhabenen Szenerie gesehen, in der sich Kunst und Natur auf wunderbare Weise verbinden, kann das Wesen Mensch ekelhaft erscheinen.

Aber wenn die Menschenmassen manchen Teilen der Stadt auch nicht zuträglich sind – den grauen Bezirken des Nordwestens, den stillen Kanälen hinter dem Zattereufer, dem Bereich der inneren Lagune –, so erlebt die große Piazza von San Marco doch ihren besten Augenblick an einem heißen Tag im frühen Sommer, wenn Gäste von allen Enden der Welt ihre Wunder inspizieren und Venedig eine einzige große juckende Handfläche ist. Während der Himmelfahrtswoche tauchen, einer alten, dunklen Tradition zufolge, zu jeder vollen Stunde Figuren der Heiligen Drei Könige, angekündigt von einem Heroldengel, aus der Fassade des Uhrturms auf und drehen sich huldigend um die Jungfrau (in jeder anderen Woche des Jahres kann man sie weggepackt, starr und glotzäugig in einem Glasschrank innen im Turm sehen). Dies ist die Zeit, zu der man die Piazza in sich aufnehmen sollte. Während die riesige, kosmopolitische Menge sich um den Uhrturm drängt und auf das Erscheinen der drolligen alten Weisen wartet, kann man vorzüglich den Sommercharakter Venedigs einfangen.

Der große Platz ist zum Gästeempfang hergerichtet. Die beiden berühmten Cafés, das Florian und das Quadri – das eine auf der Südseite der Piazza, das andere auf der Nordseite –, haben ihre Stühle und Tische in symmetrischen Reihen auf die Fliesensteine gestellt, und ihre Orchester geigen in heiterer Disharmonie drauflos (das Florian hat sich auf die blasseren Musicalmelodien spezialisiert, denen hin und wieder ein populärer Klassiker folgt, aber im Quadri kommt der Schlagzeuger bisweilen gefährlich an so etwas wie Jazz heran). Die Flaggen Italiens und Venedigs flattern an den drei Bronzemasten vor der Basilika – Symbole der verlorenen venezianischen Besitzungen Kreta, Zypern und Morea. Unten an der Piazzetta funkelt das Wasser, flitzen Gondolieristrohhüte vorbei, bewegt sich leise ein Netzwerk festgemachter Boote, und die schattendunkle Merceria mit ihren glitzernden Läden zieht sich dahin, aus dem Sonnenschein hinaus, wie eine Schatzgalerie.

Der gemusterte Boden der Piazza ist dicht besät mit Tauben, und zwei, drei Frauen an kleinen Ständen rascheln einladend mit ihren Maispäckchen. Um und um dreht sich unter den kühlen, schattigen Arkaden eine Menge Touristen, Ausschau haltend nach Spitzen und Ansichtskarten, und fast jeder Tisch hat sein Urlauberpärchen – er liest die *Daily Mail*, sie schreibt eifrig an die Lieben zu Hause. Ein Mädchen mit einer Tartanmütze räkelt sich neben ihrer Eiscremetruhe unter der Kolonnade. Der Fotograf in der Mitte des Platzes steht in großväterlicher Haltung neben seiner alter Dreibeinkamera (die auch nachts auf der Piazza stehen bleibt wie eine umhüllte Eule auf einem Sockel); und die 14 amtlich zugelassenen Postkartenverkäufer wandern mit gewinnendem Lächeln von Gruppe zu Gruppe, die Bauchläden an ausgefransten, abgeschabten Lederriemen vor sich her schiebend. Auf jeder Stufe, jeder Balustrade, auf den Simsen zu Füßen des Campanile, auf den Sockeln der beiden Piazzettasäulen, um die Fahnenmasten herum, neben den kleinen porphyrnen Löwen – wo nur ein Sitzplätzchen frei ist, haben sich junge Leute niedergelassen wie Vögel, Röcke und Bücher um sich her ausbreitend.

Überall sind Gesichter, Gesichter in den Cafés, braune und gerötete Gesichter, die sich in Schaufenstern spiegeln zwischen Spitzentaschentüchern und Canaletto-Drucken, Gesichter hoch oben im Dunkel des Campanile-Glockenstuhls, Gesichter, die vom Uhrturm herabblicken, eine Flut von Gesichtern, fragend, gereizt, entzückt, verliebt, erschöpft, die ständig aus dem Tunnel der Merceria herausströmt. Und rings um den Betrachter her vor der Uhr steht der Kern dieser großen täglichen Menge, schwatzend und erwartungsvoll, ein Gewimmel von Baumwollkleidern und Sonnenbrillen, konischen Hüten, Reiseführern, Schnürsandalen; Hochzeitspaare umfassen sich inniger, Kinder necken einander, Sprachen stoßen aneinander – »alle Sprachen der Christenheit«, wie Coryat sagte, »und noch dazu die, die von den barbarischen Heiden gesprochen werden«; dort ein steifer Engländer, bestrebt, nicht neugierig hinzustarren, hier eine lebenslustige Seele aus Iowa, jeder Zoll eine Touristin, von den emaillierten Ohrclips unter bläulichem Haar bis zu den rotlackierten Zehennägeln. Alles drängt sich, schiebt sich, farbenprächtig und ein wenig klebrig-dicht, so, wie es in der großen Zeit des venezianischen Karnevals gewesen sein muß, als diese Stadt »die Lustbarkeit der Welt, das Maskenspiel Italiens« war, ein Gepränge, ein Wunder, ein sehenswertes Schauspiel.

Die ankündigenden Glocken läuten an der Ecke der Basilika. Die Mohren, athletisch schwingend aus der Hüfte heraus, schlagen würdevoll die Stunde. Die Klappen neben der seltsamen alten Uhr öffnen sich, und heraus kommen die drei Weisen aus dem Morgenland, angeführt von dem fanfarenblasenden Engel. Sie verbeugen sich knarrend vor der Madonna, schlurfen steif um sie herum und verschwinden unter dem Rasseln und Schaben des alten Mechanismus wieder im Gehäuse. Die Türchen fallen ruckartig hinter ihnen zu, die Räder knirschen aus, und alles ist still. Ein Seufzer der Belustigung und der Freude erhebt sich aus der fröhlichen Menge, und das ist der lange, heiße, atemlose Seufzer eines Sommers in Venedig. All diese Deutschen, Amerikaner, Franzosen, Jugoslawen, Japaner, Engländer, Inder, Australier, Türken, Libyer, Perser und andere zu Besuch weilenden »Seeungetüme« schieben einander auf einen Eisstand zu, zählen stoisch das Geld fürs Mittagessen oder setzen in ernstem Bemühen ihren Treck längs der Reihe der Tintorettos fort.

Neues auf dem Rialto

Denn Venedig ist eine Art Metropole, wenn man davon ausgeht, daß alle Welt herbeiströmt, es zu besuchen. Stehe ich auf meinem Balkon und überschaue die Quadratmeile, die in meinem Blickfeld liegt, dann kann ich mir die Schattengestalten einer außergewöhnlichen Galerie von Menschen vorstellen, die irgendwann einmal meine Nachbarn waren: Herzog Sforza, der große Condottiere, Byron und Ruskin, Réjane, Goethe, Galilei, zwei Päpste, vier Könige; Kardinal Pole, de Pisis, Chateaubriand, Barbara Hutton, der Tänzer Taglioni, Frank Lloyd Whright (dessen Haus neben dem Palazzo Balbi nie gebaut wurde), Baron Corvo (der sich in seinen letzten schamlosen Jahren von vier bunt gekleideten Gondolieri in der Gondel rudern ließ).

An dem kleinen Platz gegenüber meiner Wohnung wurde Casanova geboren. In dem Haus zur Rechten mit den Blumentöpfen in den Fenstern wohnte W. D. Howells. Zu meiner Linken steht der Palast, in dem Wagner den zweiten Akt seines *Tristan* schrieb, und dahinter ist die Terrasse, von der aus Napoleon einer Regatta zusah. Ganz in der Nähe ist die Ca'Rezzonico, eines der großen Häuser der Erde. Browning starb darin, Papst Clemens XIII. wohnte darin, Kaiser Franz II. stieg darin ab, Max Beerbohm schrieb darüber. Jenseits des Kanals steht das Stammhaus des Dogen Cristoforo Moro, von dem manchmal behauptet wird, er sei das Urbild der Gestalt des Othello, und zu meiner Rechten ist ein Palast, der einmal einer so unermeßlich reichen Familie gehörte, daß er heute noch Palazzo degli Scrigni heißt – Palast der Geldtruhen.

Um die Ecke herum steht d'Annunzios »kleines rotes Haus«, in dem er die Duse umschwärmte und *Nocturno* schrieb im Dunkel der Blindheit. Im Kloster La Carità, heute Teil der Accademia, soll Papst Alexander III., aus Rom exiliert, ein halbes Jahr lang als Küchenjunge gearbeitet haben, bis er von einem französischen Besucher erkannt und wieder so fest in seine Macht eingesetzt wurde, daß der Kaiser persönlich nach Venedig kam, um seine Verzeihung zu erbitten. Don Carlos, Karl VII. von Spanien, gehörte das Haus hinter der Mosaikfabrik. In dem reizenden Palazzo Dario »lebte und schrieb de Regnier wie ein Venezianer«, wie seine Gedenktafel verkündet. Die »Donna« von *La Donna è Mobile* wohnte im Palazzo Barbaro. In dem kleinen Corte Catecumeni, weiter zu meiner Rechten, wurden früher fügsame türkische Gefangene festgehalten, bis sie ihren Katechismus gelernt hatten und Christen werden konnten. Wohin ich blicke, kann ich mir die Schatten berühmter Männer vorstellen – und einer ins Dunkel getauchten Frau, denn der Palazzo Mocenigo war jenes Haus, von dessen Balkon sich eine von Byrons venezianischen Liebhaberinnen aus Verzweiflung in den Kanal stürzte.

Venedig war ein bedeutender Aufenthalt der Großen Tour des 18. Jahrhunderts, als fashionable englische Besucher ebenso beflissen auf ihre Audienz beim Dogen warteten, wie sie heute, eine Melodie aus *Ancient and Modern* summend, Schlange stehen, um dem Papst ihre Reverenz zu erweisen. Heute noch hat man eine asymmetrische Bildungslücke, ehe man Venedig gesehen hat. Nur noch wenige Ausländer mieten für die Dauer der Saison ganze venezianische Paläste, aber es gibt kaum einen berühmten Namen der westlichen Welt, der nicht irgendwann einmal im Gästebuch eines Hotels aufgetaucht wäre. Die venezianische Sommersaison ruft immer noch die Botschafter der High Society in ihren Jachten, Cadillacs und Flugzeugen zu den Versammlungen der Serenissima – die Venezianer haben einen schönen neuen Flugplatz auf dem Festland für die großen Düsenmaschinen und auf dem Lido einen kleineren für Privat- und Charterflugzeuge, die mit jedem Jahr zahlreicher werden. Der prunkvollste Ball der fünfziger Jahre auf der ganzen Welt war der, den ein mexikanischer Millionär im Palazzo Labia gab (einige der früheren Besitzer dieses Palastes hatten die Angewohnheit, goldenes Geschirr in den Kanal zu werfen, aus Angabe, und es später heimlich wieder herauszufischen, aus Sparsamkeit).

Diese gemischte reiche Welt beschwört zwar mitunter Visionen des 18. Jahrhunderts herauf, trägt aber dennoch stark zur Korrumpierung des Geistes von Venedig bei. Kriecherische Öligkeit schwitzen die Hoteliers der größeren Häuser aus, wenn der Sommer vorrückt, und sogar der Rhythmus der Kanäle wird manchmal durchbrochen, wenn, mit einem riesigen Wappen am Heck, irgendein auffälliger Motorkreuzer, ganz Cocktailbar und High-Fidelity, aus westlichen Häfen kommend, gewichtig an der Salute-Kirche vorbeizieht. Oft würdigen solche Besucher die alte Stadt nur eines flüchtigen Blicks, denn abends sind sie am Lido, und sie kehren nur hin und wieder nach Venedig zurück, um ein teures

Dinner einzunehmen oder einer Party im Rampenlicht der Öffentlichkeit beizuwohnen; aber das genügt, um dem Stolz der Stadt den Glanz zu rauben, so gönnerhaft wirkt ihre kurze Inspektion und so verständnislos. Mancher Angelsachse benutzt Venedig als sommerlichen Zufluchtsort vor den strengeren Konventionen, die zu Hause herrschen. Mancher laute und schmierige Gast in Harry's Bar bringt einen plötzlichen Hauch vom Bauspekulantentum oder Fusionsgier mit – denn beim Gedanken an plötzlich erworbene Vermögen, verfällt man oft auf Venedig. (Doch andere Reiche, die ihrem Schoner oder ihrem schnellen Flugzeug entsteigen, tragen auch heute noch ein gewisses, fast verlorengegangenes Air von Macht und gesellschaftlichem Stil in die Stadt.)

In seinen großen Jahrhunderten war Venedig mehr als ein bloßes Spektakel, und die Welt strömte nicht nur herbei, um sich die goldenen Pferde anzusehen oder Tizian persönlich die Ehre zu erweisen, sondern um Währungen umzutauschen, Geld zu investieren, Schiffe zu mieten, über Diplomatie und Krieg zu sprechen, sich einzuschiffen, Neuigkeiten aus dem Osten in Erfahrung zu bringen, zu kaufen und zu verkaufen. Die Himmelfahrtsmesse zog Händler, Fabrikanten, Finanzleute und sogar Modezeichner aus ganz Europa an (eine große, nach der letzten Mode gekleidete Puppe wurde auf der Piazza aufgestellt, um als Mannequin für die Moden des kommenden Jahres zu dienen). Und die berühmteste aller venezianischen Institutionen war der große kommerzielle Börsenbetrieb an der Rialtobrücke, eines der ersten Fakten europäischer Geschichte. Für die Europäer des Mittelalters war der Rialto eine ebenso bedeutende Gegebenheit wie eine Weltbank oder eine Wall Street heute. Es war der Hauptfinanzkanal zwischen Ost und West und das eigentlich Kraftwerk des venezianischen Imperiums.

Die erste aller Staatsbanken, die Banca Giro, wurde im 12. Jahrhundert am Rialto eröffnet, und dreihundert Jahre lang beherrschten die Rialtobanken den internationalen Börsenverkehr. Von ihren Geschäftshäusern fuhren die großen Handelsschiffe zum Orient, nach Flandern und nach England; die meisten Schiffe gehörten dem Staat und wurden (der schnelleren Wartung und Abfertigung halber) nach einheitlicher Norm gebaut, aber das investierte Geld gehörte den Kaufherren vom Rialto. An den Wänden der Rialtokolonnade zeigte eine riesige gemalte Karte die

Im Café Florian am Markusplatz

großen Verkehrsrouten des venezianischen Handels – nach den Dardanellen und dem Asowschen Meer, nach Syrien, Aleppo, Beirut, nach Alexandrien, nach Spanien, England und Flandern; vor ihr versammelten sich die Kaufherren, um den Fortgang ihrer Unternehmungen zu verfolgen, gleich Stabsoffizieren bei der Lagebesprechung. Am Rialto lagen die venezianischen Ämter für Navigation, Handel und Schiffsverkehr – in jenen Tagen die entscheidenden Autoritäten auf dem Gebiet des Handels und der Seefahrt.

Zu den Zentren dieses berühmten Ortes brachte die ganze Welt ihr Gold, ihre exotischen Textilien, ihren Kaffee und ihre Gewürze; Waren, die auf dem Weg nach Venedig manchmal Länder durchquerten, von denen die Europäer noch nie gehört hatten. Sogar Heinrich III. von Frankreich hielt es für der Mühe wert, inkognito zwischen den Rialtoläden umherzuschlendern, um einen billigen Kauf zu machen. Während des 14., 15. und 16. Jahrhunderts fragte mit Antonio ganz Europa: »Was gibt es Neues am Rialto?«, bis schließlich die sieben Karavellen Vasco da Gamas, das Kap umrundend auf dem Seeweg nach Indien, dem venezianischen Monopol im Osthandel ein Ende machten und den Rialto trockenlegten. So empfindlich reagierte der venezianische Handelssinn, daß mehrere der Rialtobanken, als eines dunklen Morgens im Jahre 1499 die Nachricht von da Gamas Fahrt in der Stadt eintraf (lange bevor der Weltumsegler nach Portugal zurückkehrte) sofort Bankrott machten.

Heute gibt es immer noch Banken um das östliche Ende der Rialtobrücke herum, aber der alte Treffpunkt des Handels ist jetzt ein volkstümlicher Markt, auf dem es lebendig, geräuschvoll und malerisch zugeht, und nur noch einige wenige knorrige Überreste seiner großen Zeit sind geblieben und vermögen den Sinn für Geschichte anzuregen. Um die Bedeutung des venezianischen Niedergangs zu ermessen, geht man am besten ans westliche Ende der Brücke, wo die Kirche San Giacomo steht, und überblickt die Szene, wobei man ein Auge den Marktweibern, ein Auge den abwesenden Großen widmet.

Die großen Unternehmungen sind dahin. Rings um den Betrachter her, unter dem Buckel der Brücke, wirbelt das lebhafte Treiben des Kleinhandels. Unter den Arkaden sind die Juweliere, die in ihren Fenstern Sovereigns, Maria-Theresia-Taler und vergoldete Schmuckwaren ausstellen; man kann sie durch die offenen Türen beobachten, wie sie mit ängstlich-schlauem Gesichtsausdruck winzige Goldkettchen (für Christophorus-Medaillons) auf winzige Waagschalen legen. Im Durchgang ist die Erberia, der Gemüsemarkt, ein lustiges Kunterbunt mit viel Geschiebe, und die Stände sind beladen mit saftigen Pfirsichen, Zwiebelgirlanden, Bananen, unordentlichen Häufchen von Fenchel, Kopfsalat, grünen gezackten Blättern wie Löwenzahn, Pfeffergurken, steifen Hasen, gerupften Wachteln in ausgerichteten Reihen, Spinat, Kokosnußscheiben unter kühlendem Geriesel, Kartoffeln, toten Seemöwen mit dem Kopf nach unten, in Eimern schwimmenden Artischockenstückchen, herrlichen Äpfeln, Rettichen, Orangen aus Sizilien und Nelken aus San Remo. Die Marktleute sind heiter und verstehen sich aufs Geplauder, die Käufer blicken ernst und haben es eilig, und manchmal schreitet ein nachdenklicher Anwalt in weißen Kragenspitzen durch das Gewühl hindurch auf das Gerichtsgebäude zu.

Über die Stände erhebt sich die alte Kirche San Giacomo, ein unscheinbares, aber freundliches kleines Bauwerk, das bei den Venezianern den vertrauten Namen San Giacometto hat. Ihre große 24-Stunden-Uhr erscheint auf einem Gemälde von Canaletto, kann aber nur auf eine trübe »mechanische« Geschichte zurückblicken. sie ging im 14. Jahrhundert mehrmals falsch und mußte erneuert werden »zur Ehre und zum Trost der Stadt«. Im 18. Jahrhundert blieb sie wieder stehen, offenbar um vier Uhr. Im Jahre 1914 berichtete ein Reisender, daß sie stets drei Uhr nachmittags anzeige, und in den fünfziger Jahren war sie genau auf Mitternacht festgefahren.

Unterhalb dieses unverläßlichen Zeitmessers, versteckt in einem Gewirr von Schuppen und Kisten, findet man den Gobbo di Rialto, eines der bekanntesten Bildnisse aus dem mittelalterlichen Venedig. Er steht jetzt, verlassen und vernachlässigt, inmitten von Kästen und altem Gemüse: eine kleine Männerfigur aus Granit, die eine Reihe von Stufen und eine dicke Säule stützt. Er wurde als bucklig bezeichnet, aber er ist nur unter seiner Last gebeugt, denn in der großen Zeit des Rialtoviertels trug er schwere Verantwortung. Auf seinem Sockel wurden die Dekrete der Republik verkündet in den Tagen, da die venezianischen Gesetze mit Blut geschrieben und mit Feuer aufgezwungen wurden. Und Männer, die sich kleinerer Vergehen schuldig gemacht hatten, mußten splitternackt von San Marco zu seinen Stufen durch einen Hagel von Schlägen Spießruten laufen, bis sie schließlich atemlos, blutend und gedemütigt, für ihre Sünden gestraft zu seinen Füßen niederfielen und ihn in blinder Erleichterung umarmten.

Und um die Ecke herum, am Canale Grande, ist der unvergleichliche Fischmarkt von Venedig, ein herrlicher feuchter, bunter, stark riechender Treffpunkt des Meeres, der jeden Morgen bei Tagesanbruch von Kahnflottillen mit Nachschub an Seefischen versorgt wird. Seine Stände sind schön verziert mit grünen Zweigen, feucht und kühl, und auf diesen liegt in zartfarbener, sabbernder, kringelnder, glitzernder Masse das Meeresgetier der Lagune. Da gibt es glitschige Aale, grün oder gefleckt, noch voll ungebärdigen Lebens, schöne kleine rote Fische, in Kisten gepackt, mit den Köpfen nach oben; seltsam röhrenartige Mollusken, zu deren Öffnungen Feuchtigkeit herausrinnt; schöne rote Meeräschen, grausige Pseudohaie, unbesiegte Krebse und Haufen von gemmengleichen Muscheln, Rochen und Schwärme von kleinen Plattfischen; Wesen wie Wassertaranteln und Tümpel von weichen, blasigen Oktopoden, die wütend Tinte verspritzen, große Stücke Thunfisch; Fischrümpfe und Fischsteaks, Fischkeulen, Fischnieren, Innereien und Gedärm und Rogen: ein Gewimmel von Meeresmaterie, rosa, weiß, rot, grün, vielgliedrig, knopfäugig; glitschig, sinnlich, schimmernd, schlaff, schwammig, knusprig – und alles liegt benommen auf den frischen, grünen Bahren, tot, dem Tod geweiht oder schwer atmend, gleich einem Hain bunten Laubwerks inmitten der Tundra aus venezianischem Stein.

Im 18. Jahrhundert war der Kai neben dem Fischmarkt einst das Wirtschaftszentrum der westlichen Welt, zu einer Frühmorgenpromenade für venezianische Herumschwärmer geworden, die, mitgenommen von einer durchliebten oder durchspielten Nacht, dort auftauchten; es gehörte damals zum guten Ton, im ersten Morgenlicht dabeizusein und alle angemessenen Anzeichen des gehabten Zeitvertreibs von sich zu geben. Heute ist die Rialtogegend nicht einmal lockerlebig, nur malerisch. Den Zeilen an der Apsis von San Giacomo, einem Memento der großen Zeit, haftet eine traurige Ironie an: »Laßt um diesen Tempel her das Gesetz des Kaufherrn gerecht sein, echt sein Gewichtsmaß und unverbrüchlich seine Verträge.« Heute verlangen keine Shylocks mehr

Sicherheiten unter den Rialtoarkaden, keine kichernde Kurtisane schleppt ihre schmutzbefleckten Röcke über den Markt im Morgengrauen – nur die Händler rufen, die Hausfrauen feilschen, und die Touristen auf der Brücke befragen besorgt ihre Belichtungsmesser. Man muß das Rialtozentrum heute mit einem inneren Auge sehen, geradeso wie ich von meiner Terrasse aus nicht nur die vorüberfahrenden Bootsleute und meinen Jungen erblicke, der über die Brücke zur Schule stolpert, sondern Napoleon, schmollenden Gesichts auf seinem Balkon, und die anmutige kranke Duse und Othello und Corvo und alle jene eingesperrten Ungläubigen, die hinter der Salute-Kirche mit dem Eifer der Verzweiflung ihre Glaubensartikel lernen.

Kuriositäten

Venedig ist eine intime, heimlichtuerische, flüsternde, kunterbunte Anekdotenstadt, und es ist reich an pikanten, runzligen Dingen, gleich einem Sortiment von Krimskrams im Hause eines eigenwilligen Kenners oder den Parasiten auf einer Austernschale. Einige sind die Beigaben einer alten Religion, einige die Vermächtnisse der Geschichte, einige sind einfach bürgerliche Launen. In Venedig führt einen das *Sempre diritto!* stets zu irgendeinem weltbekannten Wahrzeichen, dem Campanile von San Marco, der Rialtobrücke, der prunkvollen Piazza oder dem Canal Grande; aber man gelangt auf gewundenem Pfad dahin, durch eine Sammlung von Kuriositäten hindurch.

Venedig war immer einzigartig auf der Welt, einmalig in seinen Sitten wie in seinem Status. Wenn man zu dem großen klösterlichen Gebäude neben der Frari-Kirche geht, steige man die Treppe hinauf und spreche freundlich mit dem Mann am Pförtnerschalter, und man wird Zutritt erhalten zum Staatsarchiv der Venezianischen Republik, in denen ehrerbietig die Aufzeichnungen des unabhängigen Venedig von seinen ersten Anfängen bis zu seinem Fall aufbewahrt werden. Es ist das vollständigste derartige Staatsdenkmal auf der Welt. Phantastische Zahlen umgeben seine Schätze, geboren aus der Heimlichtuerei des alten Staates, und gelangen oft in die angesehendsten Reiseführer. Einige sagen, es enthalte 14 Millionen Bände; andere behaupten, es habe tausend

Räume. Andrea Balbi, ein Geograph, der im 19. Jahrhundert lebte, ließ sich von seinem Thema berauschen und errechnete, daß die Dokumente und Bände zusammen 693 176 720 Blätter umfaßten, daß diese aneinandergereiht 1 444 800 000 Fuß lang wären und elfmal um die Erde reichten und schließlich, daß sie ausgebreitet eine so große Fläche bedecken würden, daß die gesamte Menschheit darauf stehen könnte. Noch in den fünfziger Jahren des vorigen Jahrhunderts waren die allerheiligsten Geheimnisse des Rats der Zehn im Archiv verborgen; doch nun, da auch der letzte Winkel den Forschern zugänglich ist, stimmt man allgemein darin überein, daß seine 280 Räume etwa 250 000 Bücher, Dokumente und Pergamente enthalten.

Sein Gehege von Zimmern, einst die Zellen eines Franziskanerklosters, ist bis zur Decke vollgepackt mit dieser außergewöhnlichen Dokumentation – Kartei auf Kartei, Quartband auf Quartband, riesige illustrierte Manuskripte, handgezeichnete Karten, Kataster, Rechtsurkunden, Adelslisten, offizielle Protokolle des Großen Rats –, eine verschwundene Gesellschaft, die sich hier verewigt hat, gleich einem längst verstorbenen Papst in einem Kristallsarg oder einer Kornähre aus einer Pyramide. Es riecht nach Pergamenten und alter pulvriger Tinte; in einem kleinen Raum nahe dem Eingang ist ein Mann damit beschäftigt, Familienstammbäume auf Mikrofilm aufzunehmen für diejenigen, die gegen Entrichtung einer angemessenen Gebühr ihre Abstammung von den Seiten des Goldenen Buches bestätigt haben wollen.

So etwas wie historische Kontinuität haftet auch den Straßen und Gebäuden Venedigs an. »Ja«, sagte meine Haushälterin eines Tages, als sie mir von den Ursprüngen der Salute-Kirche erzählte, »ja, Signor Morris, als die Pest zu Ende war, haben wir alle in die Tasche gegriffen, alle miteinander, und ein bißchen Geld gespendet und davon aus Dankbarkeit die Kirche gebaut.« Das war vor dreihundert Jahren, aber der Familiensinn ist so streng in Venedig und seine Jahrhunderte sind so sehr gerafft, daß Emilia halb davon überzeugt war, selbst ein paar Lire beigesteuert zu haben. Venedig ist voll von solchen ewigen Anklängen – von dem Namen der Frezzeria, der Straße der Pfeilmacher (wo heute noch Flechtkörbe gleich Köchern hergestellt werden), bis zu den Schiffswerften des Arsenals, wo die Tanker auf der gleichen Werft repariert werden, die Dante vor sechs Jahrhunderten besuchte. Auf dem Campo San

Zan Degola ist ein steingehauener Kopf, der nach dem Volksglauben einen legendären Bösewicht namens Biagio darstellen soll, welcher arme Kinder in Stücke hackte und sie in seinem Gasthaus als Schmorfleisch verkaufte; die Geschichte stammt aus dem Mittelalter, aber wenn man das Bildnis besichtigt, wird man feststellen, daß es schlammbeschmiert ist, zum Zeichen, daß Venedig ein langes, unversöhnliches Gedächtnis hat. Längs der Riva degli Schiavoni, dem Kai der Slawen, sieht man noch oft den roten Stern Jugoslawiens, des neuen Herrn von Dalmatien. Die Zuckervorräte der Stadt werden seit den frühesten Tagen der Republik an derselben Stelle ausgeladen – dort, wo die Zuckergasse auf den Zatterekai stößt. Die Dogana ist immer noch ein betriebsames Zollgebäude. Die ältesten *traghetti* bestehen seit dem 13. Jahrhundert.

Hier wurden Vergangenheit und Gegenwart wiederholt beschmutzt, so daß das Alte oft zeitgenössisch wirkt und das Neue rasch die Streifen des Alters annimmt. Man spielt Fußball im großartigen Renaissancehof des Palazzo Pisani in der Nähe der Accademia. Man führt Filme im Ridotto vor, das einst das gefeiertste Spielkasino Europas war. Man verkauft Kleiderstoffe in der alten Schule der Schuhmacher neben San Tomà, stellt Stühle her in der Schule der Gerber am Campo Santa Margherita, und wenn man sich ein Glas Bier bestellt in dem Café gegenüber dem Hauptportal von Santo Stefano, befindet man sich in der alten Schule der Wollweber, die einst so florierte, daß sie fünf Carpaccios ihr eigen nennen durfte. Schon das Material Venedigs scheint zeitlos zu sein, denn es war oft schon alt, als die Venezianer es stahlen und zur Lagune schafften; sogar eine Idee wie das Modell der Kuppel ist von Byzanz erst nach Venedig gekommen und war noch früher in Rom zu Hause.

Venedig ist dicht besät mit den ausgefalleneren Ornamenten der Religion. Es ist einer der großen Reliquienschreine der christlichen Welt. Fast jede venezianische Kirche besitzt ihren Splitter heiligen Gebeins, ihr Skelett, ihren Nagel, ihr Stück Holz, ihren patriarchalischen Stein, herrlich eingefaßt in Glas und Gold, ehrerbietig aufbewahrt in Kästchen und gepolsterten Etuis oder hinter dicken Samtvorhängen. Die Leichname von Sankt Markus, Sankt Stephan, Sankt Zacharias (Vater des Täufers), Sankt Athanasius (vom Glaubensbekenntnis), Sankt Rochus, Sankt Theodor, Sankt Magnus, die heilige Lucia und manch anderer heiligen Gestalt liegen in den Kirchen der Stadt begraben. Die Kirche San Tomà besitzt über 10000 heilige Reliquien, darunter angeblich zwölf komplette Heiligenleichname (die zeitweilig wegen der Feuchtigkeit außerhalb der Kirche aufbewahrt werden).

In der Kirche San Pietro di Castello, die einer venezianischen Legende zufolge von den Trojanern gegründet wurde, steht der Thron, den Petrus in Antiochia benutzte. In der Basilica di San Marco allein werden aufbewahrt (wie zumindest irgendwann einmal behauptet wurde) ein Messer vom letzten Abendmahl Christi mit seinen Jüngern; der Stein, auf dem man Johannes den Täufer enthauptete und der jetzt noch rot befleckt in der Taufkapelle steht; der Schädel des Täufers; ein Arm des heiligen Georg; ein noch feuchtes Basrelief, gehauen aus dem Stein, an den Moses schlug; ein vom heiligen Lukas gemaltes Bild; zwei kleine Engelsschreine, die einst den Balkon des Pilatus in Jerusalem zierten; ein Stein, auf dem Christus stand, als er in Tyrus predigte; eine Rippe des heiligen Stephan; ein Finger der Maria Magdalena; ein Hocker, welcher der Jungfrau Maria gehörte; der Marmorstein, auf dem Jesus saß, als er die Samariterin um Wasser bat; das Schwert, mit dem Petrus dem Malchus das Ohr abhieb; sogar ein Manuskript des Markus-Evangeliums in der Handschrift des Evangelisten selbst.

Kaum weniger als diese alten Reliquien wird der Raum verehrt, in dem sich im Jahre 1800 das päpstliche Konklave zusammenfand, um Pius VII. zum Papst zu wählen. Das Konklave war von Napoleon aus Rom verbannt worden (dem vorangehenden Papst, der gefragt hatte, ob man ihm wenigstens gestatte, in Rom zu sterben, war gesagt worden, er könne »sterben, wo er wolle«); es tagte in einem Obergeschoßraum des Klosters San Giorgio Maggiore, anschließend an die Kirche von Palladio. Die holzgeschnitzten Stühle sind noch mit den Namen der 35 damals anwesenden Kardinäle versehen, als hätten sie gerade eben erst zu ihren großen, breitkrempigen, scharlachroten Hüten gegriffen, um ins Refektorium hinunterzugehen; der Hut des Papstes liegt in einem Glaskasten, auf einem Kranz von Mottenkugeln wie auf einem Kugellager; und vor der Tür steht der kleine schwarze Ofen, in dem die Stimmzettel verbrannt wurden, deren Rauch zum eisernen Schornstein oben neben dem Campanile herausstieg und das Ende der Wahl verkündete.

Die Gräber Venedigs sind, wenn sie sich nicht abscheulich ausnehmen, oft wundervoll bizarr. In der Kirche San Giobbe, vor dem Hochaltar, kann man das Grab »des ursprünglichen Othello« sehen, des Dogen Cristoforo Moro (dessen Haus wir bereits kennengelernt haben). Die eine Theorie geht dahin, daß Shakespeare die Erzählung einer skurrilen Flugschrift über diesen Mann entnommen hätte, und ihre Vertreter weisen gern auf ein Familienemblem hin, das auch auf seiner Gedenkstätte eingraviert ist. Es stellt eine Maulbeere (*mora*) dar – »und spricht nicht Shakespeare oder, was noch wahrscheinlicher ist, Bacon in Akt VI Szene III von Othellos Liebespfand an Desdemona als von ›einem Taschentuch gefleckt mit Erdbeeren‹? Welches Beweises bedarf es noch, mein armer Freund? Stecken Sie immer noch in der altmodischen Tradition?«

Zur Linken des Hochaltars in der Basilika ist zwischen den Mosaiken ein herzförmiger Stein. Lange Zeit wußte niemand, was er bedeutete, doch während der Restaurierung des Fußbodens wurde der Stein gehoben, und man fand darunter ein kleines Kästchen, das ein zusammengeschrumpftes menschliches Organ enthielt: Es war das Herz des Dogen Francesco Erizzo, der im Jahre 1646 starb – sein Leichnam liegt in der Kirche San Martino begraben, aber er hatte testamentarisch verfügt, daß sein innerstes Wesen in allernächster Nähe des Schutzpatrons der Venezianer ruhen sollte. Der Doge Francesco Morosini, der 1694 starb, liegt in der Kirche Santo Stefano begraben unter Venedigs größtem Grabstein, der das Mittelschiff der Kirche beherrscht und dreimal fünf Meter mißt. Der Doge Andrea Vendramin, bestattet in der Kirche San Zanipolo im Jahre 1478, ist der breiteren Weltöffentlichkeit hauptsächlich deshalb bekannt, weil seine Skulptur Gegenstand einer speziellen Untersuchung durch Ruskin war: Überzeugt davon, daß die venezianische Renaissance von Trug und Falschheit geprägt war, lieh sich Ruskin beim Sakristan eine Leiter aus und stieg zu dem hohen Grab hinauf, um zu beweisen, daß sogar das Bild des Dogen eine Pfuscharbeit und nur auf einer Seite ausgehauen war, während sich auf der anderen nichts als eine glatte Marmorfläche befand.

In der Frari-Kirche, rechts vom Hochaltar, ist das Grabmal des unglücklichen Dogen Foscari, der 1457 abgesetzt wurde und (offenbar an gebrochenem Herzen) wenige Tage nach der Hinrichtung seines Sohnes starb, der des Verrats für schuldig befunden worden war. Es ist ein großes, mitleiderregendes Monument, und seit fünf Jahrhunderten versäumt kein Fremdenführer, auf die Geschichte der in Ungnade gefallenen Familie hinzuweisen. Aber eine Inschrift darunter hält ein rührendes Nachspiel fest. Zweieinhalb Jahrhunderte nach dem Tod des alten Dogen ordnete ein Abkömmling namens Alvise Foscari als Akt der Familienloyalität an, daß sein eigenes Herz in dieses Grab der Schande gelegt werden sollte, und so geschah es auch im Jahre 1720. (Der unmittelbar gegenüberliegende Doge Niccolò Tron, der im 15. Jahrhundert lebte, wird als Mann mit einem buschigen Bart dargestellt; er ließ ihn sich nach dem Tod eines Lieblingssohns wachsen zum Zeichen ewiger Trauer.)

Und in der Kirche der Scalzi, der barfüßigen Karmeliter, ist das Grab Ludovico Manins, des 120. und letzten in der Reihe der Dogen, der mit kaum mehr als einem Wimperzucken seine Republik den heranwogenden Truppen Napoleons übergab und fünf Jahre später ruhmlos starb. Die Manins waren von Florenz nach Venedig gekommen, brachten es im Handel zu Reichtum und kauften sich während der Kriege mit Genua in den Adelsstand ein; aber der letzte Doge war kaum eine eherne Gestalt, und seine Visitenkarte war verziert mit dem Bild eines nackten, unter einer Eiche schlummernden Adonis. Deshalb haftet diesem schlichten Grab eine traurige Melancholie an. Es ist eine einfache düstere Platte in einer Seitenkapelle, und darin eingehauen stehen die Worte *Cineres Manini* – »Die Asche Mainins.«

Auch die venezianische Kunst ist reich an Kuriositäten. Der durchsichtige Charakter der Täuschung, welcher der Stadt eigen ist, wurde stets von den Künstlern zu Tricks und Kniffen der Perspektive und der Proportion ausgenutzt. Nichts ist völlig symmetrisch in Venedig – die Piazza ist nicht nur unregelmäßig, sie fällt auch zur Basilika hin ab und hat ein Fliesenmuster, das nicht paßt. Gewisse Gebäude wurden bewußt kopflastig gebaut, wie der Dogenpalast, oder mit Scheindrapierungen versehen, wie die große Jesuitenkirche, die so ausschweifend mit marmornen Tüchern, Vorhängen, Teppichen und Wandverkleidungen verziert ist, daß man sie benommen im Zustand völliger Fassungslosigkeit verläßt. Perspektivische Decken bewegen sich lastend, während man darunter hinschreitet; sich windende Trauben von Engeln schweben im Blau umher und erinnern mich immer an die eßbaren Frösche auf dem Fischmarkt von Hongkong, die mit Draht zusammengeklammert sind, noch lebendig, aber erstarrt, und eine sehr deutliche vielgliedrige Erscheinungsform darstellen, so als hätten sie zwölf Beine das Stück. Arme und Fußknöchel ragen aus Gemälden heraus, wie etwa Prodenones berühmter Pferdekopf in der Kirche San Rocco. Glocken schwingen lustig aus gemalten Himmeln heraus, Scheinjalousien schirmen nicht vorhandene Fenster ab. Wenn man um die Engel herumsieht, die so triumphierend am Säulengang der Jesuitenkirche stehen, wird man feststellen, daß ihre Hinterbacken hohl und ganz unverblümt mit Eisendraht zusammengehalten sind. Die große Kuppel der Salute-Kirche wird von riesigen, kunstvoll schnörkelverzierten steinernen Strebepfeilern gestützt – aber sie sind eigentlich gar nicht nötig, denn die Kuppel ist aus Holz.

An einem Wintermorgen, als sich kein Tourist im Dogenpalast befand und die Aufseher aus dem Saal des Großen Rats sich anderswo aufhielten, zog ich mir rasch die Schuhe aus und stieg die Stufen zum Dogenthron hinauf; als ich dort oben auf diesem gewichtigen Sitz saß und die große bemalte Decke über mir betrachtete, wurde ich mir bewußt, wie sorgfältig überlegt die perspektivischen Verzerrungen der venezianischen Kunst waren. Alle diese gigantischen Bilder und Symbolismen, die Göttinnen, Siegesgestalten und Tugenden schienen jetzt nur für mich da zu sein. Ich konnte Venezia gerade ins Auge sehen, ohne mir den Hals zu verrenken. Ich konnte die Huldigungen der eroberten Provinzen entgegennehmen, ohne den Kopf zu bewegen. Es war, als ob Veronese, Tintoretto, Bassano und Palma Giovane persönlich vor mir ständen, tief sich verneigend und meine Billigung erwartend. Dieses Erlebnis übte eine erhebende Wirkung auf mich aus. Als ich auf Zehenspitzen wieder die Stufen heruntergestiegen und in meine Schuhe geschlüpft war und die Haltung unschuldiger Forscherneugierde angenommen hatte, blickte ich mich um – und da waren die Abdrücke meiner bestrumpften Füße auf den polierten Holzstufen doppelt so groß wie gewöhnlich und doppelt so selbstbewußt.

Das venezianische Barock ist manchmal herrlich exzentrisch. Die Fassade von San Moisè läßt gewöhnlich den Touristen mitten im Schritt innehalten, so lachhaft überladen ist sie gestaltet; innen findet man ein riesiges Altarbild, aus glänzenden weißen Granitblöcken gehauen, das, fast in Lebensgröße, Jehova, Moses, die Gesetzestafeln, den Berg Sinai und alles Drum und Dran darstellt. Ein anderer prachtvoller Altar steht in der Kirche San Marziale (genannt nach einem Gottesmann, dessen Legende, falls ich die richtige erwischt habe, in meinem Heiligendiktionär als »eine extravagante Fälschung« bezeichnet wird): er scheint einen heiligen Eremiten in seiner Höhle darzustellen, denn unter der Platte hockt, daß die Aureole gerade noch hineinpaßt, ein einsamer, verlassener Weiser, so etwa wie Kinder mit künstlerischen Neigungen manchmal unter einem Flügel kauern.

Die Fassade von Santa Maria Zobenigo ist dafür »berüchtigt«, daß kein einziges Teilstück ihres Ensembles irgendeine religiöse Bedeutung hat. Die Kirche wurde von der Familie Zobenigo erbaut, aber rekonstruiert von den Barbaros, und ihre Stirnseite ist ganz deren Glorifizierung gewidmet. Wenn man den Blick von unten nach oben wandern läßt, erblickt man eine gekrönte Venezia zwischen der Gerechtigkeit und der Enthaltsamkeit, einen doppelköpfigen Adler mit einer kupfernen Krone, das Barbaro-Emblem, vier in römischem Stil gehaltene Barbaros in Nischen, zwei Stapel militärischer Trophäen (Trompeten, Gewehre, Banner, Trommeln) und sechs sauber herausgehauene Pläne von Orten, die in den Annalen der Familie Barbaro eine bedeutende Stellung einnehmen – Zara, Kandia, Padua, Rom, Korfu und Spalato. (Als ich diese Pläne an einem Frühlingsabend betrachtete, waren sie alle in gut erhaltenem Zustand, aber als ich am nächsten Tag wieder vorbeikam, entdeckte ich, daß über Nacht ein großer Brokken von Spalato abgebrochen war und eine bleiche Steinnarbe hinterlassen hatte; es ist eigenartig, auf so direkte Weise den Verfall einer Kultur mitzuerleben.)

Die venezianischen Künstler hatten oft eine Schwäche für das Launische, Grillenhafte und liebten heimliche Scherze, verborgene Anspielungen und unbezeichnete Selbstporträts. Auf Veroneses berühmtem *Gastmahl bei Levi* in der Accademia ist Veronese selbst die höfliche Majordomogestalt in der linken Mitte. Er hat sich auch auf dem allegorischen Bild *Gloria* im Dogenpalast selbst dargestellt, und auf seiner *Hochzeit von Kana*, die jetzt im Louvre hängt, erscheint nicht nur er selbst als Violaspieler, sondern auch sein Bruder, Tintoretto, der Sultan Soliman, Kaiser

Karl V., der Marchese del Guasto und die Marchesa di Pescara. Auf Gentile Bellinis *Wunder vom wahren Kreuz in San Lorenzo* kniet die gesamte Familie des Künstlers in selbstgefälliger Parade am rechten Rand, und die Königin von Zypern steht mit ihren Hofdamen zur Linken. Auf Domenico Tiepolos seltsamem Bild *Die neue Welt* in der Ca'Rezzonico blickt der Künstler selbst durch das Vergrößerungsglas in der rechten Ecke des Gemäldes, und sein Vater steht neben ihm. Es gibt ein Bild von der Seeschlacht von Lepanto in der Sala dello Scrutinio des Dogenpalastes, auf dem man bei genauem Hinsehen zwischen Gemetzel und Leichen einen kleinen Herrn entdeckt, der, mit sauber gestutztem Bart, Spitzenkragen und völlig gelassen, bis zum Hals im Mittelmeer steckt: das ist der Künstler Vicentino, der sich durch seinen Stoff nicht im geringsten erschüttern läßt.

Auf dem Bild daneben, einer weiteren Seeschlacht, hat sich Pietro Liberi als sehr dicker nackter Sklave porträtiert, ganz vorn auf dem Gemälde, einen Dolch in der Hand. In der Nähe hängt Palma Giovanes *Jüngstes Gericht*, das zwei Porträts der Geliebten des Künstlers in verschiedenen Phasen ihrer wechselnden Stimmungen enthalten soll – unten links leidet sie Qualen in der Hölle, oben rechts befindet sie sich selig im Paradies. Gleich nebenan sitzt Tintorettos Tochter zu Füßen des heiligen Christophorus auf dem gigantischen Gemälde vom Paradies im Großen Ratssaal. In der Kirche Madonna dell'Orto sieht man Tintoretto selbst, wie er das Goldene Kalb festhalten hilft bei der Vorbereitung eines Rituals – er hat einen großen schwarzen Bart und eine selbstgefällig heidnische Haltung, und in seiner Nähe ist seine Frau, ganz in Blau. Palma Vecchios berühmte heilige Barbara in der Kirche Santa Maria Formosa, beschrieben als »die letzte Darstellung venezianischer Schönheit«, ist in Wirklichkeit des Künstlers Tochter Violante. (»Eine fast einmalige Darstellung einer Frau und Heldin«, schrieb George Eliot einmal bezüglich dieses Bildes, »die ganz ruhig dem Märtyrertod entgegensieht, ohne die geringste Andeutung von Pietismus und doch mit dem Ausdruck einer Seele, die von ernster Überzeugung erfüllt ist.«)

Die Madonna auf Tizians großem Pesaro-Altarbild in der Frari-Kirche ist des Künstlers Frau Celia, die bald darauf im Kindbett sterben sollte. Das benachbarte Grabmal Canovas mit seinem pyramidischen Aufbau und seiner andeutungsvollen halboffenen

Tür wurde von Canova selbst entworfen – und zwar ursprünglich für Tizian, der aber seine eigenen Pläne für ein wahrhaft tizianisches Grabmal hatte, wenn er auch starb, ehe er sie ausführen konnte (er liegt in der Frari-Kirche jedenfalls im grandiosesten Mausoleum von allen begraben, errichtet dreihundert Jahre nach seinem Tode vom Kaiser von Österreich und umgeben von Reliefs, die er selbst geschaffen hatte). In derselben Kirche steht die schöne Statue des heiligen Hieronymus von Alessandro Vittoria mit ihren fein modellierten Adern und Muskeln, die in Wirklichkeit Tizian in hohem Alter darstellt; Vittorias eigene Büste in der Kirche San Zaccaria, die ihn in würdevollem Nachdenken inmitten einer Zuhörerschaft von respektvollen Allegorien darstellt, ist ein Selbstporträt. Die hölzerne Karikatur eines Künstlers in der Scuola di San Rocco, ein Werk des unbändigen Francesco Pianta, ist eine satirische Schmähung Tintorettos, dessen überwältigende Gemälde ringsherum stehen. Fünf Köpfe auf Sansovinos Sakristeitür, hinter dem Hochaltar der Basilika, stellen durchaus keine ätherischen Gestalten dar: sie sind Sansovino selbst, Palladio, Veronese, Tizian und Aretino, der sich einmal bei allen literarischen Taglöhnern beliebt machte, indem er sagte, er verdiene sein Brot im Schweiße seiner Tinte, und der angeblich an allzu heftigem Lachen über einen obszönen Witz gestorben ist, dessen Zielscheibe seine eigene Schwester war.

Die schönen Orgelklappen in der Kirche San Salvatore bemalte Tizians Bruder, Francesco Vecellio; sie gehören zu seinen letzten Werken, denn er kehrte bald danach der Kunst den Rücken und wurde Soldat. In drei venezianischen Gebäuden kann man Bilderreihen sehen, die zu einem Wettbewerb eingereicht wurden und jetzt in ewigem Waffenstillstand nebeneinanderhängen: die zwölf Märtyrerbildnisse von San Stae, die 21 an der Decke der Markus-Bibliothek, die 24 Gemälde (die sich alle mit Vorgängen aus den Annalen der Karmeliter befassen), welche dem Schiff der Carmini-Kirche bei aller Gedrängtheit einen hohen Adel verleihen. (Die Stationen des Kreuzes in der Kirche Santa Maria Zobenigo stammen ebenfalls von verschiedenen Künstlern; jeder hatte ihrer zwei übernommen.)

Tintorettos letztes Werk ist das Bild des Titularheiligen in der Kirche San Marziale. Tizians letztes ist seine *Kreuzabnahme Christi* in der Accademia, die für sein eigenes Grabmal bestimmt war; sie wurde von Palma Giovane vollendet, der, wie man sehen kann, die Worte darunter schrieb: »Was Tizian unvollendet ließ, hat Palma in Ehrerbietung vervollkommnet, und er weiht Gott das Werk.« Verrocchios letztes ist das Reiterstandbild Colleonis. Longhenas letztes ist der Palazzo Pesaro am Canal Grande, den er nicht mehr fertigstellen konnte. Giovanni Bellinis letztes ist das Altarbild in der Kirche San Giovanni Crisostomo in der Nähe der Rialtobrücke. Als Mantegnas letztes gilt sein wundervoller *San Sebastiano* in der Ca'd'Oro: Es wurde nach seinem Tod in seinem Atelier gefunden, und am unteren Ende des Bildes, neben einem rauchenden Kerzendocht, hatte der Künstler die entsagungsvolle Inschrift angebracht: *Nil Nisi Divinum Stabile Est, Caetera Fumus* – »Nur was Gottes ist, hat Bestand, der Rest ist Rauch.«

Dann wären die Kuriositäten der Politik und Diplomatie zu erwähnen. Im Fußboden der Vorhalle der Basilika ist ein kleiner rautenförmiger Stein, der die Stelle von Kaiser Friedrich Barbarossas Demütigung vor Papst Alexander III. im Jahre 1177 festhält. Der Papst, auf der Flucht vor dem Heer des Kaisers, kam in Verkleidung nach Venedig, im ungewissen darüber, ob die Republik ihm freundlich oder feindlich gesinnt war; doch die Venezianer ahnten ihren Vorteil, brachten eine Versöhnung zwischen den beiden Monarchen zustande und verschafften der Republik somit die Stellung eines politischen *Deus ex machina*. Die venezianische Legende berichtet, daß der Kaiser, als er auf dieser Stelle vor Alexander stand, sich bereit erklärte, St. Peter um Verzeihung zu bitten, aber nicht den Papst, und daß Alexander ungerührt erwiderte: »Peter *und* den Papst.« Derartigen Versionen zufolge soll Friedrich zu Boden gefallen sein und die päpstlichen Füße geküßt haben; die loyalen venezianischen Künstler stellten die Begebenheit auf einer ganzen Reihe von Bildern im Dogenpalast dar, zu denen auch völlig apokryphe Szenen venezianischer Triumphe gehören.

Viele Legenden schmücken auch Alexanders Ankunft in Venedig aus, und mehrere Kirchen beanspruchen die Ehre, den mittellosen, freundlosen Papst während seiner ersten Nacht in der Stadt beherbergt zu haben. In der Nähe des Campo Sant'Aponal sieht man, eingraviert über einem kleinen Schrein am Eingang zu einem engen Hof, die folgende Inschrift: »Alexander der Dritte, das Oberhaupt der Kirche, auf der Flucht vor den Heeren des Kaisers Friedrich nach Venedig gelangt, ruhte hier die erste Nacht und gewährte dann einen vollkommenen Ablaß jedem, der an dieser Stelle ein Vaterunser und ein Ave Maria betet. Möge es Dir nicht schwerfallen, Sei gegrüßt, Mutter! zu sagen. Dies ist das Jahr 1177, und dank der Wohltätigkeit der Frommen ist der Ort immer beleuchtet, wie man sehen kann.« Niemand weiß, ob dies wirklich der erste Zufluchtsort des Papstes war, aber es trifft zu, daß nach einigen Jahrhunderten der Vernachlässigung und Verschmutzung die Lichter heute Tag und Nacht brennen, und vielleicht fordern ein paar vorüberkommende Venezianer immer noch ihren Ablaß.

Vieles in Venedig erinnert an Napoleon, von den Öffentlichen Gärten bis zur heutigen Gestalt der Piazza. Neben der Kirche San Pietro di Castello, im östlichen Teil der Stadt, sieht man das unregelmäßig angelegte, unbequeme Gebäude, das der Sitz des Patriarchen war, bis der Korse es anders verfügte; heute dient es als Familienunterkunft für verheiratete Maaten der italienischen Marine. Wenn man, die Basilika im Rücken, zum westlichen Ende der Piazza blickt, sieht man eine Reihe von zwölf Statuen an der Fassade der Ala Napoleonica: Sie stellen große Kaiser der Vergangenheit dar, und in der Mitte ist eine Lücke, in der eine riesige Statue von Napoleon selbst aufgestellt werden sollte. In der Zwischenzeit errichtete man ihm ein großes halbnacktes Standbild auf der südlichen Piazzetta, das später ins Kloster San Giorgio und dann in eine Kaserne gebracht wurde – was weiter damit geschah, scheint niemand zu wissen.

Auch die Innenpolitik Venedigs hat manches seltsame Denkmal hinterlassen: so etwa die *bocche di leoni*, der Tiepolo-Stein auf dem Campo Sant'Agostin, die alte Vettel mit ihrem Mörser in der Merceria, der abwesende Doge unter den Porträts im Dogenpalast. Die Kirche San Trovaso ist an sich schon ein Memento. Sie steht genau auf der Grenzlinie zwischen den Gebieten der beiden alten venezianischen Parteien, der Nicolotti und der Castellani, und hat nach jeder Seite eine Tür. Wenn einmal eine Castellani-Braut und ein Nicolotti-Bräutigam getraut wurden, verließ das Paar die Kirche durch das Hauptportal, während die Verwandten entschlossen zu verschiedenen Seiten hinausstolzierten.

Das bizarrste aller historischen Erinnerungsstücke Venedigs kommt jedoch aus fernen Landen und noch ferneren Zeiten. Vor dem Haupttor des Arsenals steht inmitten einer Schar von Adels-

Fassade der Kirche von Santa Maria Zobenigo

Eingang zum Zeughaus

gestalten ein großer marmorner Löwe, hager und hochgewachsen, aber streng. Dieses Tier brachte der kämpferische Doge Francesco Morosini (der in der universellen Geschichte hauptsächlich deshalb bekannt ist, weil eine Kugel, die eines seiner Schiffe abgefeuert hatte, im türkischen Pulvermagazin explodierte, das zufällig im Parthenon untergebracht war) im Jahre 1687 aus Athen mit. Der Löwe hatte den Eingang zum Piräus bewacht und war bei den Alten so berühmt, daß der Hafen selbst als der Hafen des Löwen bekannt war; als er jedoch, zur Kriegsbeute geworden, im Arsenal eintraf, entdeckten die Venezianer zu ihrer Verwunderung, daß in seine Schultern und Keulen eigenartige, im Stil gar nicht griechische Inschriften eingraviert waren, in Buchstaben, die den Augen eines Volkes, das an die fein gestochene Schönschrift des Arabischen gewöhnt war, grob und roh eingeritzt vorkamen.

Mehrere Jahrhunderte lang wußte niemand etwas mit diesen Zeichen anzufangen, bis im 19. Jahrhundert ein dänischer Gelehrter sie eines schönen Tages näher in Augenschein nahm, vor Freude die Hände überm Kopf zusammenschlug und sie als nordische Runen bezeichnete. Sie waren im 11. Jahrhundert in den Löwen eingeritzt worden auf Befehl Haralds des Langen, eines norwegischen Söldnerführers, der mehrere Feldzüge im Mittelmeer ausfocht, Athen eroberte, einmal den Kaiser in Konstantinopel absetzte und schließlich 1066 als König von Norwegen im Kampf gegen Harald den Sachsen von England bei Stamfordbridge in Yorkshire fiel. Die Inschrift auf der linken Schulter des Löwen besagt: »Haakon eroberte zusammen mit Ulf, mit Asmud und mit Orn diesen Hafen. Diese Männer und Harald der Lange forderten hohe Sühnegelder für den Aufstand des griechischen Volkes. Dalk war in fernen Landen zurückgehalten. Egil führte, zusammen mit Ragnar, in Rumänien und Armenien Krieg.« Und auf der rechten Keule dieses merkwürdigen Tieres ist in Runenschrift zu lesen: »Asmud ritzte diese Runen ein zusammen mit Asgeir, Thorleif, Thord und Ivar, auf Wunsch Haralds des Langen, obwohl sich die Griechen nach näherer Erwägung widersetzten.«

Was das alles bedeutet, weiß nur der Löwe. Aber moderne Gelehrte erblicken in der Inschrift ganz allgemein eine der vielen kriegerischen Visitenkarten der Geschichte nach dem Tenor »Wir waren hier!«

Andere Winkel venezianischer Wunderlichkeit befinden sich fast außerhalb der Reichweite von Reiseführern. Hinter der Basilika ist ein Lapidarium, ein aufs Geratewohl mit verschiedenen Steinen und Stücken von Statuen vollgestellter Hof: da sind zwei kopflose Tauben, ein Krieger ohne Nase, ein sehr alter Adam in einem Gestrüpp von Büschen, ein Paar körperlose Hände, die an die Mauer gegipst wurden und, steinerne Ruten umklammernd, gespenstisch in ewiger Verzweiflung in die Luft krallen. (Wenn man vor diesen seltsamen Gegenständen steht, mag man plötzlich durch ein ersticktes unterirdisches Rumpeln aufgeschreckt werden; aber keine Angst – das sind nur die Arbeiter, die die Krypta restaurieren.)

Der Palazzo Mastelli, in der Nähe der Kirche Madonna dell' Orto, ist ein Haus von ähnlich esoterischer Qualität. An seiner Fassade befindet sich ein merkwürdiges Dromedar, das wir bereits mit einem spöttischen Blick begutachteten; doch der Innenhof dieses Gebäudes, den man um die Ecke herum erreicht, ist verschwenderisch ausgestattet mit Erinnerungsstücken und Beutefragmenten, hoch in die Wände hineingebauten Säulen, einer kleinen Madonna in einem Schrein, zwecklosen Bogen, Brunneneinfassungen, Gittern. Es ist ein Elsternest von einem Haus, heimlichtuerisch verborgen hinter einer hohen Mauer und getarnt mit Laubwerk. Wenn man ihm benommen und entzückt den Rücken kehrt, wird es einen nicht verwundern zu erfahren, daß die vier rätselhaften Mauren oder Mohren des Campo dei Mori, ein Quartett, wie es seltsamer wohl noch nie von einer baufälligen Mauer herabgestarrt hat, von manchen zu seinen früheren Bewohnern gerechnet werden.

Im Erdgeschoß des Fondaco dei Turchi, heute das Naturgeschichtliche Museum (mit Falieros Sarg in der Loggia), findet man einen Hofraum, der teils Bootshaus, teils Menagerie, teils Pantheon ist. Rings herum an seinen Mauern sind Porträtstatuen angebracht, die einst im Dogenpalast aufbewahrt wurden. Da sieht man Admirale, Maler, Gelehrte, Dichter, Architekten, Sebastian Cabot, Marco Polo, Galilei und Admiral Emo sowie Dante, den man aus Ehrerbietung und Zuneigung der Gesellschaft beigab. Diese verwitternden Bildnisse, die jetzt niemand mehr besucht, blicken nachdenklich auf die Boote und die Gerätschaften des Hauptsammlers des Museums, der die Hälfte seiner Zeit damit verbringt, seine Exemplare in den schilfigen Wüsteneien der Lagune aufzusammeln, und die andere Hälfte damit, sie auszustopfen und oben aufzustellen. Vier oder fünf schwarze *sandoli* liegen dort auf den Steinfliesen, mit Rudern und Planken und einem Außenbordmotor, und hier und dort zwischen dem Gerümpel kann man kleine lebende Wesen finden, die vor kurzem ihrem Nest oder Bau entrissen wurden und nun hier in schicksalsbestimmter, aber angenehmer Gefangenschaft leben, bis sie das richtige Alter erreicht haben, um – wie die amerikanischen Tierausstopfer sagen – verewigt zu werden.

Ein Pärchen junger Seemöwen haust vielleicht unter dem Heck eines Bootes, stapft wild auf den winzigen Schwimmfüßen umher und watschelt manchmal zum Hofbrunnen hinüber, um dessen Becken würdevoll zu umschreiten – genau viermal herum, keinmal mehr, keinmal weniger, ehe es unter den hervorquellenden Augen eines der weniger bekannten Philosophen zu seinem Nest zurückkehrt. Eine junge Ente bewohnt einen Sarkophag gleich nebenan. In einem Drahtkäfig im Schatten Tizians ringeln sich launisch zwei grüne Schlangen, und in die Erdschicht einer Holzkiste haben sich drei ledrige Salamander gewühlt. Oben atmet das Naturgeschichtliche Museum, untadelig organisiert, den Geist rationaler Forschung, aber dem Hof unten ist ein köstlich chaotisches Fluidum eigen.

Das Marinemuseum im Arsenal ist gleichfalls merkwürdig mit seinen Schiffsteilen, seinen Bannern, Galionsfiguren, Löwen in Hülle und Fülle und Überbleibseln des Bucintoro; das gleiche gilt für die Scuola di San Giovanni, die mit einem schönen Hof und einer Treppe im Renaissancestil sowie einer Haupthalle aufwarten kann, die halb Museum, halb Schreinerwerkstatt ist; für die kleine, zwanzig Fuß breite Kapelle der Verkündigung auf dem Campo Sant'Angelo; für das steinerne Mädchen am Zatterekai, das sich das lange Haar unterm Kinn zusammengebunden hat wie ein Kopftuch; für die Bootswerften der Stadt und ihre zahllosen Höfe mit Kreuzgängen, ihre unvermuteten Kirchen, ihre architektonischen Ausgefallenheiten, ihren wirren Straßenplan.

In den Arkaden des Dogenpalasts ist ein Säulenkopf, der aus unerfindlichem Grund die traurige Lebensgeschichte eines Kindes erzählt – Liebe auf den ersten Blick zwischen den schwärmerischen Eltern, Liebeswerben, Empfängnis (im Doppelbett), Geburt,

Kindheit, früher Tod, Tränen. In jeder anderen Stadt könnte einen diese Folge von Bildern völlig unerklärlich dünken, da sie keinerlei Beziehung zu irgend etwas anderem im oder am Palast hat, auf kein ersichtliches historisches oder religiöses Vorkommnis anspielt und keine erkennbare Moral vertritt. Hier jedoch kommt sie einem keineswegs unpassend vor, denn wenn man eine Zeitlang in dieser Stadt umhergewandert ist und einige ihrer phantastischen Schaustücke betrachtet und einige ihrer Paradoxien und Perplexitäten in Augenschein genommen hat, wird man zu der Erkenntnis gelangen, daß das Merkwürdigste an Venedig eben Venedig selbst ist.

Zu den Wundern

Stellt man sich Venedig als ein Ölgemälde vor, dann ist seine Farbgrundlage diese gewundene, »knorrige« Stimmung, das Element des Engen, Übervölkerten, Alten, Nonkonformistischen. Noch ehe die Glanzpunkte des Ortes großartig ausgekleckst werden, gibt es schon eine zartere Schicht von feiner Tönung, die der ganzen Komposition Fülle, Vielfalt und Kraft verleiht. Diese Schicht besteht aus einer großen Zahl bescheidener, aber herrlicher, bekannter, aber nicht weltbekannter Denkmäler, die für die Atmosphäre der Stadt ebenso wesentlich sind wie die Wunder, welche man auf den Ansichtspostkarten abgebildet sieht.

Es sei zunächst der Bezirk Cannaregio erwähnt, der nördlichste Teil der Stadt. Hier steht die herrliche gotische Kirche Madonna dell'Orto, so genannt nach dem Wunderbildnis, das man in einem benachbarten Garten fand und das jetzt ein wenig unglücklich im rechten Querschiff aufgestellt ist: in diesem Gebäude befinden sich Cimas herrliche *Taufe*, ein Altarbild von Giovanni Bellini, Tintorettos vielbewunderte *Darstellung* und (in einer Seitenkapelle) die Fotografie eines Pfarrers, der an der Kirche tätig war und der nach meinem Dafürhalten eines der charaktervollsten venezianischen Gesichter hat. Ganz in der Nähe ist die von den Pfaden der Massen fast unberührte Kirche Sant'Alvise mit Tiepolos machtvollem *Weg zum Kalvarienberg* und den rührenden kleinen, als »kindliche Carpaccios« bekannten ritterlichen Gestalten – die aussehen, als ob ein genialer Künstler sie in den Tagen seiner

Kindheit gemalt hätte, und in der Tat (nicht ganz überzeugend) Carpaccios Signatur tragen.

Im Osten steht die Misericordia-Kirche mit zwei von so echter Trauer erfüllten Cherubim an der Fassade, daß ihre Gesichter von Tränen geschwollen sind; im Süden San Giovanni Crisostomo mit dem schönen Bellini-Altarbild und einem Gemälde, an dem der so schwer zu fassende Giorgione mitgearbeitet haben soll. Die monumentale Jesuitenkirche besitzt ihre Scheindrapierungen und Tizians furchtbares Bild vom *Märtyrertum des heiligen Lorenz*. Die schöne Trauerkirche von San Michele steht auf ihrer Insel in ewiger Friedhofsflüsterstille wie ein sehr aristokratischer Leichenbestatter.

Am Canal Grande liegt das Ca'd'Oro-Museum, das Mantegnas wunderbaren *San Sebastiano* besitzt sowie Guardis bekanntes Bild der Piazzetta, vielleicht das meistkopierte Architekturgemälde der Welt. Nicht weit davon entfernt ist der Palazzo Labia, Schauplatz so mancher rauschenden Festlichkeit, ausgeschmückt in angemessener Pracht mit Tiepolo-Fresken aus dem Leben Kleopatras. Die drei trostlosen Höfe des Gettos liegen armselig zwischen ihren Häusern. Die Kirche San Giobbe hat sich hinter dem Schlachthof versteckt. Wenn man mit dem Flugzeug oder dem Auto eintrifft, ist es der Mühe wert, den Bahnhof zu besichtigen, sei es auch nur, um die Raffinesse zu bewundern, mit der ein so verschwenderisches funktionelles Gebäude entworfen werden kann, das keinen einzigen Platz aufweist, auf dem sich der müde Reisende ausruhen darf, ohne für dieses Privileg bezahlen zu müssen.

Als nächstes wende man sich dem Bezirk Castello zu, dem östlichen Teil der Stadt. Die Kirche Santa Maria Formosa birgt ein Altarbild von Alvise Vivarini, das verblüffend an Stanley Spencer erinnert, und Palma Vecchios berühmte *Santa Barbara*; fast gleich nebenan, in der Querini-Stampalia-Galerie, ist eine Sammlung von venezianischen Genrebildern des 18. Jahrhunderts, die alles zeigt, von einem Stierreizkampf bis zum Empfangssalon einer Nonne. Das Hauptaltarbild von San Giovanni in Bragora ist ein Meisterwerk von Cima, das heute vorteilhaft, früher aber einmal so ungünstig aufgestellt war, daß, wie ein alter englischer Reiseführer trocken empfiehlt, »man sich am besten auf den Altar stellt, wenn man es richtig sehen will«. In der Kirche San Zaccaria befindet sich ein berühmter Giovanni Bellini, San Giorgio dei Greci kann mit seinem Glanz von Ikonen aufwarten und San Francesco della Vigna mit einer würdevollen, aber zarten Madonna von Negroponte.

Über dem Haupteingang von Sant'Elena ist die meisterhafte Figur eines flehenden Mannes von Antonio Rizzo. Die Scuola di San Marco, das Krankenhaus, enthält einige der prunkvollsten Versammlungsräume von Venedig. Verborgen im Herzen dieses *sestiere* liegt die Kirche der Malteserritter, San Giovanni, mit eleganten Räumlichkeiten für den Prior des Ordens und einem behaglichen Haus für den Kaplan. Unter den Platanen der Öffentlichen Gärten stehen befangen die kunstvollen Pavillons der Biennale, und die gesamte östliche Region von Castello wird beherrscht von den düsteren, abweisenden Mauern des Arsenals, die manch schöne Aussicht versperren und die ärmliche Nachbarschaft mit einer Vision von Venedigs eisernen Tagen überlagern.

An dritter Stelle in diesem Überblick über die zweitrangigen Sehenswürdigkeiten sei der Bezirk San Marco aufgeführt, der sich um die Basilika herum erstreckt. Hier ist das Correr-Museum mit schönen Bildern Lottos, Carpaccios und der Bellinis sowie den Originaldruckstöcken von Barbaris berühmter venezianischer Karte und vielen überraschenden Merkwürdigkeiten aus dem Leben und der Geschichte Venedigs wie etwa Bannern eroberter türkischer Kriegsschiffe und Schuhen mit Dreißig-Zentimeter-Absätzen. Um die Ecke herum, an der Piazzetta, stellt die Markus-Bibliothek hinter Glas das reich illuminierte Breviario Grimani zur Schau, dessen Seiten täglich mit unendlicher Vorsicht von einem ständig ehrfurchtsstarren Kurator umgeschlagen werden.

Die barocken Extravaganzen von San Moisè und Santa Maria Zobenigo zählen zu diesem *sestiere*. Desgleichen die Kirche San Salvatore, die ein Renaissanceinterieur von großer Vornehmheit besitzt und ein weißes Marmorbildnis von Pius X.; in der Osterwoche wird sie durch den Glanz eines herrlichen silbernen Altars verwandelt. Santo Stefano hat ein großes, geräumiges Schiff und einen hochmütigen Campanile; San Giuliano über der Tür eine schöne Skulptur von Sansovino – sie stellt den reichen Arzt von Ravenna dar, der den Bau der Kirche bezahlte. Das Fenice-Theater verfügt über eine Reihe entzückend typischer Bankettträume des 18. Jahrhunderts, in denen noch das Klappern der Schnallenschuhe und das Rauschen der Krinolinen nachhallt. Wenn man von der Südseite des Campo Manin aus eine Nebengasse hinuntergeht, stößt man auf die schöne Wendeltreppe, die allen architektonischen Gesetzen Hohn sprechen soll, die *Scala dal Bovolo*, Treppe der Schnecke. Wenn man die verwirrende Merceria entlangwandert, die Fifth Avenue Venedigs, gelangt man am Ende auf dem Campo San Bartolomeo zum Standbild Goldonis, der sanft und spöttisch lächelt – für meine Begriffe ein so glückliches Denkmal, wie ein Mensch es sich nur wünschen kann.

Als nächstes käme der Bezirk Dorsoduro, der »Harte Rücken«, mit der dazugehörigen Insel Giudecca. Er erstreckt sich von der Dogana mit der Bronzefigur der Fortuna, die das Segel des Glücksfalls hält, am einen, bis fast zum Parkhaus am andern Ende. Die Salute-Kirche ist sein gewichtigstes Denkmal: In dieser großen Kirche mit ihren Tizians und Tintorettos und den Säulen aus dem römischen Amphitheater von Pola kann man feststellen, daß die große Lampe, die an einer Kette von der Kuppelmitte herabhängt, sechs, sieben Zentimeter von der Achse des Bauwerks abweicht. In der Nähe ist das merkwürdige Gewirr von kleinen Gebäuden um San Gregorio herum, von wo aus man in den kriegerischen Tagen der Republik eine Verteidigungskette über den Canal Grande zu spannen pflegte. Die Faktionskirche San Trovaso liegt in Dorsoduro; ihr eigentlicher Name (nebenbei bemerkt für den Fall, daß der Reiseführer des geneigten Lesers die Tendenz zur Pedanterie verfolgt) ist Santi Gervasio e Protasio, ein viel zu unverdaulicher Brocken für die venezianische Volkssprache. In der Nähe, am Zatterekai, ist die Gesuati-Kirche, mit einer heiteren Tiepolo-Decke, an der pantomimische Engel schweben.

In der Carmini-Kirche kann man einen weiteren berückenden Cima bewundern sowie eines der seltenen venezianischen Bilder von Lorenzo Lotto (der, von eifersüchtigen Rivalen gedrängt, der Stadt den Rücken kehrte) und am Haupteingang einige interessante Basreliefs von Schiffen. Die benachbarte Scuola dei Carmini glüht – und schrillt auch bisweilen – vom Talent Tiepolos. Von Guardi entzückend bemalte Orgelklappen befinden sich in der Kirche Angelo Raffaele, die links und rechts vom Altar auch zwei schöne Heilige aufweist, deren Heiligenscheine in entgegengesetztem Winkel weit zueinander geneigt sind, damit die Symmetrie des Ganzen gewahrt bleibt. San Sebastiano wurde prachtvoll ausgestaltet von Veronese, der hier auch begraben ist. San Pantaleone ist bemerkenswert wegen eines gigantischen Gemäldes – ebensosehr Baukunst wie eigentliche Kunst –, das sich über die konkave Decke hinzieht. Das Ca'Rezzonico-Museum beherbergt auf seinem Dachboden ein drolliges kleines Puppentheater, und nach den Docks hin gelegen ist eine unheimliche, schattendunkle, barbarische, glänzende, kerzenbeleuchtete Kirche mit Namen San Nicolò dei Mendicoli – sie besitzt eine feierliche Gestalt der Jungfrau in dunkelrotem Samtkleid und zwei Cherubim von herkulischen Dimensionen. Jenseits des Wassers, auf Giudecca, ragt düster die berühmte Palladio-Kirche Il Redentore auf, ein antiseptischer Tempel, den niemand ins Herz geschlossen hat.

An fünfter Stelle sei San Polo vermerkt, der Bezirk, der sich am Canal Grande entlangzieht von der Ca'Foscari bis zum Rialto – oder, für modernistische Gemüter, zwischen der Feuerwehr und dem Postamt. Hier sind die lebendigen Glanzpunkte der Märkte, deren geschäftiges Treiben um das Gericht und San Giacomo di Rialto herum abrollt, und das maschige Netzwerk alter Häuser, das, an der Rialtobrücke zusammenstoßend, früher das Freudenhausviertel Venedigs war. Die Kirche San Rocco liegt in diesem Bezirk, desgleichen das Café der Katze Nini. An der linken Wand von San Giovanni Elemosinario, in der Nähe der Rialtobrücke, befindet sich eine wundervolle, an Chartres erinnernde Skulptur der Geburt Christi, gerettet aus den Ruinen eines früheren Gebäudes, mit einer sanften, zurückgeneigten Madonna und einem Ochsen, der in einer Art träumerischer Frömmigkeit dem Jesuskind zart das Gesicht leckt.

An sechster Stelle wäre dann Santa Croce zu nennen, der westlichste *sestiere*, dessen Rhythmus und Atmosphäre in steigendem Maß von der Gegenwart des Piazzale Roma diktiert wird, auf dem es von Autobussen summt und von Neonlichtern flammt. Wenn man an die Tür eines Klosters in der Nähe des Campo San Zan Degola klopft, wird eine sehr alte Nonne einen sehr großen Schlüssel hervorholen und den Besucher in die Kirche ihres Ordens führen, San Giovanni Decollato; während sie ihn vorsichtig durch das feuchte, abblätternde Schiff geleitet, wird sie hoch an der Wand einer Seitenkapelle auf die Überbleibsel byzantinischer Fresken hinweisen, die die ältesten Kunstwerke in Venedig sein sollen und, obwohl sie an sich nicht sehr schön sind, eine gewisse hypnotische Eigenschaft haben, gleich den glotzenden Zikadenaugen, die einen aus sogenanntem Kuckucksspeichel heraus anstarren.

In der Kirche San Giacomo dell'Orio gibt es einen seltsamen, schönen grünen Pfeiler aus griechischem Marmor und ein hölzernes Dach genau in der Form eines Schiffsrumpfs. Santa Maria Mater Domini ist eine zu Unrecht vernachlässigte Renaissancekirche von sauberer, aber herrlicher Linienführung, erbaut von den Brüdern Lombardi. San Cassiano besitzt eine vornehme *Kreuzigung* von Tizian. Die Rückseite von San Nicolò da Tolentino sieht wie ein edwardianisches Kriegsschiff aus, mit Geschützbänken, Verschanzungen, Strebebrücken und Laufplanken. In der Kirche San Simeone Grande findet man in der Kapelle zur Linken des Hochaltars eine atemberaubende Statue des vom Tod umfangenen heiligen Simeon: sein Mund ist ein wenig geöffnet, die Augen blicken starr, sein Haar ist lang und wirr, und das Ganze ist mit einer solchen Kraft und Sicherheit gestaltet, daß man die Gegenwart dieses toten Heiligen noch um sich spürt, wenn man schon lange die dunkle kleine Kirche verlassen und sich der Masse angeschlossen hat, die ständig dem Bahnhof zustrebt.

Welche Tiefe, Fülle und Vielfalt der Farbe steuern diese geringeren Denkmäler der *sestieri* zu dem Meisterwerk Venedig bei! Es gibt überall Paläste zu sehen und schöne Kirchen und Brücken und Bilder zu Tausenden und das ganze wirre Muster von Antiquität, welches das malerische Venedig darstellt, verspottet von den Materialisten, sentimentalisiert von den Romantikern, aber dennoch an allen Maßen gemessen ein erstaunliches Phänomen, so würzig wie Plumpudding, so scharf wie der Weinbrand, der um den Stechpalmenzweig herum aufflammt.

Aber letztlich sind es doch die ganz großen Sehenswürdigkeiten, die man sich ansieht. Man mag zwischen Kuriositäten, verschämten Kirchen und unscheinbaren Genies umherwandeln. Man mag den gemächlichen Kanälen von San Giobbe nach Sant' Elena folgen. Man mag die Müllabfuhrkähne inspizieren, die schiefen Campanile bestaunen, die Katzenbarthaare kitzeln, den gebratenen Aal probieren, den Geruch des verbrannten Strohs auf den Bootswerften schnuppern, das Aroma der Gewürze des Orients einatmen, dem Schritt der Mannschaften großer Schiffe lauschen, die Züge auf dem Festlanddamm zählen, der armenischen Messe beiwohnen, einem Dutzend Löwen in die Augen sehen, sich an einem trockengelegten Kanal die Nase zuhalten, die Archive der Republik durchstöbern, mit den Gondolieri feilschen, eine afghanische Flagge kaufen, über die Mauer des Servitenklosters spähen und Signor Dandolo ein rasches Guten Morgen zuwinken, während er sich in gebieterischer Pose aus seinem Fenster hinauslehnt wie ein Generalissimus, der eine abfahrende Flotte zur Eile antreibt – die Zeit wird notwendigerweise kommen, da man den Befehlen der Generationen gehorcht und sich dem Verkehrsstrom zu den Superlativen Venedigs anschließt. Sie werden einem so vertraut sein wie die Pyramiden oder die Chinesische Mauer – aber die wundervollsten der venezianischen Schaustücke sind immer noch die, welche im Baedeker ihre altgedienten Sterne zugeteilt bekommen.

Es gibt auf der Welt kein kleines Gebäude, das faszinierender wäre als die Renaissancekirche Santa Maria dei Miracoli, hinter der Rialtobrücke versteckt wie ein Edelstein in faltigem Atlas. Sie besitzt die sanfte Vollkommenheit und ein wenig von dem stumpfen Glanz, die eine kostbare Perle aus dem Persischen Golf auszeichnen, und sie wirkt so vollständig und in sich abgeschlossen, daß man sie aus den Häusern ihrer Umgebung herausreißen und fortnehmen könnte, nichts übriglassend als eine saubere, kirchenförmige, keineswegs häßliche Höhlung im Gewebe der Stadt. Ihre Chorstühle sind mit entzückenden Figuren geschmückt, ihr Altar schwebt hoch und heilig über der Gemeinde, und das Wunderbild, das zu bergen sie errichtet wurde, wird immer noch verehrt. Ich kann mir nicht vorstellen, daß jemand es versäumt, den Hut abzunehmen, wenn er dieses unwiderstehliche Heiligtum betritt, möge es sich auch um den eingefleischtesten Atheisten handeln.

Es gibt nirgendwo etwas auf prickelndere Weise Bezauberndes als die Scuola di San Giorgio degli Schiavoni, die Carpaccio vor langer Zeit mit einer kleinen Reihe von Meisterwerken zierte. Sie ist nicht größer als eine Garage, und ihre vier Wände lächeln richtig, durchglüht vom Genius dieses köstlichen Malers, des einzigen venezianischen Künstlers mit ausgeprägtem Humor. Da sieht man den heiligen Georg entschlossen auf seinen Drachen losgehen, der von Gliedmaßen halb verdauter Jungfrauen umgeben ist; da ist der heilige Tryphonius mit einem sehr kleinen wohlgesitteten Basilisken; da sind die Mönche vom Kloster des heiligen Hieronymus – darunter ein alter Bruder an Krücken –, die in komischem Entsetzen vor dem gutmütigsten aller Löwen davonlaufen; da sitzt, auf dem berückendsten dieser Gemälde, der heilige Hieronymus selbst in seinem behaglichen Arbeitszimmer und blickt zum Fenster hinaus auf der Suche nach einem unsterblichen Satz, während sein berühmter kleiner weißer Terrier mit leuchtenden Augen aufrecht neben ihm hockt.

Keine Kunstgalerie Europas ist überschäumender als die Accademia, die reine Essenz venezianischer Kultur. Es gibt andernorts bessere Gemäldesammlungen, großartigere Tizians, schönere Bellinis, zahlreichere Guardis, Canalettos und Giorgiones. Aber der Ruhm der Accademia besteht darin, daß all diese wunderbare Vielfalt von Schönheit und Geschmack, die vom Spielzeugkleinen bis zum Überdimensionalen reicht, inspiriert wurde durch die kleine Stadt, die sich um einen her erstreckt, und von kristallklaren Cimas und den drolligen Carpaccios bis zu Tintoretto und zu Veroneses kolossalem *Gastmahl bei Levi*, das für meine Begriffe das faszinierendste Bild von allen ist. Man steht mitten im Malkasten. Man sieht Tizians Ateliers vom Fenster des Gebäudes aus, und Veroneses Haus liegt nur zweihundert Meter entfernt jenseits des Canal Grande.

Keine Sammlung religiöser Bilder ist in ihrer Wucht überwältigender als die lange Reihe von Tintorettos in der Scuola di San Rocco – oft dunkel, oft grandios, oft unverständlich, doch in dem riesigen Meisterwerk der *Kreuzigung* gipfelnd, das Velazquez demütig kopierte und vor dem auch heute noch starken Männern die Tränen kommen. (Und ringsum an den Wänden dieser großen Schule sind die frech-satirischen Skulpturen Francesco Pantas, herrlich geistreich und originell. Da ist eine Miniatur-Scheinbibliothek ganz aus Holz, ein erklärender Katalog in mikroskopischer Schrift und am Ende des Saales ein riesiger flammenäugiger Herkules.)

Nichts ist kühler, weißer und streng-ehrerbietiger als Palladios Kirche San Giorgio Maggiore, die mit solch weltlichem Selbstbewußtsein inmitten ihres Landvolks von Klostergebäuden dasteht. Jemand hat einmal diese Gruppe von Bauwerken als »alles in allem ein voller Erfolg« definiert; sie erweckt auch tatsächlich das Gefühl hoher Vollendung gleich einem Maschinenteil, das lautlos in die ihm bestimmten Nuten greift, oder einem Flugzeug von untadeliger Linienführung. Die Proportionen sind vollkommen, die Szenerie ist erhaben, und von der Spitze des Campanile aus genießt man die beste Aussicht in Venedig (ein reibungslos funktionierender Schweizer Aufzug bringt einen hinauf, und der Benediktinermönch, der ihn bedient, ist auf seine Bakelitknöpfe fast ebenso stolz wie auf sein historisches Kloster).

Keine zwei anderen Kirchen sind unbeugsamer, rosenfarbener, erhabener, vornehmer als die beiden Mönchsordenkirchen Venedigs – die Frari-Kirche auf der einen Seite des Canal Grande, San Zanipolo auf der anderen. Die Frari-Kirche gleicht einem gebeugten, intellektuell eingestellten, meditierenden Mönch, mit ihren zwei großartigen Tizians, ihren schönen Altarbildern von Giovanni Bellini, den Vivarinis, Basaiti, ihren hohen Grabmälern von Künstlern, Herrschern, Staatsmännern, Generälen, ihren geschnitzten Chorstühlen und ihrem Air unerschütterlicher Ruhe. San Zanipolo hat etwas mehr Grandezza, ist etwas dekorativer im ganzen Stil, lieblich, aber mit Schnörkeln; ihre Grabmäler sind zahlreich und berühmt – 46 Dogen liegen hier begraben –, ihre Decke ist hoch gewölbt, und vor ihren Mauern steht das unübertroffene Colleoni-Standbild, die bekannteste Reiterstatue der Welt. Wenn man auf dem Campanile einer dieser beiden Kirchen steht, kann man den Campanile der anderen sehen; aber sie ignorieren einander vorsichtig gleich rivalisierenden Dogmatikern bei einem Konzil.

Nichts ist anregender an einem strahlenden Frühlingstag als der Anblick des kaleidoskopischen Beckens von Sankt Markus, die Wasserfläche unmittelbar vor der Piazzetta, eingefaßt von der unvergleichlichen Kurve der Riva degli Schiavoni. Es erinnert mich oft an Hongkong, ohne die Dschunken, so ununterbrochen fließt der Verkehr und so hell ist die Farbtönung. Bei Tag ist das Becken niemals ruhig, wie still auch das Wetter sei, wegen des ständigen Wühlens der Schiffe und Schiffsschrauben. Aber wenn man bei Nacht mit dem Boot durch den Lampenschein dort hinausfährt, liegt es so ruhig und dunkel und köstlich da wie ein großer See aus Pflaumensaft, durch den das Boot sich zäh hindurchmüht und in dessen öliger Flüssigkeit der trübe Umriß des Dogenpalastes langsam zu versinken scheint wie ein Pavillon aus Pastetenteig.

Nichts auf dieser Erde ist großartiger als der Canal Grande, der sich in seinem schwungvollen Doppelbogen durch die Stadt windet, auf dem sich die Boote drängen und den die hohen alten Paläste wie eine Ehrengarde säumen: geheimnisvolle Gebäude wie der Kornspeicher der Republik, blendende wie die Ca'd'Oro, pompöse wie die Präfektur und reizende, unkonventionelle Bauten wie der kleine Palazzo Dario, der beladen ist mit Marmor und eingelegt mit Ophikalzit. Sie sehen fast theatralisch aus wie die unechten viktorianischen Fassaden kleinerer Städte des Westens, aber sie sind reich an Realitäten der Geschichte. Am Bahnhofsende des Kanals steht eine Kirche mit einer grünen Kuppel, am anderen Ende Desdemonas Villa. Da gibt es byzantinische Bögen, gotische Fenster und Blüten der Renaissance, und das Ganze ist überzogen mit einer dicken Schicht Romantik und Literatur. Während das Boot des Besuchers auf die Lagune zusteuert, ziehen alle diese Paläste vor unserem Bug vorüber wie Phantasiegebilde, als ob sie zu irgendeiner vergessenen Ausstellung errichtet worden wären, für den Kristallpalast oder die Brüsseler Weltausstellung, und man sie dann stehen gelassen hätte, damit sie in allem Glanz verwesen können bis zur nächsten Schaustellung.

Und so gelangen wir schließlich gleich der Armee von Pilgern vor uns zu dem zentralen Komplex von San Marco, den mancher stolze Venezianer als das Herz der Welt angesehen hat. Wir befinden uns unter den Wundern. Wir trinken eine Tasse Kaffee auf der musikschweren, taubengeschäftigen Piazza, neben den bronzenen Fahnenmasten und dem großen freundlichen Campanile, wo die Sonne heller ist als anderswo auf Erden, das Licht klarer, die Menge lebhafter, und wo sich an einem Sonntagmorgen im Juli mehr Menschen versammeln als auf allen anderen Piazzas der Welt zusammengenommen. Wir mühen uns durch die gigantischen Säle des Dogenpalastes hindurch, unter den Schlachtengemälden, den fleischigen Nymphen und parabolischen Panoramen – Triumphierendes Venedig, Venedig mit Zepter, Venedig bei der Verteilung von Ehren, Venedig bei der Entgegennahme von Neptuns Dreizack; Venedig bricht seine Ketten, Venedig erhält Gaben von Juno, Venedig als Herrscherin der Welt, die eroberten Städte bringen Venedig ihre Gaben dar, Venedig empfängt die Krone zum Zeichen seiner Macht; Die Apotheose Venedigs, Die Siege Venedigs über die Franken, Griechen, Sizilianer, Türken, Albaner, Genuesen und Paduaner – und weiter zur Seufzerbrücke, zu Tizians bezauberndem Christophorus, zur Rüstkammer, den gräßlichen Verliesen – ein geschwollener, überladener Alpdruckpalast, rosenfarben außen, ominös innen.

Wir sehen den Mohren vom Uhrturm zu, wie sie an ihre große Glocke schlagen; wir betrachten die beiden gedrungenen kleinen Löwen neben dem Grabmal Manins; so gelangen wir in die alte Höhle der Basilika: Sie strahlt von Mosaiken, der Fußboden zieht sich in kunstvollen Mustern dahin, die trüb erleuchteten Räume werden von Figuren durchbohrt, alles glänzt von Schätzen, staubig und stumpf von weihraucherfüllten Jahrhunderten; da sind Kapellen und Galerien und unvermutete Altäre, die legendäre Pala d'Oro als goldener Juwelenschirm hinter dem Hochaltar; und die große Orgel erschallt über uns, zugleich mit dem dumpfen Hämmern der Kaffeehaustrommeln draußen. Ein endloser Zug von Priestern, Touristen, Kirchendienern, Gruppen von Landvolk, Kindern, Nonnen zieht vorüber, ein Staubdunst gleitet an den offenen Türen vorbei, und eine einzelne Taube stolziert zornig fort über den gekrümmten Fußboden, dem Sonnenschein der Piazza entgegen.

Zwecke und Ziele

»Wir sind kein Museum« (fluchte d'Annunzio) »und wollen keines sein, kein Gasthaus ... kein preußisch-blau bemalter Himmel für Hochzeitspaare.« Man mag, wandelt man berauscht zwischen den Wundern umher, zu dem Schluß kommen, daß Venedig auf glückliche Weise sein modernes *métier* als größtes aller Museen gefunden hat; aber man mag auch, wie mir das manchmal widerfährt, das Gefühl haben, daß dies in gewissem Sinn die Prostituierung einer großen Stadt ist, eine Erniedrigung, eine Schande. Venedig war schon immer exhibitionistisch veranlagt und hat stets seine finanzkräftigen Besucher mit offenen Armen empfangen, aber es war geschaffen für den Handel, die Macht, das Imperium. Es ist noch Sitz einer Präfektur, Hauptstadt einer Provinz, Zentrale vieler Geschäftsunternehmen – doch es ist ein weiter Weg von hier bis zurück zu »Einem Viertel und einem halben Viertel des Römischen Reiches«.

Kein Mensch wird abstreiten, daß der Tourismus ein Teil der

venezianischen *mystique* ist. Die Piazza sieht schöner, lebendiger, lieblicher aus mit ihren grellen sommerlichen Besuchermassen. Venedig behandelt seine Gäste, wenn nicht gerade liebenswürdig oder gar zartfühlend, so doch zumindest erfahren: seine Methoden sind altbewährt und in vielen Generationen erprobt. Seine Produktion an Vergnügen-pro-Feriengast-pro-Monat ist beträchtlich, und ich halte es für wahrscheinlich, daß man in Venedig einen schöneren Urlaub verbringen kann als irgendwo anders auf Erden – besonders, wenn man sich ein Boot mietet und sich die Stadt in ihrer erstrangigen und originalen Perspektive ansieht. Venedig widmet sich fleißig und verständlicherweise einem sehr profitablen Monopol: Venedig.

Auch ist es bei weitem nicht so versteinert, wie seine Verleumder behaupten und wie eine bestimmte Gruppe seiner ergebenen Bewunderer – meist älteren Jahrgangs und aus dem Ausland stammend – es gern haben möchte. Zwar hat es sich wahrscheinlich in den letzten dreihundert Jahren weniger gewandelt als irgendeine andere Stadt in Europa und sogar den sieggewohnten Stadtplanern der napoleonischen Zeit erfolgreich getrotzt – aber es hat sich dennoch mehr gewandelt, als man vielleicht annimmt. Einige neue künstliche Inseln haben seine Umrisse radikal verändert – in der Gegend von Sant'Elena, am westlichen Ende von Giudecca, bei den Docks – und noch weitere sind in Vorbereitung (die Schlammbänke werden verpfählt, mit Beton verstärkt und mit Abfall aufgefüllt). Innerhalb Menschengedenken sind bei Sant'Elena, auf Giudecca und nördlich des Gettos ganze Wohnviertel entstanden. Der große neue Bahnhof wurde nach dem Krieg vervollständigt. Neben dem Bahnhof steht ein großes neues Hotel, auf Giudecca wurde ein einfaches, aber äußerst exklusives Hotel aufgerichtet, und das Danieli an der Riva degli Schiavoni hat einen umfangreichen, aber häßlichen Anbau bekommen.

Kais wurden wiederholt verbreitert, wie man an der Riva sehen kann, auf der kleine Tafeln die Breite von 1790 markieren. Seit dem 18. Jahrhundert wurden Dutzende von Kanälen und Tümpeln zugeschüttet und dadurch Platz für Straßen gewonnen: jeder Rio Terra, jede Piscina ist eine solche Stelle, und es geht sich gut auf ihnen, man kann ungestört seine Einkaufstasche schwingen lassen oder Ball spielen. Zwei neue Straßen sind durch die Gebäudestruktur hindurchgezogen worden, die eine zum Bahnhof hin, die andere am Rand der Öffentlichen Gärten. Vor allem hat der Straßendamm einen Brückenkopf des Maschinenzeitalters an der Peripherie Venedigs errichtet und aus dem Gebiet um den Piazzale Roma ein lärmendes, ungutes Omen geschaffen. Denn wahrhaft betäubend ist der Übergang, der die kleinen Plätze des Bezirks Dorsoduro von den Dieseldämpfen, blendenden Lichtern zahlloser Autos und Tankstellen des Piazzale Roma trennt – eines der garstigsten Plätze, die ich kenne.

Wer die modernen Zwecke und Ziele Venedigs ermessen will, setze sich zu einem Cinzano in ein Café beim Parkhaus und ergebe sich dort der Meditation.

»Venedig muß gegen die drückende Drohung des modernen Lebensrhythmus ankämpfen«, heißt es in einem vom Verkehrsverein herausgegebenen Handbuch – und diese gnomische Feststellung faßt, wenn sie auch kaum umparteiisch ist, das venezianische Problem in einem Satz zusammen. Venedig stellt ein unlösbares Dilemma dar. Schließt es einen Kompromiß mit der Moderne, füllt es seine Kanäle auf und läßt es Autos bis zur Piazza fahren, bereitet es sich den völligen Ruin. Läßt man es in Frieden, wurstelt es so die Jahre dahin als Flitterwochenstadt, teils Kunstgalerie, teils Burleske; seine mächtigen Denkmäler sinken zu bloßen Schaustücken herab, seine einstige umfassende Herrschaft für immer und ewig auf die Banalitäten der Fremdenführer reduziert.

Zwei Ideenrichtungen befassen sich mit dem Problem. (Ich übergehe die starren Befürworter des *status quo.*) Die eine ist der Ansicht, das eigentliche Venedig sollte rein als ein liebliches totes Gewässer betrachtet und in künstlerischer Nutzlosigkeit erhalten werden, während Handel und Industrie auf die Festlandvorstadt Mestre zu beschränken wären, die technisch ein Teil der Stadt ist. Die andere Richtung möchte Venedig selbst, der Stadt und der Lagune, einen neuen Bedeutungsinhalt geben durch Einschaltung moderner Lebenskräfte. Heftige Auseinandersetzungen entbrennen um diese gegensätzlichen Vorstellungen in den Zeitungen; persönliche Feindschaften werden gepflegt, Plan steht gegen Plan, Statistik gegen Statistik, und Venedig selbst steht wartend dazwischen, halb lächerlich gemacht, halb modernisiert, teils Reliquie, teils Objekt der Wiederbelebung.

Die erste Richtung hat gegen den Fremdenverkehr nichts einzuwenden, solange die Stadt nicht noch mehr herabgewürdigt wird, aber ihre Vertreter stellen sich ihr Venedig in erster Linie als Mittelpunkt der Kunst und der Gelehrsamkeit vor. Sie unterstützen voller Begeisterung die Biennale, das Internationale Musikfestival, das Filmfestival, die großen periodischen Ausstellungen venezianischer Kunst. Sie glauben, die Zukunft der Serenissima sei befriedigend repräsentiert durch die Peggy-Guggenheim-Sammlung moderner Gemälde im Palazzo Venier, die in reizloser, aber spektakulärer Weise zeitgenössisch ist und nur gemildert wird durch die jugendlichen Indiskretionen von Meistern, welche die Prinzipien des Dadaismus und des Suprematismus verhältnismäßig spät in ihrem künsterlischen Werdegang übernahmen. Sie rühmen sich gern Venedigs eigener Künstlerkolonie, die in dem Gebiet westlich der Accademibrücke ansässig ist und ein paar Maler von Format und viele von großem Charme einschließt. Sie schicken Besucher in aller Eile zur Fondazione Cini, die vor kurzem auf San Giorgio eingerichtet wurde und die teils Marineschule, teils Technikum ist, hauptsächlich aber ein prächtig ausgestattetes Zentrum der Gelehrsamkeit, das von Zielstrebigkeit und Idealismus glüht. Sie sind ernste, ergebene, besorgte Leute; wenn sie über diesen Rhythmus des modernen Lebens die Köpfe schütteln und die Gefahren analysieren, die ihr geliebtes Venedig bedrohen, hat man manchmal den Eindruck, als sezierten sie mit unendlicher Vorsicht und den neuesten chirurgischen Instrumenten eine schon längst erkaltete Leiche.

Die andere Richtung weist ungeduldig darauf hin, daß die Bevölkerung der eigentlichen Stadt, Touristen hin, Touristen her, mit Klees oder ohne Klees, seit langem abnimmt. Viele Venezianer sind ganz nach Mestre gezogen und arbeiten dort auf den Werften oder in den Fabriken. Viele andere (darunter zumindest ein Gondoliere) wohnen ebenfalls auf dem Festland, wo mehr Häuser vorhanden und die Verhältnisse nicht so beengt sind, und fahren täglich über den Damm nach Venedig hinein. Wieder andere sind in Villen und Wohnungen am Lido gezogen und quellen allmorgendlich bei San Marco aus den Dampfern, genauso wie die Guildford-Makler aus der Waterloo Station herausströmen. Dieser Trend (sagen die Befürworter der städtischen Wiederbelebung) wird weiter anhalten, wenn Venedig selbst nicht modernisiert wird. Die Firmen werden sich aufs Festland zurückziehen, und das gesellschaftliche Leben der Stadt wird stagnieren; die Paläste werden verfallen. Venedig wird immer künstlicher werden, immer weiter herabsinken, bis sogar die Touristen das zutiefst Unechte spüren und ihr Urlaubsgeld an einem anderen Ort ausgeben. Diese Leute möchten die Gewerbe der Lagune beleben – Spitzen, Glas, Schiffbau, Mosaiken. Sie möchten auf den größeren Inseln neue Industriegemeinden gründen, mit Untergrundstraßen zum Festland hinüber. Sie möchten den Komplex des Piazzale Roma noch weiter in die Stadt hinein ausdehnen, die Kanäle für den motorisierten Verkehr auffüllen und Autos bis zum Zatterekai fahren lassen. Sie sprechen von Venedig in zornig-schwungvollem Ton, so wie man den Plan der Umwandlung eines verträumten Landhauses in soundso viele Wohnungen diskutieren mag (wobei natürlich die zweifellos vorhandenen architektonischen Vorzüge gewahrt bleiben sollen).

Wo wir nun auch zu Hause sein mögen, kennen wir sie nicht gut, die ästhetischen Bewahrer auf der einen und die Männer der Veränderung auf der anderen Seite? Welche ihrer Philosophien die romantischere ist, habe ich nie herausfinden können.

Die speziellen Vorteile Venedigs hängen, darin sind sich beide Seiten einig, mit seiner Lage auf der Grenzlinie zwischen Ost und West zusammen. Sie ist praktisch für die Touristen, anregend für Kunst und Gelehrsamkeit und gut fürs Geschäft. Insbesondere stärkt diese Lage die Bedeutung Venedigs (und seines »Satelliten« Mestre) als Welthafen. Fällt einen in Venedig jäh der Widerwille an, blicke man die Kanäle von Giudecca entlang: man kann fast immer ein Schiff entdecken.

Venedig ist noch immer der drittgrößte Hafen Italiens. Durch Vasco da Gamas Entdeckungen in seiner Wirksamkeit beschränkt, lebte es ein wenig wieder auf, als de Lesseps den Suezkanal baute – ein Projekt, das es selbst dem Sultan von Ägypten schon mehrere Jahrhunderte früher vergeblich vorgeschlagen hatte. Seitdem hat sich der Hafen, Schwankungen einbegriffen, immer weiter ausgedehnt. Heutzutage sind in Venedig ständig große Schiffe in Bewegung, und an den Kais von Giudecca liegen gewöhnlich Schiffe, die neu gestrichen oder überholt werden, die starken Kabel lässig um die antiken Pfeiler geschlungen, welche die Gebäude am Ufer stützen. Die Reparaturdocks hinter dem Arsenal sind sehr aktiv, und sogar innerhalb der Wälle dieser alten Festung sieht man manchmal den Flammenstrahl eines Schweißbrenners auf dem Rumpf eines Tankers. (Die neidischen Leute von Treviso nannten früher das Arsenal eine »Gondelfabrik«, doch die Venezianer sagten, es sei, welche Funktion es auch habe, jedenfalls groß genug, um ganz Treviso in seinen Mauern zu bergen.)

Die meisten Schiffe fahren mitten durch die Stadt den breiten, ausgebaggerten Kanal entlang nach Mestre und Porto Maghera, wo sich ein bedeutender Ölhafen befindet. Dennoch benutzen viele Schiffe die Docks von Venedig selbst, entweder um Passagiere an Land zu setzen oder um Güter auszuladen, die später mit der Eisenbahn oder per Lastwagen in das nur sehr schmale vom Hafen bediente Hinterland geschafft werden – das nicht allzu weit nach Westen reicht wegen der Nähe Genuas, nicht allzu weit nach Süden wegen des sich kräftig ausdehnenden Rimini, nicht allzu weit nach Norden wegen des armen alten Triest. Die großen Docks am Westrand der Stadt, deren Drehkäne den Reisenden begrüßen, der über den Festlanddamm fährt, sind hochmodern. Die Schiffe der Welt haben ihre Namen und Slogans an ihre Kais gemalt, und der große Getreidespeicher ist vom Festland aus zum charakteristischen Zeichen der Stadt geworden.

Der Hafen kann etwa hundert mittlere und große Schiffe gleichzeitig abfertigen. Vor dem Ersten Weltkrieg fuhren die meisten Schiffe, die nach Venedig kamen, unter britischer, österreichischer oder ungarischer Flagge. Heute stammen sie aus praktisch sämtlichen Seefahrtsnationen, und fünfzig regelmäßig verkehrende Linien benutzen den Hafen. Man kann sich hier direkt nach New York, Kapstadt, Hongkong, Sydney oder Helsinki einschiffen. Vor den Büros der großen Schiffahrtsgesellschaften, die in palastähnlichem Pomp den Zatterekai säumen, geben die großen Transatlantikdampfer ihre Passagiere unmittelbar von Pier 84 aus an Flottillen von wartenden Gondeln weiter, und an der Riva degli Schiavoni liegen den ganzen Sommer hindurch fast immer zwei, drei Kreuzfahrtschiffe, riesige Dampfer der Cunard-Linie, vollgepackt mit Amerikanern, oder die schnellen, jachtähnlichen Schiffe der Griechen mit dem Wappen von Niarchos oder Onassis, die von Insel zu Insel, von Tempel zu Tempel, von Vortrag zu Vortrag huschen über die blaue Ägäis.

Die Venezianer haben sich auch einen neuen internationalen

Saal der Nationalbibliothek Marciana

Canova-Saal im Museum Civico Correr

Flugplatz gebaut, der am nördlichen Strand der Lagune liegt und von den Hafenbehörden verwaltet wird. Noch vor etlichen Jahren waren sie auf ein kleines, unpraktisches Flugfeld am Lido und auf den Flughafen von Treviso angewiesen, der eine Autobusstunde entfernt ist und sich für große Düsenflugzeuge nicht eignet. Der neue Flughafen ist auch für die allergrößten Maschinen ausgelegt. Seine Start- und Landebahnen laufen parallel mit der Lagune, wie etwa die von Nizza mit dem Mittelmeer parallellaufen, und er ist mit Venedig durch einen neuen Tiefwasserkanal verbunden sowie durch eine Straße, die zum Festlanddamm führt. Seine Start- und Landebahnen sind fast so lang wie die Stadt Venedig selbst, und er heißt (denn der Bau ging hoch in die Millionen) Aeroporto Marco Polo.

Man glaube also nicht, die Mumie habe ihren letzten Muckser getan. Sie mögen über Sinn und Zweck Venedigs diskutieren, über die Gefahren, die es bedrohen, die Chancen, die ihm offenstehen, aber es gibt viele Venezianer, die die Zukunft ihrer Stadt klar vor Augen sehen und sie sich, weit ins 21. Jahrhundert vorausblikkend, als das südliche Tor eines Vereinigten Europa vorstellen.

Ich persönlich glaube, daß die Stadt eine noch größere Zukunft verdient. Ich bewundere die tatendurstigen Pläneschmieder Venedigs, und ich sympathisiere mit dem gemäßigten Geist der Bewahrung, aber ich glaube, daß die wahre Bestimmung Venedigs irgendwo zwischen diesen beiden Extremen liegt oder vielleicht jenseits davon. Denn wenn man fest die Augen schließt und vergißt, wie teuer der Kaffee ist, mag einem die Vision eines anderen Venedig zuteil werden. Es wurde groß als Handelsstadt, zwischen Ost und West in der Schwebe gehalten, zwischen Kreuzfahrern und Sarazenen, zwischen Weiß und Braun. Und wenn man sich sehr große Mühe gibt und einen Schimmer des Goldes der Basilika unter den Augenlidern hineindringen und einen Dufthauch der Sahne in die Nase steigen und sich von der fernen Melodie eines Kaffeehauspianisten die Gedanken orchestrieren läßt – wenn man sich wirklich Mühe gibt, kann man es sich von neuem als eine stolze Handelsstadt vorstellen. In diesen unvergleichlichen Palästen könnten Ost und West abermals zusammenkommen, um endlich ihre Philosophien zu verschmelzen und ihre schmutzigen Sticheleien zu begraben. In diesen mächtigen Hallen könnte der

Senat der Welt beraten, und in den höhlendunklen, funkelnden und aromatischen Winkeln der Basilika könnten, versöhnt, alle Gottheiten thronen. Venedig ist zur Größe geschaffen, eine gottgegründete Stadt, und sein offensichtliches Schicksal ist die Vermittlung. Es wartet nur auf das Zeichen.

Wer sich jedoch nicht unter die Visionäre begeben will – nun, der zahle dem Mann, was er verlangt, lasse sich in einer Gondel auf die Lagune hinausfahren und beobachte, wie die magische Silhouette Venedigs im Sonnenuntergang versinkt; sie bietet, nach tausend Jahren, immer noch einen der erhabensten Anblicke der zivilisierten Welt.

Die Lagune

Das siebente Meer

Manchmal, in einer rauhen Winternacht, mag man das ferne Brausen der Adria hören, wenn sie gegen den Strand stampft, und während man sich noch tiefer unter seine Bettdecke kuschelt, wird man sich vielleicht plötzlich bewußt, wie einsam die Stadt Venedig ist und bleibt, wie abgeschlossen sie in ihren Wassern liegt, wie abweisend umgeben von Schlammbänken, Untiefen und gemiedenen schilfigen Stellen.

Venedig ist keine richtige Insel mehr, und das sichere Festland ist nur drei Kilometer von seiner Hintertür entfernt – aber es steht dennoch allein im Seetang wie damals, als die ersten byzantinischen Boten sich vor 14 Jahrhunderten über seine planlosen Siedlungen wunderten. Wieder und wieder wird man in Venedig irgendeinen schmalen, schmutzigen Kanal entlangblicken, eine enge Häuserschlucht hinunter, zwischen den Säulen einer grauen Arkade hindurch, und vor sich unter einer Brücke eine hüpfende grüne Fläche offenen Wassers sehen: das ist die Lagune, die am Ende jedes venezianischen Durchgangs steht wie eine Platte seltsamen nassen Landes.

Mehrere geschützte Wasserflächen, teils Meer, teils See, teils Flußmündung, säumen die nordwestlichen Küsten der Adria: in einer wurde Aquileia erbaut, in einer anderen Ravenna, in einer dritten Comacchio, in einer vierten Venedig. Sie waren den Alten bekannt als die sieben Meere, und sie waren in erster Linie durch die langsame Wirksamkeit von Flüssen entstanden. In diese Spalte des Mittelmeers hinein fließt der Po, der großzügigste aller Flüsse, der an den Grenzen Frankreichs entspringt, über die ganze Breite Italiens strömt und sich ins Meer ergießt in einem Netzwerk von Bächen und Marschen. Andere berühmte Flüsse stürzen vom Alpenmassiv herunter, verlieren dabei an Kraft und Übermut, bis sie sich schließlich träge dem Meer entgegenräkeln in breiten steinernen Betten: die Brenta, die, aus Tirol kommend, elegant durch Padua tanzt; der Piave, der an der österreichischen Grenze entspringt und sich durch Cadore und das reizende Ländchen von Belluno schlängelt; der Sile, der Hausfluß von Treviso; die Etsch, der Hausfluß Veronas; der Ticino, der Oglio, die Adda, der Mincio, die Livenza, der Isonzo und der Tagliamento.

Diese Versammlung von Gewässern hat, langsam dem Meer zugleitend, aus der Küstenlinie eine Reihe von breiten Flußmündungen gemacht, die miteinander verbunden sind oder ineinander übergehen; drei dieser Flüsse im besonderen, der Piave, die Brenta und der Sile, haben die venezianische Lagune geschaffen. Wenn man ganz angestrengt nach Norden zu den hohen Alpentälern in der Ferne sieht, die verloren unter den Graten und Schneegipfeln liegen, blickt man geradewegs zu den letzten Ursprüngen Venedigs hin.

Wenn ein Fluß aus einem Gebirge kommt oder seine eigene alluviale Ebene durchquert, bringt er eine unüberblickbare Ladung an Geröll mit: Sand, Schlamm, Steine und den verschiedensten Wirrwarr der Natur, von abgebrochenen Baumstämmen bis zu den unendlich kleinen Muscheln der Wassertiere. Unter bestimmten geologischen Bedingungen gibt ein Teil dieses Materials, wenn das Wasser schließlich das Meer erreicht, zwischen dem in der einen Richtung fließenden Süßwasser und dem aus der anderen Richtung drückenden Salzwasser den Kampf auf, sinkt zu Boden und bildet eine Barriere, eine Sandbank. Der Fluß selbst zwängt sich an diesen erschöpften Ablagerungen vorbei, das Meer wirbelt um sie herum, mehr Treibsand gesellt sich hinzu, und auf einmal sind sie Inseln in der Flußmündung geworden. Inseln, wie sie das Nildelta übersäen und wie sie, von der Sonne gebacken und von Schildkröten bewohnt, jenes andere Venedig umgeben, das südlichste Dorf des Mississippi.

Solche Barrieren wurden vor Äonen von der Brenta, dem Piave und dem Sile errichtet, als die sich mit den Strömungen der Adria trafen (die zufällig in diesem nördlichen Golf eine Kreisbewegung ausführen). Es waren lange einsame Streifen von Sand und Kieselgestein, die bald Gras, Seeanemonen und Pinien hervorbrachten und sich zu richtigen Inseln entwickelten. Hinter ihnen bildete sich im Lauf der Jahrhundert ein großer Tümpel, durchzogen von

Strömungen und Gegenströmungen, eine Mischung von Salzwasser und Süßwasser, ein Gleichgewicht der Gezeiten; im Wasser aber tauchten andere Inseln auf: entweder hochgelegener Boden, der nicht versumpft war, oder Ansammlungen von Treibsand. Diese feuchte Fläche, getüpfelt mit Inselchen, verstopft von Schlammbänken und halb überschwemmten Feldern, geschützt vor der See durch ihre schmalen Strandbarrieren – diese Weite schöner Trostlosigkeit ist die venezianische Lagune. Sie ist 56 Kilometer lang und an keiner Stelle mehr als elf Kilometer breit, und sie bedeckt eine Fläche (zumindest ist das die Ansicht der selbstsichersten Experten) von 544 Quadratkilometern. Sie ist, ganz grob gesehen, halbmondförmig und bildet die abgerundete Nordwestecke der Adria, wo Italien sich im Bogen nach Triest und Jugoslawien hinüberzieht. Ihre Gefährten unter den sieben Meeren haben seit langem ihre Bedeutung eingebüßt – die Lagune von Ravenna ist verlandet, die Lagune von Aquileia vergessen; aber die Lagune von Venedig gewinnt von Jahr zu Jahr mehr Leben.

Sehr früh in ihrer Geschichte, bald nachdem sie sich auf ihren Inseln niedergelassen und ihren jungen Staat errichtet hatten, begannen die Venezianer ihre öde Umgebung auszugestalten. Es war ein prekärer Zufluchtsort für sie. Das Meer drohte ständig einzubrechen, besonders nachdem sie die Barriereninseln durch Kahlschlag der Pinienwälder geschwächt hatten. Der Treibsand drohte unablässig die gesamte Lagune zu verstopfen und sie in einen verletzlichen Streifen Land zu verwandeln. Die Venezianer befestigten deshalb ihre Schlammbänke, zunächst mit Palisaden aus Holz und Geröll, später mit mächtigen Steinwällen; was aber von noch größerer Bedeutung war: Sie veränderten bewußt die Geographie der Lagune. Bis in geschichtliche Zeiten hinein war sie durch fünf Öffnungen zwischen den Barren mit dem offenen Meer verbunden – heute *lidi* genannt –, die das Flußwasser austreten ließen und den Gezeiten der Adria gestatteten, sich auch in der Lagune auszuwirken. Die Venezianer schlossen nun einige dieser Lücken und ließen nur drei Eingänge oder *porti* frei, durch welche die verschiedenen Wasser ein- und auslaufen konnten. Dadurch wurde die Linie der *lidi* verstärkt, die Tiefe der übergebliebenen Breschen vergrößert und die fegende, spülende Kraft der Gezeiten erhöht.

In einer Reihe gewaltiger ingenieurtechnischer Unternehmungen leiteten sie auch die Brenta, den Sile und den Piave um, trieben sie durch Kanäle außerhalb der Grenzen der Lagune und gestatteten nur einem Rinnsal der Brenta, weiterhin seinen üblichen Lauf zu nehmen. Die Lagune enthielt somit in der Hauptsache Salzwasser, wodurch (wie die zeitgenössischen Gelehrten glaubten) die ständig drohende Gefahr der Malaria eingedämmt war. Der Zustrom an Treibsand durch die Flüsse war praktisch abgestellt, und das war nützlich, denn schon war die Hälfte der Lagunengemeinden im Schlamm erstarrt, und einige waren völlig ausgelöscht worden.

So ist die Lagune zum Teil ein künstliches Phänomen; doch obgleich sie oft farblos und eintönig aussieht wie ein trauriger, verschlammter Weiher, ist sie reich an allen Arten von Meeresgetier. Durch die Infusionen an Salz und Süßwasser gedeihen Organismen üppig, so daß die Bodenflächen der Boote und Schiffe schnell von winzigen Tanggewächsen und Napfschnecken überzogen sind und aus den Grundmauern der Paläste die Wasserpflanzen sprießen. Die Lagune ist auch wegen ihrer biologischen Vielfalt bemerkenswert. Jeder *porto* hat sein eigenes kleines Netz von Bächen und hat seine eigene Wasserscheide; wo immer die Gezeiten sich begegnen, wenn sie durch ihre einzelnen Eingänge fließen, ist auf dem Boden der Lagune ein deutlich erkennbarer Höcker, der diese in drei verschiedene Regionen teilt. Sie ist außerdem längs der Grenzlinie der Gezeiten in zwei Teile gespalten, nach der traditionellen Benennung die Tote und die Lebende Lagune. In allen diesen abgetrennten Sektionen sind Fauna und Flora verschieden, so daß wir eine Art Naturkundegarten im Wasser vor uns haben; man sagte früher, daß sogar die Farben der Strömungen verschieden seien, eine Skala, die vom Gelb im Norden über Azurblau, Rot und Grün bis zum Purpurrot im äußersten Süden reicht.

Im seewärtigen Teil, wo die Flut machtvoll anrollt und das Wasser fast ausschließlich Salzwasser ist, leben und gedeihen alle Meereswesen, die Schlammbänke sind nackt und klebrig und die Kanäle reich an Adriafischen. Weiter vom Meer entfernt oder in Winkeln versteckt, zu denen seine Strömung nicht dringt, leben andere Organismen: Wesen der Marschen, Plumbaginaceen, Gräser und Tamarisken, Sumpfkreaturen in halbstagnierenden Tümpeln, Enten und andere Schilfvögel. Es gibt unzählige Austern in diesen Gewässern und Schaltiere vieler und obskurster Unterarten, vom Heuschreckenkrebs bis zu daumennagelgroßen Krabben; manchmal verirrt sich auch, schwungvoll über die Brandung springend, ein fliegender Fisch und verfängt sich wie ein verbrauchter Sonnenstrahl in irgendeinem schlammigen Winkel der Sumpfniederung.

Auch eine besondere Rasse von Menschen hat sich herausgebildet, die dieses Gebiet bewohnt: Sie stammen zum Teil von den Leuten der vorvenezianischen Fischergemeinden, zum Teil von Venezianern ab, die in der Öde ausharrten, als das Zentrum der nationalen Bedeutung sich zum Rialto verlagert hatte. Sie, die überlebt haben, sind die widerstandsfähigsten ihres Schlags, denn die Lagune war oft eine Region der Krankheit, verseucht von der Malaria, erstickt von ungesunden Dämpfen, periodisch heimgesucht von Choleraepidemien und Krankheiten aus dem Osten. Wie die Fauna, so unterscheiden sich auch die Menschen je nach der Gegend in ihrer Lebensweise, ihrer Vergangenheit, ihrem Grad an Weltgewandtheit, ihrem Horizont. An der Innenküste sind sie Marschbewohner, die Salzpfannen bedienen, zwischen den Gräsern fischen und am Rande ihres Gebiets ein wenig Ackerbau betreiben. Weiter draußen sind sie vielleicht noch Bauern oder Gärtner, wenn sie auf der richtigen Art Insel wohnen; eher aber sind sie Salzwasserfischer, die entweder mit ihren großen Booten aufs Meer hinausfahren oder zwischen den Schlammbänken der Lagune Krebse, Mollusken und Sardinen fangen.

Ihr Dialekt variiert von Insel zu Insel. Ihr Gebaren spiegelt sofort ihre Erziehung und Umgebung wider, rauh oder sanft. Sie sehen sogar verschieden aus, die Leute von Burano, zum Beispiel, zerzaust und knotig, die Leute von Chioggia traditionell giorgionesk. In den Tagen vor dem Dampf und vor dem Motor waren die Laguneninseln bedeutend selbständiger; sie hatten ihre eigenen blühenden örtlichen Regierungen, ihre eigenen stolzen *piazze*, ihre eigenen Marmorsäulen und Markuslöwen. Jede von ihnen bewahrt noch einen Rest ihres alten Stolzes und ist sichtlich verärgert, wenn man sie mit einer Nachbarinsel verwechselt. »Burano!« wird der Mann von Murano ausrufen. »Da hausen ja die Wilden!« – dabei trennen die beiden Inseln nur dreieinhalb Kilometer flaches Wasser.

Die Lagune ergibt sich nie selbstgefälliger Ruhe. Die Gezeiten fegen sie zweimal am Tag sauber, Schiffe fahren hindurch, Winde wehen kalt daher, und die Rennboote der venezianischen Playboys rasen über ihre Fläche in Wolken angeberischen Gischts. Aber nicht nur das: sie steht unter ständiger baulicher Kontrolle, damit ihre Bollwerke nicht einstürzen und ihre Kanäle nicht versanden. Die Wasserbehörde ist nie müßig in der Lagune. Ihre Inspektoren, Ingenieure und Bootsführer sind ständig auf der Wacht und flikken jahraus, jahrein Dämme und ersetzen Palisaden. Ihre Bagger rattern in den großen Schiffahrtskanälen die Monate herunter, im Morgendunst aufragend wie alternde, arthritische Elefanten. Venedigs Fortbestand hängt von zwei einander widersprechenden Vorsichtsmaßnahmen ab, die in sich eine Allegorie der Lagune darstellen: die eine hält das Meer draußen, die andere das Land. Bräche die Barriere der äußeren Inseln, würde Venedig ertrinken. Verlandete die Lagune, würden seine Kanäle in Schlamm und Brühe ersticken – sein Hafen würde sterben, sein Abwässersystem würde schwären und stinken von Triest bis Turin (es ist kein Zufall, daß die romantischen Fatalisten, die eine ganze Reihe dramatischer letzter Akte für die Serenissima ins Auge gefaßt haben, nie den Mut aufbrachten, auch dieses Ende vorzuschlagen).

Wenn man also die Brandung wogen hört, aufgepeitscht von den Rändern einer *bora*, lege man sich ruhig wieder schlafen, denke aber daran, daß Venedig immer noch lebt wie ein Taucher in seinem Anzug, abhängig von dem Mann, der oben die Pumpe bedient, und von den Augenfenstern bis zu den bleigewichtigen Schuhen, unter dem eifersüchtigen Druck der Wasser zusammengepreßt.

Die Dienste eines Burggrabens

Die Venezianer sickerten ursprünglich aus dem Grund in die Lagune, weil sie sich ihnen förmlich als Unterschlupf anbot und sicher war vor seeunkundigen Barbaren und demoralisierenden Irrlehren. Sie befestigen sie von Anfang an, bauten hohe Wachttürme, warfen Verteidigungsketten über die Wasserwege, richteten entlang den Kais hohe schützende Wälle auf. Bereits im 6. Jahrhundert beklagten sich die Leute von Padua darüber, daß die Venezianer die Mündung der Brenta militärisch gesichert hätten, um zu verhindern, daß fremde Schiffe in die Lagune eindrängen. Neun Jahrhunderte später beschrieb der Reisende Pero Tafur sehr lebendig die Kriegsbereitschaft der venezianischen Marine. Sobald der Alarm ertönte – vermerkt er –, tauchte das erste Kriegsschiff unter Tau im Tor des Arsenals auf, und aus einer Reihe von Fenstern wurden die nötigen Materialien herausgereicht – Seile aus dem einen Fenster, Nahrungsmittel aus einem anderen, Handwaffen aus einem dritten, Mörser aus einem vierten, Ruder aus einem fünften –, bis am Ende des Kanals die Mannschaft an Bord sprang und die Galeere voll bewaffnet und gefechtsklar davonsegelte in den Canale San Marco hinein. Viele Jahrhunderte lang leistete die Lagune den Venezianern in bewundernswerter Weise die Dienste eines Burggrabens, und der besteht als weite wässerige Redoute, gespickt mit alten Forts und Geschützstellungen, noch heute, im Atomzeitalter.

Keinem Feind ist je gelungen, Venedig im Sturm zu erobern. Den ersten Angriff unternahm Pippin, Sohn Karls des Großen, im Jahre 809, und die Legende von seiner Zurückweisung symbolisiert den unheimlichen Verteidigungssinn der Venezianer. Als sie diese Einöde betraten, auf den verschiedenen Inseln ihre Tribunen einsetzten und sich unter Schmerzen zu einem einzigen Staat zusammenfanden, war ihre ursprüngliche Hauptstadt die jetzt verschwundene Insel Malamocco, etwa achthundert Meter vor der Inselkette gelegen. Sie fürchteten sich vor Feinden auf dem Festland und legten folglich ihren Regierungssitz so weit wie möglich in die Adria hinaus. Pippin jedoch beschloß in Verfolgung der ehrgeizigen Bestrebungen seines Vaters, die Venezianer zu demütigen, und griff ihre Siedlungen von der seewärtigen Seite her an. Seine Soldaten eroberten, eines nach dem anderen, die südlichen Dörfer und standen schließlich vor Malamocco selbst. Da gab die Regierung ihr exponiertes Hauptquartier auf und zog sich durch das Gewirr der flachen Kanäle, in dem sich nur die Venezianer auskannten, über die Schlammbänke auf eine Gruppe von Inseln in der Mitte der Lagune zurück, die den Namen Rivo Alto trug – Rialto.

Pippin ergriff triumphierend von Malamocco Besitz und setzte zur Verfolgung über die Lagune an. Nur eine alte Frau, so weiß die Legende zu berichten, war auf Malamocco zurückgeblieben, entschlossen, als aufrechte Venezianerin weiterzuleben oder zu sterben; diese patriotische Alte wurde zum König bestellt. »Sag uns den Weg zum Rivo Alto!« forderte Pippin, und da wußte die Alte, daß ihr Augenblick gekommen war. Der Finger zitterte, als sie über die trügerischen Schlammbänke deutete, wo die Flut tückisch wirbelte und der Schlick schwitzte und der Seetang im Strudel wehte. Und bebend klang ihre Stimme, als sie dem Fürsten antwortete: *Sempre diritto!* Und Pippins Flotte, die sogleich auf Grund lief, wurde von den Venezianern aus dem Hinterhalt überfallen und übel zugerichtet.

Die nächsten Feinde von Bedeutung, die in die Lagune eindrangen, waren die Genuesen, die Hauptrivalen der venezianischen Vorherrschaft im 14. Jahrhundert. Doch auch sie wurden durch den Schlamm auf Armeslänge ferngehalten. Im kritischen Augenblick ihrer lang sich hinziehenden Kämpfe gegen die Venezianer im Jahre 1379 eroberten sie Chioggia, den südlichen Schlüssel zu Venedig, und richteten sich fest ein, um die Serenissima auszuhungern. Ihre Kriegsschiffe steckten eine venezianische Galeere im Angesicht der Stadt unter den Blicken Hunderter entsetzter Bürger in Brand, und einige ihres Stoßtrupps mögen sogar das Riff überquert haben und in die eigentliche Lagune eingefallen sein. Die Venezianer waren in einer bedrängten Lage. Die Hälfte ihrer Flotte hielt sich unter dem Kommando des verwegenen Carlo Zeno in fernen Gewässern auf, die andere Hälfte war durch die Rückschläge demoralisiert, und ihr Befehlshaber, Vettore Pisani, wurde aus dem Gefängnis freigelassen, um seine Pflichten zu übernehmen. Kanonen wurden auf dem Glockenturm von San Marco aufgestellt, für den Fall eines Falles, und sogar der Doge erbot sich, als Freiwilliger am Kampf teilzunehmen, in der Tat ein verzweifelter Schritt.

Pisani lief also aus zur Schlacht mit einer rasch zusammengekratzten Flotte von Kriegsschiffen, einer höchst unsicheren Armee – der größte Teil der männlichen Bevölkerung Venedigs drängte sich in patriotischem Aufruhr zwischen den Decks – und der Haudegenpotentat stand neben dem Admiral im Heck. Im Laufe weniger Wochen hatte er jedoch die taktischen Vorteile der Lagune so gut ausgenutzt, daß sich die Genuesen gefährlich in die Defensive gedrängt sahen. Sie wagten es nicht, ihre Schiffe außerhalb der *lidi* zu stationieren, um der winterlichen See und der möglichen Rückkehr Zenos trotzen zu können, und zogen sich deshalb in den Hafen von Chioggia, den südlichsten Eingang der Lagune, zurück: dort aber schloß sie Pisani, der seine Flotte richtig entfaltete, sofort ein. Er versperrte den wichtigen Porto di Lido im Norden mit einer eisernen Kette, bewacht von Festungsgeschützen. Er verstopfte den Porto di Malamocco, den mittleren Eingang, indem er zwei mit Steinen gefüllte Schiffe versenkte. Vier weitere Blockadeschiffe riegelten die Einfahrt nach Chioggia selbst ab, und zwei andere blockierten den Hauptkanal zwischen der Stadt und Venedig. Eine Mauer wurde über die Schlammbänke in der Nähe Venedigs gebaut für den Fall, daß diese verschiedenen Hindernisse überrannt wurden, und meilenweit im Umkreis wurden alle Markierungspfähle und Schilder entfernt – die gesamte Lagune war nun für unkundige Seefahrer eine glitschige Falle.

So waren die Genuesen gefangen. Venezianische Truppen landeten in der Nähe von Chioggia, und die Genuesen versuchten verzweifelt, auf die See hinaus zu gelangen; sie stachen sogar einen Kanal durch die Sandbank, die ihre Schiffe von der Adria trennte; aber es war hoffnungslos. Ihre Nachschublinien waren durchschnitten, und sie waren, wie ihre Chronisten mitteilen, darauf angewiesen, »Ratten, Mäuse und mehrere unreine Dinge« zu essen. Sie waren praktisch bereits besiegt, als an einem Tag, der in die venezianische Geschichte einging, die Toppmasten von Zenos herbeieilenden Geschwadern am Horizont auftauchten. Damit war die Niederlage der Genuesen endgültig besiegelt. Als letzter Schlag für sie stürzte ein Campanile von Chioggia, den eine verirrte Kanonenkugel traf, als der Krieg schon fast vorüber war, in sich zusammen und tötete ihren Kommandanten, Pietro Doria.

Seither wurden in der Lagune keine Kämpfe mehr ausgefochten. Viermal drangen feindliche Streitkräfte im Laufe der Geschichte in Venedig selbst ein, aber sie brauchten sich nicht den Zugang über die Gewässer zu erkämpfen. Die erste Gruppe war ein vagabundierender Piratenhaufen, der Abschaum Dalmatiens, der eines Tages im 10. Jahrhundert beschloß, Venedig zu überfallen in einem Augenblick, als in der Kirche San Pietro di Castello eine Massenhochzeit stattfand. Sie schlichen sich bei Nacht in die Stadt, drangen in die Kirche ein, entführten die Bräute samt ihrer schönen Aussteuer, rannten zu ihren Schiffen (ihren »verfluchten Barken«, wie der Dichter Rogers sie nannte) und fuhren triumphierend davon. Die erzürnten Venezianer, angeführt von den Männern der Kunsttischlerzunft, folgten ihnen in wilder Jagd nach; sie nutzten dabei auch geschickt ihre Kenntnis der Lagunentücken aus, holten, dicht am Wind segelnd und schwarz vor Zorn, die Piraten ein, brachten sie allesamt um, kehrten mit den in Ohnmacht gefallenen Bräuten nach Venedig zurück, verheirateten sie in aller Eile und lebten glücklich und zufrieden bis an ihr Ende.

Acht Jahrhunderte vergingen, ehe der nächste Feind den Boden Venedigs betrat. Inzwischen waren die schlichteren Bürger zu der Ansicht gelangt, ihre Lagune sei unüberwindlich, so gut hatte sie die Stadt in allen Wechselfällen der italienischen Geschichte geschützt. Das Festland Venetiens war seit langem schon Schauplatz europäischer Rivalitäten, und 1796 marschierte Napoleon ein mit seinen berauschenden Parolen, seiner kampferprobten Infanterie und seiner Freiwilligenlegion von italienischen Liberalen (von denen einige, wie Trevelyan berichtet, wieder in ihr Heimatland eingezogen waren, indem sie auf dem Bauch die Alpenhänge hinunterrutschten, die Pferde hinterdrein). Venedig blickte vorsichtig in die andere Richtung – es war inzwischen, vom Hedonismus betäubt, zum schwächsten Staat Europas herabgesunken. Selbst als deutlich wurde, daß Napoleon nicht die Absicht hatte, die Serenissima zu verschonen, forderten die Notstandsbefehle, welche die Republik erließ, ihren Proveditore lediglich auf, »die Ruhe im Staat aufrechtzuerhalten und das Wohlergehen seiner Untertanen zu sichern«. 136 Kasinos florierten noch in der Stadt. Fünftausend Familien, so hören wir, gaben allabendlich Gesellschaften. Die Venezianer waren aber keine Männer des Krieges mehr: Als der letzte Doge im Jahre 1789 von seiner Wahl in Kenntnis gesetzt wurde, brach er in Tränen aus und wurde ohnmächtig.

Diesen geschwächten und verfaulten Organismus hatte Bonaparte im Geheimabkommen von Leoben bereits den Österreichern versprochen; bald darauf brach er dann auch seinen Konflikt mit der Serenissima vom Zaun. An einem Apriltag des Jahres 1797 segelte eine französische Fregatte, die *Libérateur d'Italie*, ohne Erlaubnis durch den Porto di Lido, eine unerträgliche Beleidigung venezianischen Privilegs. So etwas war seit fünf Jahrhunderten nicht mehr passiert. Das Fort Sant'Andrea eröffnete das Feuer, das Schiff wurde geentert und geplündert, der französische Kommandant getötet. Das war Napoleons *casus belli*. Er weigerte sich, mit den venezianischen Gesandten zu verhandeln, die um Frieden bitten wollten, und gab der Republik die Schuld für ein Massaker an französischen Truppen, das sich in Verona ereignet hatte. Die Venezianer »trieften von französischem Blut«, wie er sagte. »Ich habe achtzigtausend Mann und zwanzig Kanonenboote ... *io sarò un Attila per lo Stato Veneto.*«

Am 1. Mai 1797 erklärte er den Krieg. Die Venezianer waren zu desorganisiert, zu erschrocken, zu führerlos, zu sehr von Zweifeln erfüllt, zu schwach, um irgendeinen Widerstand zu leisten; und zwei Wochen später fuhren vierzig ihrer eigenen Schiffe 3231 französische Soldaten vom Festland zur Piazza von San Marco – »hagere Gestalten«, wie ein französischer Historiker sie beschrieb, »geformt zum harten Kampf, pulverbeschmiert, die Hüte nur mit der Kokarde geschmückt.« *J'ai occupé ce matin,* meldete der französische General prosaisch Napoleon, *la ville de Venise, avec la 5e demi-brigade de bataille, et les îles et forts adjacents.* Er war der erste Befehlshaber, der je die Eroberung Venedigs melden konnte, und als er diesen nüchternen Bericht mit seinem Siegel versah, besiegelte er das Ende einer Epoche.

Die Österreicher waren die nächsten, die Venedig einnahmen. Im Lauf der Unberechenbarkeiten ihres Verhältnisses zu Frankreich hatten sie zunächst die Stadt geschenkt bekommen, sie dann nach Austerlitz wieder verloren und nach Waterloo erneut gewonnen, bis im Jahre 1848 die Venezianer selbst sich unter Daniele Manin erhoben, sie hinauswarfen und wieder die Republik aufrichteten. Hart geworden durch Erniedrigung und Leiden, verteidigten die Bürger diesmal ihre Lagune mit aller Standhaftigkeit gegen die kaiserliche Blockade. Sie bemannten ihre zahllosen Forts, unterbrachen die gerade gebaute Eisenbahnbrücke und unternahmen sogar erfolgreiche Ausfälle aufs Festland hinüber. Die Österreicher belagerten die Stadt mit aller Hartnäckigkeit. Sie ließen Sprengstoff, an Ballons hängend, über die Stadt treiben, gleich den Ballonbomben, welche die Japaner über Kalifornien treiben ließen; als aber dieses Vorhaben sich als lächerliches Fiasko erwies, montierten sie ihre Feldgeschütze ab, um ihnen eine größere Richthöhe zu verleihen, und nahmen die Stadt heftig unter Beschuß. Das gesamte Stadtgebiet westlich der Piazza lag im Schußbereich ihrer Kanonen.

Arg mitgenommen, hungernd, knapp an Munition, von der Cholera heimgesucht, ohne Bundesgenossen, leistete Venedig länger als irgendeine andere rebellische Stadt Italiens Widerstand, doch im August 1849 kapitulierte Manin. Die Österreicher zogen kampflos in die Lagune ein. Ihr Befehlshaber, jener unbezähmbare alte Autokrat Feldmarschall Radetzky, dem im Alter von 81 Jahren das letzte uneheliche Kind geboren wurde, fuhr im Triumphzug den Canal Grande hinunter. Aber keine Menschenseele zeigte sich, ihn zu begrüßen, kaum ein Hausmädchen spähte zu einem Palazzofenster hinaus, und als er an der Piazza ankam, fand er nur seine eigenen Soldaten vor. Lediglich ein kriecherischer Priester, so wird uns berichtet, kam aus der Vorhalle der Basilika herausgerannt, um sich dem Eroberer zu Füßen zu werfen und ihm glühend die Hand zu küssen.

Die letzte Streitmacht, die Venedig besetzte, bildeten englische Truppen. Im Jahre 1945, als das Ende des Weltkriegs offensichtlich bevorstand und die deutschen Armeen sich in demoralisierten Kolonnen durch Italien zurückzogen, entrissen die Partisanen von Venedig die Stadt den letzten Deutschen, gaben ihnen sicheres Geleit bis zum Festland, erschossen ein paar ihrer eigenen persönlichen Feinde und warteten die Ankunft der Alliierten ab, die gerade über den Po vordrangen. Zwei neuseeländische Panzer trafen als erste ein: Sie veranstalteten den Festlanddamm entlang Seite an Seite ein Wettrennen, und ein Neuseeländer berichtete, er habe, als seine Fahrzeuge über einen Brückenbogen bei Mestre ratterten, hinuntergesehen und beobachtet, wie die Deutschen Hals über Kopf in der entgegengesetzten Richtung unter ihnen davongerast seien.

Die Neuseeländer hatten von ihrem Befehlshaber, dem General Freyburg, den speziellen Auftrag bekommen, das Hotel Danieli in Besitz zu nehmen – er hatte vor dem Krieg einmal dort gewohnt und wollte es als neuseeländischen Offiziersklub reserviert wissen; er schickte eigens einen Erkundungstrupp aus, dem diese Mission anvertraut war. Sie wurden von den Venezianern enthusiastisch empfangen, und bald traf auch die englische Infanterie ein, alle Boote wurden beschlagnahmt, das Danieli, das Excelsior, das Luna dienten als Offiziersklubs. So viele Soldatenheime wurden eingerichtet, daß man heute noch die blaugelben NAAFI-Schilder* an den venezianischen Häuserwänden verrotten sieht inmitten der anderen Wandmalereien der Geschichte. Drei Tage

* *NAAFI* = *N*avy, *A*rmy and *A*ir *F*orce *I*nstitutes, englische Truppenführung

später wurde der Waffenstillstand unterzeichnet. Der Krieg in Italien war vorüber.

So ist der Stadt das Schlimmste vom Krieg erspart geblieben, und es hat keine Panzerfäuste auf der Piazza gegeben und keine Maschinengewehrsalven über den Canal Grande hinüber. Nie ist eine Bombe auf die Basilica di San Marco gefallen. Bei keinem der verschiedenen Anstürme wurde Venedig großer Schaden zugefügt. Während der Revolution von 1848 soll, obwohl mehrere tausend österreichische Granaten auf die Stadt fielen, nur ein Haus völlig zerstört worden sein. Im Ersten Weltkrieg, als Venedig eine betriebsame militärische Basis war, wurde die Stadt wiederholt bombardiert – man schaffte die Bronzepferde sicherheitshalber fort, schützte die Basilika mit Säcken voll Seetang, und die Nachtwächter riefen die ganze Nacht hindurch: *Pace in aeria!* – »Am Himmel alles ruhig!« In mehreren Kirchen sind Geschosse zu sehen, die nicht explodierten und als Exvotos aufgehängt wurden; aber von allen Schätzen der Stadt wurde nur das Dach der Scalzi-Kirche in der Nähe des Bahnhofs zerstört. Im Zweiten Weltkrieg wurde Mestre heftig bombardiert, aber Venedig kein einziges Mal. Der Turm von San Nicolò dei Mendicoli wurde während des deutschen Rückzugs von einer verirrten Granate getroffen, und die Tiepolo-Fresken im Palazzo Labia wurden beschädigt, als im Hafen ein deutsches Munitionsschiff in die Luft flog; aber abgesehen von einigen Fensterscheiben wurde nichts zerstört. Wie mir gesagt wurde, stand Venedig sowohl auf der deutschen wie auf der alliierten Liste der Orte, die nicht angetastet werden durften, an erster Stelle. Nicht jeder hat diese Immunität begrüßt. Als 1914 eine Bombe dicht neben der Basilika niederging, setzte sich der verrückte Futurist Marinetti, der die italienischen Meisterwerke einreißen und noch einmal von vorn beginnen wollte, in ein Flugzeug und warf über der Stadt Flugblätter ab. »Italiener, wachet auf!« stand darauf zu lesen. »Der Feind versucht die Monumente zu zerstören, die niederzureißen unser eigenes patriotisches Privileg ist!«

Die Lagune hat Venedig gerettet. Venedig stand mit ihrer Hilfe abseits der Hauptstraßen des Krieges und konnte wie England seine Schlachten an fernen Orten schlagen. Es liegt an keinem lebenswichtigen Kreuzungspunkt, beherrscht keine entscheidende Brücke, überblickt keine strategische Position, liegt in keinem gefährlichen Vorfeld. Man könnte, falls man ein zweiter Napoleon wäre, ganz Italien einehmen, ohne den Ausschluß Venedigs in besonderem Maße zu spüren; die unzähligen italienischen Festlandskriege sind, obwohl oft venezianische Truppen mitwirkten, immer an der Stadt vorbeigegangen. Sogar die wilden Türken, deren Armeen im Jahre 1471 so nahe waren, daß man von der Spitze des Campanile von San Marco ihr kriegerisches Treiben sehen konnte – sogar diese unversöhnlichen Horden drangen nie in die Lagune ein. Keine Stadt auf Erden ist aus der Luft leichter auszumachen, eingerahmt von ihrem silbrigen Wasser, und keine Stadt hat weniger Keller, die als Luftschutzräume dienen könnten; doch nahezu die einzigen Verluste der Zivilbevölkerung in beiden Weltkriegen waren die zweihundert Bürger, die während der Verdunkelung in Kanäle stürzten und ertranken. In den offiziellen Darstellungen der italienischen Feldzüge des Zweiten Weltkriegs wird Venedig kaum als militärisches Ziel erwähnt; in einem britischen Regimentstagebuch, das von den harten Kämpfen auf dem Vormarsch durch die Halbinsel spricht, ist bei der Erwähnung kommender Schlachten die Rede davon, daß die Soldaten begierig sind, »mit den Deutschen wieder Fühlung zu bekommen und sich in Venedig ein bißchen umzusehen«. Im Krieg wie im Frieden steht Venedig abgesondert da, keiner der üblichen Regeln und Konventionen unterworfen – gleich dem fashionablen Priester des 18. Jahrhunderts, der, obwohl ihm die ersten Familien den Hof machten, es vorzog, in einer rattenverseuchten Bodenkammer zu hausen und zum Zeitvertreib Spinnweben zu sammeln.

Aber wenn sich auch heutzutage niemand besonders darum kümmert, ist die Lagune doch noch immer ein beachtliches militärisches Hindernis. Napoleon selbst war offenbar des Glaubens, daß er, falls die Venezianer sich entschlössen, sie zu verteidigen, zu ihrer Überwindung so viele Soldaten benötigte, wie er bei Austerlitz in der größten Schlacht seiner Laufbahn gebraucht hatte; doch die Österreicher waren vielleicht die letzten, die sie ernsthaft mit strategischem Auge sahen. Sie war der Hauptstützpunkt der kaiserlichen Flotte, die zum Teil im alten Arsenal von Venedig gebaut worden war und deren Mannschaften sich hauptsächlich aus Italienern zusammensetzten. Sie machten die Lagune zu einem Netz von Festungen – im Jahre 1848 gab es hier sechzig Forts (zur Besichtigung eingeladene britische Offiziere waren freilich, wie üblich, nicht besonders von ihrer Anlage beeindruckt). Im Ersten Weltkrieg war die Lagune Marinebasis und Rüstkammer sowie Startplatz für d'Annunzios kühne Flüge gegen die Österreicher. Im Zweiten Weltkrieg bot sie vielen Hunderten von Partisanen und Kriegsgefangenen Unterschlupf, die in den abgelegenen, dunstverhüllten Regionen lauerten, in welche die Deutschen niemals vordrangen. Auch viele Venezianer verbargen sich dort, um der Zwangsverpflichtung in nazistische Arbeitseinheiten zu entgehen. Die deutsche Armee leistete, bis sie von den neuseeländischen Panzerkanonen vertrieben wurde, einen kurzen letzten Widerstand am Nordostrand der Lagune, und sie benutzte Kähne, um einen Teil ihrer Truppen über die Wasserwege zurückzuziehen. Ehe die letzte Katastrophe einsetzte, hatten die Deutschen ein Verteidigungssystem längs der Linie der Etsch vorbereitet, von Chioggia im Osten zum Gardasee im Westen. Einige Strategen sind der Ansicht, daß diese Linie, deren linke Flanke in die unpassierbaren Schlammbänke der Lagune eingebettet war, sehr wohl die schwierigste der aufeinanderfolgenden Barrieren hätte werden können, die den alliierten Vormarsch durch Italien aufhielten.

Die kriegerischen »Neigungen« der Lagune werden heute noch bezeugt. Wenn man mit dem Zug eintrifft, fällt der Blick fast als erstes auf das große Festlandfort von Marghera, eine sternförmige Erdbefestigung vor Mestre, das jetzt von Gras und Unkraut überwachsen ist wie ein Flachhügelgrab. Auf der Mitte des Brückendamms steht die exponierte Geschützplattform neben der Eisenbahnlinie, die während der Revolution von 1848 einige gefährliche Wochen lang die vorderste venezianische Stellung war; in der Nähe liegt die kleine Insel San Secondo von der Form eines Pazifikatolls, die heute als städtisches Vorratsdepot dient, früher aber einmal ein bedeutendes Fort und Magazin war. Südlich des Damms, in der Nähe der Docks, erblickt man die winzige Isola Tresse: Sie ist gekrönt von einem Betonbunker, an dessen Außenmauer immer noch ein entweder aus Ironie oder aus Unkenntnis falschherum gemaltes schwarzes Hakenkreuz prangt.

Rings um die Stadt stehen solche Überbleibsel einer militärischen Vergangenheit – verrammelte kleine Inseln und verlassene Kasernen, schöne alte Forts und Flugzeugschuppen. Das ferne

Sant'Angelo della Polvore – St. Angelo vom Schießpulver – sieht aus wie eine Märcheninsel, von Türmen gekrönt, stellt sich aber dann, wenn man näherkommt, nur als alte, verschlossene und verriegelte Pulverfabrik heraus. San Lazaretto, auf der anderen Seite der Stadt, war einmal die Quarantänestation Venedigs, dann ein militärisches Haftlager. Im 17. Jahrhundert, als Venedig sich durch die ehrgeizigen Bestrebungen Spaniens bedroht sah, wurde eine Abteilung holländischer Soldaten direkt in Holland angeworben, auf holländischen Schiffen in die Lagune gebracht und auf dieser Insel einquartiert; sie langweilten sich so sehr, daß sie meuterten. Bis zum heutigen Tag schreiten die Wachen die abweisenden eckigen Wälle der Kaserne mit einer Miene unsäglichen Abscheus ab, als warteten sie auf einen Feind, der in all den 1500 Jahren venezianischer Geschichte nie dieses Weges gekommen ist.

Durch die Fenster von San Giacomo in Palude – St. Jakob im Sumpf – im Norden von Venedig lächeln einem immer noch fröhliche, in Hemdsärmeln mit dem Abwasch beschäftigte Soldaten zu, wenn man mit seinem Boot vorbeiknattert, und ein Schild verbietet es jedem Unbefugten, sich diesem hochbedeutenden Vorposten auf mehr als fünfzig Meter zu nähern. Eine halbe Meile weiter, auf der Insel Madonna del Monte, steht ein riesiges verfallenes Munitionsgebäude, übersät mit Schutt, und immer noch mit Eisenkabeln zusammengehalten, die es im Falle einer Explosion stützen sollen; es ist ein sonnenbeschienener, aber unheimlicher Ort – ich fand dort einmal sechs tote Eidechsen, die nebeneinander auf einem Stein lagen, und darum herum einen Schwarm von Heuschrecken, der die Bestattungsriten vollzog; im Winter klirren hier die vertrockneten Schoten der kleinen Bäumchen metallisch im Wind wie die Medaillen längst verstorbener Korporale. Eine andere öde und verlassene Pulverinsel ist Santo Spirito in der Ferne hinter Giudecca. Von hier aus bauten Pisanis Ingenieure die Schutzmauer zu den *lidi*, aber später stand dort ein berühmtes Kloster mit Bildern von Tizian und Palma Vecchio und einer Kirche von Sansovino. Die Kirche wurde zerstört, als man den betreffenden Mönchsorden im Jahre 1656 verbot, aber da man gerade an der neuen großen Salute-Kirche baute, ergab sich die günstige Gelegenheit, die Bilder dorthin zu bringen, wo sie heute noch in der Sakristei hängen.

Draußen neben den großen Toren zum Meer kann man die

adriatischen Verteidigungsanlagen der Lagune sehen. Am südlichen *porto* steht hinter hohen Grasbänken die Festung La Lupa – die Wölfin – mit noch immer gehißter Fahne, mittelalterlich im Mauerwerk, 18. Jahrhundert im Stil der Verzierung; eine kleine steinige, heute von einigen Fischerfamilien bewohnte Siedlung ganz in der Nähe ist das, was von dem mächtigen Fort Caromani übrigblieb, das nach einer noch viel älteren Festung genannt war, der Ca'Romani – Haus der Römer. Zwei achteckige Festungen, die jäh aus dem Wasser ragen, bewachen den mitleren *porto* von Malamocco. Sie sind heute von Gestrüpp bewachsen und verlassen; sie sehen ähnlich wie die Stelzenforts aus, welche die Engländer 1940 zum Schutz ihrer Küsten bauten. Aber vor noch nicht langer Zeit, als ich gerade die Kamera ans Gesicht hob, um diese zerbrökkelten Festungswerke aufzunehmen, machte mich ein Fischer höflich, doch bestimmt darauf aufmerksam, daß das Fotografieren militärischer Anlagen, wie ich doch wissen müsse, streng verboten sei.

Am Nordende der Lagune, in der Nähe von Punta Sabbione, steht das Fort Treporti, ein komisches, turmreckendes Bauwerk voller Knäufe und Würfelmosaik, das aussieht wie ein Schachspielturm.

Nicht weit davon entfernt ist der alte Wasserflughafen Vignole, jetzt Hubschrauberstation, und die italienische Luftwaffe hat immer noch die weit verstreuten Gleitbahnen, Schuppen und Reparaturwerkstätten der Flugzeuge, bei denen d'Annunzios dekorativer Schatten umgeht. Wer je auf den Gedanken kommen sollte, sich auf dem Lidoflugplatz eine Maschine zu chartern, wird (während der langen und fruchtlosen Stunden des Wartens) erfahren, wie oft der Luftraum der Lagune durch Manöver der Luftwaffe beansprucht wird. Und unerschütterlich vor dem Haupteingang zur Lagune, dem Porto di Lido, dräut die prachtvolle Burg Sant' Andrea auf der Insel Certosa; von ihren mächtigen Wällen aus wurde früher die eiserne Kette gespannt, die den Kanal für feindliche Schiffe sperrte, und die Festung steht immer noch unbezwungen da, die älteste Schildwache Venedigs.

So zeigt die alte Lagune noch heute ihr wehrhaftes Gesicht. Ihre Forts mögen, wie jene inspizierenden Offiziere berichteten, »nicht an britische Normen heranreichen«; ihre großen Kriegsflotten sind entschwunden, ihre Kanonen zum größten Teil vernagelt, ihre Stacheln abgestumpft; die Düsenmaschinen, die über sie hinwegpfeifen, standen kurz zuvor noch auf Flugplätzen der lombardischen Ebene. Aber wenn man mit seinem Boot den Canale San Marco hinunterpuckert, kann es manchmal vorkommen, daß man ein ohrenbetäubendes Dröhnen hinter sich hört und plötzlich aus den Mauern des Arsenals ein schlankes, graues Torpedoboot herausspringt, begleitet vom schmetternden Aufbrüllen der Dieselmotoren und gefolgt von einer prächtigen, vom Heck ausgehenden Schaumspur; gleich wird es brausend auf das offene Meer hin verschwinden, und das Brummen der Maschinen wird nachhallen unter den alten Türmen und Wällen, indes die Fischerboote in seiner Kielwelle zu hüpfen und zu schaukeln beginnen.

Navigation

Die Lagune ist Feinden eine Falle, Freunden Arbeitsstätte und sichere Durchfahrt. Die Venezianer traten in die Geschichte ein, als Narses der Eunuch, Satrap der byzantinischen Kaiser, sie voller Schmeichelei und Behutsamkeit bat, seine Truppen über ihre Ödstrecken zu schaffen; und sie begannen ihre befriedigende Laufbahn als Mittelsmänner, indem sie Warenladungen über die Lagune von Aquileia nach Ravenna brachten. Ihre Existenz schenkte den Venezianern den besten natürlichen Hafen Italiens, der zugleich geräumig und geschützt war. Ihre Gezeiten hielten sie bei guter Gesundheit, ihre Fische ernährten sie. Ihre nähergelegenen Gewässer haben ihnen stets als Vergnügungspark gedient – »Wir werden uns in einem Boot Belustigung verschaffen und zu den Klöstern hinüberrudern«, schrieb der abgesetzte Doge Foscari an einen Freund nach seiner Entfernung aus dem Amt.

Sie war jedoch schon immer schwierig zu befahren. Ihre Flutwellen sind heftig, ihre Stürme kommen plötzlich und gefährlich auf, und ihren größten Raum nehmen tückische Untiefen ein. Manchmal fegt die *bora* verheerend über ihre Schlammbänke hin – im Jahre 1613 warf sie zwei der bronzenen Fahnenmasten auf der Piazza um. (Zwei der *valli* – Täler oder Abschnitte –, in welche die Fischer ihre Lagune einteilen, heißen Kleines Tal über dem Wind und Kleines Tal unter dem Wind.) Die Lagune ist voller geheimer Strömungen, Sandbänke, unvermuteter Wassergewächse. Wenn man bei Sonnenschein im vorderen Teil seines Bootes liegt, einen Vesperkorb neben sich und einen Arm um die Taille, kann man auf dem größten Teil ihrer Fläche das schlüpfrige Laubwerk ihres Grundes schräg unterm Kiel vorbeigleiten sehen: bis man unüberlegt einen Abkürzungsweg einschlägt, auf den breiigen Grund läuft, die Schraube einem den Schlamm um die Ohren spritzt und das Idyll auf unbestimmte Zeit verschoben werden muß.

Die Lagune kann ein ungewöhnlich einsamer Ort sein. Ihr Wasser ist, wie die Venezianer sagen würden, sehr naß. Ihr Schlamm ist schrecklich klebrig. An vielen Abenden, sogar im Sommer, erhebt sich ein kalter, unfreundlicher Wind, der das Wasser grau und unruhig macht und den Horizont in unendliche Fernen rückt. Wenn man sein beschädigtes Boot mühsam über die Schlammbänke schiebt und der Schlick einem um die Beine gurgelt, sieht man oft nichts weiter als eine einsame, stumme Insel, eine ferne baufällige Hütte, die lange, verschwommene Linie des Festlands oder die langsamen Segel der flachen Fischerboote, die sich ständig in der Einöde umhertreiben und zu der traurigen Trägheit beitragen, die diesen Wassern anhaftet. Es hat keinen Zweck zu rufen. Es gibt Klöster und Forts in dieser weiten Lagune, Fischerdörfer und Jagdhäuschen, Flottillen von Booten und Gruppen unentwegter Fischersleute; aber die leeren Räume sind so groß, daß hohe Gewölbe des Himmels dämpft alles so sehr, der Wind ist so böig, die Flut so rasch, daß man sich nirgendwo einsamer fühlen könnte als in der venezianischen Lagune, wenn man in ihrem Schlamm steckengeblieben ist.

Die Venezianer hat immer die Vorstellung entsetzt, sie könnten auf Grund laufen. Stürme, Dämonen, Piraten, Ungeheuer – alle kommen im Erzählgut der venezianischen Seefahrt vor; aber das Niedrigwasser sticht sie alle aus. Der heilige Christophorus von Venedig wird häufig dargestellt, wie er das Jesuskind über die seichten Unberechenbarkeiten der Lagune trägt, und manche fromme Legende hat mit einer Schlammbank zu tun – sogar das Schiff, das in aller Eile den Leichnam des heiligen Markus von Alexandrien nach Venedig brachte, strandete mitten im Mittelmeer und mußte durch ein Wunder wieder flott gemacht werden. »Ich könnte nicht die Sanduhr rinnen sehen«, sagt Salerino zu Antonio im allerersten Dialog des *Kaufmanns von Venedig*, »so dächt' ich gleich an Seichten und an Bänke, säh' meinen reichen Hans im Sande fest.«

Sehr früh in ihrer Geschichte haben die Venezianer notgedrungen ihre Lagune vermessen und kartographisch aufgenommen und die sicheren Durchfahrten mit Holzpfählen markiert. Heute ist ihre ganze Fläche von Chioggia im Süden bis zu den marschigen Sümpfen im äußersten Norden kreuz und quer durchzogen von diesen *bricole,* einer Vielzahl von Stangen, die man in den Schlamm getrieben hat. Einige sind kunstvoll ausgestattet mit Dreibeinpfeilern und Lampen; nachts sind die Fahrrinnen um die großen Schlammbänke im Markusbecken von orangefarbenen Lampen hell erleuchtet gleich der Umrandung eines Jahrmarkts. Andere stellen größere Anforderungen an die Instinkte eines Bootsführers, denn sie sind nur durch einige sporadische und bisweilen wackelige Pfähle gekennzeichnet, die nicht deutlich zu erkennen geben, auf welcher Seite man nun an ihnen vorbeifahren soll. Oft aber entsteht noch weitere Verwirrung durch Baumstücke und Gestrüpp, die Fischer in den Schlamm gesteckt haben, um ihre Fischreusen oder eine private Sandbank zu markieren.

Wenn man dicht bei den *bricole* bleibt, ist man im allgemeinen sicher; aber nicht immer, denn manchmal ist ihre Position beunruhigend exakt, und wenn man sich nur ein paar Zentimeter auf der falschen Seite hält – platsch! ist man wieder so weit; steht bis zu den Knien im Schlamm und schiebt. Es soll 20000 *bricole* in der venezianischen Lagune geben. Einige sind gefährlich verwittert oder verfault und sehen aus, als ob Generationen von Ratten an ihnen genagt hätten. Ein, zwei sind mit kleinen Schreinen ausgestattet, die den Künstlern und Poeten des 19. Jahrhunderts teuer waren (»Um ihren Schrein blüht keine ird'sche Blume, Kein Schritt vertieft den Pfad, der zu ihm führt.«). Viele werden von Liebespärchen, Anglern und badenden Jungen als Haltepflöcke für ihre Boote benutzt, und eines der seltsamsten Bilder der Lagune bieten diejenigen Gondolieri, die, um sich an einem Feiertag die Zeit zu vertreiben, ihre Gondeln auf eine Schlammbank jagen und mit ihren Familien paddeln gehen, wobei sie ihr hochbugiges Fahrzeug hechelnd und gestrandet auf dem Schlamm zurücklassen, eingezäunt von der hageren Kolonne der *bricole.*

Gleich den Kanälen der Stadt stützen sich die Fahrrinnen der Lagune größtenteils auf natürliche Wasserläufe, von denen einige ausgebaggert und vertieft wurden. Durch jeden der drei noch bestehenden *porti* führen Einfahrtskanäle. Es gibt Querkanäle längs des äußeren Randes der Lagune, dicht an der Innenküste der *lidi*. Es gibt unzählige Kanäle, die sich durch die Untiefen der inneren Winkel der Lagune winden, manchmal unmarkiert und nur den ortsansässigen Fischern bekannt, manchmal auf gut Glück gekennzeichnet durch alte Pfähle. Einige von diesen Wasserwegen verbinden Venedig mit den Kanälen und Flüssen, die in die lombardische Ebene führen: Man kann von der Lagune aus direkt nach Treviso, Padua, Mantua und Cremona fahren und sogar den Po und seine Nebenflüsse hinauf bis nach Turin. Einige sind die Lieferwege der Stadt, sie verbinden die Rialtomärkte mit den Gemüse- und Obstgärten der Lagune. Um die Jahrhundertwende, als auf Gemüseerzeugnisse noch Abgaben erhoben wurden, kontrollierten schwimmende Zollstationen alle Zugänge zu Venedig, und bewaffnete Steuereinnehmer patrouillierten nachts längs der Schlammbänke auf und ab. Der größte derartige Kanal geleitet die großen Schiffe durch den Porto di Lido, führt majestätisch an San Marco vorbei und läuft dann trivial als Canale Ex-Vittorio Emmanuele III. zu den alltäglichen Kais von Mestre.

Diese Kanäle haben seit frühen Zeiten in der venezianischen Geschichte eine Rolle gespielt. Der breite Canale Orfano, den man rechts liegen sieht, wenn das Fährschiff sich dem Lido nähert, verdankt seinen Namen – der Waisenkanal – seiner blutigen Vergangenheit: In den ersten Tagen venezianischer Besiedlung, als die einzelnen Lagunenkolonien einander noch bekämpften, wurden zwei Faktionen in einen so wilden Kampf verwickelt, daß der Canale Orfano »rot dahinfloß von Blut«. (Einigen Chronisten zufolge ist dieser Streit der Ursprung der Fehde zwischen den Nicolotti und den Castellani.) Später wurde Pippins Heer auf den Schlammbänken neben diesem Kanal vernichtend geschlagen, nur zwei, drei Kilometer von seinem Ziel, den Rialtoinseln entfernt: Die Franken wurden teils ertränkt, teils erstickten sie im Schlamm; anderen wurde die Kehle durchgeschnitten, und nur den Behendesten gelang es, über den Schlick zu entkommen.

Im Mittelalter wurde der Canale Orfano zum Schauplatz der Vollstreckung von Ertränkungsurteilen. Im allgemeinen wurden Verbrecher in Venedig nicht ertränkt, und strenge Geheimhaltung umgab stets solche Geschehnisse. Der unglückliche Gefangene, der in seiner dunklen Zelle unter dem Dogenpalast schmachtete, erhielt einen letzten Besuch vom diensttuenden Mönch und einen ersten vom diensttuenden Henker – der »großmütig vom Senat gedungen« war, wie uns Coryat berichtet. Der Wortlaut des Urteils wurde ihm verlesen – daß er »zum Canale Orfano gebracht und dort, die Hände auf den Rücken gebunden und Gewichte an seinem Körper, ins Wasser geworfen« werden sollte, »und so lasse man ihn sterben«. In dunkler Nacht wurde er gefesselt und geknebelt in einen Kahn an der Strohbrücke gebracht und leise über die Lagune gerudert, an der schlafenden Insel San Giorgio Maggiore vorbei, bis zum Canale Orfano, und dort warfen sie ihn dann ins Wasser. Sein Tod wurde nie öffentlich verkündet. Nur die staatlichen Register der Todesfälle und Urteile haben inzwischen offenbart, daß zum Beispiel in der Zeit von 1551 bis 1604 insgesamt 204 Ertränkungsurteile vollstreckt wurden. Der letzte Verbrecher wurde Anfang des 18. Jahrhunderts ins Wasser geworfen, doch bis zum Ende der Republik verbot ein düsteres altes Statut das Fischen im ominösen Canale Orfano und drohte im Übertretungsfall (das lag nahe) die Todesstrafe an. Was mich betrifft, so habe ich, wenn ich in diesen Regionen bade, bis auf den heutigen Tag manchmal das Gefühl, als kitzelten mich alte Skelette im Schlamm an den Zehen und als sähe ich aus vorbeifahrenden *vaporetti* die maskierten Gesichter der Henker finster zu mir herüberspähen.

Es werden immer noch weitere Fahrrinnen durch die Lagune gebahnt. Eine führt zu dem neuen Ölhafen Sant'Ilario südlich von Mestre und umgeht die Stadt Venedig selbst. Sie beginnt beim Porto di Malamocco, der in der österreichischen Zeit Venedigs Haupteinfahrtstor war; von dort aus durchschneidet sie ein Netz von kleineren Fahrrinnen, Inseln und versumpften Stellen und endet bei den Öltanks in einer Gegend, die ehedem zu den einsamsten und unheimlichsten der Lagune zählte – wo vor Jahrhunderten die Oberherrin des umliegenden Flachlands, die mächtige Abtei Sant'Ilario, an der Mündung der Lama ihren eigenen Hafen hatte. Die neue Fahrrinne erlaubt Schiffen von 100 000 Tonnen die Durchfahrt, und die großen Tanker aus Kuweit oder Tripolis verleihen der stillen, verlassenen Südwestecke der Lagune einen ganz neuen Charakter.

Eine weitere Fahrrinne, im Norden von Venedig, verbindet die Stadt mit dem Flughafen Marco Polo; durch sie werden die Neuankömmlinge mit theatralischer Geste in schnellen, kraftvollen Motorbooten direkt von der Zollabfertigung, an der Insel mit dem Städtischen Friedhof vorbei, zum Markusplatz befördert. Gleich Venedig verändert sich auch die Lagune: Mögen auch die Bewahrer des Alten darum kämpfen, daß ihre eigene Aureole erhalten bleibt, die, wie es ein viktorianischer Poet ausdrückte

> ... burns and blazes
> With richest, rosiest hue,
> Where red San Giorgio raises
> Its belfry in the blue

– mögen sie auch noch so mannhaft kämpfen, so vereinnahmt die Welt gleichwohl heute diese einsame, doch dramatische Gegend.

Ich kann dies nicht aus vollem Herzen bedauern, weil für mich der Reiz der Lagune weniger in ihrer bleichen oder gespenstischen Stille liegt als in ihrer uralten Betriebsamkeit. Eine der Stellen, von denen aus man am besten die Schiffe vorbeifahren sehen kann, ist meiner Erfahrung nach der breite freie Kanal des Porto di Lido, dort, wo der Canale San Marco aufs Meer hinausschwingt. Knollige schwarze Bojen stecken diesen bedeutenden Wasserweg ab, und zwei lange Steinmolen schützen ihn, zu Zwillingsleuchttürmen hinausführend, die den äußersten Punkt Venedigs kennzeichnen. Am Lidostrand steht der alte Turm von San Nicolò, auf dem vor fünfhundert Jahren der erste Sturmsignalkegel der Welt gehißt wurde. Im Osten führt ein breiter ruhiger Wasserweg nach Treporti, und ganz hinten im Dunst kann man gerade noch ein einsames weißes Haus auf einem fernen Kap erkennen. Beim Zusammenfluß der Wasser erwartet düster und wachsam die Festung Sant'Andrea die nächste freche Fregatte oder späht durch ihre Schießscharten nach den Banditen Dalmatiens aus.

Hier stelle man den Motor ab, lasse das Boot mit der Dünung schaukeln und den Verkehr der Lagune an sich vorbeiziehen. Ein Geschwader von Fischerbooten mit grell orangeroten Segeln liegt träge und ohne Wind auf einer Sandbank, auf die Flut oder das Muschelgetier wartend. Ein Bagger rattert hinter einem darauflos, von schmutzigen Leichtern wie von Akolyten umgeben. Das Fährschiff nach Treporti umrundet, vorsichtig die große Schlammbank von Sant'Erasmo meidend, in weiter Kurve eine

Boje und hält auf das Land zu. Über die Mole hinweg kann man das Mastwerk und die Toppsegel von Fischerschmacken sehen, die vor den Sandbänken des Lido auf und ab fahren; und manchmal gleitet ein Krebsfischerboot, eine Wirrnis von Netzen, Seilen und Eimern, rasch an einem vorbei mit einem gewissen Hauch intensiven und dringenden Beschäftigtseins. Ein schmuckes kleines Rennboot rast auf einen wenig besuchten Badestrand zu; eine lässige Jacht laviert zwischen den Leuchttürmen; acht heiter gestimmte Männer, sieben behäbige Frauen, zwölf Kinder, drei Hunde und ein Picknickkorb zockeln fröhlich vorüber in einem Motorboot mit baumwollenem Sonnendach, sich dicht an Land haltend, ein Durcheinander gleichzeitig redender Stimmen.

Und mitten zwischen ihnen allen hindurch fahren die großen Schiffe, wie sie das seit tausend Jahren tun: das Passagierschiff von Jugoslawien, mit plärrendem Lautsprecher; die eleganten weißen Tanker aus dem Persischen Golf; ein Unterseeboot von Malta, das vom Sockel seines stromlinienförmigen Kommandoturms Wasserfontänen aufspritzen läßt; eine Serie von alten Frachtern, rostgestreifte, bierschwere Gesellen; manchmal auch, wenn man Glück hat, ein großer italienischer Überseedampfer aus Afrika oder Amerika, stolz und schön, vorüberstampfend im dunstigen Sonnenschein wie eines der alten Handels- und Entdeckerschiffe; die Passagiere bevölkern seine Sonnendecks und drängen sich auf dem Vorderschiff, die Besatzung eilt geschäftig über die Kajütentreppen. Der Kapitän aber, den man gerade noch auf seiner Brücke erkennen kann, schaut erhaben durch sein Fernglas, als erwarte er ein Flaggensignal von San Marco, das ihn willkommen heißt nach langer Fahrt durch die Gewässer von Cathay.

Am Rande

Hundertfünfundvierzig Kilometer sind es um die ganze Lagune herum, aber all das ist noch Venedig: temperiert, wassergetränkt, oft entwürdigt, oft vernachlässigt, doch stets gefärbt von der Magie des Ortes – »ein Hauch Venedig schwingt im Wind«. Vor fünfzig Jahren noch war der größte Teil des Lagunenufers unberührt vom Fortschritt, kaum bewohnt, kaum besucht von Touristen. Die alten Reiseführer sprechen, daß es schmerzt, von unverdorbenen

Küsten und jungfräulichen Stränden – es klingt, als hätte ein Ausflug zu den Dörfern am Rand die Mitnahme eines Schlafsacks und eines Beutels Perlen erfordert.

Heute würde Herr Baedeker feststellen, daß das Unternehmen für zarte Konstitutionen bedeutend angenehmer ist, und er könnte mit beruhigtem Gewissen versichern, daß es sich erübrige, Magentabletten, Waschbecken und Tropenhelme mit sich zu führen. Wo immer das Auto hingelangte, ist ihm die Neuzeit gefolgt. Vom Umkreis der Lagune sind nur die *lidi*, die zentralen Bollwerke gegen die Adria, nicht über die Straße zugänglich; doch man kann sogar dorthin seinen Lancia mitnehmen, wenn man ihn auf eine Autofähre lädt. Die anderen seewärtigen Barrieren, der Litorale di Cavallino und der Lido di Sottomarina, sind eigentlich Vorsprünge des Festlands, und man kann sie in der ganzen Länge befahren – auf Cavallino sogar bis zu einem Punkt, der nur fünf Kilometer von der Piazza entfernt ist. Es gibt noch Stellen an der Festlandküste, die abgelegen und einsam sind – wenn auch nur deshalb, weil niemand dort wohnen will –, aber sie nehmen rasch ab. In der Mitte der Lagune kann man sich noch unbehaglich allein vorkommen, an ihren Rändern ist man selten weit von einem Telefon, einem Gemeindepfarrer oder einem Coca-Cola entfernt.

Das *enfant terrible* der Lagune – und einige würden sagen: Ihr neuer Herr – ist Mestre. Bis zum Ersten Weltkrieg war es kaum mehr als ein Burgdorf, umgeben von Forts und unregelmäßigen Feldern. Heute ist es eine häßliche Industriestadt, wuchernd, ungepflegt, schmutzig, formlos und fast immer (so kommt es einem vor) in einen Nieselregenschleier gehüllt. Seine Docks bei Porto Marghera sind, in harten, kommerziellen Fakten ausgedrückt, das neue Venedig. Wenn man von Venedig als dem Ölhafen Europas spricht, meint man in Wirklichkeit Mestre. Seine Schiffswerften gehören zu den bedeutendsten Italiens, und die halbfertigen Schiffe auf ihren Gleitbahnen ragen gönnerhaft über den Damm nach Venedig hinweg. Seine Fabriken beschäftigen 30000 Arbeiter und produzieren Chemikalien, Aluminium, Zink, Koks, Spiegelglas, Farbe, Konserven, Werkzeuge und Millionen von Gallonen raffinierten Öls. In Mestre laufen die Straßen und Eisenbahnen nach Venedig zusammen: der Ort dehnt sich so schnell und trotzig aus, daß es nicht lange dauern wird, bis sich seine grauen, düsteren Fühler über die halbe Festlandküste ausstrecken, vom neuen Ölhafen im Süden zum neuen Flughafen im Norden. Verwaltungsmäßig ist Mestre ein Teil Venedigs, und viele Reiseführer vermerken seine Hotels zusammen mit denen der Serenissima. Es gibt keine beklagenswerteren Menschen als diejenigen, die in Unkenntnis der Umstände dort Zimmer bestellen oder einem »wohlgemeinten« Rat bezüglich der dortigen Vorteile zum Opfer fallen und dann, schön zurechtgemacht für einen frohen Abend, aus ihren Hotelhallen herauskommen und in den Lärm, die Verkehrsstockungen und die halbfertigen Straßen dieser trostlosen Vorstadt geraten.

Gerade dieser Landstreifen war jedoch schon immer der klassische Einschiffungspunkt für Venedig. In der Nähe tritt das übriggebliebene Rinnsal der umgeleiteten Brenta in die Lagune ein, und bei Fusina, dem kleinen Hafen an ihrer Mündung, bestiegen Generationen von Reisenden ihre Gondeln, um sich langsam wie im Traum dem fernen Steinhaufen der Stadt entgegenrudern zu lassen. Von Belmont kommend, bestieg Porzia in Fusina auf dem Weg zum Gericht »die gemeine Fähre nach Venedig«: Shakespeare nannte sie *tranect*, ein Wort, das Generationen von Kommentatoren Kopfzerbrechen bereitete und vielleicht eine Verballhornung von *traghetto* ist. Von hier aus brachten auch die schwer beladenen Kähne früher Frischwasser in die Stadt. Zu Montaignes Zeit war er auch Umsetzstation: Kähne wurden mittels eines von Pferden bedienten Krans aus der Brenta herausgehoben, über eine Landzunge gerollt und dann in die Fahrrinne hinabgelassen, die durch die Lagune nach Venedig führt. Später wurde eine Nebenbahnlinie nach Fusina gebaut, und heute haben die Busse, die von Padua kommen, dort Anschluß an die venezianischen Fährschiffe.

Es sind nur drei, vier Kilometer vom Zentrum Mestres nach Fusina, aber es ist dennoch ein stiller und nachdenklicher Ort, wie eine Stätte am Rande großer Mysterien. Schafherden wandern, bewacht von einsilbigen Schäfern in Umhängen und hohen Schlapphüten, auf den grasigen Uferbänken umher. Eine drollige kleine Landestelle gibt es da mit einem stickigen Café, und die Überbleibsel der alten Bahnlinie verrotten neben dem Uferdamm. Die Straße führt durch weite feuchte Wiesen und hört am Rande der Lagune urplötzlich auf; dort sieht man dann oft einen grau gekleideten Wachtposten, der lässig auf einem Poller sitzt und abwesenden Blicks übers Wasser starrt. »Das erste, was das Auge erblickt«, schrieb Ruskin am Höhepunkt einer herrlichen Beschreibung, »ist eine düstere schwarze Rauchwolke..., die aus dem Glockenturm einer Kirche aufsteigt. Das ist Venedig.« Heute sieht man von diesem klassischen Uferland aus als erstes den großen Getreidesilo und als zweites die unregelmäßige eiserne Silhouette des Hafens. Das mag an Cardiff oder Jersey City erinnern, aber es ist Venedig.

Nordöstlich von Mestre schwingt die Küstenlinie der Lagune durch marschiges und einst malariaverseuchtes Flachland, an Salzpfannen, wässerigen Wiesen und entenreichen Sümpfen vorbei, zum Vorsprung von Cavallino, einer langen, sandigen Landzunge, die sich zurückkrümmt und fast Venedig erreicht. Sie hat ein wechselvolles Schicksal hinter sich. Ihre kleinen Städte sind aufgestiegen, verkümmert und wieder aufgestiegen. Ihre Pinienwälder wurden zerstört, aber erstehen heute langsam wieder. Sie wurde einmal durchschnitten von zwei wichtigen Zugängen zur Adria: durch den einen floß der Piave ins Meer, der jetzt nur noch ein Bach ist; der andere war der Porto di Treporti, der jetzt vollkommen geschlossen ist. Jahrhundertelang lag Cavallino vernachlässigt da, nur von armen Bauern und Fischern bewohnt und nur gelegentlich besucht von abenteuerlustigen Sportsleuten; es gibt heute noch Abschnitte dieser schmalen Küste, die unsagbar bukolisch wirken und reich sind an Vögeln, Gemüse, quakenden Fröschen in miasmatischen Gräben und behaglich-ländlichen Wirtshäusern. Das alte Dorf Treporti blickt immer noch in weißgetünchter Schlichtheit über die Marschen.

Der Fortschritt hat jedoch an Cavallino hektisch Rache genommen, denn vor noch gar nicht langer Zeit bauten die Spekulanten, die diese lange Linie sandigen Strands betrachteten, die funkelnagelneue Stadt Iesolo. Ihre Sandstreifen sind ungeheuer lang und herrlich weich, gefleckt mit Grasflächen und duftend vor Pinienzapfen. Ihre Hunderte von neuen Gebäuden erinnern sofort an Tel Aviv. Sie hat eine Rennbahn, zwei Rollschuhbahnen, fünf Freilichtkinos und ein Psammotherapeutisches Institut (für diejenigen, die wissen, was das ist). Es ist ein großer aufstrebender, aufreibender, bestens florierender Ferienort, einer der beliebtesten an der Adria, und überall zwischen Mailand und Wien wird dafür Reklame gemacht. Die Geschäftigkeit zieht Kreise fast über ganz Cavallino. Es gibt Tankstellen, Garagen und ausgezeichnete Autobusverbindungen. Bulldozer rumpeln und rattern von morgens bis abends. Wenn man bis zur Spitze des Kaps, Punta Sabbione, vordringt, wo man übers Wasser zur halbverdeckten Silhouette Venedigs hinüberblicken kann, sagt einem ein Hinweisschild auf deutsch, wo man sein Fahrrad abstellen soll; eine sprudelnde Erfrischung harrt in einer roten Kühltruhe, und dann kommt auch schon ungeduldig die Autofähre vom Lido herüber, um einen zum Filmfestival abzuholen. Wenn man noch eine Vorstellung vom alten Cavallino haben will, wenn man seine kräftigen Düfte atmen, über seine einsamen Sanddünen schlendern will, möge man sich beeilen: es ist schon fast damit vorbei.

Auch am anderen Ende der Lagune ist ein Ferienort, dort wo die vielfarbigen Sonnenschirme in mathematischen Mustern auf dem Strand von Sottomarina stehen und die Jugend mit ihren Motorrollern in wildem Durcheinander das Ufer entlangrast. Der Wächter der südlichen Lagune und traditionelle Schlüssel zu Venedig ist jedoch immer noch ein Ort von arbeitssamer Ursprünglichkeit. Auf einer Säule in Chioggia steht ein untersetzter, geflügelter Löwe, über den die Venezianer sich schon seit langem lustig machen – sie nennen ihn gern die Katze von San Marco. Ein gewisses rührendes Element, ein Echo des Lächerlichen, scheint das Leben dieser alten Fischerstadt zu tränken, die dem Besucher noch immer wackelig, schlüpfrig, verfallen und in morbiden Aberglauben versunken erscheint.

Ein Haufen von »Schleppern«, Parkplatzwächtern, Betteljungen und diensteifrigen Personen empfängt einen, wenn man in Chioggia an Land geht oder dort die Tür seines Wagens öffnet. Die breite Hauptstraße des Ortes scheint entweder völlig verlassen dazuliegen oder von großspurigen jungen Burschen und volantflatternden Gruppen von Mädchen zu wimmeln. Chioggia ist ein Ort von eigensinnigem, mürrischem Charakter. Seine Bewohner haben ihre eigenen Gesichtszüge – breite Nasen, große Augen –, und ihr unverständlicher Dialekt soll die Sprache der frühen venezianischen Siedler sein, mit griechischen Untertönen. Ihre Stadt ist starr symmetrisch, ohne die lieblichen labyrinthischen Verflechtungen Venedigs. Zwei unerschütterliche Dämme verbinden sie mit dem benachbarten Festland, und sie besteht aus einer Hauptstraße und zwei Kanälen, alle parallellaufend, mit neun Brücken im rechtem Winkel dazu.

Bei aller scheinbaren Degeneriertheit ist Chioggia der größte Fischerhafen Italiens, seine Flotten befahren die ganze Adria, und sein Fang rollt jeden Tag bis nach Mailand, Rom und Innsbruck. Seine engen Kanäle sind so dicht verstopft mit Schiffen, Masten und Segeln, daß man manchmal vom einen Ufer zum anderen darüber hingehen kann. Hier ein Boot herauszubekommen muß so schwierig sein, wie eines in eine Flasche hineinzubugsieren. Die Kais und Gassen sind immer von Fischerfrauen in schwarzen Tüchern und verschossenen, geblümten Schürzen bevölkert, die an Brettertischen sitzen, laut miteinander schwatzen und offensichtlich traditionelle Dinge tun mit Hilfe von Nadeln, Holzstückchen, Netzen und Stößeln. Die modrigen Kirchen Chioggias hängen voller Votivgaben der Fischer – da gibt es roh gemalte rührende Sturmszenen mit halb überfluteten, verzweifelt kämpfenden Booten im Vordergrund und gütigen, hilfreichen Madonnen, die sich kunstvoll aus den Wolken herabneigen.

In Chioggia lebt, träumt und ernährt man sich vom Fisch. Seine Straßen sind mit Fischschuppen übersät. Sein Fischmarkt ist verblüffend vielfarbig. Sein Hauptrestaurant bietet eine unvergleichliche Vielfalt an Fischgerichten an. (Eine überraschend große Zahl von Touristen kommt heutzutage nach Chioggia, und ein Schweizer Feriengast dort versicherte mir einmal, gerade an einem besonders schmackhaften Stück Tintenfisch kauend, daß er sich nicht die Mühe machen werde, nach Venedig weiterzufahren.) Im Hotel kommen Jungen an den Frühstückstisch des Gastes, um frisch vom Meeresgrund heraufgeholte Schwämme zu verkaufen, und vom Fenster aus kann man die gedrungenen, stumpfnasigen Fischerboote beobachten, die zur Arbeit hinausfahren. Chioggia liegt der Adria gegenüber, in der die großen Fische schwimmen, und es kehrt der Lagune den Rücken zu. Obwohl der Ort für Besucher oft eine Enttäuschung ist, habe ich ihn und seine etwas rauhbeinigen Bewohner doch liebgewonnen, und ich habe das Gefühl, als ob ihrem Gebaren etwas von der hohen See, etwas Meerumspültes anhafte. (Sogar die »Schlepper« unten am Kai sind ein gutmütiges Volk, wenn man ihnen erst ein Trinkgeld gegeben oder ein getrocknetes Seepferdchen abgekauft hat.) Ihre Reserviertheit ist weniger Unfreundlichkeit als Phlegma, und die Leute stehen im Ruch echt englischer Schwerfälligkeit. »Hilfe! Ich ertrinke!« ruft ein Chioggianer in einer beliebten venezianischen Anekdote. »Gedulde dich noch einen Augenblick, ich zünde mir gerade eine Pfeife an«, lautet die Erwiderung des anderen... Ich habe einmal in der Lagune eine Bootsladung zerlumpter Sardinenfischer aus Chioggia mit meinem Fahrzeug abgeschleppt, und ich erinnere mich an diese Begegnung mit einem gewissen Mittsommervergnügen: denn als wir in der Nähe von Chioggia voneinander schieden, winkten sie mir mit so lässigen, anmutigen Gesten und so strahlend lächelnd zu, daß mir war, als schlippte eine Mannschaft von Tritonen das Tau.

Das sind die Städte der Lagunenküste, vom lärmenden Mestre zum altersschwachen Chioggia. Im übrigen ist der Umkreis der Lagune flach, eintönig und oft trostlos; und obwohl es einige interessante Stellen darunter gibt und einige frappante Überbleibsel alter Herrlichkeit, bin ich doch, um die Wahrheit zu gestehen, immer wieder erstaunt darüber, daß ein so schmuckloser Rahmen ein so schillerndes Meisterwerk enthalten kann. Denn wo an dieser Küste man sich auch befindet, ob nun die Musikautomaten neben einem plärren in Iesolo oder die Fischerkinder ihren schrillen Katechismus anstimmen in der Kathedrale von Chioggia oder die Trolleybusse in Mestre Funken speien oder die Öltanks von Porto Marghera stinken oder die Schaf- und Eselherden weltversunken auf Fusina zuwandern – nirgendwo ist man mehr als 15 Kilometer von Venedig selbst entfernt.

Inselstädte

Aber nicht immer sieht man vom Festland aus als erstes Venedig, denn die alten Venezianer bauten viele Inselstädte, ehe sie in den Rialtoarchipel zogen. Da gibt es östlich von Mestre einen Weiler mit Namen Altino, der die Stelle des römischen Altinum einnimmt. Der Ort hat neben seiner Kirche ein kleines Museum und ein verschwommenes Air entschwundener Vornehmheit. Wenn man von diesem Dorf aus die Straße nach Triest überquert und bis zum marschigen Rand der Lagune vordringt, erblickt man jenseits der Sümpfe und Tümpel (teils Meer, teils Land, teils Salzmorast) einen einsamen hohen Campanile. Man kann nicht genau erkennen, was darum herum liegt, denn das Licht der Lagune ist trügerisch, manchmal ist es glasklar, manchmal schleirig schimmernd:

man sieht in diesem nassen Marschland nichts als den einzelnen Backsteinturm, ein Talisman in der Einöde. Er sieht sehr alt, sehr stolz, sehr allein und verlassen aus. Es ist der Campanile von Torcello.

Als die aufgeschreckten Alten das Festland verließen, hatten sie nicht weit zu gehen – obwohl in jenen Tagen die Lagune wenn auch trockener, so doch breiter gewesen zu sein scheint als heute. Im Verlauf ihrer hintereinander erfolgenden Emigrationen, die sich über mehrere Jahrzehnte erstreckten, zogen einige an die adriatische Küste, aber viele ließen sich nur wenige Kilometer vor dem Festland nieder, im Angesicht ihrer Feinde. Im ganzen entstanden zwölf größere Siedlungen, von Clugies Major (Chioggia) im Süden bis nach Grado, das in der nächsten Lagune weiter nördlich liegt und seit langem jede Verbindung mit Venedig verloren hat. Die Leute von Altinum, einer stolzen, wohlhabenden Stadt, gingen wie wir bis zum Rand der Lagune und erwählten sich die Insel, die heute Torcello heißt; nach einer anderen Version erhielten sie den göttlichen Befehl, auf den städtischen Wachtturm zu steigen, und als sie von dieser Höhe aus in einer Vision Boote, Schiffe und Inseln sahen, kamen sie zu dem Schluß, daß ihnen bestimmt sei, in diesen Winkel der Lagune zu ziehen. Sie nahmen alles mit, was sie transportieren konnten, sogar Steine als Baumaterial, und errichteten um Torcello herum fünf Stadtgemeinden, die sie nach Toren ihrer verlorenen Heimatstadt benannten. Aus dieser Siedlungsgruppe entwickelte sich die reichste und fortschrittlichste der Lagunenkolonien in den Tagen, als die Inseln am Rivo Alto noch rückständige Fischerdörfer waren. »Mutter und Tochter«, ruft Ruskin von der Spitze des Campanile von Torcello herab, »ihr seht sie beide in ihrer Witwenschaft – Torcello und Venedig.«

Die Trauerkleidung Torcellos ist die bei weitem schmerzlichere. Die Stadt gedieh und wuchs einige Jahrhunderte lang; sie soll um 1500 etwa 20000 Einwohner, zwanzig herrliche Kirchen, gepflasterte Straßen und viele Brücken besessen haben. Torcello steuerte drei vollständig ausgerüstete Galeeren zu den Kriegen von Chioggia bei und stellte hundert Bogenschützen in den dalmatinischen Feldzügen des 15. Jahrhunderts. Die zwei frommen Kaufleute, die den Ägyptern den Leichnam des heiligen Markus stahlen, waren Bürger von Torcello. Torcello hatte sein eigenes Tor zum Meer, durch Cavallino hindurch, und war ein blühender Marktort und selbständiger Mittelpunkt der Schiffahrt, auch noch nach der Umsiedlung von Malamocco zum Rialto. Auf den ältesten Holzschnitten und Karten von Venedig erscheint es gewöhnlich achtunggebietend im Hintergrund, ein Hügel von Türmen und Zinnen im Wasser. Im 12. Jahrhundert schrieb ein Kommentator respektvoll von dem *Magnum Emporium Torcellanorum.*

Doch dann begann ein katastrophaler Abstieg. Der Treibsand der noch nicht um die Lagune herumgeleiteten Flüsse verstopfte seine Kanäle, und die Bevölkerung wurde durch Malaria und Pestfieber dezimiert. Sein Handel fiel schließlich der aufstrebenden Energie der Rialtoinseln zum Opfer, die günstiger in der Mitte der Lagune gelegen waren, nahe der Brentamüdung. Torcello sank in Lethargie und Mutlosigkeit zurück. Seine tätigsten Bürger zogen nach Venedig, seine Kaufmannshäuser gingen ein und fielen der Vergessenheit anheim. Schließlich lag die Insel so verlassen da, daß die venezianischen Bauunternehmer, wenn sie knapp an Material waren, nach Torcello hinüberfuhren, die Überreste von Palästen in ihre Kähne luden und in dem Schutt nach einer passenden Treppe oder einem gerade richtig behauenen Sims suchten. Die Jahrhunderte hindurch verfiel das arme Torcello immer weiter, es zerfiel, rutschte ab und wurde wieder zu Marschland. Als Napoleon die Republik niederwarf, rief es sich in einem Augenblick der Überheblichkeit zum autonomen Staat aus. Aber um die Mitte des 19. Jahrhunderts war ein Besuch Torcellos für jeden romantischen Besucher eine wahre Ekstase der Melancholie.

Heute leben dort etwa hundert Menschen; doch Torcello ist eines jener glücklichen Phänomene, ein Schattengeist mit privaten Einkünften, gleich den toten Bergwerksstädten des amerikanischen Westens, und, erst recht, Pompeji. Es ist immer noch eine Insel exquisiter Sehnsucht. Eine traurige steinerne Madonna grüßt den Besucher, wenn er an Land geht, hinter einem Gewirr alten Stacheldrahts, und ein schmaler, schlammiger Kanal führt ihn durch grüne Felder zur verfallenen Piazza, einst Mittelpunkt städtischen Lebens, heute nicht mehr als ein Dorfanger. Nirgendwo in der Lagune spürt man deutlicher den Sinn Venedigs, denn dieser Ort trägt unverkennbar den Charakter verzweifelter Entschlossenheit, und es ist, wenn man über seine ausgestorbenen Wasserwege hinblickt, nur zu leicht, sich die Feuer schrecklicher

Feinde vorzustellen, die an der Festlandküste brennen, oder im Geist das angsterfüllte Tedeum von Menschen zu hören, die ins Exil gingen.

Die Insel ist grün und mit Artischockenkulturen und struppigen Obstgärten bepflanzt. Hier und da steht ein kleines Bauerngehöft mit einem Bootshaus aus strohgedecktem Flechtwerk, hier und da bellt ein magerer Hund. Ein breiter, träger Kanal, mehr ein großer Fluß als ein Bach, trennt Torcello von den unregelmäßigen Schlamminseln, die sich zum Festland hinüberziehen: Auf diesem lustlosen Kanal sah ich einmal eine große, weiße Jacht, die von Norwegen heruntergefahren war und auf Venedig zuglitt, im ersten Licht des Morgengrauens wie ein Geisterschiff inmitten der Marschflächen. Die Stadt Torcello ist völlig verschwunden, doch die alten Gassen des Ortes, die letzten Spuren der Fondamenta dei Borgogni und mancher andere vereinsamte Durchgang – alle diese staubigen kleinen Pfade führen wie aus Gewohnheit zur Piazza. Diese ist nur ein kleiner grasbewachsener Platz, aber sie hat sich noch eine Andeutung von Prunk bewahrt aus den Tagen, als sich die Ratsversammlung hier zusammenfand und ringsum die Patrizierhäuser standen. Sie liegt an einem Kanal, und um sie herum stehen eine Trattoria, ein kleines Museum in einem gotischen Palast, zwei, drei Häuschen, die achteckige byzantinische Kirche Santa Fosca und die Kathedrale Santa Maria Assunta, die ein Gelehrter einmal die bewegendste Kirche der Christenheit nannte.

Sie ist unstreitig ein Gebäude von symbolischer Bedeutung, denn an dieser Stelle begegneten sich mit der Gründung Venedigs die Strahlungswellen von Rom und Byzanz. Torcello stellt eine Wasserscheide dar. Nach Westen hin erstreckt sich die gerippte und gewölbte Architektur, die wir gotisch nennen – Rom, Chartres, Cambridge und die Klöster Irlands. Im Osten erheben sich die Kuppeln: Berg Athos, Istanbul, die knolligen Kirchen Rußlands und die edlen Moscheen von Kairo, Samarkand, Isfahan und Indien. Auf der einen Seite von Torcello steht das Gebäude des House of Parliament in London, auf der andern der Tadsch Mahal.

Es ist auch eine geistige Wasserscheide. Auf Torcello überschneiden sich die Theologien, hier begegnen sich die rivalisierenden Ideale der Christenheit auf halbem Weg zwischen dem alten und dem neuen Rom. Die Kathedrale von Torcello ist teils byzantinisch, teils gotisch; teils östlich, teils westlich. Sie wurde schlecht gebaut von angstvollen Menschen, die es eilig hatten – einige sagen in Panikstimmung, weil sie glaubten, im Jahre 1000 werde das Weltende hereinbrechen. Sie ist schlicht und hochentwickelt zugleich, kühn und doch wieder furchtsam. Ihr Campanile sieht großartig trotzig aus (und er war noch höher, bevor ein Blitz im Jahre 1640 seine Spitze abbrach); aber riesige steinerne Läden, die sich in Steinzapfen drehen, schützen ihre Fenster vor dem Zorn der Elemente und der Feinde. Groß und erhaben steht sie da, nichts Warmes, nichts Einladendes haftet ihrem Geist an, und dennoch wirkt sie fast behelfsmäßig, als wäre sie nicht vollendet oder nur zur vorübergehenden Verwendung errichtet worden.

Am einen Ende des Kirchenschiffs ist ein riesiges Mosaikbild, das die gesamte Westwand einnimmt und in reichem und oft groteskem Detail die Kreuzigung, die Auferstehung von den Toten und das Jüngste Gericht darstellt – ein illustriertes Handbuch des Dogmas, vom heiligen Michael, der gewissenhaft wie ein Apotheker die Seelen wiegt, bis zu den armen verdammten Sündern ganz unten, die sich bereits in den Gluten der Hölle winden. Am anderen Ende der Kirche, über den Chorstühlen der gerundeten Apsis, ist ein unendlich prächtigeres Bild zu sehen: die Theotokos, groß, schlank und unsagbar traurig, vor einem verschwommenen goldenen Hintergrund. Sie hat Tränen auf den Mosaikwangen, und sie blickt in die Kirche mit einem Ausdruck zeitlosen Vorwurfs, das Kind in den Armen bergend, als sähe sie alle die Jahre voraus, die da kommen sollten, und machte jeden einzelnen von uns dafür verantwortlich. Dies ist das vornehmste Kunstwerk der Lagune. Griechische Handwerker sollen es angefertigt haben, und es gibt Leute, die der Ansicht sind, daß die Venezianer in all ihren Epochen des Glanzes und des Erfolges nie etwas so Schönes geschaffen haben.

Unter diesem traurigen, forschenden Seherinnenblick ist ein Heer von Touristen in Bewegung: Man geht schnell in die Kirche Santa Fosca hinein, wenn man einen Augenblick Zeit hat, man kauft Ansichtskarten bei den Frauen, die draußen auf dem Gras ihre Stände aufgeschlagen haben wie die Dorfdamen bei einem Basar, man läßt sich fotografieren auf dem großen steinernen Sitz, Attilathron genannt, der auf der Mitte der Piazza steht. (Selbst die in der Seele ergriffenen Menschen der viktorianischen Zeit gestatteten sich auf ihren ermattenden Streifzügen zwischen den Überresten hindurch diesen Augenblick touristischer Leichtfertigkeit, und auf mancher verblaßten Fotografie sieht man sie in ihren Blumenhüten und Puffärmeln, wie sie eine Pose einnehmen, als wären sie auf diesem kaiserlichen Stuhl geboren.)

Einige dieser Besucher, nicht eben viele, sind mit dem Fährschiff von Venedig herübergekommen und halten am Ufer eines schlammigen Rinnsals, irgendwo hinter der Kathedrale ein Picknick ab, während ihre Kinder in den Tümpeln Krebse und Garnelen fangen und ihr Wein immer wärmer wird in der Sonne. Die meisten jedoch sind nach Torcello in erster Linie deshalb gekommen, um in der Trattoria zu Mittag zu essen: Denn dieses einfach wirkende Gasthaus mit seiner schlichten außen angebrachten Preisliste, seinen ländlichen Tischen neben der Tür, seiner Zugabe an malerischen Hausierern – diese so bescheidene Herberge ist eines der berühmtesten Restaurants Italiens, in dem man hervorragend essen, aus großen mattglänzenden Gläsern trinken und den heißen Nachmittag vertrödeln kann zwischen den Blumengärten im Schatten des Campanile.

Das Gasthaus ist ein Zweigbetrieb von Harry's Bar, und dieses Unternehmen stellt bequeme Motorboote zur Verfügung, die den Gast hinüberbringen, und läßt ihm vor dem Mittagessen noch eine halbe Stunde Zeit zum Besuch der Kathedrale. Zudem besitzt es alle Prätentionen seines berühmten »Erzeugers« (Scheinbescheidenheit, Mementos der Großen dieser Welt, ausgefallene Cocktails) und alle seine nicht unbeträchtlichen Attraktionen (ausgezeichnetes Essen, ausgezeichnete Bedienung und eine gewisse Simplizität des Geistes, die keineswegs unecht ist). Die verblüffende Wiederauferstehung der Trattoria hat das Leben auf Torcello für die wenigen zurückgebliebenen Einheimischen revolutioniert. Einige mögen einem vielleicht im Flüsterton verraten, daß sie durch die Anwesenheit von Harry's Bar am Bau einer eigenen, schlichteren Trattoria gehindert wurden, in der keine blauhaarigen Amerikanerinnen an der Theke mit ihren Armreifen geklappert hätten, in der man aber dafür eine handfeste *polenta* hätte verzehren können, ohne zu erröten. Andere geben zu, daß ein Nebenfluß des Besucherstroms, den das Restaurant anzieht, auch sie erreicht und dem Handel mit getrockneten Seeanemonen und Zierkraut einen wesentlichen Aufschwung gegeben hat. Niemand wird abstreiten, daß es nicht viele solcher winzigen Gemeinden

Straßenszene auf Burano, einer der Venedig vorgelagerten Inseln

Hof des Museums Ca' d'Oro

gibt, die sich der Schutzherrschaft sowohl eines Picasso wie eines Winston Churchill rühmen können.

Ich persönlich kann mich, wenn ich nicht zum Heuchler werden will, nicht über den Erfolg der Locanda Cipriani ärgern. Ich habe manche köstliche Mahlzeit dort verzehrt, habe gebackene Eier mit Schinken genossen unter dem Seufzen der Lorbeerbäume, dem Knarren alten Holzes, dem Platschen kleiner Enten und amphibischer Hunde und dem frühmorgendlichen Geplauder der Inselfrauen beim Waschen ihrer Unterhosen am Kai. Und wenn ich meine Vorstellungskraft etwas belebe, fällt es mir, wenn ich an der Küste des Festlands stehe und den fernen Campanile im Schlamm erblicke, immer noch leicht, mir Torcello als so verlassen, öde und einsam auszumalen, wie es war, als der Wind durch die leeren Ruinen blies und nur eine trübe Bauernlampe im Schankraum des Gasthauses brannte. Ich schalte die *Gin-Fizz-Cocktails* und das *Filet-mignon* aus meinen Gedanken aus, und ich denke an die verwunschenen Wasserwege der Insel, an das stumme weiße Schiff zwischen den Marschen, an die großen steinernen Läden der Kathedrale, an das leise Rascheln von Bäumen in der Nacht und das schmächtige Bildnis der Theotokos, tränenbefleckt und anklagend, die ein Kind mir einmal in ernsthaftem Ton beschrieb als »eine schlanke junge Frau, die Gott auf dem Arm hält«.

Viele andere Inseln der Lagune hatten ihre Zeiten städtischen Glanzes, ehe sie gleich Torcello in bleiches Dunkel versanken, denn das Leben einer Lagunenstadt ist von Unbeständigkeit gezeichnet. Sie ist immer auf Emporstreben aus oder im Absterben begriffen, sinkt oder lebt plötzlich wieder auf: Sie wird entweder langsam in den Untergrund hinabgezogen oder mit großen Kosten in ein kleines Coney Island verwandelt. Nur zwei Inseln bestehen als lebendige Stadtgemeinden seit undenklichen Zeiten noch fort, und beide liegen in der melancholischen Weite der nördlichen Lagune, an der Wasserstraße zwischen Torcello und Venedig.

Burano erblickt man als erstes und behält es am längsten als jähen Farbfleck im Gedächtnis. Eine große brackige, Feuchtigkeit ausschwitzende Einöde umgibt es. Zwei, drei Kilometer entfernt ragt der ernste Turm von Torcello auf; im Osten liegt eine kleine, in Zypressen gekleidete Insel; im Norden ziehen sich in Trostlosigkeit die Marschen dahin. Es ist eine gedämpfte Szenerie, schiefergrau, blaßblau und schlammig grün, doch mitten darin spritzt ein Klecks von ziemlich kindlichen Farben auseinander, die sich im Wasser spiegeln und wie ein umgestürzter Farbtopf diese düsteren Kanäle beflecken. Das ist die Inselstadt Burano. Ihr Campanile steht lustig schief, und sie ist dicht bepackt mit Hunderten von bunten kleinen Häusern, wie ein Dorf aus ungebrannten Ziegelsteinen in einer öden Wüste: rote und blaue Häuser, gelbe, orangenfarbene und blendend weiße, ein Wirrwarr von Elementarfarben, aufleuchtend im Schlamm.

Burano lebt vom Fischfang und von der Spitzenfabrikation, einer alten venezianischen Kunst, die im 19. Jahrhundert eine Wiederbelebung erfuhr. In der großen Zeit waren die venezianischen Spitzen die besten der Welt; bisweilen waren sie so zart, daß zum Beispiel ein für Ludwig XIV. in Auftrag gegebener Kragen aus weißem Menschenhaar gefertigt wurde, da kein gesponnener Faden fein genug war für die Muster. Später erlebte diese Industrie einen so katastrophalen Rückgang, daß es zu dem Zeitpunkt, als man ihr einen neuen Auftrieb verschaffte, nur noch eine einzige uralte Frau gab, die etwas von dieser venezianischen Kunst verstand: Man wickelte sie in Wollsachen, fütterte sie mit Pillen und entlockte ihr sanft ihre Geheimnisse, ehe sie starb.

Die Spitzenindustrie vermittelt heute den Eindruck eines zutiefst karitativen Unternehmens, aber mit einem ganz netten Gewinn für ihre Förderer. Es gibt eine Spitzenmacherschule in der Nähe der Kirche, wo die Touristen mehr als willkommen sind und sogar, wenn sie sich hartnäckig anstellen, ein paar unbedeutende Arbeiten kaufen dürfen; sommers hat jeder Hauseingang von Burano seine spröde Spitzenklöpplerin, die im Sonnenschein mit zusammengekniffenen Augen und behenden Fingern darauflos stickt (wenn die Touristensaison zu wünschen übrig läßt, hat sie vielleicht die Spitzenarbeit beiseite getan und widmet ihre Talente der Herstellung grober Netzvorhänge). Freilich hat das Schauspiel seinen tragischen Akzent: Keine Tätigkeit ist dem Augenlicht abträglicher, ausgenommen vielleicht das Niederschreiben von Fugen bei Kerzenschein.

Während die Frauen klöppeln, fahren die Männer zum Fischfang, wie in einer Allegorie oder in einer Oper. Wildäugige Fischer stolzieren durch die Straßen von Burano, Korkschwimmer und iesige Schuhe tragend, und an der Kirchenmauer hängen Netze zum Trocknen. Die Fischer fahren mit ihren Booten bis zu ihrer Haustür, um sich mit einer Suppe und innigen Umarmungen begrüßen zu lassen. Diese Andeutung idealen Familienlebens, die charakteristische Feminität der Frauen, die zottige Maskulinität der Männer, die lustigen kleinen Häuser, die Suppe und die Netze und die blitzenden Nadeln – all das bewirkt, daß sich Burano wie eine einzige lang hingezogene Laienaufführung auf der Bühne ausnimmt. Bis vor kurzem war die Insel wirklich sehr arm, und man findet noch viele Hämmer und Sicheln an den Wänden, bis die ordentlichen Hausfrauen sie abwaschen; aber der Ort wirkt nicht real genug, um vom Hunger geplagt zu sein. Es ist eine Insel der absurden Diminution: winzige Kanäle, spielzeugkleine Häuschen, Miniaturbrücken, mikroskopische Spitzenstiche. In Burano ist eigentlich nicht viel passiert (obwohl es kaum eine Stadt auf Erden geben kann, die pro Quadratkilometer mehr Gedenktafeln hat), und das Leben fühlt sich hier flockig und substanzlos an. Die Spitzenklöpplerinnen beugen sich über ihre Rahmen, die Fischer rudern zu den Schlammbänken hinaus, die Touristen sehen sich rasch einmal um auf dem Weg nach Torcello, und die Stunden rinnen dahin wie der erste Akt eines leicht verständlichen Schauspiels oder ein rauschender Opernchor.

Wasser umgibt es jedoch, und es liegt eingebettet in die Lagune wie ein Schmuckstück. Seine Kanäle sind versandet und verschlammt, wodurch es sehr schwierig ist, mit dem Boot in die Stadt hineinzufahren – *Scavate Canale!* sagt eine zornig an die Wand gemalte Parole. Das Abwässersystem von Burano ist das schmutzigste und übelstriechende der ganzen Lagune; die Brühe fließt sichtbar um einen her in die flachen Kanäle, und seine Straßen sind von Schmutz bedeckt. Es sieht heiter und opernhaft aus im Sommer, aber im Winter welken seine Farben unter dem grauen Ansturm des Windes, und dann kuscheln sich die alten Frauen in ihre langen, schwarzen Umhängetücher wie unterernährte Adler.

Ich lief einmal, von Venedig durch einen aufkommenden Sturm zurückgetrieben, Burano als Zufluchtshafen an und setzte meine Mannschaft von fünf ausgelassenen, nicht gerade braven Kindern an einem Kai ab. Sie waren naß bis auf die Haut, mit Schlamm bespritzt und froren jämmerlich, und sie rannten hin und her vor lauter Aufregung und brabbelten unverständlichen englischen Slang. Die Buranesen, die diese kleine Katastrophe beobachtet hatten, legten ihre Pose der Verkleidung ab und bewiesen, wie tief sie bei aller theatralischen Leichtfertigkeit noch von ihren Inselinstinkten durchdrungen waren. Im Nu waren diese umherirrenden Kinder zum Schweigen gebracht und, in Tücher gehüllt, in die hinteren Räume kleiner Häuser verfrachtet; im Nu tauchten aus unbekannten Küchen Schalen mit würziger Suppe auf; in fünf Minuten hatte eine Gruppe behender Umstehender die Zubehörteile meines Bootes abmontiert und in Kämmerchen und Schuppen säuberlich verwahrt; in einer halben Stunde war unser Abendprogramm vereinbart; während dieser ganzen Zeit aber setzten zwei, drei alte Frauen in Schwarz, auf Hockern neben ihren Türen kauernd, ungerührt ihre Nadelarbeit fort, klicketi-klick, klicketi-klick, als könnte nicht einmal die Ankunft der Arche Noah sie erschüttern.

Ganz anders ist der Geist von Murano, der griesgrämigsten venezianischen Siedlung, wo ständig eine Stimmung von frühem Ladenschluß in der Luft hängt. Diese große Insel, nur anderthalb Kilometer von den Fondamenta Nuove entfernt, war einmal der Spielplatz der Vornehmen Venedigs, eine Art privater Lustgarten, wo die Aristokraten, in alles Exquisite eingehüllt, unter ihren Reben und Obstbäumen dahinschritten, über Poesie und philosophische Begriffe diskutierten und ihre diskreten, aber köstlichen Liebschaften pflegten. Eine Reihe englischer Botschafter unterhielt prunkvolle Appartements auf Murano, und soviel man feststellen kann, machten sie guten Gebrauch davon.

Die Insel wurde dann zur Glashütte Venedigs in jenen Tagen, da die Venezianer praktisch das Monopol der Glasbläserkunst besaßen und die einzigen Leute in Europa waren, die wußten, wie man einen Spiegel macht. So viele katastrophale Brände hatten in Venedig gewütet, daß im 13. Jahrhundert alle Schmelzöfen zwangsweise nach Murano evakuiert wurden, das sich zur Hauptglasfabrik des Abendlandes entwickelte und im 16. Jahrhundert mehr als 30000 Einwohner hatte. Für neidische ausländische Augen schwamm Murano geradezu in fast mystischen technischen Vorteilen. Gewiß, die besonderen Eigenschaften des dort anzutreffenden Sandes und Ablagerungen von Meeresvegetation in der Lagune machten es zu einem geeigneten Ort für die Herstellung von Glas. Aber viele Besucher glaubten gleich James Howell, der im 16. Jahrhundert lebte, die Überlegenheit des venezianischen Glases rühre von »der Qualität der umgebenden Luft, die über dem Ort hängt,« her. So wundertätig war, wie man behauptete, diese Luft, daß die besten venezianischen Trinkgläser sofort in Stücke brachen, wenn nur der geringste Tropfen Gift in sie hineingegossen wurde.

In Wirklichkeit verdankte Venedig seine Vorrangstellung dem Einfallsreichtum seiner Handwerker, den Kenntnissen, die es im Osten stahl, und den strengen protektionistischen Maßnahmen des Staates. Gleich den Stahlarbeitern im Rußland Stalins wurden die Glasmacher von Murano zu gehegten Schützlingen der Regierung. Nichts war zu gut für sie, solange sie arbeiteten. Sie hatten sogar ihren eigenen Adelsstand, und man kann ihr Goldenes Register im Glasmuseum sehen inmitten einer Vielfalt von muranischen Erzeugnissen und Porträts bedeutender Glasmacher. Alle städtischen Vorrechte wurden Murano gewährt. Die Insel münzte ihr eigenes Geld, und den allgegenwärtigen Spionen der Republik war es verboten, sie zu betreten, von solcher Wichtigkeit für die nationale Wirtschaft waren ihre Kenntnisse und Geheimnisse. (Wenn jedoch ein Glasmacher Murano verließ und irgendwo anders auf der Welt sein Geschäft aufmachte, wurden unerbittliche Agenten des Staates nach ihm ausgeschickt, die ihn töten sollten, wo er sich auch aufhielt.)

Glas ist heute noch die Daseinsberechtigung Muranos, da seine Vergnügungsgärten längst unter Back- und Pflastersteinen begraben sind. Die Glasindustrie welkte gleich der Spitzenindustrie zusammen mit der Republik, erfuhr aber im 19. Jahrhundert eine Wiederbelebung und beherrscht heute die Insel. Eine Handvoll imposanter Patrizierhäuser ist übriggeblieben, und Muranos eigener Canal Grande hat eine Vornehmheit, die seines Paten immer noch nicht unwürdig ist. Man findet eine elegante, modrige Piazza und eine ausgezeichnete Trattoria vor, zwei große Kirchen haben die Zeiten überdauert – eine dritte, am westlichen Ende des Canal Grande, wurde in ein Mietshaus verwandelt; ihr hoher Chor ist mit Schichten reparaturbedürftiger Wohnungen vollgestopft, und auf den Überresten der Vorhalle ist eine Wäscheleine gespannt. Im übrigen ist Murano ein Durcheinander von kleinen Glasfabriken, unzusammenhängenden, unordentlichen, ungleich angeordneten Gebäuden, aus Backsteinen oder schmutzigem Mauerwerk erbaut, mit großen, geschwärzten Schornsteinen und hölzernen Landungsstegen. An allen Kanälen ziehen sich diese unorganisiert wirkenden Unternehmen hin, und kaum ein Tourist kommt heute nach Murano, der nicht eines davon besucht (obwohl man die technischen Vorgänge viel bequemer wenige hundert Meter vom Markusplatz entfernt beobachten kann, wenn einen nicht unvermutet ein »Schlepper« oder ein Portier erwischt).

Was man von den Glasmachern Muranos vor allem wissen muß, ist, daß fast alle ihre Erzeugnisse – zumindest für meinen Geschmack – durch und durch häßlich sind. Das war schon immer so. Nur ein einziger Modellzeichner des 19. Jahrhunderts unter all den Hunderten, deren Arbeiten im Museum ausgestellt sind, hat nach meinem Dafürhalten eine gewisse Eleganz der Linienführung entwickelt. Als Kaiser Friedrich III. nach Venedig kam – damals, als er den Campanile von San Marco hinaufritt –, machte man ihm ein kunstvolles Service aus Muranoglas zum Geschenk. Er empfand jedoch sofort vor den Stücken einen solchen Abscheu, daß er, wie man erzählt, seinem Hofnarren den Auftrag gab, im Lauf seiner Clownerien gegen den Tisch zu stoßen, auf dem sie zur Schau gestellt waren, und sie in tausend barmherzige Scherben zerschellen zu lassen. Die Venezianer scheinen Muranoglas immer noch schön zu finden, aber intellektuell angehauchte, fortschrittlichere Vertreter des Industriezweigs werden, wenn es einem gelingt, den Panzer ihrer Verkaufstüchtigkeit zu durchbrechen, zugeben, daß Gallengelb nicht ihre Lieblingsfarbe ist und daß ein, zwei von den Kronleuchtern nur gewinnen könnten, wenn sie etwas weniger überladen wären.

All dies ist schade, denn die Herstellung von Glas ist eine Tätigkeit von unerschöpflicher Faszination. Ja, immer noch umgibt ein zartes, feuriges Mysterium das, was Howell als »die Schmelzöfen und Kalzinierungen, Transsubstantiationen und Verflüssigungen, die zu dieser Kunst gehören«, bezeichnete. In den schmucklosen Werkstätten von Murano vollziehen sich immer noch die Transsubstantiationen an jedem Arbeitstag des Jahres. Hier steht, vornehm und selbstsicher, der Glasbläsermeister neben seinem Ofen, mit seinen zwei respektvollen Lehrlingen, die ihm die Werkzeuge reichen, und seinem langen Rohr, das er wie einen Stab in der

Hand hält. Mit einer schwungvollen Bewegung hebt er es an die Lippen, und mit einem sanften Atemhauch stellt er eine kleine Glasblase her. Eine Drehung, ein Trick, ein zweiter Hauch, und schon gewinnt der Embryo eines Ziergegenstandes Gestalt. Es folgt eine Drehung mit dem Rohr, ein Schlag mit einer Eisenstange, Klümpchen geschmolzenen Glases, ein rascher Stoß ins Feuer, ein Schlucken, ein Schnörkel in der Luft, ein plötzlicher Schnitt mit einer Eisenschere – und unvermittelt legt der Bläser sein Werk nieder mit einer Geste künstlerischer Erschöpfung, so wie Praxiteles seinen Spatel hingelegt haben könnte, daß die Lehrjungen stumm vor Hochachtung dastehen und die Touristen, schwitzend in der Hitze, sich scheu um einen riesigen gläsernen Harlekin drängen, ein knopfäugiges, vielfarbiges Geschöpf, dessen spindeldürre Beine, dicker Bauch, berauschtes Grinsen und liederliche Pose den Geist unübertrefflicher Vulgarität atmen.

Oben sind dann die Erzeugnisse der Werkstatt zur Besichtigung ausgestellt, gräßlich wie in einer alpdruckhaften Schatzhöhle: gefiederte Leuchter, grelle Vasen, Trinkgläser von schrecklichem Pomp, erniedrigte Glastiere, rohe Bildnisse von Clowns und Zechern. Neben den Türen steht ein Stapel von Kisten, sorgfältig in die Blickrichtung des Besuchers gedreht: »Messrs. John Jones, Picadilly«, »Alphonse Frères, Place de la Concorde« oder »Elmar B. Hoover and Company Inc., Brooklyn Bridge, U. S. A.« – »Wir verschicken unsere schönen traditionellen Erzeugnisse in alle Teile der zivilisierten Welt. Reiseschecks werden entgegengenommen«, bemerkt der Führer lehrhaft. Benommen sind die Gesichter der sensibleren Touristen, während sie durch diese blendenden Arkaden schlurfen; manchmal aber hört man den Mann von der Glasfabrik durch das Fenster zwei Ehemännern, die sich vor der Führung gedrückt haben und behaglich draußen auf dem Kai sitzen, mit vorwurfsvoller Stimme zurufen: »Meine Herren! Meine Herren! Ihre charmanten Gattinnen erwarten Sie in der Vorhalle! Preise sind überall angegeben!«

Die Leute von Murano haben kein anziehendes Wesen. Sie sitzen sonntags düsteren Gesichts vor ihren Kneipen. Sie sehen schäbig und verdrießlich aus und besitzen nichts von der milden Höflichkeit der Stadtvenezianer. Lange Jahre der Armut und des Fremdenverkehrs haben sie verbittert – »niedergebeugt«, so beschreibt

Ruskin die Gemeinde in einer Kirche von Murano, »zum Teil aus Schwäche, zum Teil in ängstlicher Frömmigkeit, die grauen Tücher weit ins Gesicht gezogen, gespenstisch und in düsterem animalischen Elend versunken«. Die Ränder ihrer Insel laufen in Abfallhaufen und Senkgruben aus, und nur ein einziges großes Denkmal ist geblieben, den üblen Eindruck zu tilgen. Die Kathedrale San Donato steht an einem gewundenen Kanal, hinter einer Kette von Glaswerkstätten. Ihre herrliche, säulengeschmückte Apsis beherrscht eine große Piazza, und sie ist ein Bauwerk von gebieterischem Charakter: breiter als die gotischen Bettelordenkirchen von Venedig und deshalb irgendwie königlicher – weniger einem großen Kommandanten als einer einflußreichen Throngenossin in Fuchspelz und Baretthut gleichend.

Diese Kirche kann auf eine bewegte Geschichte zurückblicken, denn ihre Oberherrschaft über die Insel wurde lange durch die jetzt verschwundene Kirche Santo Stefano in Frage gestellt. Die beiden Kirchen waren Rivalen, was den Besitz heiliger Reliquien anging. Zunächst erwarb die eine eine Kniescheibe oder ein Haar, dann die andere, und jede wies wundersamere Heiligtümer vor, bis schließlich eines ruhmreichen Morgens die Kathedrale verkünden konnte, daß ihr der Leichnam des heiligen Donatus, Bischofs von Euböa, überlassen worden war, den venezianische Kreuzfahrer im Triumphzug nach Hause gebracht hatten. Dieser bedeutende Prälat hatte in Kephalonia einen Drachen getötet, indem er ihn anspie, und sein Leichnam wurde mit allem ehrerbietigen Glanz eingeholt und in einen Marmorsarkophag gelegt. Die Geistlichkeit von Santo Stefano war außer Fassung gebracht, aber sie schlug im Lauf der Jahrzehnte kräftig zurück, und fast zweihundert Jahre später machte sie einen letzten Versuch zur Erinnerung der Hegemonie. Am 14. April 1374 verkündete der Abt von Santo Stefano, daß er in den Gewölben der Kirche nicht ein einzelnes heiliges Körperglied, auch nicht einen einzelnen unglücklichen Märtyrer, sondern das geheime Versteck von nicht weniger als zweihundert heiligen Leichnamen entdeckt habe – die, da sie »von infantiler Form und Statur« waren, bald von untadeligen Gelehrten als die unschuldigen, von König Herodes umgebrachten Kindlein von Bethlehem identifiziert wurden.

Es war ein dramatischer Coup, aber er nützte nichts. San Donato ließ sich nicht erschüttern und ist seitdem die unbestrittene

Kathedrale von Murano geblieben. Es ist eine der großen Kirchen Venedigs und heute der Hauptanlaß zum Besuch dieser eigensinnigen Insel. Sie besitzt einen herrlich unterhaltsamen Mosaikfußboden, eine Reihe von unheimlichen, gesichtslosen Bildnissen neben dem Haupteingang und ein Mosaikbild der Madonna, hoch in der Apsis, das weniger anklagend, aber kaum weniger atemberaubend ist als die Theotokos von Torcello. Sie kann aber nicht mehr aufweisen. Als der Doge Domenico Michiele mit dem Leichnam des Bischofs Donatus aus dem Osten zurückkehrte, bot er dem Abt der Kirche zwei verschiedene Behältnisse dar: Wenn man zum Ostende des Gebäudes geht, hinter den Hochaltar, und zur Wand hinaufblickt, sieht man, ordentlich übereinander wie Geweihe, die Knochen des Drachen, den Donatus tötete in den verschwommenen großen Jahren, als Heilige und Märtyrer noch die Inseln der Lagune besuchten und frommer Speichel noch Wunder wirkte.

Heilige Gewässer

In jenen Tagen waren dies heilige Gewässer, besprenkelt mit Klöstern, und fast jede kleine Insel hatte ihr gottesfürchtiges, aber oft recht wohlhabendes Gemeinwesen. Mancher alte Druck zeigt heute verlassene Laguneninseln auf der Höhe ihrer Blüte, mit klassischen Säulenhallen und schattigen Palmen und Mönchen in lässiger weltlicher Haltung auf ihren Wasserstufen. Die Klöster der venezianischen Lagune waren in der ganzen Christenheit berühmt und besaßen große Schätze auf dem Gebiet der Kunst und der Religion. In den späteren Tagen der Republik waren es auch Orte der Heiterkeit, an denen fashionable Nonnen aus der Gesellschaft Besucher empfingen in einer Atmosphäre des Klatschs, der Leichtfertigkeit, des Schäkerns und sogar der unverbrämten Wollust. Als Charles de Brosses in den dreißiger Jahren des 18. Jahrhunderts Venedig besuchte, machten sich drei Nonnenklöster mit Katzenkrallen das Recht streitig, die Mätresse für den neuen päpstlichen Nuntius zu stellen. Folgenden Titel nahm eine venezianische Aristokratin an, als sie demütig den Schleier nahm: *Sua Eccellenza Abbadessa reverendissima donna Maria Luigia principessa Rezzonico.*

Die Klöster hatten jedoch nicht immer ein leichtes Leben. Sie wurden oft geschlossen, wenn Venedigs Verhältnis zum Papst es erforderte, und später oft wieder ins Leben gerufen, dann manchmal einer anderen Bruderschaft übertragen, so daß zu dem Zeitpunkt, als Napoleon die Orden abschaffte, die meisten durch mehrere Hände gegangen waren und einige schon leerstanden. Ihre Kunstwerke wurden vernachlässigt oder in alle Winde zerstreut. Als das Kloster San Cristoforo geschlossen wurde (seine Insel ist jetzt ein Teil von San Michele), wanderten seine Bilder und Skulpturen über die ganze Welt. Das einzige noch in Italien zurückgebliebene Kunstwerk ist ein Gemälde von Basaiti, das in der Kirche San Pietro auf Murano hängt. Die hohe Zeit der Inselklöster war längst vorüber, als der neue Attila Venedig züchtigte, und heute existieren nur noch zwei.

Am Schiffahrtskanal zum Lido, in Sichtweite von San Marco, liegt San Lazzaro, eine kleine angenehme, gut erhaltene, ziemlich vorstädtische Insel mit Zypressenhainen, einem schönen kleinen Campanile, Lauben, Terrassen und Ufergärten – gerade der richtige Ort, so sollte man meinen, für eine träge, aber nicht sehr sündhafte Tändelei. Das ist die Heimstätte der Mechitaristen, Mitglieder eines unabhängigen armenischen Ordens, der sich an die östlichen Riten der römisch-katholischen Kirche hält. Die Mechitaristen wurden samt ihrem Stifter Mechitar (»dem Tröster«) aus ihrem Kloster in Methoni vertrieben, als die Türken im Jahre 1715 Morea überrannten. Man gewährte ihnen in Venedig Asyl und stellte ihnen das verlassene San Lazzaro zur Verfügung, in jenen Tagen eine abweisende, wenig versprechende Insel vor dem einsamen Lidoriff. Dort erlebte ihr Orden seine Blüte. Mechitar selbst überwachte den Bau ihres Klosters; sie erwarben fruchtbaren Boden auf dem Festland, und als die armenische Nation durch Verfolgung dezimiert, ihre Wissenschaft unterdrückt und ihre Kraft gebrochen war, wurde San Lazzaro zu einer Hochburg der armenischen Gelehrsamkeit und Religion. Heute ist das Kloster eines der drei Hauptzentren der armenischen Kultur auf der Welt, die beiden anderen sind Wien und Etschmiadsin, die religiöse Hauptstadt der Armenischen Sozialistischen Sowjetrepublik.

San Lazzaro ist einer der heitersten Flecke Venedigs, kein im großen und ganzen Dickensscher Ort. Seine etwa zwanzig Mönche, die dichte Bärte und umfangreiche schwarze Soutanen tragen, geben sich sofort freundlich, einladend und urban. Obwohl sie schweigend ihr Mahl einnehmen im dunkel getäfelten Refektorium, dreimal am Tag ihre langen Offizien rezitieren, jeden Abend eine gute halbe Stunde meditieren und im Ruf sowohl der Gelehrsamkeit wie der Frömmigkeit stehen, erwecken sie dennoch den Eindruck, als ständen die Freuden der Welt zumindest nicht jenseits ihres Vorstellungsvermögens. Sie unterhalten eine Schule für armenische Jungen auf der Insel, zu der Schüler aus dem gesamten Mittelmeerraum kommen. Sie haben noch eine Schule direkt in Venedig. Das Kloster ist Sitz der Akademie für armenische Literatur, und sie nehmen häufig an gelehrten Disputationen in Fragen des Dogmas und der Etymologie teil. Aber die Pflichten dieser gewinnenden Mönche sind nie niederer Natur, denn wie der offizielle Reiseführer des Klosters erklärt, »versehen Laienbrüder und italienisches Personal das Reinemachen und den Dienst in Küche und Garten«.

Alle waren freundlich zu den Mechitaristen seit ihrer Ankunft in Venedig. Ihre Kultur, eine Verschmelzung von Ost und West, sagte den Venezianern von Anfang an zu; die Republik behandelte sie deshalb sehr großzügig. Sogar Napoleon verschonte sie, als er die anderen Klöster schloß: Sie hatten ihre Abgesandten direkt nach Paris geschickt und auf diesem Wege um seine Gunst gebeten. Ihre großartige Sammlung von Manuskripten und Büchern wurde mehrfach durch Stiftungen ergänzt, die aus der gesamten Insel ein Lagerhaus esoterischer Raritäten machten. Ein Bananenbaum, eine Palme und eine Zeder vom Libanon grünen im mittleren Kreuzgang; man trifft Räume voller drolliger Gemälde an und Flure, an deren Wänden seltene Drucke hängen. Der Herzog von Madrid spendete eine Sammlung mineralogischer und ozeanographischer Gegenstände. Papst Gregor XVI. steuerte eine Marmorstatue seiner selbst bei. Canova machte dem Kloster einen Gipsabguß einer Statue von Napoleons Sohn zum Geschenk. Ein bedeutender, in Ägypten lebender Armenier stellte seine Sammlung orientalischer Bücher zur Verfügung, darunter signierte Exemplare nicht ganz hierher passender Werke von Sir Richard Burton. Der Patriarch von Venedig stiftete einen Reliquienschrein, der in fünfzig Gefache mit je einer heiligen Reliquie unterteilt war.

In dem Museum im Obergeschoß ist eine schöne ägyptische Mumie; sie hat noch einige Zähne im Kiefer, die anderen werden sorgsam in einem kleinen Leinenbeutel verwahrt (dessen Perlenüberzug im 19. Jahrhundert von den Glasmachern von Murano restauriert wurde). In einem Kästchen befindet sich etwas Manna, und ein Fernrohr ist an einem Fenster auf den Campanile von San Marco eingestellt. Weiter sind vorhanden eine Sammlung von Büchern über die armenische Sprache, geschrieben in nichtarmenischen Sprachen; ein buddhistisches Ritual, das ein indischer Armenier in einem Tempel von Madras fand, eine Sammlung von Holzschnitzereien vom Berg Athos; eine Sammlung chinesischer Elfenbeinschnitzereien; eine kleine Rüstkammer mit antiken Waffen; eine Maschine zum Hervorrufen elektrischer Funken; eine Stelle aus dem Koran auf koptisch; eine deutsche Serie von Medaillen mit den Köpfen britischer Monarchen, darunter ein sehr schönes Porträt von »König« Oliver I.; Briefe von Browning und Longfellow; ein Gästebuch, »Fürsten und Berühmtheiten« vorbehalten (die Mönche haben einen gesunden Respekt vor weltlichem Erfolg); sowie handschriftlich signierte Fotografien von Staatsmännern, Bischöfen, Sultanen und Päpsten – »alle persönlich überreicht«, wie das offizielle Handbuch hoheitsvoll angibt.

Vor allem aber ist da Lord Byron. Im Jahre 1816 beschloß der Dichter, der die Stunden des Tageslichts im venezianischen Winter herumbringen wollte, Armenisch zu lernen – »etwas Unebenes«, woran er seinen Geist abmühen konnte; und nachdem er die Bekanntschaft der liebenswürdigen Mechitaristen gemacht hatte, pflegte er dreimal wöchentlich nach San Lazzaro hinüberzurudern und in ihrer Bibliothek die Sprache zu studieren. Vier Monate lang war er regelmäßiger Gast des Klosters. Die Armenier waren entzückt und haben die Erinnerung an ihren unwahrscheinlichen Schüler nie untergehen lassen, so daß viele Leute in Venedig, nach San Lazzaro befragt, zunächst an Byron denken und erst in zweiter Linie an die Armenier. Wir sehen die Bäume, die er pflanzen half, das Sommerhaus, in dem er meditierte, die Feder, mit der er schrieb, das Messer, mit dem er seine Seiten aufschnitt. Man zeigt dem Besucher das Gemälde von seiner Ankunft auf San Lazzaro, fast ein Exvoto, leuchtend vor ritterlicher Romantik; ein anderes Bild zeigt ihn in lässiger Anmut sich räkelnd auf der Terrasse, bedient von ehrwürdigen, aber respektvollen Mönchen, die Sonne versinkt poetisch hinter ihm in der Lagune, und zu seinen Füßen lagert ein großer Hund. Man reicht dem Interessierten ein Exemplar der armenischen Grammatik, die er als sehr bescheidener Mitarbeiter zusammen mit einem Gelehrten des Klosters verfaßte (und in der – in meinem Exemplar jedenfalls – ein Philister schroff mit roter Tinte eine Stelle verbessert hat, die sich unabsichtlich, aber harmlos auf »den Vorhang, der über dem Hintern des Tabernakels hängt«, bezieht).

Man denkt in Venedig nicht immer mit Freuden an Byron. Doch es ist keine Seltenheit, daß gute Priester von strahlenden, begabten, aber verworfenen Seelen angezogen werden, und auf San Lazzaro erinnert man sich nur seiner besseren Natur. Er scheint von den Mönchen mit ehrlicher Zuneigung und aufrichtiger Hochachtung behandelt worden zu sein. Als man im Jahre 1924 seinen hundertsten Todestag beging, wurde ein heute vergessener Dichter namens Charles Cammell gebeten, einige Verse zu schreiben, die ins Armenische übersetzt werden sollten. Er richtete sie unmittelbar an die Mechitaristenmönche und ließ sein Gedicht mit den Zeilen enden:

> Birgt England seinen Leichnam, Griechenland sein Herz,
> Bewahrt gewiß von seiner Seele Ihr ein Stück,
> Vielleicht das höchste, denn bei Euch ließ er zurück
> Die Freundschaft und den Frieden, nicht den Schmerz.

Bestimmt werden die Armenier von San Lazzaro Lord Byron so bald nicht vergessen. Von seinem Aufenthalt bei ihnen haben sie, wie das Handbuch des Klosters richtig angibt, »ausführliche und besondere Aufzeichnungen« aufbewahrt (obwohl ich dennoch von der Fertigkeit, die er in ihrer Sprache gewann – »ein Waterloo von einem Alphabet«, wie er sich selbst ausdrückt – nicht überzeugt bin).

Armenier sind praktische Menschen. Die Mechitaristen führten auf ihrer Insel ein Leben großer Frömmigkeit, und etwas unendlich Rührendes haftet den kleinen Stapeln von Meßgewändern an, die man, sauber zusammengefaltet und jedes von seinem Birett gekrönt, in der Sakristei ihrer Kapelle auf einer Truhe liegen sehen kann. Aber der Maschinenraum, das Geldgewölbe ihrer Insel, ist ihre berühmte Druckerei. Die erste armenische Druckerpresse in Westeuropa wurde im Jahre 1512 in Venedig, der damaligen Welthauptstadt der Druckkunst, ins Leben gerufen; bald nachdem die Mechitaristen aus Griechenland eingetroffen waren, gründeten sie ihre eigene Druckerei. Ihre Maschinen sind modern und kosmopolitisch – einige stammen aus Deutschland, einige aus Amerika, einige aus England – und drucken fast alles, in fast jeder Sprache. Sie druckten früher ein Buch über San Lazzaro, das, bestehend aus einem Gebet der heiligen Nerses, in 24 Lektionen, eine für jede Stunde, eingeteilt und in 36 Sprachen übersetzt war. Dies bedingte das Drucken mit zwölf verschiedenen Schriftzeichen – äthiopischen, arabischen, aramäischen, armenischen, chaldäischen, chinesischen, griechischen, hebräischen, japanischen, lateinischen, russischen und sanskritischen –, ganz zu schweigen von skandinavischen Alphabetsverirrungen und so subtilen Variationen, wie sie die russische von der serbischen Schrift trennen. Es ist ein verwirrendes Buch. Von den Gebeten lesen sich einige von rechts nach links, einige von oben nach unten und einige offensichtlich von unten nach oben. Das Buch enthält Gebete auf grönländisch und gälisch, und in der englischen Lektion zumindest (die amharische habe ich nicht so genau untersucht) ist kein einziger Druckfehler.

Die Druckerei ist heute noch vielsprachig, aber sie hat sich jetzt auch auf glänzende Ansichtskarten, Plakate und bunte Warenetiketten verlegt. Man kann sich angenehm erhoben fühlen durch einen Besuch San Lazzaros und auf der Rückfahrt die Musik seiner alten Gesänge gleich einem Segensspruch in den Ohren nachklingen hören. Aber wenn man in Venedig eine Flasche italienischen Wermut kauft, spricht alle Wahrscheinlichkeit dafür, daß ihr farbiges Etikett von der Druckerpresse der Armenier stammt.

San Lazzaro ist immer in Bewegung. Schon die Bebauung der Insel hat sich seit der Gründung des Klosters in der Fläche verdreifacht, wie man einer Tafel am Landungssteg entnehmen kann. Die ursprünglichen Gebäude bekommen Risse – der Abt Mechitar war gewiß ein vielseitiger Mensch, aber kein Architekt –, und es bestehen Pläne, den ganzen Ort neu zu bauen, illustriert an einem Gipsmodell in der Nähe der Maschine, die elektrische Funken erzeugt. Die Armenier verkehren mit den Behörden Venedigs (das ein Laienbruder feierlich immer noch die Serenissima nennt – »Die Serenissima war uns bei der Kanalisation sehr behilflich« oder »Wir haben der Serenissima das erforderliche Gesuch eingereicht«) auf vertrautem Fuß. San Lazzaro hat nie das Gefühl, daß es weit von der großen Welt entfernt ist, und paßt sich dem Schritt der Neuzeit mühelos an.

Das andere Inselkloster der Lagune teilt diese weltmännische Lebendigkeit nicht, sondern liegt windstill in ständigem Frieden zwischen den nördlichen Marschen. San Francesco del Deserto ist eine kleine, bezaubernde Insel in den Sumpfgebieten östlich von Burano, und mit einer Reihe von Zypressen und hohen Schirmpalmen, die sich wiegen und krümmen in der Brise wie eine Reihe tibetanischer Gebetsfahnen, winkt sie dem Besucher scheu über die Wasser hinweg zu. Ein gewundener seichter Kanal bringt den Gast hin. Man entsteigt dort seinem Boot und betritt das Gras, das so grün ist wie ein englischer Rasen, gesprenkelt mit Wiltshire-Gänseblümchen, unter Bäumen so herrlich wie Connecticut-Ulmen, und wird empfangen vom Duft mittelmeerischer Blumen und reicher, bearbeiteter Erde. Ein Kruzifix hält über dem Landungssteg Wache, und ein Schild an der Mauer weist ernst darauf hin, daß Spiele, Tanzen, Fluchen und Lärmen gleichermaßen verboten sind. San Lazzaro ist eine dralle kleine Riviera; San Francesco ist Shangri-la.

Man sagt, der heilige Franziskus habe hier während einer Reise vom Osten her mit einem venezianischen Schiff Schiffbruch erlitten – vielleicht, so meinen einige nachsichtige Hagiographen, nach seinem Versuch, die Moslems zu bekehren, im Jahre 1219. Man bekommt ein Aststück gezeigt, das auf wunderbare Weise seinem Stab entsproß, und einen Sarg, in den er sich hineinzulegen pflegte, um sich an das Grab zu gewöhnen (die Mönche der Insel sollen, wie ich mir sagen ließ, diese Übung übernommen haben). Jedenfalls ist der Ort voll von Freunden des *Poverello*. Ein Bruder empfängt den Besucher, wenn er vom Wasser her auf das Kloster zuschreitet (er spricht bestimmt ein ausgezeichnetes Englisch und Französisch und wahrscheinlich auch Deutsch und ist einer von denen, die Ausländern dreimal wöchentlich in der Basilica di San Marco die Beichte abnehmen); und während er den Gast durch die grünen Lauben dieses Arkadien geleitet, wird er ihm die Tiere des Gartens vorstellen, die zwischen den Büschen posieren wie in einem bunt ausgemalten Brevier. Hier spreizt sich auf einer Grasbank ein Pfauenpaar, dort watschelt eine Entenschar auf das Wasser zu, da drüben flattern magere Hühner. Überall sind Schwalben, diese franziskanischsten aller Geschöpfe, und die Insel hallt wider von Vogelgesang. Sogar zwei Kühe sind da, die in einer Scheune inmitten der Gemüsegärten Heu wiederkäuen.

Es ist ein Novizenhaus. Dreißig Brüder wohnen hier, allesamt Italiener, von denen 14 Novizen sind. Ihre Kreuzgänge sind alt und von gelassener Ruhe, ihre Kirche ist häßlich, aber friedvoll, und das Erstaunlichste an der Insel ist ihre Stille. Hier spielt, tanzt, flucht und lärmt wirklich niemand. Die Brüder sind die einzigen Bewohner der Insel. Das Fährschiff kommt ein-, zweimal am Tag. Einige wenige Motorboote bringen in den Sommermonaten Touristen herüber. Eine Düsenmaschine rauscht manchmal vorbei, ein Verkehrsflugzeug läßt seine Landeklappen herunter. Ansonsten stört keine Disharmonie das Leben des Klosters. Die Brüder rudern stumm ihre eigenen *sandoli*, und oft sieht man ihre braunen, über das Ruder gebeugten Gestalten weit draußen inmitten der Schlammbänke. Die Fischer der umliegenden Inseln sind zum größten Teil zu arm, um sich Motorboote leisten zu können, und der Lärm Venedigs (der einem, in diesem Zusammenhang, einfach diabolisch erscheint) ist stundenweit fort jenseits des Wassers. Die einzigen Laute von San Francesco del Deserto sind Glockenklänge, singende Männerstimmen, nüchterne Gespräche, der Gesang der Vögel, das Kreischen der Pfauen, das Schnattern und Glucken der Enten und Hühner; manchmal auch ein dumpfes, unzufriedenes Brummen aus dem Kuhstall, das sich anhört wie der Ausdruck einer Seele, die vom Elysium genug hat.

Die Brüder scheinen mit diesen Zuständen zufrieden zu sein. Der glückliche Text der Andachten des heiligen Franziskus lautet *O beata solitudo, O sola beatitudo!* Mein Cicerone sprach mir einmal die Worte vor mit einem Ausdruck in den Augen, den man nicht gerade selbstgefällig oder genießerisch nennen konnte – dafür war er viel zu demütig –, aber doch zumindest angehaucht von einem dankbaren Behagen.

Tot und lebendig

Noch viele kleinere, blühende Inseln liegen inmitten der Weite dieser Wasser. Einige sind kaum mehr als Jagdhäuser, Orte römischen Temperaments, in direkter Linie von den ersten Lusthäusern der Lagune abstammend: große, eckige Gebäude auf abgeschiedenen Marschbänken, in sich abgeschlossen wie Burgen, mit schwerfälligen Wächtern und wütenden Wachhunden und geräumigen Loggien, auf denen zur gegebenen Jahreszeit die Entenjäger sich zum Gelage versammeln. Andere sind kleine Fischersiedlungen, wie etwa die Isola Tessera hinter Murano, wo ein fröhlich lärmendes Fischervölkchen in einem wirren Gemeinwesen wie im lebenslustigsten aller Kibbuzim zusammenlebt: Ihre Boote liegen schaukelnd am Eingang des Schiffahrtskanals, dichtes Laubwerk bedeckt ihre Häuser; wenn Nebel aufkommt oder Essenszeit ist, läutet im kleinen Campanile eine große Bronzeglocke und ruft die Männer über die Schlammbänke nach Hause. Die meisten dieser Inseln sind jedoch Orte des Verfalls und des Niedergangs oder melancholischen Zwecken gewidmet; sie liegen da als traurige Erinnerungen an die besseren Tage der Lagune.

Ein Kranz von solch kummervollen Überbleibseln umgibt den Archipel des eigentlichen Venedig. Die Venezianer nennen sie *Isole del Dolore*, weil sie alle das waren, was die Reiseführer taktvoll als »Hospitalzentren« bezeichnen – das heißt Sanatorien, Isolierstationen und Nervenheilanstalten. Eine besondere Dampfbootlinie verband sie mit der Riva degli Schiavoni: An dem Schiff stand *Ospedale*, und es war gewöhnlich voll von Angehörigen von Patienten und Krankenschwestern (die vier Tage der Woche auf ihrem Inselposten und drei freie Tage in Venedig verbrachten). Inzwischen sind diese Inseln aufgegeben. Ein düsteres Schweigen umgibt sie und läßt sie manchmal weniger als bewohnte Orte denn als Meeresfelsen erscheinen, die schroff aus der Lagune herausragen. Sie haben auch ihre melancholische und manchmal seltsame Geschichte. Die heiterste von ihnen, das frühere Tuberkulosesanatorium Sacca Sessola, ist eine künstliche Insel und weist keine trauergeschwängerten Nebenbedeutungen auf. Die anderen sind alle von Schmerz umflort.

La Grazia zum Beispiel, etwa achthundert Meter hinter San Giorgio Maggiore gelegen, war früher ein Hospiz für Pilger auf dem Weg nach dem Heiligen Land – in den Tagen, da die Republik, die sich an dieser Einkommensquelle schlau bereicherte, die Reisen dorthin so gut organisierte, daß sogar Gruppen von vielsprachigen Beamten, genau wie eine Fremdenpolizei, ständig auf der Piazza Dienst taten und Besucher zu den Glasfabriken führten. Die Insel wurde dann ein Kloster, zu Ehren einer wundersamen Figur der Jungfrau, die aus Konstantinopel stammte und ein Werk des Apostels Paulus sein sollte. Sie hatte eine schöne gotische Kirche mit einem Campanile, aber als Napoleon die klösterlichen Orden abschaffte, wurde sie in ein Pulvermagazin verwandelt; während der Revolution von 1848 zündete hier jemand ein Streichholz darin an und sprengte alles in die Luft. Die Insel liegt jetzt sichtlich niedergedrückt da, denn sie ist die Isolierstation Venedigs, und Kinder mit pickligen Gesichtern starren durch die Fenster glanzlosen Blicks zu den fernen Karussells auf dem Rummelplatz an der Riva hinüber.

Weiter draußen liegt San Clemente, ein riesiger, weißlicher Steinblock, kalt und wuchtig, das auch zu seiner Zeit ein Kloster war und noch eine schöne Kirche aus dem 17. Jahrhundert besitzt, mit marmornen Scheindrapierungen verziert und einen angenehmen, baumbeschatteten Garten, der seine Strenge mildern soll. Aber es macht eine abgeschlossene, verhüllte Miene, denn über ein Jahrhundert lang war es eine Nervenheilstätte. Die Insel ist nur vier, fünf Kilometer vom Markusplatz entfernt, doch sie könnte in der Mitte eines grauen Ozeans liegen, so verschlossen und selbstgenügsam sieht sie aus. Während des Zweiten Weltkriegs verbargen sich zwei junge Venezianer, die der deutschen Zwangsverpflichtung entronnen waren, im Bootshaus dieser düsteren Insel: Von ihren Angehörigen einmal in der Woche per Boot mit Vorräten versorgt, hausten sie dort ungestört in den Schatten bis zum Kriegsende, als sie blinzelnd in den Sonnenschein hinaustraten und fröhlich heimkehrten.

Die andere Nervenheilstätte ist zwar weniger abweisend, dafür aber berühmter. San Servolo (oder San Servilio, wie Nichtvenezianer es nennen würden) war bereits im 8. Jahrhundert ein Benediktinerkloster und spielte eine eigenartige Rolle in der Geschichte der Republik. Im Jahre 1001 besuchte der Westkaiser Otto III., der die wachsende Macht Venedigs beobachtet hatte, inkognito die Stadt, teils aus Neugierde, teils aus Gründen der Politik; dabei soll Otto heimlich zu dieser Insel geleitet worden sein, schwarz eingehüllt, im Dunkel der Nacht, als er in der Lagune eintraf. (Er wurde im Kloster von dem Dogen Pietro Orseolo II. begrüßt, der den jungen Mann, wie einige Historiker sagen, prompt dazu brachte, der Stadt alle möglichen unüberlegten Konzessionen zu machen.)

Mehrere Jahrhunderte lang blühte und gedieh San Servolo unter den Benediktinern; es übte verschiedene ärztliche und karitative Funktionen aus, bis es im Jahre 1725 ein Hospital für Geisteskranke wurde, jedoch – auf Anweisung des Rats der Zehn – nur für »Verrückte aus vornehmer Familie oder begüterten Verhältnissen«; weniger begünstigte Irre liefen frei in der Stadt herum oder wurden ins Gefängnis gesperrt. Napoleons Ankunft setzte dieser schrecklichen Ungerechtigkeit ein Ende, und bald darauf machte Shelley San Servolo zum berühmtesten Irrenhaus der Welt – »ein Bauwerk fensterlos und ungestalt und düster«, wie Julian zusammen mit Maddalo dachte, »wie's durch die Zeiten sich vererbt, für üble Zwecke«.

Das arme San Servolo! Schon die Existenz der Insel, ihre Vergangenheit und ihre Zweckbestimmung lassen den Vorüberkommenden erschauern; und es gibt immer noch Leute, die behaupten, vom vorbeifahrenden *vaporetto* aus das gleiche »schrille Schreien und durchdringende Klagen zu hören, das Julian an jenem Abend einen Schauer über den Rücken jagte, als er zusammen mit Maddalo über die Lagune blickte.

Andere Inseln sind weniger von düsteren Erinnerungen geplagt, wenn auch noch oft von Sehnsucht umkränzt. An dem Kanal nach Fusina liegt die Insel San Giorgio in Alga – St. Georg im Seetang –, zu der Baron Corvo gern in seinem *sandolo* hinüberruderte und von der aus man nach Ruskins Ansicht die beste Aussicht in ganz Venedig genoß. Dieser kleine Ort hat auch seine bedeutenden Augenblicke erlebt. Hier soll der unglückliche Doge Faliero, als er auf der Fahrt zu seinem Palast, wo die Amtsübernahme stattfinden sollte, in Nebel geriet, mit dem Bucintoro gestrandet sei. Das galt als übles Omen für seine Regierungszeit, und tatsächlich wurde er acht Monate später wegen Hochverrats enthauptet. (Er beging auch noch, als er bei der Piazzetta an Land stieg, leichtsinnigerweise den Fehler, zwischen den zwei Säulen auf dem Molo hindurchzuschreiten – und das *mußte* dem Betreffenden Unglück bringen, wie jede Fischersfrau wußte.)

Hier lebte auch, in den klösterlichen Tagen der Insel, ein demütiger, aber gelehrter Mönch namens Gabriel Condolmiere. Eines

Tages, als dieser Mann gerade turnusgemäß den Dienst des Pförtners versah, kam ein unbekannter Einsiedler vors Tor gerudert. Condolmiere hieß ihn herzlich willkommen, geleitete ihn in die Kirche und betete mit ihm; als der Gast zu seinem Boot zurückkehrte, wandte er sich zu dem Mönch um und prophezeite ihm feierlich: »Du, Gabriel Condolmiere, wirst zuerst Kardinal und dann Papst werden; doch während deines Pontifikats wirst du vielen und schweren Kummer erleiden.« Darauf ruderte der Einsiedler wieder davon und ward nie mehr gesehen. Der Mönch war der spätere Papst Eugen IV., einer der unglücklichsten und bedrängtesten Päpste.

Sein Kloster ist längst verfallen und vergessen. Es wurde 1717 bei einem Brand zur Hälfte zerstört. Seinem Campanile wurde die Spitze gestutzt, damit er während der Revolution von 1848 als Beobachtungsposten fungieren konnte. Die Überreste des Gebäudes dienten zuerst als Pulvermagazin, dann als Fort, und beherbergen heute eine Fischerfamilie. Zwei wütende Hunde bellen einen wie wild an, wenn man zu dicht herankommt, und springen sogar ins Wasser, um es mit einem aufzunehmen. Nur eine Steintafel des heiligen Georg und eine liebreizende Figur der Madonna, die bescheiden unter einem Steinbaldachin an einer Mauerecke steht, erinnern noch an alte Heiligkeiten.

Dann ist da Poveglia, noch hinter San Servolo, ein niedriges Gewirr von Gebäuden auf einer flachen Insel mit einem einzigen hohen Campanile in der Mitte. Es gleicht einer stilisierten venezianischen Insel, so, wie man sie mit wenigen geschickten Pinselstrichen in den Hintergrund von Reiseplakaten eingezeichnet sieht. Poveglia war einst Popilia, so genannt nach seinen zahlreichen Pappeln, eine autonome Gemeinde mit einer eigenen und starken Regierung. Es spielte, wie uns berichtet wird, eine heldische und blutdürstige Rolle bei der Niederlage Pippins – die Poveglianer, am Ende des Canale Orfano zu Hause, sollen mehr Franken im Schlamm erstickt haben als irgendeine andere Einheit der Kämpfenden. Im Krieg gegen die Genuesen wurde Poveglia, wie offizielle Chroniken melden, von seinen eigenen Einwohnern zerstört, »auf öffentlichen Befehl«. Romantiker nennen dies ein frühes Beispiel für die Politik der »verbrannten Erde«: Zyniker mit einer Nase für Euphemismen argwöhnen, daß eine Gruppe von Genuesen die Insel überfiel und verwüstete.

Das arme Poveglia sank im Laufe der Jahrhunderte immer tiefer – es war zunächst Quarantänestation, dann Isolierstation und ist heute ein Heim für alternde Venezianer: alte Leute, die sich glücklich auf seinen Rasenflächen sonnen, und alte Schiffe, die in einem benachbarten Kanal abgetakelt werden und daliegen, Rumpf an Rumpf, Schornstein an Schornstein, bemitleidenswert gestreift von Rost und Salzwasser; ihre einzigen Bediensteten sind die Schrumpfmannschaften, die die Maschinen versorgen, und die Schiffahrtsinspizienten, die ab und zu die bebenden Gangplanken hinaufklettern und auf dem Vorschiff skeptisch die Köpfe schütteln. Poveglia ist geformt wie ein Fächer und bis zum Ufer mit Reben und Mais bebaut, und seinen gesamten Umkreis säumt eine Reihe kleiner Bäume. An seiner Spitze steht ein kleines achteckiges, steinernes Fort, bedeckt mit Gestrüpp, in dem, wie mir einmal jemand versicherte, eine Kolonie von mehreren hundert Kaninchen lebt, die dazu beiträgt, den, wie ich bis dahin annahm, einzig aus Krabben und Dämpfmuscheln bestehenden Speisezettel der alten Leute nebenan auf schmackhafte Weise zu variieren.

Zwei im Osten gelegene, von seichten Kanälen durchschnittene Landwirtschaftsinseln stellen den Gemüsegarten von Venedig dar; genährt vom Dung der Stadt, leben sie von ihrem Appetit, werden aber kaum einmal im Jahr von ihren Abnehmern besucht. Sant'Erasmo und Vignole erstrecken sich fast vom Ende der Stadt selbst bis zur Insel San Francesco del Deserto – acht Kilometer feuchten, aber fruchtbaren Gemüselands, bewohnt nur von Gärtnern und Fischern.

Es sind interessante, aber unelegante Inseln. Wenn man sich vorsichtig ihre braunen Wasserwege entlangarbeitet, könnte man sich im Herzen eines fruchtbaren, aber verkommenen Landstrichs wähnen – man mag an Carolina denken oder an Kildare. Das Wasser ist von Bäumen und dichtem Gestrüpp überhangen, und im Sommer liegt eine schwere Schicht Landstaub wie Kreide auf den Blättern. Die Häuschen sind sauber, aber baufällig, die Gärten struppig, aber produktiv. Man kommt vielleicht an einer Fischerhelling vorbei inmitten der Felder, wo die Boote zwischen ihren Netzen auf dem Trockenen liegen, oder man macht mit seinem Fahrzeug neben einer wackeligen weißen Holzschindelkapelle fest, die einem Gotteshaus der Fundamentalisten im amerikanischen Süden gleicht, so daß man fast schon die klagenden Singsanghymnen farbiger Kinder oder den lauten Beifall im Ohr hat, den Holy Rollers einstreicht.

Der Geruch eines Bauernhofs liegt in dieser Luft, schwer beladen mit Schlamm und Mist. Die Gärten sind reich an Zwiebeln, Spargel, Kartoffeln, Kohl und Artischocken – Produkte, für die die Mittelsleute, die sie zu den Märkten der Stadt schaffen, dem düsteren Klagen der Inselbewohner zufolge viel zuwenig zahlen. Das sind die Inseln, auf denen die kühneren Planer Venedigs ganz neue Industriesiedlungen errichten wollen – Zwiebelfelder sollen Wohnblocks und Kraftwerken Platz machen; schon scheint das Schicksal dieses Landstrichs besiegelt gleich dem der schmalen ländlichen Parzellen, die man, eingerahmt von Wohngrundstükken, noch in den Außenbezirken von London und Los Angeles antrifft.

Nur ein einziges Dorf besitzen diese Inseln – deren Gebiet zusammengenommen wesentlich größer ist als Venedig selbst. Es liegt am Westufer von Sant'Erasmo und blickt zu den Zypressen von San Francesco und dem Flickwerkwirrwarr von Burano hinüber. Es hat ein Café mit rührend wirkenden gestreiften Sonnenschirmen davor und einen alten schwarzen Landesteg für die Fährdampfer und eine weiße Scheune von einer Kirche, kalt und charakterlos. Geschichte scheint mit diesen Inseln nicht verbunden zu sein – sie sind nicht einmal, wie sich ein Makler mir gegenüber im Falle eines seltsam abstoßenden Fachwerkhauses ausdrückte, »von den Reizen der Tradition« umgeben. Selbst die gewissenhaftesten Reiseführer erwähnen sie kaum. So entschieden hat die Welt sie ignoriert, daß ein obskures mittelalterliches Ortsstatut dort sogar das Tanzen verbietet, wie man mir erzählte. Die Leute von Sant' Erasmo und Vignole kommen mir ein wenig mürrisch vor – wer kann ihnen einen Vorwurf daraus machen?

Mazzorbo ist ein Hinterwaldhausen ganz anderer Art. Es liegt westlich von Burano, mit dem es durch eine Fußgängerbrücke verbunden ist, und besteht aus einer Kirche, einem Friedhof, einem schönen breiten Kanal, einigen Feldern, einer langen, immer mit politischen Parolen beschmierten Steinmauer, einer Handvoll Häuser und einer ausgezeichneten Trattoria, wo man, wenn der richtige Wind weht, dem Gast im Nu seine Wildente brät oder einen fetten, sich windenden Aal aus dem Morast am Ende des

Gartens herauszieht. Die Leute von Mazzorbo sind einfache, aber mitteilsame Menschen, die den Gast freundlich an ihren Tischen im Gasthaus willkommen heißen und fröhlich seinen Weißwein und seine Spaghetti mit ihm teilen; das aber kommt unerwartet, denn wenn Sant'Erasmo todkrank darniederliegt, ist Mazzorbo bereits eine lebende Elegie.

Es war einmal sehr bedeutend. Sogar in römischer Zeit war es die Stätte eines berühmten, dem Gott Belunus geweihten Heiligtums, und sein Name bedeutet *major urbs*. Im Mittelalter entwikkelte es sich zum venezianischen Einfahrtshafen für die große deutsche Handelsroute – die *Alemagna* –, und fast alle Importe aus Mitteleuropa passierten in Mazzorbo den Zoll. Auch blühten hier besonders reich ausgestattete »Obere-Zehntausend«-Klöster; Reihen stilvoller Paläste säumten die Kanäle, und eine wohlhabende Gesellschaft von Patriziern und Kaufleuten machte den Ort zu einem der lebendigsten sozialen Zentren der Lagune. Mein ältester venezianischer Reiseführer, im Jahre 1740 veröffentlicht, gibt an, daß die Insel damals immer noch acht Campanile besaß und reich war an Gärten und Palästen.

Doch schon lange vorher hatte der Niedergang eingesetzt. Die Malaria hatte die Bürger von Mazzorbo dezimiert, der Aufstieg des Rialto hatte seinen Handel ruiniert, seine Durchfahrten waren durch Schlamm und Seetang versperrt. Im 11. Jahrhundert hatten die meisten Leute von Mazzorbo sich für die Emigration entschieden. Sie bauten ihre Häuser vorsichtig ab, wie das umherziehende Amerikaner bisweilen heute noch tun, luden die Steine in Kähne und fuhren nach Venedig – viele der kleinen Häuser, die noch um die Rialtobrücke herum stehen, einst Strudelpunkt des venezianischen Freudenhausviertels, sind »Einwanderer« aus dem alten Mazzorbo. Heute ist fast nichts mehr davon übrig, und Mazzorbo ist nur noch Gärtnerei, Friedhof für Burano und Haltestelle auf der Fährschiffroute nach Torcello. (Herrlich rauschen die *vaporetti* das lange, gerade Stück seines Canal Grande hinunter; ihre Kielwellen platschen die Leinpfade entlang, und sie erinnern an Heckraddampfer, die an Natchez vorbeifahren auf dem Weg nach New Orleans.)

Aber wenn man durch das Fenster der Trattoria blickt, an dem Coca-Cola-Anhänger vorbei, sieht man ein kleines viereckiges Haus jenseits des Kanals, das sich noch eine ferne Andeutung von

Größe bewahrt hat. Es hat gotische Fenster und einen soliden eckigen Türeingang. Eine verwitterte Mauer schützt es vor dem Wasser, und neben seinem Landungssteg ist ein *sandolo* festgemacht. Im Garten zerbröckeln zwischen verkrüppelten Obstbäumen langsam zwei Statuen, deren Gesichter bereits unkenntlich geworden sind. Dies ist ein Haus aus der Vergangenheit wie ein Coelacanth unter den Fischen. Heute steht es ganz allein da, früher einmal stand es stolz inmitten einer Reihe von ähnlichen Gebäuden, strahlend vor Leben und Luxus, mit gepolsterten Booten vor seinen Stufen und verzärtelten Kurtisanen in seinen Salons. Es ist die Ca'd'Oro – das Goldene Haus, letztes trotziges Überbleibsel aus Mazzorbos vergessener großer Zeit.

Und weit fort in der nördlichen Lagune liegt Sant'Ariano, die einsamste und traurigste aller venezianischen Inseln. Es war ursprünglich eine Vorstadtinsel von Torcello und bildete zusammen mit dem benachbarten Costanziaca ein weiteres berühmtes und blühendes Gemeinwesen. Jetzt ist es nur noch von den Toten bewohnt, denn im 17. Jahrhundert, als seine lebendige Herrlichkeit längst dahingeschwunden war, wurde es zum Beinhaus von Venedig, und als solches ist es auch kalt auf der Karte eingezeichnet: *Osseria*, mit einem kleinen schwarzen Kreuz. Man bringt jetzt nicht mehr die Gebeine von Venedig dorthin, sondern wirft sie lieber in ein gemeinsames Grab auf San Michele. Aber noch vor wenigen Jahren pflügte sich der langsame monatliche Knochenkahn seinen Weg nach Sant'Ariano hinauf, beladen mit anonymen Überresten. Ein im Jahr 1904 veröffentlichter Reiseführer der Lagune bemerkte düster, daß »die moderne Industrie skrupellos von seinen namenlosen Skeletten Gebrauch macht zum Raffinieren des Zuckers«.

Man macht heutzutage, glaube ich, keinen Zucker mehr aus seinen Gebeinen, aber es ist und bleibt ein seltsamer, unheimlicher Ort. Ich fuhr einmal, mein Boot durch die trügerischen Kanäle hinter Torcello bugsierend, von Mazzorbo aus hinüber, inmitten einer Wasserlandschaft, die mir auf beunruhigende Weise verlassen vorkam. Einige wenige Seevögel flogen verstohlen über mich hin. Weit, weit fort in den Marschen sah ich ein einzelnes Fischerboot. Torcello wirkte leblos, und dahinter dehnten sich trostlos die Sümpfe bis nach Altino hin. Der Kanal nach Sant'Ariano krümmt und windet sich unablässig zwischen den Schlammbänken, so daß man eine halbe Stunde lang die ferne weiße, rechteckige Mauer des Gebeinhofs sehen kann, ganz allein mitten im Gras; als ich schließlich anlangte, hatte sich der Wind gelegt, die Lagune war totenstill und alles in Hitze und Schweigen versunken. Eidechsen lagen auf den Wasserstufen der Insel. Als ich an Land stieg, sprang eine Ratte aus dem Schlamm und tauchte mit einem Plumps ins Wasser. Das weiße Tor der *Osseria* leuchtete grausam im Sonnenschein, und als ich durch das Gitter spähte, sah ich im Schatten der Vorhalle einen starrenden Christuskopf, ernst und abgezehrt.

Das Tor war verschlossen, aber ich ging um die Ecke herum, sprang auf die Mauer hinauf und blickte hinüber. Es war nichts zu sehen außer einer Masse wirren Gestrüpps, welches das ganze eingefaßte Gebiet ausfüllte und bis an die Mauer heranwuchs. Kein Denkmal, kein Blumenstrauß, kein menschliches Zeichen, nur dieser dichte grüne Dschungel. Ich ließ mich innen an der Mauer hinabrutschen, glitt durch das dornige Laubwerk, schob die Ranken beiseite und blickte unter mich, um zu sehen, worauf ich stand.

Unter diesen Büschen bestand der Boden aus Knochen. Es waren Knochenbüsche. Kein Fleck Erde war zu sehen zwischen den Wurzeln, nur Knochen. Schenkelknochen und Fingerknochen, zerbröckelte Knochen und ganze Knochen und ein paar schrägstehende Schädel, die im Schatten des Dickichts phosphoreszierend leuchteten. Ich sprang mit einem Satz über die Mauer zurück, der einem Hindernisläufer alle Ehre gemacht hätte, und war, das darf man mir glauben, lange vor Einbruch der Dunkelheit zu Hause.

Die heiligen Bollwerke

Ein venezianisches Dekret aus dem 16. Jahrhundert spricht von der Lagune, ihren Wassern und ihren Inseln als von *sanctos muros patriae* – den »heiligen Bollwerken des Vaterlandes«. Heute wie damals bilden den vordersten Wall die Inseln der *lidi*, deren gefährdeter und manchmal sich bewegender Strand Venedigs ganzer Schutz vor dem Meer ist. Vor noch nicht allzu langer Zeit pflegten Dichter und romantisch veranlagte gewöhnliche Sterbliche zum Lido zu fahren, um zu reiten, zu meditieren und über die »spitzen

Inseln« der Euganeischen Hügel im Sonnenuntergang nachzusinnen. Dogen gingen hier auf die Falkenjagd. Die 30000 Soldaten des vierten Kreuzzugs wurden auf dem Lido untergebracht, während ihre Führer über Kosten und Bezahlung verhandelten. Im 14. Jahrhundert mußte jeder gesunde venezianische Mann zwischen 16 und 35 Jahren hier Schießübungen mit der Armbrust absolvieren. Byron wollte hier begraben sein, unter der Inschrift *Implora Pace*, damals, als die Sandflächen leer und in köstliche Melancholie getaucht waren.

Heute ist der Name Lido gleichbedeutend mit glanzvollem Vergnügen und Lebewelt. Die unzähligen Lidos der Welt, von Jamaica bis zum Serpentine-See im Hyde Park, eine Million Eissalons, tausend Spielsalons sind nach diesem alten Ort genannt. Das ist in zweifacher Weise paradox. Es ist paradox zum einen, weil *lido* lediglich das italienische Wort für Strand oder Küste ist; *lidi* war der Gattungsbegriff für alle die schmalen Inseln, teils Schlamm, teils Land, an der seewärtigen Grenze der Lagune. Es gibt heute zwei solche Riffs, denn das Halbvorgebirge von Sottomarina ist jetzt praktisch ein Teil des Festlands. Die südliche Insel heißt Litorale di Pellestrina; die andere, und speziell ihr nördliches Ende, wird im allgemeinen Gebrauch Lido genannt.

Zum anderen ist es paradox, wenn man bedenkt, daß die kulturellen Reiseführer diese Riffs, obwohl die Welt sich den Lido als einen Ort des teuren Amüsierbetriebs vorstellt, mit einer Grimasse abtun und die hochmütigen Touristen behaupten, nie den Fuß auf seine Küste gesetzt zu haben – daß dennoch diese Riffs Orte des Dramas und der Romanze sind, von Geschichte ebensosehr getränkt wie von Sonnenöl, und immer noch die heiligen Bollwerke der Serenissima.

Sie beginnen jäh am Porto di Lido, dem Hauptschiffahrtstor Venedigs, das durch die Vereinigung von drei kleineren Breschen in den *lidi* entstanden ist, später aber derart vernachlässigt wurde, daß es zur Zeit der österreichischen Herrschaft nur von kleinen Schiffen benutzt werden konnte. Es kam wieder zur Geltung, als das Königreich Italien Venedig übernahm: Man schützte es durch zwei lange Molen, die heute ins Meer hinausreichen, und setzte es wieder in seinen alten Glanz ein. Wenige Schiffahrtstore der Welt können sich ähnlich vornehmer Erinnerungen rühmen. Generationen von Handelsschiffen fuhren durch diese Passage in den Osten, und hier an dieser Stelle nahmen die Dogen von Venedig acht Jahrhunderte lang in einer berühmten Zeremonie die Adria zur Braut.

Die Sitte wurde eingeführt, als der Doge Pietro Orseolo im Jahre 997 mit einer Flotte durch dieses Tor fuhr, um die ersten Feinde der Republik zur See, die Dalmatier (unweigerlich von den venezianischen Chronisten als »Piraten« bezeichnet) zu besiegen. Jahrzehntelang hatten die Venezianer ihnen Tribut gezahlt, doch in jenem Jahr kündigte der Doge an, er werde sich nicht die Mühe machen, einen Boten zu schicken, sondern diesmal selbst nach Dalmatien kommen. Er schlug sie vernichtend, und im Laufe der Jahre wurde die Zeremonie am *porto*, die als eine Art Opfer oder Feier vor der Schlacht begonnen hatte, symbolisch für Venedigs Seemacht. Eine riesige Kolonne von Zierbarken fuhr an jedem Himmelfahrtstag zum Lido, mit dem Dogen erhaben im Heck seines *bucintoro* und einem Schwarm von Touristenfahrzeugen hinterdreinwirbelnd. Die große Flotte drehte am Schiffahrtstor bei, und man überreichte dem Dogen einen vom Patriarchen gesegneten, funkelnden Diamantring. Weihwasser wurde ins Meer gegossen, und der Doge, in seinem Heck stehend, rief mit lauter Stimme: »O Meer, wir ehelichen dich zum Zeichen unserer treuen und ewig währenden Herrschaft!« – und unter dem Gesang der Chöre, den Gebeten der Priester, dem Beifall des Volkes, dem Donner der Kanonen, dem Klatschen der Ruder, dem Flattern der Segel, dem Brausen der Flut warf er den Ring zeremoniös ins Wasser. Zwanzig Generationen lang war dieses Ritual eines der großen Schauspiele Europas. Mehrere hundert Ringe wurden ins Meer geworfen (obwohl, wie wir annehmen dürfen, ihr Wert ständig zurückging in dem Maße, wie sich die gewinnsüchtigen Instinkte der Venezianer entwickelten). Einer wurde später im Leib eines Fisches gefunden und wird jetzt in der Schatzkammer der Basilika aufbewahrt, vornehm anzusehen, aber zerfressen, in einem Glaskästchen ausgestellt. Die anderen liegen irgendwo unten im Schlamm – als Erinnerungen an eine Scheidung: denn als an jenem schicksalsträchtigen Apriltag des Jahres 1797 die Geschütze von Sant'Andrea das Feuer auf die *Libérateur d'Italie* eröffneten, löste sich Venedigs Verbindung mit dem Meer in bittere Tränen auf.

Neben dem *porto* und bis weit aufs Meer hinaus sichtbar steht die prächtige alte Kirche San Nicolò di Lido, von alters her Wetterstation, Leuchtturm, Wachtturm und Seefahrertalisman. Ihr Name basiert auf einer Lüge, denn der Leichnam des heiligen Nikolaus liegt, entgegen den Behauptungen der alten Venezianer, nicht hier begraben. Im 11. Jahrhundert schwang sich die Stadt Bari, damals unter normannischer Herrschaft, in Rivalität mit Venedig zum Markt zwischen Ost und West auf und wollte die Serenissima durch den Besitz einer respekteinflößenden Reliquie ausstechen. Die Bürgerschaft erwarb denn auch den Leichnam des heiligen Nikolaus von Myra, des Schutzpatrons der Pfandleiher, Sklaven, Jungfrauen, Seefahrer, Räuber, Gefangenen, Vermögensbesitzer und Kinder. Dieser Heilige erfreute sich in Venedig ganz besonderer Verehrung, wenn auch nur deshalb, weil er auf dem Konzil von Nicäa dem Theologen Arius heftig zugesetzt hatte, vor dessen von den Langobarden angenommenen Ketzerlehre die frühesten Venezianer in die Lagune geflohen waren. Da er auch der Schutzheilige der Seefahrer war, nahmen sie seine Adoption durch Bari sehr übel, vor allem da dies in die Jahre fiel, während deren ihr eigener großer Sankt Markus in seinem Pfeiler in der Basilika verschwunden war.

Sie erfanden deshalb das Märchen, daß eine Gruppe venezianischer Abenteurer Bari überfallen und den Leichnam gestohlen habe, und die Kirche auf dem Lido wurde zu seinem Heiligtum umbenannt. Man hielt dort große Zeremonien am Festtag des Heiligen ab, und sogar in den letzten Tagen der Republik wurde noch behauptet, daß sein Leichnam dort liege, »zusammen mit einem anderen Sankt Nikolaus, dem Onkel des ersteren«. Der Onkel mag tatsächlich dort ruhen, doch Bari hat sich, über jeden Zweifel erhaben, als Ruhestätte des heiligen Nikolaus ausgewiesen, denn der silberne Reliquienschrein des dortigen Nikolaus ist einer der Hauptwunderschreine Italiens und schwitzt nun seit neun Jahrhunderten ein flüssiges heiliges Manna von solcher Reinheit aus, daß es vom klarsten Quellwasser nicht zu unterscheiden ist. San Nicolò di Lido macht irgendwie eine niedergeschlagene, gedrückte Miene; die mehr lokalpatriotischen unter den Reiseführern umgehen klugerweise seine Geschichte und halten sich dafür um so länger bei den schönen Chorstühlen der Kirche auf.

Ein Stück weiter, die Straße hinunter, liegt der baumschattige Friedhof der venezianischen Juden, einst ein Ort des Spotts und des Hohns, jetzt großzügig wiederhergerichtet. Ganz in der Nähe ist ein katholischer Begräbnisplatz, in dessen einer zugewachsenen Ecke, hinter wackeligen Mauern verborgen, die Überreste der berühmten protestantischen Lidobegräbnisstätte zu finden sind. In den alten Tagen verweigerte man den *acattolici,* die in Venedig starben, eine Bestattung in geweihter Erde und schaffte sie auf ein Feld auf dieser einsamen Insel. Der vorletzte britische Botschafter in Venedig liegt hier begraben, desgleichen Shelleys Clara; doch als man am Ende der Insel den Flughafen anlegte, wurden ihre Gräber ausgehoben, die Überreste zusammengepackt und in einen einzigen aristokratischen Sarkophag gelegt. Heute steht dieses Grabmal in der Ecke des Friedhofs, und man kann daran, wie ein adliges Flüstern aus der Vergangenheit, gerade noch den vornehmen Namen Sackville erkennen.

Ringsherum, unkrautbewachsen und vermodert, liegen die anderen entwurzelten Grabsteine, einige flach, einige umgedreht, einige gestapelt wie Pflastersteine. Der kleine Garten ist schwer zu finden, und kaum jemand sucht ihn auf. Als ich dort war, von einem zuvorkommenden Gärtner durch ein Labyrinth von katholischen Gräbern geleitet, wischte ich müßig Staub und Kiefernnadeln von einer Grabplatte neben mir und stellte fest, daß es der Grabstein des britischen Konsuls Joseph Smith war, der als erster das Talent Canalettos erkannte und die stolze königliche Sammlung seiner Gemälde begründete, die sich jetzt auf Schloß Windsor befindet. »Dieser Mann«, sagte ich zu meinem Begleiter, »stand einmal in England hoch in Ehren.« Der Gärtner lächelte mitfühlend, nach Worten suchend, die zugleich ehrlich und taktvoll waren, denn er hatte nie etwas von Joseph Smith gehört, wollte mir aber nicht zu nahe treten. »Das kann ich mir vorstellen«, sagte er schließlich, »das kann ich mir vorstellen.«

Inmitten dieser alten, abgeklärten Dinge funkelt die neue Welt des Lido. Weit, glitzernd und teuer ist dieser berühmte Ferienstrand, und nur ein Pedant oder ein Einsiedler könnte ihn langweilig nennen. Seine Hotels rangieren von der Orchidee bis zur Aspidistra; seine Läden sind voll von abscheulichen Bekleidungsstücken und herrlich klebrigen Kuchen; seine Straßen sind gesäumt von Glyzinien und Bougainvilleabüschen; sein Kasino ist verschwenderisch, seine Nachtklubs sind gut besucht; seine Schnüre von bunten Lampen, in Schlingen und lustigen Kaskaden angebracht, stellen einen pikanten und bisweilen tröstlichen Kontrast zu dem verschwommenen mittelalterlichen Umriß Venedigs jenseits des Wassers dar. Man kann am Lido im Bus, im Auto und im Landauer fahren; man kann sich dem Glücksspiel hingeben, Berühmtheiten erspähen oder horrend teure, schlecht zubereitete, angeberische, mondscheinbestrahlte Mahlzeiten einnehmen. Man kann sich sogar, falls man ein Gewaltmensch ist oder sich für seinen Aufenthalt den tiefsten Winter ausgesucht hat, manchmal bis zum Badestrand vordrängen und einige mittelprächtige Schwimmstöße absolvieren (vorausgesetzt natürlich, man ist im Besitz einer Eintrittskarte für diese spezielle Parzelle Strand).

Auf der Lagunenseite des Lido stehen einige entzückende Villen – lange weiße, rankenbewachsene Häuser, wie sie in Tunesien oberhalb Karthagos stehen könnten oder in die Blüten Marrakeschs eingebettet liegen. Man sieht auch viele bescheidene Häuser und Wohnblocks, denn eine wachsende Zahl Venezianer zieht es vor, in dieser angenehmen geräumigen Stadt zu wohnen und jeden Morgen zur winkligen Serenissima hinüberzufahren. Der Lido ist ein wohldurchdachter, gut unterhaltener, bequemer Ort; selbst im Winter, wenn seine Promenaden verlassen sind und die Restaurants geschlossen, wirkt er noch verhältnismäßig behaglich. Seine Seeküste ist zweitrangig – »nach unseren englischen Meeren«, sagt Mr. Edward Hutton tapfer, »kann einem die träge Adria nur als ärmlicher Ersatz erscheinen.« Aber sein unbeschreiblicher Ausblick über die Lagune, zu den *Isole del Dolore* und den Euganeischen Hügeln hin und zu den hohen Fassaden der Serenissima selbst – dieser vollendete Prospekt verleiht dem Lido einen einzigartig privilegierten Rang unter den Ferienplätzen der Erde.

Sein Einflußbereich dehnt sich gleich dem Iesolos unerbittlich weiter nach Süden aus, und die Südspitze der Insel wird bereits von Alberoni eingenommen, einer Art embryonalem Lido mit einem fashionablen Golfplatz, zwei Hotels und einer Anzahl von Hospitälern, Erholungsheimen und Sanatorien, im Sand verstreut wie Blockhäuser. Diese beiden Vorposten der mondänen Welt haben sich jedoch noch nicht die Hände gereicht, und zwischen ihnen erstrecken sich noch Stücke Lidostrands, die ruhig und schlicht sind, eingefaßt in Unkraut, Baumstümpfe und Schlingpflanzen und übersät mit Muscheln (zwischen denen man an Sommerabenden bisweilen exzentrische Enthusiasten in bauschigen Hosen oder Zigeunerröcken energisch herumscharren sehen kann). Die Lagunenküste ist gesäumt von Gemüsegärten und undefinierbaren bäuerlichen Nebengebäuden, und die kleinen Wasserarme, die sich seitwärts in die Inseln winden, sind so dicht bestanden von Schilf und rauhem Gras, daß sie sich wie die braunen Haffwasser des Mississippi im Lande Huckleberry Finns ausnehmen.

Inmitten dieser Szenerie, das Gesicht Venedig zugekehrt, liegt das Fischerstädtchen Malamocco, einer der freundlichsten Plätze der Lagune. Das ursprüngliche Malamocco, die erste Hauptstadt der vereinigten Venezianer, ist vollkommen verschwunden. Gelehrte glauben, daß es vor der Küste auf einer Insel im Meer lag und im 12. Jahrhundert von einer Überschwemmung verschlungen wurde – ab und zu legt eine Expedition Taucherbrillen und Schwimmflossen an und begibt sich auf die Suche nach seinen Ruinen. Aber auch das moderne Malamocco wirkt schon alt genug. Es hat seine eigene Miniaturpiazza, drei Kirchen und einen alten Gouverneurspalast. Ein Kanal führt hinter dem Städtchen zwischen der Lagune und dem Meer vorbei, und hier halten die Gemüsekähne jeden Morgen Markt ab, nachdem die Händler ihre Ankunft mit altertümlichen klagenden, rauhen Rufen, offenbar in Arabisch, angekündigt haben. Die Frauen gehen mit Kartoffeln in der ausgebreiteten Schürze zu ihren Häusern zurück, und die kleinen Jungen stehen dann am Kai und lutschen Eis. Grüne nasse Marschwiesen erstrecken sich bis zum Seedamm, und die Straßen von Malamocco sind (ein Umstand, auf den ein freundliches Schild hinweist) mit Muscheln gepflastert.

In der Nähe des Kais von Malamocco ist eine Trattoria, wo man seine *scampi* und Krebse in einem Garten verzehren und die leuchtende Lagune vor sich wie von einer illustren Terrasse aus überblicken kann. Hilfreiche Müßiggänger kümmern sich um das Boot des Gastes, und von der benachbarten Kegelbahn dringen manchmal gutturale Schreie des Triumphs oder der Verzweiflung und das Poltern hölzerner Kugeln herüber. Zur Rechten, über einer Reihe kleiner Inseln schwebend, sieht man die Türme Venedigs. Zur Linken steht der nicht mehr benutzte Leuchtturm von

Spania, umgeben von einem Dickicht von Fischerstangen. In der Nähe liegt ein Geschwader alter Schiffe in pathetischer Würde hoch und rostig im Wasser: In Evelyns Tagen war Malamocco »Haupthafen und Ankerplatz« für englische Handelsschiffe; heute ist es nur noch ein Hafen für unerwünschte Wasserfahrzeuge. Ab und zu hält der Trolleybus, vom eigentlichen Lido kommend, am Kai, und gelegentlich huscht ein schmucker kleiner Fiat vorüber: Doch haftet Malamocco ein Fluidum sonnengetränkter, sorgloser, friedvoller Ruhe an. Die Aufregungen der *plage* haben es noch nicht erreicht, und die anstrengende Zeit des alten Venedigs ist längst vergessen. Man kann sich hier ungestört und unbelastet im Sonnenschein aalen, und sogar die kleinen Krebsweibchen, in Fett gebacken und mit öligen Tintenfischsegmenten garniert, haben einen ruhigen, beruhigenden Geschmack in den runzligen Scheren.

Sobald man das Riff entlang weiter nach Süden fährt, schwinden die Annehmlichkeit des Lido und dieses Gefühl der Behaglichkeit. Das nördliche Stück der *lidi* ist reich und gastlich, das südliche fadenscheinig und ärmlich. Eine langsame, ruhige Welle vom Meer her treibt das Boot ein wenig zur Seite, wenn man an Alberoni vorbeikommt und den Porto di Malamocco kreuzt, das zweite der venezianischen Schiffahrtstore, wo die österreichische Flotte vor Anker zu liegen pflegte und durch das die Supertanker auf dem Weg nach Sant'Ilario stampfen; aber auf der anderen Seite liegt abweisend der Litorale di Pellestrina, ein armes, baufälliges Gewirr von Dörfern, die längs des immer schmaler werdenden Riffs ihr kärgliches Dasein fristen.

Es ist inzwischen kaum mehr eine Insel, und die einzelnen Dörfer kuscheln sich zusammen, als entwüchsen sie unmittelbar dem Wasser – sie haben das Meer an der Hintertür, die Lagune an der Vordertür. Wo San Pietro in Volta aufhört, fängt Porto Secco an, und Sant'Antonio geht in Pellestrina über, so daß man, wenn man nacheinander an ihren Kais vorüberfährt, den Eindruck hat, das Riff neben einem sei eine einzige lange Uferstraße. Ab und zu taucht eine Kirche auf, hier und dort eine *piazzetta* am Wasser, ein Café mit Tischen im Freien oder ein dürrer Garten. Die Häuschen sind fröhlich bemalt, bröckeln aber ab und stehen zwischen verwahrlosten Schuppen, Lagerhäusern, Bootswerften und Holzstapeln. Große, auf Pfählen aufgebockte Ölkähne werden auf der Unterseite vom Tang befreit; Fischerboote säumen in endlosen Flottillen die Kais. In Porto Secco kann man den ausgetrockneten Wasserarm sehen, der einmal ein *porto* zum Meer war, in Pellestrina steht ein mittelalterlicher Festungsturm. Aber zumeist lösen sich die Dörfer vor dem Blick des Betrachters in einen Wirrwarr von durcheinandergeworfenen Gebäuden auf und sehen aus, als hätten die Elemente sie nicht nur gefegt und gebleicht, sondern richtiggehend abgekratzt.

Es ist die ärmste der venezianischen Küsten. Sie ist ohne Glanz und Herrlichkeit, und sogar ihre Menschen wirken verwelkt. Sie wohnen auf einer prekären Sandbank, und langsam schrumpft, wie man auf der Fahrt nach Süden feststellen kann, ihre schmale Insel immer mehr zusammen. Wenn man jetzt zwischen den Häusern hindurchblickt, sieht man eben noch einen Streifen Grün und einen Schimmer des Meeres; dann ist das Grün verschwunden, und jenseits der *piazzetta* erstreckt sich nichts als eine graue Linie aus Mauerwerk; dann stehen die Häuser nur noch vereinzelt, es folgen Hütten, unregelmäßige Reihen von Badekabinen, Bootshäusern, Abfallplätzen, bis man schließlich hinter den letzten Grabsteinen von Pellestrina bemerkt, daß nur eine große Steinmauer das letzte Bollwerk bildet.

Hier macht man sein Boot an einem antiken Eisenring fest, klettert ein paar Stufen hinauf und sieht, daß man zwischen den Wassern steht: auf den Murazzi, den trotzigen Seemauern, die das letzte große Bauunternehmen der sterbenden Republik waren. Ohne diese mächtigen 6000 Meter langen und ungeheuer starken Wälle hätte die Adria den Strand von Pellestrina schon längst durchbrochen und die Lagune überschwemmt. Die Murazzi bestehen aus großen Blöcken istrischen Granits, so schön zusammengefügt, daß Goethe sie als Kunstwerk pries. Man baute an ihnen 38 Jahre lang. Eine große Bronzeplatte, die im Jahre 1751 an der Mauer angebracht wurde, erinnert an den Zweck des Bauwerks: *Ut Sacra Aestuaria Urbis Et Libertatis Sedes Perpetuum Conserventur Colosseas Moles Ex Solido Marmore Mare Posuere Curatores Aquarum.* Fast zwei Jahrhunderte später jedoch stellten die Venezianer eine andere Gedenkplatte auf, die den stolzen Geist dieses großen Unternehmens besser ausdrückt: *Ausu Romano,* steht darauf, *Aere Veneto.* Eine wahrhaft römische Tat war es, vollbracht von den Venezianern in ihren letzten Jahren der Unabhängigkeit.

Ein schmaler Weg führt oben auf den Murazzi entlang, und hier mag man sich hinsetzen, die Beine baumeln lassen und über die Heiligkeit der *lidi* nachsinnen. Auf der einen Seite wogt die Adria: kalt, grau, ruhelos, sehr tief, bis hinüber nach Triest, Pola, Dubrovnik und weiter nach Albanien, Korfu, Kephalonia. Auf der anderen Seite, ein paar Meter weiter fort, liegt, bleich und still, die venezianische Lagune. Ihre Wasser sind friedlich und beschaulich; ein Heer von kleinen Fahrzeugen kreuzt unablässig über ihre Weite; unterhalb, dort, wo das Boot festgemacht liegt, flitzen die kleinen silbernen Fische im Tang hin und her.

Dem Untergang geweiht

Doch über die Lagune ist der Stab gebrochen, denn ihr Wesen, ihre Essenz, ist zu flüchtig, um überleben zu können. Sie ist eine Stätte entschwundener Herrlichkeit, verlorener Inseln und vergessener Paläste – Malamocco ist untergegangen, Torcello verlassen, Murano entwürdigt, Sant'Ariano grabesstill. Klöster wurden aufgelöst, Campanile stürzten ein. Bald werden die Spekulanten, die Ölleute und Brückenbauer, ihre letzten Spuren der Abgeschiedenheit beseitigen.

Auf der Seekarte der Lagune ist weit drüben zwischen den unsicheren Marschen im Südwesten eine Insel mit dem Namen Cason dei Sette Morti eingezeichnet – das Haus der Sieben Toten. Der Name geht auf eine Legende zurück. Der *cason*, ein einzelnes Steinhaus inmitten des Wassers, wurde in den Tagen vor dem Motorboot von Fischern als Stützpunkt bei ihren Fangzügen benutzt; sie schliefen und aßen dort, kalfaterten ihre Boote und flickten ihre Netze, während einer von ihnen mit dem Fang zum Markt fuhr. Die öderen Bereiche dieser südlichen Lagune weisen mehrere solcher Fischerhütten auf – Cason Cornio Nuovo, Cason di Valle in Pozzo, Cason Bombae, Cason di Valgrande – Tüpfelchen im Schlamm, benannt nach berühmten mittelalterlichen Fischern oder nach vergessenen Begriffen aus dem Denken von Krebsfängern.

Vor langer Zeit, so berichtet die Legende, hielten sich sechs

Männer und ein Junge in dem besagten *cason* auf. Die Männer verbrachten die Nächte mit Fischen, und der Junge blieb im Haus und sorgte für das Essen. Eines Morgens fanden die Fischer bei der Rückkehr von der Arbeit die im Wasser schwimmende Leiche eines Mannes. Sie zogen sie an Bord, da sie sie nach dem Frühstück nach dem Ponte della Paglia in Venedig bringen wollten, wo die Leichen Ertrunkener zur Identifizierung zur Schau gestellt wurden. Der Junge, der aus dem Haus herauskam, um sie zu begrüßen, sah die Gestalt im Vorderschiff und fragte die Fischer, warum sie ihren Gast nicht zum Frühstück mit hereinbrächten. Es sei alles fertig und genug vorhanden, so daß auch ein unvorhergesehener Esser noch satt werde.

Die Fischer, die ein echt venezianisches Gefühl für das Makabre hatten, zogen ihre Röcke aus, gingen ins Haus und forderten den Jungen auf, er solle doch selbst den Fremden hereinbitten. »Er ist taub wie ein Holzpfosten und schrecklich eigensinnig«, sagten sie. »Versetz' ihm einen ordentlichen Tritt und wirf ihm einen Fluch an den Kopf, damit er aufwacht.« Der Junge tat, wie man ihn geheißen, doch der Mann blieb regungslos liegen. »Schüttle ihn kräftig durch«, riefen die Fischer, die sich unter solch respektlosen Reden an den Tisch setzten, »und sag ihm, wir könnten nicht bis zum Jüngsten Gericht auf ihn warten! Schließlich haben wir unsere Arbeit!«

Wiederum gehorchte der Junge und kehrte bald darauf fröhlich ins Haus zurück und begann das Essen auszuschöpfen. Es sei alles gut gegangen, sagte er. Der Fremde sei aufgewacht und werde gleich hereinkommen. Da verging den Fischern plötzlich der Spaß. Sie starrten einander »bleich und entsetzt« an, wie die Geschichtenerzähler berichten; da hörten sie auch schon draußen auf dem Pfad zum Haus langsame, schwere, schlappe, patschende Schritte. Die Tür öffnete sich mit unheimlichem Knarren, und die Leiche tappte herein, grausig steif und blutleer; als diese sich schließlich schwerfällig am Tisch niedergelassen hatte, waren die sechs rauhbeinigen Fischer schon von tödlicher Erstarrung gepackt und saßen mausetot vor ihrer *polenta*. Sieben Tote waren jetzt in dem *cason*, und nur der Junge konnte in heller Angst davonrudern und erzählen, was sich zugetragen hatte.

Ich beschloß eines Tages, dem Haus der Sieben Toten einen Besuch abzustatten. Aber keine *bricole* markieren die Kanäle, die

Seekarten machen notorisch vage Angaben, und früh am Morgen fuhr ich nach San Pietro in Volta, um mir einen Lotsen zu suchen. Die Fischer von der Küste kamen nicht mehr oft in diesen Teil der Lagune, wie ich feststellen mußte. Mehrere deuteten auf eine Insel in der genau entgegengesetzten Richtung und schworen Stein und Bein, daß das der *cason* sei – schließlich kennten sie ihn seit ihrer Kindheit. Andere gaben zu, daß sie nicht wußten, wo er liegt. Einer warf einen Blick auf mein Boot und sagte höflich, er habe anderes zu tun. Endlich fand sich ein betagter, struppiger, runzliger Fischer, eine Art alter Mann von der Lagune, der mit der Bezahlung einverstanden war und mit mir an Bord stieg.

Das sei für ihn jetzt wie in alten Zeiten, sagte er, so eine kleine Spazierfahrt. Er war seit dem Krieg nicht mehr dort draußen gewesen, als er sich eine Zeitlang vor den Deutschen auf einem marschigen Riff in der Nähe des *cason* verborgengehalten hatte. Er war ein gesprächiger, lustiger Alter mit einem Schlapphut und geologischen Schichten von Pullovern: und er steuerte uns fröhlich durch die gewellte Ödnis der Lagunenmitte, durch das »Tal des Niedrigwassergrabens«, durch das »Kleine Tal über dem Wind«, wo der Seetang nur wenige Zentimeter unter der Motorschraube hing und geheimnisvoll schaukelte, indes wir vorüberfuhren. Der Tag war grau und der Wind kalt, doch während der Fahrt deutete der Alte auf die verschiedenen markanten Punkte: den Cason dei Mille Campi, eine große steinerne Jagdhütte inmitten der Marschen; die kaum zu erkennende Insel San Marco in Bocca Lama; Chioggia, verschwommen, hoch aufragend im Süden; die lange Linie von Pellestrina, die hinter uns immer trüber wurde.

Die Lagune ringsum lag verlassen da. Der Verkehr der großen Kanäle war weit fort, und nur einige kleine Krebsfischerboote lagen in schlammigen Wasserarmen, während die Besatzung arbeitete. Ein-, zweimal fuhr uns mein Lotse, der mit Motoren nicht vertraut war, glimpflich auf Grund, aber bald darauf befanden wir uns im Tiefwasser der Fondi dei Sette Morti, dem letzten Abschnitt vor unserem Ziel. Wie viele Erinnerungen weckte diese Fahrt in dem alten Mann! In diese Gegend hatte ihn sein Vater mitgenommen, als er gerade lernte, mit einem Boot umzugehen; hier hatte er dann auch in den mageren Jahren vor dem Krieg die langen, winddurchwehten Nächte zugebracht, um noch die letzte

Miesmuschel mit dem Schleppnetz aus dem Schlamm zu holen; auf dieser feuchten Marschbank dort drüben hatte er sich vor den Deutschen versteckt, unter einer Plane kauernd, und war jede Woche von seiner Frau, die herausgerudert kam, mit Lebensmitteln versorgt worden; da gleich um die Ecke aber, zwischen diesen Schlickbänken – »etwas nach Backbord halten hier, die Stelle ist sehr seicht, so, jetzt wieder in die Strömung hinein« – da, gerade um die Ecke herum würden wir jetzt gleich ...

Die Stimme des Alten erstarb: Denn als wir das marschige Kap umrundeten, war der *cason* nicht mehr da. Die raubgierige, nie zufriedene, ruhelose Lagune war wieder einmal am Werk gewesen. Das Wasser hatte die Schlammbänke überschwemmt, so daß von dem Haus nur noch eine verstreute Masse Mauerwerk übriggeblieben war, ein Haufen aus Steinen und Schutt, durch den bereits die Flut gurgelnd hindurchdrang. Der alte Mann war sehr erstaunt, aber noch mehr empört: »Wieso ist das jetzt passiert?« fragte er mich ungehalten. »*Mamma mia!* Das Haus war doch in meiner Kindheit noch da, der Cason dei Sette Morti – und nun ist es fort! Wie war so etwas möglich? Erklären Sie mir das!«

Er war jedoch unter seinen Bartstoppeln ein höflicher Mensch, und als wir uns von diesem trostlosen Ort abwandten und Kurs auf San Pietro nahmen, hörte ich vom Heck her ein krächzendes Kichern. *Mamma mia!* sagte der Alte abermals und schüttelte dabei den Kopf; so fuhren wir lachend und Wein trinkend zurück, bis wir, da der heitere Lotse nicht recht aufgepaßt hatte, auf Grund liefen und das Vorwärtsgetriebe brach, worauf wir die Heimreise kleinlaut im Rückwärtsgang fortsetzten. Der Alte schien sich aber schnell wieder zu fassen. »Wie zwei Krebse«, sagte er schon kurz nach der Havarie, »obwohl sogar die Krebse seitwärts gehen.«

Einschiffung

Ist der Venedigfahrer Millionär, unterhält er vielleicht das ganze Jahr über seinen venezianischen Palast mit seinen vergoldeten Gondeln hinter den Gittern, den buntbemalten Anlegepfosten sowie den kräftig blauen Vorhängen, die, abweisend vorgezogen, darauf hinweisen, daß er sich gerade in seiner Villa am Hyde Park oder in New England aufhält. Die Wahrscheinlichkeit spricht jedoch dafür, daß er eines Tages seine Koffer packen, seine Rechnungen bezahlen, der treuen (und rührend tränenschniefenden) Emilia den Abschiedskuß geben und weniger verzauberten Küsten zustreben muß. Während er zwischen den zurückbleibenden Inseln der Lagune hindurchfährt, überkommt ihn ein eigenartiges Gefühl – halb Erleichterung, halb Trauer, und stark versetzt mit Verwirrung. Venedig, manch schöner Mätresse und manch schwerem dunklen Wein gleich, ist nie ganz aufrichtig zu seinem Liebhaber. Seine Vergangenheit ist rätselhaft, seine Gegenwart widerspruchsvoll, seine Zukunft in Ungewißheit gehüllt. Der Gast verläßt es gesättigt, aber etwas ratlos, wie der junge Mann, der sich glücklich einer Umarmung entzieht und dann plötzlich merkt, daß die Gedanken des Mädchens gar nicht bei ihm weilen, und sich nun fragen muß, was er eigentlich in ihr sieht.

Denn obwohl die venezianische Legende ihre zahlreichen Spötter gehabt hat, Rationalisten, Skeptiker und Gewohnheitsentlarver, ist der Reiz, die Anziehungskraft der Serenissima erstaunlich, wie die Erfahrung lehrt. Fast alle ihre Besucher scheinen, wenn sie die Stadt schließlich verlassen, darin übereinzustimmen, daß sie im großen und ganzen und trotzdem ein wirklich schöner Fleck Erde ist. Eine endlose Prozession von Begnadeten hat sich der Pilgerfahrt nach San Marco unterzogen und ist Venedigs Gunst teilhaftig geworden. Ein Heer von Bewunderern weilte bei ihm zu Besuch und hat sein Loblied gesungen – Goethe, Stendhal, Gautier, Hans Christian Andersen, Musset, Charles Reade, Wagner,

Taine, Maurice Barrès, Thomas Mann, Mendelssohn, Henry James, Rilke, Proust, Rousseau, Ruskin, Dante, Wordsworth, Petrarca, Longfellow, Disraeli, Evelyn, Shelley, Jean Cocteau – ganz zu schweigen von George Sand, Ouida, Mrs. Humphry Ward, Freya Stark und George Eliot, deren Gatte einmal mit schändlichem Plumps aus dem Hotelfenster in den darunterliegenden Canal Grande fiel. Dürer, Corot, Turner, de Pisis, Bonington, Dufy, Kokoschka, Manet, Monet, Renoir und Whistler haben berühmte Bilder von Venedig gemalt, und es gibt kaum eine Kunsthandlung in London, Paris oder New York, die nicht eine schlammige Aussicht auf die Salute-Kirche von der Hand eines weniger eminenten Pinselkünstlers anzubieten hätte.

Ausgerechnet Nietzsche sagte einmal, daß er, wenn er auf der Suche nach einem Synonym für Musik sei, »stets und einzig auf Venedig« verfalle. Sogar Hitler fand die Stadt schön: Er stieg in Stra, auf dem Festland, ab, doch er bewunderte besonders den Dogenpalast, wie mir ein Museumsdiener mitteilte, der ihn damals herumführte; die Legende besteht zudem darauf, daß er das Protokoll durchbrach, um in den frühen Morgenstunden allein durch die Stadt wandern zu können (in halbirrem Jogging, wie einige behaupten). Auch Garibaldi liebte den Dogenpalast, obwohl er kein Mensch von künstlerischen Neigungen war: er glaubte in dem Bildnis des herrischen Admirals Veniero auf Vicentinos *Seeschlacht von Lepanto* eine befriedigende Ähnlichkeit mit sich selbst zu erkennen. Über nichts auf Erden ist mehr Kitsch, sind mehr Quadratkilometer ekstatischer Jungfrauenprosa geschrieben worden als über Venedig. Venedig ist geplastert mit literarischen Glanzstellen. Doch es ist, wie Addington Symonds einmal bemerkte, der Shakespeare unter den Städten, unangefochten, unvergleichlich und jenseits allen Neids. Stockholm nennt sich voller Stolz das Venedig des Nordens, Bangkok das Venedig des Ostens. Amsterdam rühmt sich gern damit, daß es mehr Brücken hat als Venedig. Churchill hatte nichts dagegen, daß ihn ein italienischer Verehrer auf der Suche nach einer würdigen Übersetzung für seinen Titel »Gouverneur der Fünf Häfen« mit dem Spitznamen »Doge von Dover« belegte.

All dies dünkt mich seltsam, denn obwohl Venedig offensichtlich reizvoll ist, hätte man doch nicht erwartet, daß sein Reiz so universal ist. Zunächst einmal stinkt die Stadt, niemand kann es leugnen; dann kann sie aus Veranlagung auf unschöne Weise habgierig sein; ihre Winter sind grausam; ihre Lagune ist bisweilen unangenehm kalt und farblos; ihre einzelnen Gebäude reichen, wenn man sie objektiv betrachtet, vom Erhabenen über das überschätzte Antike bis hinunter zum rettungslos Häßlichen. Mir persönlich mißfallen die meisten der großsprecherischen Paläste am Canal Grande, mit ihren pompösen Fassaden, überladenen Eingängen und phallischen Obelisken. Viele der gefeierten Bauwerke der Stadt – die Dogana zum Beispiel oder das alte Gefängnis – würden aus ihrer Umgebung nicht herausragen, wenn man sie in Clapham oder im New Yorker Stadtteil Bronx aufbaute.

Ruskin, der die Hälfte der Gebäude Venedigs nicht ausstehen konnte und die andere Hälfte verehrte, schrieb über San Giorgio Maggiore, daß es unmöglich sei, »sich einen plumperen, barbarischeren, in der Konzeption kindlicheren, in der Nachahmung servileren, im Ergebnis farbloseren, von jedem rationalen Standpunkt aus verächtlicheren Entwurf vorzustellen«. Charlie Chaplin bemerkte einmal, er würde gern ein Gewehr nehmen und, Gottheit für Gottheit, alle Figuren von der Sansovino-Bibliothek an der Piazzetta herunterschießen. Evelyn fand die Basilika »trübe und düster«. Der Philosoph Herbert Spencer verabscheute die »sinnlosen Muster« des Dogenpalasts, dessen Würfelmosaik ihn »an nichts so sehr wie an das Rückgrat eines Fisches« erinnere. D. H. Lawrence nannte Venedig, als er seine Gebäude zum erstenmal sah, eine »abscheuliche, grüne, schlüpfrige Stadt«; ich weiß genau, wie ihm zumute war.

Die Verlockung Venedigs hat jedoch nichts mit Kunst und Architektur zu tun. Sie hat etwas merkwürdig Sinnliches, wenn nicht geradezu Sexuelles. »Venedig«, so drückte es im 19. Jahrhundert ein Franzose aus, »umfängt den Gast mit einem Charme so zart wie der Charme einer Frau. Andere Städte haben Bewunderer. Venedig allein hat Liebhaber.« James Howell versicherte seinen Lesern im 17. Jahrhundert, daß sie, wenn sie erst einmal die seltene Schönheit der jungfräulichen Stadt gesehen hätten, »rasch zu ihr in Liebesbeziehungen treten« würden. Und Elizabeth Barrett Browning drückte einiges von diesem libidinösen oder vielleicht narkotischen Hingerissensein aus, als sie schrieb, daß »nichts ihm gleiche, nichts an es heranreiche, kein zweites Venedig auf der Welt«. Heute, unter dem Lärm der Motorboote, im

Flitterglanz des Tourismus, ist die Stadt weit davon entfernt, jungfräulich zu sein: Aber wenn ich mich am frühen Morgen zu meinem Fenster hinauslehne, wenn die Luft seefrisch und der Tag unbeschmutzt ist, wenn leise ein Ruder platscht unter meinem Balkon und in der Ferne die Turbinen eines Schiffes brummen, wenn der erste Sonnenstrahl auf dem Engel des Campanile glänzt und die Schatten längs der dunklen Linie der Paläste sich langsam rühren – dann überkommt mich immer noch ein köstliches Sehnen, als ob ein unerreichbar begehrenswertes Wesen draußen vorüberginge.

Ich glaube, das ist zum Teil eine Sache des organischen Aufbaus. Venedig ist ein herrlich kompaktes und funktionelles Ganzes: abgerundet, klein, komplett, unerschütterlich im Herzen seiner kränklichen Lagune wie ein altes goldenes Ungetüm in seinem Tümpel. Corbusier hat die Stadt als Anschauungsbeispiel für Städtebauer bezeichnet. Die bunten Teile Venedigs sind zur Reife gebracht und verschmolzen worden, wie die beiden alten Paläste am Canal Grande, deren Dächer sich über einer winzigen Gasse innig überschneiden. Seine Architektur ist eine Synthese von Stilen – Ost und West, Gotik, Renaissance, Barock –, so daß Ruskin den Dogenpalast das zentrale Gebäude der Welt nennen konnte. Seine Kanäle und Straßen passen sauber ineinander wie die gut gearbeiteten Teile einer Maschine. Seine Symbole sind einfach, aber leicht faßlich wie aus der Bildersprache der Reklameleute – der schlanke, geflügelte Löwe, die goldenen Pferde, der Doge mit seiner Mütze, die Zwillingssäulen auf dem Molo, der lange Campanile, der hoheitsvolle Bogen des Canal Grande, die im Lampenschein aufragenden Cobra-Vordersteven der Gondeln. Seine Wahlsprüche sind erregend und denkwürdig – *Viva San Marco!*, *Herr über ein Viertel und ein halbes Viertel*, *Pax Tibi, Marce*, *Morto o Vivo*, *Com' era, dov' era*. Venedig wirkt wie eine zwar offiziell schon aufgelöste, aber noch brillante Gesellschaft, und seiner Atmosphäre haftet der echte Charakter und Glanz des Kapitalismus an. Man hat, wenn man auf dem hohen Bogen der Rialtobrücke steht, das Gefühl, daß man irgendwie die Gesamtheit dieser Stadt erfassen kann – ihre ganze Geschichte, ihren ganzen Sinn, jede Nuance ihrer Schönheit; obwohl ihre Schätze unerschöpflich sind, hat man in gewisser Weise recht, denn Venedig ist ein hochkonzentrierter Extrakt seines eigenen Rufs.

Zum Teil ist es eine Sache des Lichts. Die venezianischen Maler waren hervorragend in ihrer Beherrschung des Hell-Dunkel, und Venedig war immer eine durchsichtige Stadt, ein Ort bezaubernder Sonnenuntergänge und schillernder Morgenstunden, obwohl seine Winter einfarbig scheinen können. Es strahlte einst von vergoldeten Fassaden und Fresken – der Dogenpalast leuchtete früher golden, scharlachrot und blau –, und hier und da, an verfallenden Wänden und auf leprösen Skulpturen, kann man noch einen schwachen Schimmer der entschwundenen Farbe der Stadt erkennen. Selbst heute noch – wenn die Venezianer an Feiertagen ihre Fahnen und Teppiche heraushängen, ihre bunten Lampen anzünden, den Geranien in den Kästen am Fenster Wasser geben, mit ihren farbenprächtigen Vergnügungsbooten auf die Lagune hinausfahren –, selbst heute noch kann Venedig in seinen besten sonnenhellen Augenblicken ein ausgelassen heiterer Ort sein. Auch die Atmosphäre ist bemerkenswert wegen ihrer kapriziösen Klarheit, die das Gefühl für Entfernungen und Proportionen verwirrt und manchmal die Horizontlinie der Häuser und Fassaden mit unheimlicher Genauigkeit zeichnet. Die Stadt ist voll von *trompe l'œil*, natürlichen und künstlichen – perspektivischen Täuschungen, seltsamen Verkürzungen, Verzerrungen und Halluzinationen. Manchmal erscheinen ihre Ausblicke grob zweidimensional wie Kulissen; manchmal wirken sie übertrieben tief, als wären die Gebäude künstlich voneinander getrennt, um Schauspielern zu gestatten, zwischen ihnen hindurchzugehen und die Illusion urbaner Distanz zu erwecken. Die Lagune schwimmt in dunstigen Spiegelungen. Wenn man auf das Becken von San Marco hinausfährt und auf den Canal Grande zuhält, ist es fast unheimlich zu sehen, wie die verschiedenen Schichten der Piazza in langsamer Bewegung aneinander vorbeigleiten: alles Gefühl für Tiefe ist verloren, und alle großen Bauwerke, die Säulen und die Türme erscheinen flach und waffeldünn wie die Pappkulissen, die hintereinander durch das Dach eines Puppentheaters gesteckt werden.

Zum Teil ist es eine Sache der Gewebestruktur. Venedig ist eine Stadt wollüstiger Materialien. Seine Gebäude sind eingelegt mit Marmor und Porphyr, mit Zwiebelmarmor, Ophikalzit, Jaspis, griechischem Marmor, poliertem Granit und Alabaster. Es ist durchdrungen von weichen, verführerischen Geweben wie den Seidenstoffen, mit denen Wagner seine Schlafzimmer drapierte –

von dem Samt, Taft, Damast und Atlas, den seine Handelsschiffe aus dem Osten mitbrachten in den Tagen, als alle Kostbarkeiten des Orients diesen Weg nahmen in einer Wolke von Gewürzdüften. Wenn der Regen die Marmorfassaden der Basilika herunterströmt, scheinen sogar die Steinplatten von atemberaubendem Brokat bedeckt zu sein. Selbst die Wasser Venedigs sehen manchmal wie schillernde Seide aus, selbst der Fußboden der Piazza fühlt sich elastisch an, wenn das Mondlicht darauf scheint – und selbst der Schlamm ist schoßähnlich und salbenweich.

Die venezianische Verlockung ist zum Teil auch eine Sache der Bewegung. Venedig hat seinen seidigen, träumerischen Bann eingebüßt, aber seine Bewegung ist immer noch schmeichelnd und verführerisch. Es ist immer noch eine bunte Stadt, bebend und zuckend, wo das Sonnenlicht sanft unter den Brücken schimmert und die Schatten langsam die Promenaden entlangwandern. Das Jähe und Heftige ist der Bewegung Venedigs fremd. Die Gondel ist ein Fahrzeug schöner Fortbewegung, die kleineren Boote der Kanäle bewegen sich mit Stakkatoeleganz, und oft sieht man die Aufbauten eines großen Passagierschiffs würdevoll hinter den Schornsteinen vorbeigleiten. Es gibt mehrere Stellen in Venedig, an denen man, wenn man über einen Kanal schaut, einen raschen Blick auf Menschen erhaschen kann, die gerade die Öffnungen in einer Arkade passieren: Ihre Bewegungen wirken seltsam glatt und mühelos, und bisweilen huscht eine alte Frau, in schwarze Fransentücher eingehüllt, vorüber, manchmal schreitet lautlos, in zerfließender Soutane, ein Priester vorbei. Die Frauen von Venedig gehen mit schiffsähnlicher Anmut, sich wiegend nur im sanften Schwanken der Fersen. Die Mönche und Nonnen eilen geräuschlos durch die Straßen, als ob sie keine Füße unter ihren Gewändern hätten oder sich in einem angenehmen Zustand des Schwebens fortbewegten. Die Polizisten der Piazza paradieren langsam, ungezwungen, obrigkeitlich auf und ab. Die Segel der Lagune vertändeln die langen Tage fast regungslos am Horizont. Wenn der Hauptküster der Basilika eine Frau in Hosen oder einen kurzärmelig gekleideten Mann sieht, die sich dem Tempel nähern, hebt er seinen silbernen Stock zu einer meisterlich ruhigen Geste der Verneinung, wobei sein weltweiser Kopf langsam hin und her geht unter seiner Kokarde. Die Menschenmassen, die durch die engen Ladenstraßen strömen, bewegen sich mit lässiger, geölter

Animiertheit fort. Und im Winter ist es angenehm, in einem warmen Weinlokal zu sitzen und durch das Fenster der Kavalkade von Regenschirmen zuzusehen, die draußen vorüberhüpft, einige hoch, einige niedrig, sich hindurchschlängelnd oder höflich anstoßend, erhoben, gesenkt oder schräg gehalten, um eine Lücke auszunutzen, sich einander anzupassen wie die Einzelstücke eines Mosaiks oder Zähne verschiedener Räder.

Letztlich liegt die Herrlichkeit des Ortes in dem großartigen Faktum Venedig selbst begründet: in der Größe und Merkwürdigkeit seiner Geschichte, in der weiten, melancholischen Lagune, die es umgibt, in dem gewundenen Meeresglanz, der es bis auf den heutigen Tag unter den Städten einzig dastehen läßt. Wenn man schließlich diesen Wassern den Rücken kehrt, seinen Strohhut wegpackt und auf die See hinausfährt, wird Venedigs ganze alte Herrlichkeit in einem nachschwingen; denn sein Geruch nach Schlamm, Weihrauch, Fisch, Alter, Schmutz und Samt wird einem in der Nase bleiben, und das leise Plätschern seiner Hinterkanäle wird einem im Ohr nachhallen; wohin man im Leben dann auch gerät, man wird irgendwo hinter seinem Rücken eine rosafarbene, zinnenbewehrte, schimmernde Gegenwart spüren – die Kuppeln und das Takelwerk und die schiefen Türme der Serenissima.

Ein romantischer Traum erwartet dich, Venedigs Lust und dunkler Wein! Kein Wunder, daß George Eliots Ehemann in den Canal Grande fiel.

Zeittafel

Während der ersten 800 Jahre ihrer Geschichte machten sich die Venezianer unabhängig. Sie begründeten ihre Handelsvormacht im östlichen Mittelmeer und entwickelten zu Hause ihr eigenes System einer aristokratischen Regierung.

421	Gründung Venedigs der Überlieferung nach	16
697	Wahl des ersten Dogen	15
809	Pippins Angriff auf Venedig	228
829	Entführung von St. Markus' Leichnam	51, 54
960	Dalmatier plündern Venedig	284
976	Basilika niedergebrannt	51
997	»Hochzeit mit dem Meer«	338
1001	Otto III. in Venedig	329
1177	Begegnung zwischen Papst Alexander und Barbarossa	251
1202	Vierter Kreuzzug	31–34
1297	Errichtung der patriarchalischen Autokratie	18

Nach der Teilung des Römischen Reiches war Venedig während des ganzen 14. Jahrhunderts, vor dem Hintergrund innerer politischer Unsicherheit, in einen Kleinkrieg mit seiner Rivalin Genua verwickelt. Er endete glorreich, als Venedig den Höhepunkt seines Erfolgs erreicht hatte.

1310	Tiepolo-Verschwörung	41
1335	Einsetzung des Rats der Zehn	18
1355	Enthauptung des Dogen Faliero	202
1373	Ankunft der Juden in Venedig	105
1380	Niederlage Genuas bei Chioggia	284

Durch die Niederlage Genuas wurde für die Venezianer der Blick landeinwärts frei, und bis zur Mitte des 15. Jahrhunderts hatten sie ein Reich auf dem Festland errichtet, das sich fast bis nach Mailand erstreckte. Mit dem Fall Konstantinopels jedoch begann auch die Entkräftung der venezianischen Macht.

1403 – 1405	Eroberung von Bassano, Belluno, Padua und Verona	129
1406	Carrara gestorben	201
1421	*Gentile Bellini geb.*	
1426	*Giovanni Bellini geb.*	
1431	Carmagnola gest.	201
1436	*Verrocchio geb.*	
1450	*Carpaccio geb.*	
1453	Türken erobern Konstantinopel	20
1454	Erwerbung von Treviso, Friaul, Bergamo und Ravenna	129

Während der letzten vier Jahrhunderte seiner Geschichte verlor Venedig trotz Perioden erstaunlicher künstlerischer Fruchtbarkeit ständig an Macht und Mannhaftigkeit. Seine Kraft zersplitterte in andauernden Verteidigungskriegen gegen die Türken und durch das Aufkommen neuer Handelsgegner im Westen. In der Mitte des 18. Jahrhunderts war das Reich fast untergegangen, und gegen Ende seines Bestehens als Staat verfiel Venedig mehr und mehr in Vergnügungssucht.

1457	Absetzung des Dogen Foscari	245
1472	*Giorgione geb.*	
1479	*Sansovino geb.*	
1480	*Palma Vecchio geb.*	
1489	Annexion der Insel Zypern	60
1498	da Gamas Reise nach Indien	20
1508	Liga von Cambrai	20
1508	*Palladio geb.*	
1512	*da Ponte geb.*	
1513	*Paris Bordone geb.*	
1518	*Tintoretto geb.*	
1528	*Veronese geb.*	
1539	Einsetzung des Rats der Drei	18
1544	*Palma Giovane geb.*	
1571	Bragadino gest.	203
1574	Besuch Heinrichs III. von Frankreich	78
1598	*Longhena geb.*	
1606	Das Große Interdikt	92
1696	*Tiepolo geb.*	
1697	*Canaletto geb.*	
1702	*Longhi geb.*	
1712	*Guardi geb.*	
1751	Vollendung der Murazzi	344
1757	*Canova geb.*	
1784	Kampf gegen die seeräuberischen Berber	207
1797	Franzosen besetzen Venedig	21, 118, 286
1798	Venedig fällt an Österreich	286
1800	Päpstliches Konklave in Venedig	244
1848	Revolution gegen Österreich	119, 286

Seit über einem Jahrhundert ist Venedig Teil des italienischen Staates. Es ist jetzt Präfektur, Hauptstadt einer Provinz und drittgrößter Hafen Italiens.

1866	Eingliederung Venedigs in das Königreich Italien	22, 120
1902	Einsturz des Campanile	182
1915	Operationen gegen Österreich	120, 290
1931	Bau des Straßendammes	131
1945	Einmarsch der britischen Armee	120, 287
1960	Bau des Marco-Polo-Flughafens	274

Register

Bildnachweis

E. N. I. T., Staatliches Italienisches Fremdenverkehrsamt, München, Seite 49, 75, 101, 121, 122 oben, 147, 167, 187, 213, 237, 253, 273, 311
Gerda Maneval, Seite 122 unten, 199

Piper Panoramen der Welt

Rolf Ackermann
8mal Sardinien
224 Seiten mit 16 Fotos. Serie Piper 5109

Fritz René Allemann
26mal die Schweiz
Panorama einer Konföderation.
619 Seiten mit 17 Fotos. Serie Piper 5106

Fritz Böhm
6mal Prag
276 Seiten mit 25 Fotos von Werner Neumeister.
Serie Piper 5119

Raymond Cartier
50mal Amerika
Übersetzt aus dem Französischen von Leonore Schlaich/Max Harriès Kester.
519 Seiten mit 31 Fotos. Serie Piper 5101

Rudolph Chimelli
9mal Moskau
231 Seiten mit 19 Fotos. Serie Piper 5113

Gerhard Dambmann
25mal Japan
Weltmacht als Einzelgänger.
335 Seiten mit 22 Fotos. Serie Piper 5104

Piper 34/4a

PIPER

Piper Panoramen der Welt

Tony Gray
5mal Irland
Aus dem Englischen von Ute Wiechern/Hans Jürgen Baron von Koskull.
422 Seiten mit 19 Fotos. Serie Piper 5105

Willy Guggenheim
30mal Israel
Überarb. und aktualisierte Neuausgabe.
461 Seiten mit 30 Fotos. Serie Piper 5108

Erich Helmensdorfer
54mal Ägypten
Erweiterte und aktualisierte Auflage.
326 Seiten mit 28 Fotos. Serie Piper 5115

Gebhard Hielscher
38mal Korea
505 Seiten mit 13 Fotos. Serie Piper 5125

Arnold Hottinger
7mal Naher Osten
Überarb. und aktualisierte Neuausgabe.
421 Seiten mit 16 Fotos. Serie Piper 5127

Toni Kienlechner
12mal Italien
458 Seiten mit 17 Fotos. Serie Piper 5110

Rudolf Walter Leonhardt
77mal England
Panorama einer Insel.
442 Seiten mit 33 Fotos. Serie Piper 5112

Eka von Merveldt
4mal Florenz
Überarbeitete Neuausgabe.
383 Seiten mit 20 Fotos. Serie Piper 5130

Piper Panoramen der Welt

Heinz Ohff
2mal Berlin
363 Seiten mit 38 Fotos. Geb.

Alan Riding
18mal Mexiko
Aus dem Amerikanischen von Bernd Rullkötter.
512 Seiten mit 25 Fotos. Serie Piper 5111

Rüdiger Siebert
5mal Indonesien
Annäherung an einen Archipel.
531 Seiten mit 32 Fotos. Serie Piper 5116

Klaus Viedebantt
30mal Australien
Überarb. und aktualisierte Neuausgabe.
358 Seiten mit 29 Fotos. Serie Piper 5126

Klaus Viedebantt
33mal Neuseeland und Polynesien
408 Seiten mit 21 Fotos. Geb.

Rudolf Woller
6mal Kanada
398 Seiten mit 16 Fotos und 2 Karten. Geb.

PIPER